一天一点中国史

YITIAN YIDIAN ZHONGGUOSHI

张金桂 编

江苏大学出版社

图书在版编目(CIP)数据

一天一点中国史/张金桂编. —镇江：江苏大学
出版社,2010.3
ISBN 978-7-81130-139-7

Ⅰ.①一… Ⅱ.①张… Ⅲ.①中国－历史－通俗读物
Ⅳ.①K209

中国版本图书馆 CIP 数据核字(2010)第 053929 号

一天一点中国史

编　　者/张金桂
策 划 人/成　华
责任编辑/张　平
出版发行/江苏大学出版社
地　　址/江苏省镇江市梦溪园巷 30 号(邮编：212003)
电　　话/0511-84446464(传真)
网　　址/http：//press. ujs. edu. cn
排　　版/镇江文苑制版印刷有限责任公司
印　　刷/扬中市印刷有限公司
经　　销/江苏省新华书店
开　　本/718 mm×1 000 mm　1/16
印　　张/20.5
字　　数/350 千字
版　　次/2010 年 3 月第 1 版　2012 年 10 月第 2 次印刷
书　　号/ISBN 978-7-81130-139-7
定　　价/38.00 元

如有印装质量问题请与本社营销部联系(电话:0511-84440882)

前　言

　　伟大的中华民族是我国 50 多个民族的总称,有着将近四千年有文字可考的历史。她不但以吃苦耐劳著称于世,而且酷爱自由,富有光荣的革命传统并拥有灿烂的历史遗产。中国是世界文明史上最早的发达国家之一。云南北部的元谋人化石证明,早在 170 多万年前就已有人类居住在当地。经过漫长的原始社会和奴隶社会阶段,约在公元前 221 年,秦始皇创建了统一的多民族的中央集权制封建国家,此后历经了汉、晋、隋、唐、宋、元、明、清等封建王朝。各民族剥削阶级统治者掠夺压迫别民族和争夺封建王朝统治权的战争,以及被压迫剥削民族反对掠夺压迫的战争,是各族人民创造历史的主线。中华民族和世界各族人民友好往来,建立了政治、经济、文化联系,对世界文明作出了重大贡献。1840 年鸦片战争以后,外国资本主义入侵,中国逐渐沦为半殖民地半封建社会,但中华民族各族人民更加紧密地联系在一起,表现出不甘屈服于内外压迫的顽强的反抗精神和革命意志。1911 年辛亥革命,推翻了清王朝的统治。1912 年 1 月 1 日,中华民国在南京建立,孙中山就任临时大总统,结束了两千多年的封建帝制。但是,由于民族资产阶级同帝国主义和国内封建势力的妥协,中国的政权落入了北洋军阀手中,中国陷入极端混乱的局面。1919 年"五四"运动以后,中国共产党领导的新民主主义革命成为世界无产阶级革命的组成部分,各族人民共同进行了反对帝国主义、封建主义、官僚资本主义的斗争,最终取得了新民主主义革命的彻底胜利。1949 年 10 月 1 日,中华人民共和国成立,结束了中华民国的旧时代,开创了社会主义中国的新时代!

　　泱泱中华,文化灿烂,历史悠久。在漫漫历史长河中,世界闻名的思想家、政治家、军事家、科学家、文学家、艺术家……不胜枚举;伟大的民族英雄、革命领袖、仁人志士……层出不穷。他们的爱国行动,他们的光辉思想,他们的至理名言和他们留下的丰富文化宝藏,无不是后人的宝贵精神财富和力量源泉。

中华民族既有辉煌璀璨的文明史,同时也有着近百年惨遭列强欺侮、山河破碎、主权沦丧、百姓蒙难的屈辱史。"没有共产党,就没有新中国",这是历史的见证和结论。炎黄子孙、华夏儿女,只有牢记历史,不忘国耻,才能为中华民族的伟大复兴多作贡献。在全面建设小康社会、加快推进社会主义现代化建设的新形势下,在深刻变化的国际环境中,我们要更加重视历史知识,善于从历史中察往知来,吸取智慧和力量,认识和把握历史发展和社会进步的规律,认识和把握时代发展大势,提高治国理政的才干,把祖国建设得更富强、更美好!

作为新中国培育的中学历史教师,编者深感有责任为时代提供一本中华民族历史知识的普及读本,以便国人,尤其是青年们,以激发爱国热情,振奋民族精神,提高文化素质。因此,遂编写了这本《一天一点中国史》。在编写过程中,曹铁城老师提供了宝贵的资料,卢俊老师协助勘误,均为此书付出了辛劳。在此,特向他们致以衷心的感谢!

限于编者的水平,本书疏漏与差错在所难免,真诚希望专家和读者批评指正。

目 录

第九章　明朝时期

第十二章 民国时期

第一章　远古时期

一、远古人类

20 世纪 20 年代以来,在我国辽阔的土地上发现了众多的原始人类遗址。

元谋人

1965 年,考古工作者在云南元谋发现了两颗远古人类牙齿化石和一些有明显加工痕迹的石器,在遗址的黏土层中还发现了许多炭屑和呈黑色的烧骨。经科学家鉴定证明,这是迄今为止我国境内发现的最早的人类化石,即距今约 170 万年的元谋人化石。

北京人

1929 年,在北京房山周口店龙骨山的岩洞里,中国古生物学家斐文中首次发现了原始人类的头盖骨化石,这些原始人类被称为"北京人"(旧称中国猿人)。1936 年,考古学者贾兰坡又在此连续发现了三个头盖骨。1941 年,中华民国行政院院长翁文灏以官方的名义委托美国军医弗利把这些化石运往美国,但运送化石的船被日本军队击沉于长江口,从此这批非常珍贵的化石便失踪了,其下落至今仍是一个谜。

北京人距今约 50 万年,他们还保留着猿的一些体质特征,但已经能直立行走,上肢基本上具备了现代人的特点,已经会制造不同用途的石制工具。制造和使用工具,是人类在进化过程中的重大进步。北京人打制的石器,表面都很粗糙,主要用于采集和狩猎。使用这种打制石器的时代,叫做旧石器时代。

北京人已经使用天然火,用以烧烤食物、照明、御寒和驱赶野兽。火的使用提高了原始人类适应自然环境的能力,促进了人类体质的发展和脑的进化。

北京人生活的地方丛林茂密,野兽出没无常,仅凭个人的力量和简陋的工具难以生存。他们往往几十个人共同劳动并分享劳动成果,过着群居的生活。这便是人类最原始的社会组织形式。

山顶洞人

距今约 2 万年前,在今北京房山周口店地区还生活着一批原始人类。他们的遗骨化石在龙骨山顶部的洞穴中被发现,因而被称为"山顶洞人"。

山顶洞人的面貌和现代人已经没有多大区别。他们除了采集和狩猎外,还会捕捉水生动物,他们用骨针连缀兽皮,用来遮蔽身体、抵御风寒。山顶洞人已经使用人工取火,并懂得摩擦能使器物表面光滑、精细,这说明他们的劳动技能有了提高。

二、氏族聚落

早期人类的定居地,称为聚落。按血缘关系组成的比较固定的社会群体,称为氏族。氏族聚落的居民,是同一个祖先的后代。距今约六七千年前,氏族聚落星罗棋布于中华大地。其中,最具代表性的是黄河流域的半坡聚落和长江流域的河姆渡聚落。

半坡聚落

距今约六七千年的半坡聚落位于陕西西安半坡村,现存遗址面积约 5 万平方米。遗址北部是公共墓地,南部是居住区,东北部是烧制陶器的窑场。居住区内有一座很大的长方形房屋,是氏族成员的共同活动场所;许多圆形或方形的小房屋,是氏族成员的住处。居住区周围有用于防护的壕沟。

半坡居民居住的房屋大多是半地穴式的。先从地表向下挖出一个方形或圆形的穴坑,在穴坑中埋设立柱;然后沿坑壁用树枝捆绑成围墙,内外抹上草泥;最后架设屋顶。屋内地面修整得十分平实,中间有一个灶坑,用来烧煮食物、取暖和照明,睡觉的地方高于地面。

半坡人过着以农耕为主的定居生活,已种植粟、白菜或芥菜等农作物,并在居住区内建起围栏饲养猪、狗等家畜。此外,他们还经常打猎、捕鱼,以补充食物。半坡居民普遍使用磨制石器,如开垦耕地用的石斧、石铲,收割庄稼用的石镰、石刀,加工谷物用的磨盘、石磨棒等。使用磨制石器的时代,称为新石器时代。

河姆渡聚落

距今约 7 000 年的河姆渡聚落位于浙江余姚河姆渡村,是长江流域氏族聚落的代表。河姆渡的居民普遍使用磨制石器,同时还用动物骨骼制作工具。他们在这些工具上凿出几个孔用来捆绑木柄,这是工具制作技术的又一进步。

河姆渡居民的房屋是干栏式的。先在地下埋栽木桩作为房屋的基础,在桩顶架设横梁,铺上木板;然后在横梁上设置立柱,搭建屋顶,用木板做墙壁,安装栏杆。这样,一座高于地面,具有通风、防潮性能的架空式房屋就建成了。

河姆渡聚落的居民也已经会挖掘和使用水井,这充分显示了河姆渡居民的聪明才智。

河姆渡居民主要种植水稻,饲养猪、羊、水牛等家畜。

大汶口聚落

距今约四五千年前的山东大汶口(今山东省泰安大汶口地区)聚落的原始居民,以农耕为主。大汶口遗址中,有些墓葬的随葬品如陶器、玉器等多达 180 多件,而有些墓葬只有一两件随葬品,甚至什么随葬品也没有。这种现象说明,随着生产力的发展出现了私有财产,聚落的成员之间产生了贫富分化。

氏族聚落建立后,人们的生产方式逐渐从采集进化到原始农业,从狩猎进化到家畜饲养业,发展为可以持续创造财富的生产方式。我们的祖先在农业生产的基础上开始了定居生活,他们创造的文化被后人称为"农耕文化"。半坡遗址、河姆渡遗址以及大汶口文化遗址反映的就是农耕文化。

三、传说时代

文字出现以前,历史以口耳相传的方法保存和流传,其中主要是神话和祖先传说。神话是远古居民根据自己的想象对自然事物(包括人类自身起源)的虚构,而祖先传说则是他们对自己历史的追忆。这些内容被后人用文字记录下来,这一时期则成为古史传说中所描绘的远古时代,即传说时代。

三皇五帝传说

三皇是传说中的远古帝王。《尚书大传》称作燧人、伏羲、神农:燧人钻木取火;伏羲渔猎为生;神农耕种饲养。这正反映了中国原始社会经济生活的发展状况。

五帝是传说中的上古帝王。《礼记·月令》称作太皞(hào)(伏羲)、炎帝(神农)、黄帝、少皞、颛顼(zhuān xū),他们都是中国原始社会末期氏族部落(原始社会的一种社会组织,由两个以上的氏族组成)或部落联盟的首领。

相传炎帝是姜姓部落的首领,他改进农具,发明陶器,教人农耕,尝遍百草,发明医药,是中华原始农业和医药的创始人,因此号称神农氏。炎帝还开辟集市,使人们互通有无。

相传黄帝姬姓,号轩辕氏,造出宫室、车船、兵器和衣裳,还让下属官员仓颉(jié)发明文字和历法。黄帝的妻子嫘(léi)祖发明了养蚕抽丝技术。黄帝有子25人,唐、虞、夏、商、周各代都是他的后裔。

为了扩张势力、争夺已经开发的地区,不同的部落联盟之间经常发生惊心动魄的战事。

相传蚩(chī)尤面如牛首,背生双翅,是牛图腾(图腾是一个部族的标志或图徽,被奉为保护神或始祖,其形象多为动物和植物,也有风雨雷电等自然现象)和鸟图腾氏族的首领。炎帝和黄帝曾经联合打败蚩尤于涿鹿(今河北涿鹿县)之野。后来,炎帝和黄帝为争夺中原又在阪泉(今河北怀来)之野大战。炎帝战败归服黄帝,炎黄二部族走向联合,占据了中原地区并不断繁衍,形成后来华夏民族(汉族的前身)的主体。因而,炎帝和黄帝被尊奉为中华民族的象征。在今河南濮(pú)阳距今6 000多年前的墓葬中,出土了贝壳堆塑的龙,这是目前中国发现的较早期的龙的形象。龙是多种动物形象的复合体,角似鹿,头似蛇,眼似龟,项似蛇,腹似蜃(shèn)[即蛤(gé)蜊],鳞似鱼,爪似鹰,掌似虎,耳似牛。这一形象喻示龙是众多部落图腾的融合体,反映出不同部落之间从战争走向联合进而成为华夏族主体的历程。

尧舜禹"禅让"传说

黄帝之后很久,尧、舜、禹先后成为黄河流域的部落联盟首领。他们的更替,都是先由四岳(四方部落首领)推举,经过考核,然后摄位行政,再行继位。这种通过选举产生部落联盟首领的办法,后人称为"禅(shàn)让"。

尧舜时期,洪水泛滥,平原沃壤一片汪洋,灾难深重。尧命鲧(gǔn)治理洪水,后舜奉尧命摄政,杀死治水不成的鲧,派鲧子禹继续治水。禹一心治水,在外多年,三过家门而不入,终于获得成功,化水害为水利,发展农业生产,使百姓安居乐业。禹在部落联盟中享有极高的威望,被称为"大禹"。舜死后,禹继位。

古代传说和地下发掘的人类化石、遗址、遗物等表明,在中国历史上曾经长期存在过原始社会(原始公社制度)。

在原始公社时期,人们主要使用石器工具以采集天然食物和渔猎。因生产力极度低下,只能依靠集体劳动获得有限的生活资料,按平均原则在公社全体成员间分配,没有剩余,也没有剥削和阶级。这种原始公社制度,约在公元前2000年左右的夏朝时解体。

怎样推算公元纪年?

公元是世界通用的纪年方法,以传说中耶稣生年为公元元年。以公元为界,向前推算,称为公元前××年;向后推算,称为公元××年。每10年为一个"年代",每100年为一个"世纪"。如公元前1046年属于公元前11世纪40年代,公元1949年属于20世纪40年代。通常,每个世纪前20年称为某世纪初,最后10年称为某世纪末。

第二章　夏、商、西周时期

（约公元前 21 世纪—公元前 771 年）

一、夏朝（约公元前 21 世纪—公元前 17 世纪）

　　相传禹担任部落联盟首领后,把全国划为九州(冀州、兖州、青州、徐州、扬州、荆州、豫州、梁州、雍州),并铸造象征最高权力的九鼎(象征九州)。约公元前 2070 年,禹建立了我国历史上第一个国家——夏,定都阳城(今河南省登封市)。禹死后,其子启夺伯益位自立,开始了"家天下"的历史。从此,王位世袭制代替了禅让制,中国即进入奴隶制社会。夏朝的活动地区,大约西起河南、山西,东沿黄河河东至山东交界的地方,南至湖北,北至河北。这一地区是疏松的冲积黄土平原,适宜原始耕作。

　　夏朝最后一个国王桀(jié),是个暴君。桀十分喜好女色,有施国王给他送去美女妹喜。桀百般宠爱,为其建造了一座宫殿。宫殿高耸入云,从远处看似乎要倒下,因此被人们称为倾宫。桀整日在倾宫和妹喜嬉戏游乐,不问百姓水深火热。商部落首领汤,乘机联合周边各部落起兵,在鸣条(今山西省运城安邑镇)打败了桀。桀败逃南巢(今安徽省巢县西南)而死,夏朝灭亡。

二、商朝（约公元前 17 世纪—公元前 11 世纪）

　　中国古代历史在商以前没有文献可查,商朝开始出现文献——甲骨卜辞和青铜器铭文。甲骨文自 1899 年开始,在河南安阳小屯村殷墟陆续被发现。商代贵族十分迷信,常用占卜的方法征询神意,占卜吉凶,占卜之后常在甲骨上写刻所问的事情和日后的应验。甲骨文是中国文字中最早、最古老的一种文字,其中大部分是"卜辞",是研究商文化的重要史料。

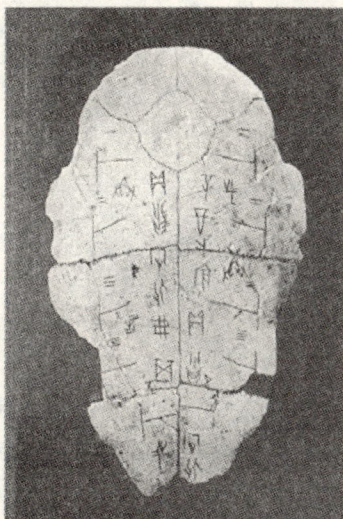

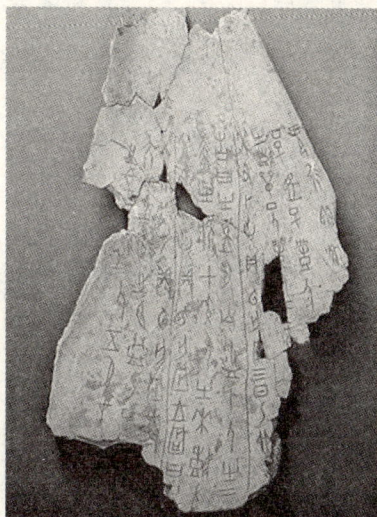

甲骨文

从甲骨文可以看出,商代已有一种阴阳合历,即把太阳和月亮盈亏的周期结合起来的历法。甲骨文用数字记年月,记日则沿用夏先民的干支法。干,或称天干,即甲、乙、丙、丁、戊、己、庚、辛、壬、癸。支,或称地支,即子、丑、寅、卯、辰、巳、午、未、申、酉、戌、亥。把干和支相配,干上支下,可以得到表示 60 天的日次。这种干支记日的办法一直延续了 3 000 多年,对后世有深远的影响。

青铜器上的铭文为金文,又称钟鼎文,是研究商代的第一手史料。在商代,我国已经有了高超的青铜冶铸技术。河南安阳武官村出土的著名的司母戊大方鼎是商代晚期青铜器冶铸技术水平的代表。鼎通高 133 厘米,横长 110 厘米,宽

司母戊鼎

78 厘米,重达 875 公斤。要铸造这样巨型的青铜器,没有生产力的相当发展和高超的青铜冶铸工艺是不可能的。从这里可以看出,在商代,我国已经出现了规模很大的使用奴隶从事劳动的铜器作坊。

商王成汤推翻夏朝,占据黄河中下游的肥沃地区之后,建立了商朝,定都于亳(bó)(今河南省商丘市),随后便迅速发展起来。商王盘庚迁都于殷(今河南安阳市西北小屯村),因此商又称殷,通称殷商。商定居下来后很少迁徙,说明当时商的农业已有了发展。

商代最后的两个统治者,一个是帝乙,一个是帝辛。帝乙多次对江淮间的东夷用兵,取得胜利,把都城迁到朝歌(今河南淇县西南)。帝辛就是纣,中国历史上有名的暴君。

商纣王滥用民力,修建豪华宫殿,宠爱妲己,整日沉溺于颓废柔靡的声乐之中。纣王以酒为池,让男男女女赤裸着身体在其中追逐嬉戏,通宵达旦的吃喝玩乐。纣王残酷镇压人民的反抗,他发明炮烙(páo luò)酷刑,命人把铜柱子放在炽热的炭火上,令反对他的人在柱子上行走,行走者站不住,就掉进火里被活活烧死。纣王刚愎(bì)拒谏,逼走庶兄微子,挖心处死叔叔少师(丞相)比干,众叛亲离,商王朝奄奄一息。

约公元前 1046 年,渭水流域的周族首领周武王见灭商时机已到,便联合周边部落,在牧野(今河南新乡市郊)击败商朝军队。纣王败退,躲到鹿台之上,把宝库里的名贵玉石围在身边,自焚而死,商朝灭亡。

三、西周(约公元前 11 世纪—公元前 771 年)

周原是中原西部黄土高原上的一个古老部落,姬姓。周在很早以前就以农业生产著名,到了 14 代季历时,周渐强盛。季历的儿子姬昌即位,即周文王。有一天,姬昌等乘车前往渭水北岸打猎,见一老翁垂钓不带钩,不以尘嚣为念,便下车与他攀扯。这老翁便是姜子牙(吕尚、姜尚)。姜子牙指点江山,粗述方略。姬昌茅塞顿开,相见恨晚,深深鞠了一躬,谦恭诚恳地说:"我祖父太公仔生前曾说过,将来会有圣人来到岐山[陕西岐(qí)山县]把周兴盛起来,这指的就是先生啊!我的太公期望先生好久啦!"说罢,姬昌请姜尚一同上车,回宫后拜其为国师。因为姜尚是姬昌太公所期望的贤能,所以后人就称他为太公望,民间则称姜太公。姜尚治军理民十分得体,姬昌在其辅佐下,在位 50 年,取得了"三分天下有其二"的局面,对商都朝歌形成了进逼的压力。大约公元前 1076 年,姬昌子姬发继位,是为周武王。姬发以姜尚为师,令其全面负责军事,并任命亲弟弟周公姬旦负责政务,亲弟弟召公姬奭、毕公姬高为左右助手,继承父亲遗志,发展生产,仁爱百姓。公元前 1066 年,周灭商建立周朝,定都镐京(今陕西省西安西),史称西周。

周武王灭商后未能完全征服殷商,遂封纣子武庚于殷,并派自己的兄弟管叔鲜、蔡叔度和霍叔武辅佐武庚治理殷民,名为帮助,实际是要三个亲弟弟监视武庚,故史称"三监"。周公姬旦,为人仁厚笃实、精明能干,因采邑在周,故人们尊称为周公。周公是武王最忠诚可靠的帮手,武王要传位给他,周公坚辞不受。约公元前 1046 年,武王病逝,太子姬诵继位,是为成王。

当时成王年幼,天下又初定,周公担心诸侯不服会发生叛乱,便毅然代成王掌管军国大事,成为实际的最高统治者。内心不服的武庚串通不满周公的"三监",起兵反周。周公立即大举东征,镇压叛乱,杀武庚、管叔,驱逐蔡叔、霍叔,把周族势力扩张到黄河下游。随后,周营建东都洛邑(今洛阳东),加强周族在东方的控制权;同时,为缓和周族内部的矛盾,又把兄弟子侄姻亲功臣分封于各地做诸侯。

为了促进社会发展,周公锐意改革,确立了一整套新制度。

建立宗法制度。周王既是天下之王,又是姬姓的总族长,掌握着全国最高的政权和族权。周天子由嫡长子继承,是天下"大宗",其他诸子、弟弟受封为诸侯或官尹,称为别子,是"小宗"。在诸侯国内,这些被周王所封的小宗国君又分封自己的兄弟以采邑,建立卿大夫之家,在诸侯国内,卿大夫又是"小宗"。卿大夫又可分出他们的亲属组成士的家庭,成为宗子。小宗服从大宗的领导和调派,政权和族权统一了起来。同姓不通婚,周天子、姬姓诸侯与异姓诸侯通过婚姻关系互相结成亲戚之国,相互支持,使宗法制度更为完善。

推行井田制度。周公确定"王畿千里"的制度,即京城周围的土地为天子所有,收入作为朝廷一切费用。王畿以外全国的土地都分封给诸侯和公卿,诸侯在各自封疆内又将土地划分为公田和私田,卿大夫、士所分得的公田不能自由买卖。不论是王畿,还是诸侯、卿大夫、士的土地,都实行井田管理制。一般一百亩为一方块,称为一田,配一夫,纵横相连的九田合为一井,配十夫,奴隶们集体耕作,收入全交给贵族奴隶主。至于私田,则大多为各级贵族疏远的宗族成员所有,因而造就了一批自耕农。井田制的推行适应当时生产力的发展水平,有利于农业的发展。

制定礼乐制度。周公规定了祭祀、殡葬、朝聘盟会、婚宴、军旅等一套规章制度,使政治制度伦理道德化,加强了对全国的思想控制。由于周公的倡导,学校教育也开始有了完整的体制。西周的学校,分国学、乡学两类和大学、小学两级。国学专为上层贵族子弟而设。当时王太子8岁入小学,15岁入大学;公卿大夫士嫡长子13岁入小学,20岁入大学;其他庶子15岁入小学。乡学是地方行政学校,奴隶无权入学,平民子弟可入乡学接受小学教育,少数经选士可进入国学深造。当时的学校都设在官府,官员兼任教师,政教合一。教学内容是礼、乐、射、御(驾车)、书、数六种艺能。六艺教学中,礼、乐侧重于德育美育,书、数侧重于智育,射、御侧重于体育。文武兼重,知识与能力培养兼求,标志着我国古代教育制度的先进。

周公还确立了一套长官制度。王之下有师、保或宰、太宰,是大臣中最有权力的人。其下设司徒,管理民政和土地;司马,管理军政;司空,管理手工业和建筑工程;司寇,管理刑罚和监狱。另外,还有管理农业的农师、农正、农大夫等。官职多是贵族世袭。诸侯国内的政权机构,类似王朝。

周公待王朝完全巩固后,便还政于成王,自己回到群臣行列。约公元前1036年,周公病逝,成王按天子大礼予以厚葬。

周成王病危,恐太子姬钊不能胜任大位,令老臣召公姬奭、毕公姬高等眷辅主,召公、毕公在病榻前接受顾命,辅佐姬钊继位,是为康王。康王遵循先王遗训,勤奋治国,天下安宁。成王、康王40年慎于用刑,史称"成康之治"。这是周王朝的鼎盛时期,也是我国奴隶制发展的极盛时期。

约公元前877年,姬胡继位,是为厉王。周厉王既贪财好利,又很暴虐,宠信只讲个人专利的荣夷公,使之总理朝政。周厉王霸占山林川泽,不准平民上山砍柴打猎,不准百姓下河捕鱼捉虾。平民百姓议论纷纷,强烈不满,周厉王竟用暴力压制国人的批评,变本加厉地压迫、剥削奴隶和平民。人民财穷力尽,无法生活下去,走上了反抗之路。

公元前841年春天,国人发动武装暴动,直接冲击王宫。厉王仓皇逃出京城,渡过黄河,逃到彘(zhì)邑(今山西省霍县)。国人没有捉到厉王,听说太子静逃进了召公家,便包围了召公府第。召公无可奈何,只好把自己的儿子冒充太子送出去,才保住太子一命。"国人暴动"是我国历史上第一次群众暴动,暴动驱逐周厉王、杀死假太子的行为显示了人民群众的力量,也沉重打击了周王朝的统治基础,西周历史随后进入衰亡的后期。

暴动的平民散去后,大臣们商议推举周公(周公姬旦后裔)和召公(召公姬奭后裔)共同主持朝政,暂时代替周天子执政,历史上称为"共和行政"。共和元年,即公元前 841 年,是我国现存史料中有确切纪年的开始。

　　周厉王在彘邑不敢回镐京,郁郁过了 14 年,一命呜呼。姬静即位,即周宣王,14 年的共和体制结束。

　　公元前 782 年周宣王去世,其子姬宫涅继位,是为幽王。周幽王昏庸暴虐,不但不整顿朝纲,反而沉溺于吃喝玩乐。他有个宠妃叫褒姒(bāo sì),长得很漂亮,笑靥更美,但却不轻易发笑。幽王为了博其一笑,听信虢(guó)石父的计谋,带褒姒到骊山游玩。晚上,烽火点燃,不久,各路诸侯统兵而来,慌慌张张,忙忙乱乱,惹得褒姒哈哈大笑。诸侯们见无犬戎兵马,只闻奏乐和褒姒的笑声,知道是被戏弄,愤愤不平而散。随后,幽王又为了取得褒姒的欢心,听信虢石父的谗言,废掉了申后和太子宜臼(jiù),改立褒姒为王后,立褒姒之子伯服为太子。公元前 771 年,周幽王派兵讨伐申国,命令申侯交出逃亡到申国的太子宜臼。申侯求救于犬戎,犬戎联军一路杀向镐京。幽王下令点燃烽火征召诸侯兵马,竟无一兵一卒驰援。犬戎联军攻上骊山,杀死幽王、伯服,掳去褒姒,将西周镐京洗劫一空,西周灭亡。

　　公元前 770 年,即位不久的周平王(姬宜臼)在晋文公、郑武公、卫武公、秦襄公率领士兵保护下,迁都洛邑(今河南省洛阳市东北)。因镐京在西,洛邑在东,所以历史上把周朝定都镐京时期称为西周,迁都洛邑后则称为东周。周平王时,王室衰微,兵力减少,直接管辖的土地和人口所剩无几,周天子权威一落千丈,只是名义上各国诸侯的共主罢了。此后,中国历史进入春秋战国时期。

第三章　春秋战国

（公元前 770 年—公元前 221 年）

一、春秋诸侯争霸

从公元前 770 年周平王东迁洛邑，到公元前 403 年韩、赵、魏三家分晋，这段时期史称春秋时期。"春秋"的名称来源于鲁国的编年体史书《春秋》。这部史书记载了公元前 8 世纪至 5 世纪的历史，因此，人们把这段历史时期称为春秋时期。

春秋时期，许多诸侯国为扩大自己的势力和代替周王室攫取其对各诸侯国及人民的贡纳勒索权，达到掠夺和兼并的目的，各国间展开了争霸斗争。先后称霸的诸侯有齐桓公、宋襄公、晋文公、秦穆公、楚庄王等，史称"春秋五霸"（另一种说法是齐桓公、晋文公、楚庄王、吴王阖闾、越王勾践）。

齐桓公——第一个霸主

齐桓公即位后欲拜老师鲍叔牙为相，鲍叔牙推荐管仲为相。管仲曾用箭射过齐桓公，但齐桓公不计私仇，重用管仲为相。管仲一方面提出了尊崇周天子、借天子影响号令诸侯并排除少数民族对华夏民族威胁的"尊王攘夷"的政治、外交路线；另一方面，他立足齐国，提出了"治国之道，必先富民""仓廪实而知礼节，衣食足而知荣辱"的主张，强调强国必先富民，伦理道德要建立在丰富的物质生活基础之上。管仲不愧是杰出的政治家，其策略很快便收到了富民富国强兵的效果。公元前 656 年，齐桓公率领齐、鲁、宋、陈、卫、曹、郑、许 8 国军队伐楚，迫使楚向周王纳贡。齐桓公依靠管仲的计谋与改革，前后主持过 9 次诸侯的盟会，维护了中原地区的安定，促进了经济发展,史称"九合诸侯"。后管仲和齐桓公前后死去,齐国内发生君位的争夺,霸权遂转移到了晋国。

晋文公退避三舍

晋文公,名重耳,曾在外流亡多年,到过楚国,得到楚成王的帮助。离开楚国时,他做出承诺,一旦晋楚开战,晋军定会退避三舍(舍,古代 30 里为一舍,退避三舍比喻对人让步,回避冲突),以报答楚成王的恩情。

公元前 632 年,晋、楚两国军队在城濮[今山东省鄄(juàn)城县西南]相遇。晋文公信守诺言,令晋军退兵,以避锐气,楚军紧追不舍。这一下,晋军得理,士气大振,大败楚军。晋文公胜利的消息传到洛京,周襄王亲自慰劳晋文公,晋文公为周天子建筑了一座新宫。周襄王大设盛宴,任命晋文公为诸侯领袖,晋文公霸主的地位得到巩固。同年 10 月,晋文公以朝见周天子的名义通知各国到晋国参加大会,晋文公一跃成为中原霸主。

楚庄王跃升霸主

南方最强大的楚国一直想争霸中原,但城濮之战失败后大受挫折,转而向东发展,占领了淮南地区。公元前 613 年,楚成王的孙子继位,是为庄王。楚庄王只知白天打猎,晚上喝酒,三年不理朝政。但楚国的国相孙叔敖重视教化,因而全国上下和睦,民风淳朴,政令宽缓,有禁必止,吏无奸邪,盗贼不起。楚国经济、文化得到发展,军事力量更加强大。公元前 598 年春夏,楚国出兵讨伐郑、宋,晋国前往救应。晋楚两军大战于邲(bì)(今河南省郑州市东)。楚庄王听从孙叔敖的计谋,运用先发制人的战术,迅猛异常地发起冲锋,突袭晋军。荀林父指挥晋军向北回渡黄河,三军抢船争渡,互相砍杀,船中砍断的手指成捧成堆,水中淹死士兵无数。楚军大获全胜。其后,中原许多中小国家都依附楚国,楚庄王终于取得了霸主地位。

秦穆公独霸西部

在百里奚等贤臣辅佐下,秦穆公执政时期,秦国政治、经济、文化有了很大进步。但秦国地处西陲,因而秦穆公一心想向东扩展。晋文公病逝,秦穆公认为这是涉足中原的大好时机。公元前 627 年秦穆公乘晋文公新丧,偷袭郑国,但为晋所败。回国后,秦穆公任用孟明视主持军政大事,并把自己的财产和俸禄全部献出来送给战死将士的家属,自己与士卒同甘共苦,天天操练兵马,一心报仇雪耻。公元前624年夏,秦穆公和孟明视挑选精兵,以500辆战车东进。他们渡过黄河后烧掉所有渡船,表示必死的决心,于是一举夺回被晋国占领的城邑,还攻下晋国的王宫(今山西省闻喜县西)。晋襄公坚守城门,不敢出战,秦穆公胜利回国。秦穆公继续讨伐西戎,兼并部落国家12个,扩张疆土千余里,西部各诸侯小国和西戎其他部落也都向秦进贡。从此,秦穆公独霸西方。公元前621年秦穆公病故,竟用177人陪葬,这说明奴隶社会一些最残酷的制度在秦国仍然原封未动。

伍子胥鞭尸楚平王

楚平王荒淫暴虐,为夺取漂亮的太子妃,把太子建放逐到边邑,把伍奢打入死牢。伍奢子伍员(即伍子胥),与太子建一同逃往宋国,后又逃到郑国,其后又与太子建的儿子胜一起逃往吴国。经过边境关隘昭关(今安徽省含山县北)时,关吏正在搜捕逃亡的伍子胥。传说伍子胥急得七窍生烟,一夜急白了胡须头发,无可奈何,只得舍弃车马,从山上羊肠小路爬过关去。伍子胥昼伏夜行,沿途求乞,才保住性命,到了吴国。

公元前515年,吴王僚被刺,次年公子光即位,是为吴王阖闾。阖闾怀抱雄心壮志,任命逃来吴国的伍子胥负责外交事务,任命同样逃奔吴国的孙武为大将。吴国国势日强。公元前506年,阖闾亲率兵马大举攻楚。吴、楚两军在柏举(今湖北省麻城东北)摆开战场,吴军五战五胜,一路打到楚都郢(yǐng)城(今湖北省江陵市)。这时楚平王已去世10年,继位的楚昭王仓皇逃出郢都,吴王阖闾率大军攻进楚王宫殿,已是空无一人。伍子胥找不到楚昭王,便挖开楚平王的坟墓,撬开棺木,怒气冲冲地鞭尸300下,为父报仇雪恨。这一行为虽然不免过激,然而对荒淫残暴的楚平王来说,确也属罪有应得。

吴王夫差

吴王阖闾在楚屯军近一年,一直抓不到楚昭王,越国却乘机进攻姑苏(今江苏省苏州市),同时弟夫概又叛乱。阖闾听到这一消息,急忙率领人马回国。不久,吴军与秦楚联军再战,双方均败,吴军东归,楚国才免亡国。公元前496年,阖闾兴兵伐越,死于军中。其子夫差继位后立志报仇,举兵伐越,一直攻到会稽(今浙江省绍兴市)。越王勾践被吴军围困在会稽山[今浙江省嵊(shèng)县西北],不得不忍辱求和。夫差撤兵回到吴都,勾践率领妻小和大夫范蠡一起来到吴王宫殿做人质。夫差为了北上讨伐齐、晋,称霸中原,组织庞大的民工队伍修筑邗(hán)城(今江苏省扬州市西),凿通邗江。这是世界历史上最早的运河。公元前484年,夫差率领吴军北上,会合鲁国军队一道攻打齐国。吴、齐两军在艾陵(今山东省泰安市南)交战,齐国大败。艾陵之战提高了吴国在中原诸侯国中的威望,但也助长了吴王夫差骄傲贪功的野心。艾陵之战后,夫差更听不进伍子胥的忠谏,反而听信太宰伯嚭(pǐ)的谗言,令伍子胥自杀。伍子胥仰天长叹,语告后人道:"我死后将我的眼珠剜出挂在都城姑苏(今江苏省苏州市)东门上,用来看越寇攻吴灭亡吧!"说完刎颈自尽。夫差听到伍子胥的遗言,怒不可遏,命人把子胥的尸首装在马革里面,抛进都城东南的三江口中。吴国百姓同情伍子胥,在江边为他修祠设祭,永远纪念。

称雄南方的夫差日夜想称霸中原。公元前482年夏,夫差率领人马北上,在黄池(今河南省封丘县西南)与晋定公等中原诸侯会盟。这时,越王勾践率领大军进攻吴国,俘虏并斩首了吴国太子友及王孙等人。吴国派人星夜北上向夫差密报国内情况,夫差竟把7个报信人杀死在幕帐里。冬天,夫差返回吴国,送了一份厚礼与越国求和,勾践和范蠡估计自己兵力尚不足以消灭吴国,于是同意讲和。此时,吴国的元气已经大伤,夫差争霸中原落得两头是空的结局。

越王勾践"卧薪尝胆"

相传越国是夏代所建,封在会稽(今浙江省绍兴市)。公元前497年,君主允常去世,其子勾践继位。吴王夫差举兵围困勾践于会稽山,勾践等人做了人质,在吴王宫中做差事。夫差以为勾践真心归顺,两年后便释放他返越,又两年后夫差又把范蠡放回越国。勾践返国后任命大夫文种为相,处理内政,让范蠡负责军事外交,共同致力于复兴大业。勾践立志报仇雪耻,常常躺在柴草上阅读书籍,不断反思;在吃饭处挂着苦胆,每逢进食先尝尝苦味,并问自己:"你忘了会稽的耻辱了吗?"勾践还采纳了范蠡提出的美人计,将美女西施献给吴王。夫差一见色艺俱佳的西施,果然大喜,宠爱无比。西施周旋于吴国宫廷之中,在勾践灭吴的过程中发挥了重要作用。

勾践卧薪尝胆,积蓄力量,经过十年生聚,越国国势日盛。公元前478年,范蠡见吴王夫差在黄池会盟中屡次与齐、晋争夺中原,损兵折将,国内空虚,建议勾践统率全国兵马杀向吴国。越国军队在太湖流域围困吴国军队三年,夫差欲罢不能,欲战不可,无可奈何,只得向越求和。范蠡怕失去获胜良机,就走出辕门击鼓进军。越国将士杀声震天,直奔吴国王宫。夫差见大势已去,羞对祖宗与屈死的伍子胥,只得用自杀了结了狂妄的一生。勾践报仇雪耻,前后达 22 年。公元前 473 年,勾践灭吴后发兵向北渡过淮水,在徐州(今山东省滕县南)大会诸侯,称霸中原。勾践成为春秋时期最后一个霸主。

范蠡与西施的传说

勾践灭吴之后,范蠡因谋划有功,官封上将军。但范蠡深知勾践,可与之共患难,不可与之共荣乐,便不辞而别,带着恋人西施,驾扁舟,渡东海,来到齐国。范蠡到齐国后便隐姓埋名,自称鸱(chi)夷子皮,以务农为业,举家同心协力躬耕于海滨。不久,范蠡家产便有了数十万。范蠡又辗转到陶(今山东省定陶县西北),再次改姓易名,自称朱公。他认为,陶位居天下中心,四通八达,便于交易,遂以经商为业,每日贱买贵卖,适时而动。19 年间,三致千金,世人凡论天下豪富,无不首推朱公。范蠡与西施过着美满的生活。另一种说法,范蠡在一片复国声中向越王告辞,乘一叶扁舟独自飘然而去,但西施没有随他而去。还有说法,越兵攻入吴都姑苏,吴王夫差想让西施一同自杀,勾践巧计救出西施。但勾践夫人妒忌西施,因而命力士将西施沉入江底。绝代佳人就此香销玉殒。然而,《史记》中没有述及西施。于是古代第一美人西施的结局,众说纷纭,成了千古之谜。

春秋时期诸侯间的争霸战争和联盟,实际是大国对小国的掠夺,给人民带来了灾难和痛苦。但是,同时也起到了推动历史前进的客观作用:加快了中国统一的步伐;刺激改革,发展生产,加快了新旧制度的更替,奴隶制日趋没落崩溃,封建制由萌芽到成熟,正式走上轨道;促进了民族大融合。春秋时代,东夷南蛮、西戎北狄不断骚扰中原,中原霸主以"攘夷"口号与之斗争,同时也不断讨伐他们,于是出现了空前的民族大迁徙、大交流,华夏族与其他少数民族彼此杂居,原有的民族间的地域被打破。在某些时候,中原地区的国家也采取"和戎"甚至通婚政策,从而,各民族间的经济、文化联系得到加强,同时也为以后汉民族的形成奠定了基础。

二、战国七雄

春秋时期,除诸侯国间的斗争外,在一国之内,贵族卿大夫之间为争夺土地、劳动力和对人民的剥削权也在不断相互斗争。公元前403年,周天子册封晋卿韩虔、赵籍和魏斯为诸侯,晋侯名存实亡。韩、赵、魏"三家分晋"标志着战国时代的开始,继而形成韩、赵、魏、齐、秦、楚、燕七国并峙的局面,史称"战国七雄"。七国的地理形势是:齐在东,楚在南,秦在西,赵在北,燕在东北,韩、魏居中。

养士盛行

战国时代,国与国间和一国内贵族间的矛盾和斗争日益扩大和尖锐化,由此"士"找到了活动舞台。"士"由没落贵族转化而来,一般受过六艺教育,能文能武,因而被国君或贵族收罗为己所用。"战国四公子"——齐国孟尝君田文、魏国信陵君魏无忌、赵国平原君赵胜、楚国春申君黄歇,即以养士闻名,动辄养士三千。"士"作为一种特殊的阶级,是后代官僚的前身,对于当时的政治发展起着相当的作用。

围魏救赵

齐国大军事家孙武死后100多年,他的子孙中又出了一位著名的军事家孙膑。孙膑与庞涓一道在楚国隐士鬼谷子处学习兵法,后来庞涓在魏惠王处做大将很得信任,但他却自认为才能不及孙膑,于是暗中派人把孙膑骗来魏国。孙膑在魏国也很得惠王赏识,庞涓便更加嫉妒,于是在惠王面前诬告孙膑私通齐国。魏惠王一气之下令庞涓给孙膑施以残酷的膑刑——剜掉膝盖上的两块骨头,因此世人便称其为孙膑。庞涓还在孙膑脸上刺字涂墨使他为奴,永远不能做官,以为自此以后便永无对手。有位齐国使臣在魏国知道了孙膑蒙冤经过,在离魏时,偷偷用车载着这位双脚瘫痪的奇才回到了齐国。

齐国在齐威王改革后国力迅速增强,便与赵国在反对魏国称霸的基础上结成了联盟。公元前354年,魏惠王派大将庞涓率魏、宋、卫三国兵马进攻赵国,赵国向齐国求救,齐威王派田忌为大将、孙膑为军师,率军前往救应。田忌、孙膑佯装围攻魏国都城,以逸待劳,在魏军返程必经之桂陵(今河南省长垣县西北)做好了阻击庞涓的准备。魏军连年作战,损伤不小,加上长途跋涉,已疲惫不堪,更料不到兵进桂陵后会遭齐军伏击,因此两下一开仗,魏军便溃散奔逃,损失一半,庞涓被活捉。田忌出于以德服人,孙膑看在同学面上,不久便释放庞涓回魏。桂陵之战,便是孙膑围魏救赵的妙计。

孙庞斗智

公元前342年魏惠王攻韩,韩向齐求救。齐宣王派田忌为将、孙膑为军师率军攻打魏国。魏惠王以庞涓和太子申为将，带领十万大军应战。孙膑以减灶法引诱魏军追击。第一天，庞涓占领齐军营地时发现齐营炉灶够10万人吃饭；第二天发现炉灶只够5万人吃饭；第三天发现炉灶仅够2万人吃饭了。庞涓以为齐军胆怯逃命，已溃不成军，便命令魏军日夜追击，追到马陵（今河北大名县东南）时，天已昏黑。此处道路狭窄，急于取胜的庞涓命令大军摸黑进入谷口，遭到预先埋伏的齐军袭击。庞涓走投无路，长叹一声："我不如孙膑，成就了这小子的名声。"话音刚落，便死于乱箭之下。齐军大获全胜，满载战利品凯旋而归。齐威王欲赏封地给孙膑，但孙膑不接受，将《孙子兵法》留予田忌后便辞官隐居起来。

商鞅变法

战国初期，各国相继变法改革，有魏国李悝（kuī）变法、楚国吴起变法等。公元前382年，楚悼王晋升吴起为楚国最高行政长官令尹，辅佐大政，主持全国变法。吴起的改革沉重打击了楚国旧贵族，加速了封建化的进程，使楚国国力迅速强盛。公元前381年，在改革大有成效之时，楚悼王病逝，旧贵族们乘机作乱，联合起来追杀吴起。因吴起之死，楚国改革未能彻底，政治、经济长期较中原地区落后。吴起作为中国历史上为改革牺牲的第一人，当被后人纪念。

战国中期商鞅在秦国的变法具有重大的历史影响。

公元前361年，秦孝公下令求贤，有才之士纷纷来到秦都咸阳（今陕西省咸阳市东）。卫国有位破落贵族的后裔，姓公孙，名鞅，也称卫鞅，又因受封于商地，故又称商鞅。商鞅来到秦国，拜见了秦孝公。公元前356年，秦孝公任命商鞅为左庶长，全面负责变法大事。为了取信于民，商鞅在法令未公布之前就派人在国都南门竖起一根三丈高的木头，百姓中谁能把这跟木头搬到北门，就赏给十两黄金。百姓们不相信，没有谁去移动，商鞅又将赏金改为五十两。有一人真的把木头搬到了北门，商鞅便赏赐此人五十金。因此，百姓们都相信商鞅令出必行。于是，商鞅雷厉风行公布了第一批法令。公元前352年，改革已获成效，秦孝公升商鞅为大良造（相当于相国兼将军），于是商鞅进行了第二次变法。

商鞅变法的主要内容是：废止井田制度，承认土地私有且创立按丁男征赋办法；奖励农、战，凡从事耕织缴纳粮食布帛多者可以改变原来身份，有军功者还可以授爵位；实行郡县制，把全国划分为31个县，由秦王直接委任官吏；统一度量衡。这场变法彻底清除了奴隶制度的残余，大大解放了生产力，使秦国经济迅速发展，军事力量大大加强，从而巩固和发展了封建制度。商鞅变法实质上是一场自上而下有领导的地主阶级政治大革命。

商鞅的改革必然引起旧贵族大臣们的反对。一次太子驷破坏法令,商鞅把太子师傅公子虔的鼻子割了,并在太子另一个师傅公孙贾脸上刺了字,于是法令畅行。但贵族大臣们都把仇恨集中到了商鞅个人身上。公元前 338 年,勇于改革的秦孝公去世,太子驷继位,是为秦惠文王。公子虔等人诬告商鞅要造反,商鞅只好逃到魏国,但魏人把他送回了秦国。秦惠文王早已怀恨在心,下令将商鞅处以车裂之刑(五马分尸),其全家也遭杀戮。商鞅为变法入秦,以殉法死秦,人虽死,但由于新法顺应了历史潮流,深入人心,得以继续推行,使得原本比较落后的西秦一跃而成为战国中后期最先进的强国,为以后秦统一六国奠定了基础。现存共 24 篇的《商君书》,是这位不朽的法家代表人物留给后世的宝贵财富。

合纵与连横

战国中期,齐秦两强对峙,彼此展开了争取盟国、孤立敌国的斗争,其他大国为了保存自己,也在不断选择策略。在这种形势下,一批随机应变、能言善辩、以权术谋取个人名利的说客(谋士)便乘机在各国统治者之间奔走游说,进行合纵、连横的政治外交活动。从地理位置上看,秦在西,其他六国在东,东西为横,南北为纵。六国之间南北联合,共同抗秦,称为"合纵";秦利用六国间的矛盾,远交近攻,各个击破,称为"连横"。各国为了自身的利益,时而追随秦国,时而追随楚国,反复无常,这就是"朝秦暮楚"成语的由来。适应这种形势的需要,一批纵横家,如张仪、苏秦、公孙衍等人涌现出来。

张仪,魏国人,曾跟苏秦一道在齐国师从鬼谷子先生学习游说之术,出师后去游说诸侯。秦国在破坏齐楚联合的斗争中,重用张仪。公元前 314 年,张仪到达楚国,欺骗楚怀王说,如果楚与齐绝交,秦愿割地 600 里给楚国。楚怀王起了贪心,应允下来。但当楚怀王向秦国索要土地时,张仪却狡辩道,只听说给楚怀王 6 里地,哪有 600 里?楚怀王大怒,扣留了张仪。张仪厚赂怀王近臣靳尚和宠姬郑袖,结果被释放回秦。

苏秦,东周洛阳人,与张仪一道学习游说之术。为了学好本事,他晚上苦读至深夜,瞌睡上来,便用锥子扎自己的大腿。后来,苏秦游说各国,鼓吹合纵,成为燕昭王的亲信。公元前 288 年,苏秦从燕至齐,齐湣(mǐn)王采纳其主张,由苏秦发动合纵。公元前 287 年,苏秦和赵国策士李兑相约,率领赵、齐、楚、韩、魏五国大军向西攻秦,迫使秦昭王归还魏、赵失地,取消西帝称号。公元前 241 年,赵、韩、魏、燕、楚又合纵攻秦,以楚王为纵长,一直攻到蕞(zuì)地(今陕西省临潼东)。但待秦军反攻时,各国兵马却纷纷逃撤,战国时期最后一次合纵终于流产。

廉颇与蔺相如

公元前284年,燕昭王任命乐毅为上将军,会同燕、秦、赵、韩、魏5国军队攻打齐国,赵将廉颇作战勇敢,被赵惠文王封为上卿,名闻于诸侯。第二年,秦昭王得知赵王获得了和氏璧,便诈以15城来交换。蔺相如持璧前往秦都咸阳,以不屈不挠的精神令秦王折服,同时也暗中保护了和氏璧。这就是历史上著名的"完璧归赵"的故事,蔺相如也因此被赵王封为上大夫。

公元前279年,秦昭王约赵惠文王在渑(miǎn)池(今河南省渑池县西)相会,以表面的友好来行诡诈之实。由于蔺相如在宴会上据理而针锋相对、廉颇在国内广作防备,秦国终究不能加害于赵国。赵王回国后,封蔺相如为上卿,位在廉颇之上。

渑池会后,有攻城野战之功的廉颇很瞧不起靠口舌起家的蔺相如,几次在大街上或宫殿里当众羞辱他。蔺相如次次都谦卑退让,绝不相争,并对门下人解释说:"秦王那样威风凛凛,我都敢在公庭之中斥责他;我虽然很愚,难道还会怕一个廉将军吗?我日夜所考虑,秦国暂时还不敢出兵攻打我赵国的原因,是我们两人同时存在。今两虎相斗的话,形势不能俱生。我所以处处避开廉将军,是以国家急务为先,以私人怨恨为后啊!"廉颇听到了这番大义凛然的话,万分惭愧,于是打着赤膊,背上荆条,前往蔺相如家请罪,将相自此和睦,两人结成生死之交。

完璧归赵,表现了蔺相如的机智勇敢;负荆请罪,表现了廉颇的耿直诚恳。一出"将相和",表现出两人以国事为重的高贵品质,千百年来被人们传颂。

荆轲刺秦王

荆轲,卫国人,为人深沉稳重,爱好读书,曾游历各国,与各地知名人士结交。荆轲到燕国时,恰逢燕太子姬丹在秦国做人质后刚逃回国。太子丹一心想向秦王政报仇,遂请荆轲刺杀秦王,并尊其为上卿。

公元前227年,燕太子丹将浸染毒药的匕首送给荆轲,并派13岁的勇士秦舞阳做其副手,令荆轲以向秦王进贡燕国地图和秦国叛逃将军樊於期的头为由,出使秦国。在易水为荆轲送别时,大家穿着白衣服慷慨高歌,荆轲唱着"风萧萧兮易水寒,壮士一去兮不复还"的悲歌,乘车而去。

秦王政隆重接见了燕国来使,荆轲向秦王呈上樊於期的首级后,接过秦舞阳所持地图卷筒双手捧上。秦王展开画卷,匕首露了出来,荆轲趁势左手抓住秦王衣袖,右手握匕首直刺秦王。秦王一跃而起，想抽出身上佩剑，无奈佩剑太长又抽不出，两人绕着厅柱追逐。宫殿上的大臣没有兵器，殿下侍卫没有命令又不敢上殿，情急之下，医官夏无且(jū)用药袋投击荆轲，药粉迷了荆轲的眼睛，秦王趁机抽出宝剑，砍断了荆轲左腿。荆轲倒地后将匕首投向秦王，却扎向了铜柱，左右侍从一齐上前，杀死了荆轲。荆轲刺秦虽未成功，但这一事件却代表了弱小者对强暴势力的反抗。荆轲这位悲剧英雄，一直被后人赞叹。

三、秦统一六国

秦国在商鞅变法后，开始逐渐对四邻侵略与掠夺。公元前 247 年，秦庄襄王病逝，太子嬴政即位，年仅 13 岁，吕不韦继任相国，被尊称为"仲父"。吕不韦命门下食客"人人著所闻"，汇编成《吕氏春秋》，为秦国统一天下治理国家提供了思想武器。秦王年幼，国事都由吕不韦和大臣们处理。吕不韦推荐食客嫪毐(lào ǎi)到甘泉宫，嫪毐与太后私通，深得太后宠幸。公元前 238 年，秦王政年满 22 岁，精明能干，雷厉风行，接到嫪毐与太后私通并生有儿子的举报后立刻下令查办，车裂嫪毐，夷灭其三族。一年后，秦王政免去吕不韦的相国职位，并逼他在封地自杀，一窝毒瘤被肃清。这时，其他六国已衰弱，统一天下的重担自然落到这位年轻君主的肩上。

秦王政首先从最弱小的韩国开刀，并于公元前 230 年灭韩，公元前 228 年灭赵，公元前 225 年灭魏，公元前 223 年灭楚，公元前 222 年灭燕。公元前 221 年，秦将王贲率军攻破临淄，齐建王投降。至此，战国七雄相争的局面结束，统一的秦帝国建立了。

四、先秦文化

诸子百家

春秋战国时期，生产力的飞速发展促进了商业繁荣和城镇兴盛，传统的社会秩序受到猛烈冲击。在各国竞相改革的风潮中，拥有文化知识的士人四处游说、讲学，极大地开阔了视野,他们开始独立思考并进行创造性的探索。社会上不同政治思想派别的代表人物对各种问题提出了不同见解,涌现出一批有开创性贡献的学术大师,形成了思想领域中百家争鸣的局面。历史上把这一时期的不同学派称为"诸子百家"。

儒家学派

孔子(子,在我国古代用在姓氏后,表示对人尊重),名丘,字仲尼,春秋鲁国人,伟大的思想家,儒家学派的创始人。他的思想主要是"仁"和"礼"两部分。"仁"就是要爱人,要广泛地理解和体贴别人,自己不愿意做的事,不应强加于人。具有"仁"德的人,无论在多么困难的环境中,也要坚持自己的理想,不随波逐流。"礼"就是要求人们能够约束自己,加强个人修养,使自己的言行举止符合社会规范。在政治方面,孔子提倡"为政以德",主张以"德"教化人民,以"礼"治国,反对苛政和任意刑杀,并提出"不患寡而患不均,不患贫而患不安"的论点。

孔子像

孔子也是伟大的教育家。在孔子之前,学校只招收贵族子弟。孔子30岁左右时开始创办私学,主张"有教无类",即不论社会地位高低、贫富贵贱,人人都应该有接受教育的机会。孔子有学生3 000多人,比较著名的有72人。孔子死后,弟子们把他的言论整理成《论语》一书,成为儒家经典著作,影响深远。汉武帝"罢黜百家,独尊儒术"之后,在中国2 000余年的封建社会中,孔子被尊为圣人,其学说成为封建文化的正宗。唐以后,孔子的学说开始传播到海外,成为世界性的东方文化的基本支柱与灵魂,孔子成为世界文化名人。如今,许多国家都办有孔子学院,研究弘扬儒家学说。

孟子,名轲,字子舆,邹(今山东省邹县东南)人,战国思想家。孟子继承孔子"仁"的思想,提出"施仁政于民",主张减轻对人民的剥削。他还提出"民贵君轻"的古代民主思想和"富贵不能淫,贫贱不能移,威武不能屈"的道德观念。孟子一生很像孔子,过着长期私人讲学生活,带着学生周游列国。由于孟子过分强调人的主

孟子像

观精神作用,断言"万物皆备于我矣",因而在儒家哲学中逐渐形成一个唯心主义的理论体系,对后来的宋代儒学有很大影响。孟子被认为是孔子学说的继承者,有"亚圣"之称,著有《孟子》,也为儒学经典之一。南宋朱熹把《孟子》、《论语》、《大学》和《中庸》合为"四书",使之成为封建科举取士的入门标准书籍。

道家学派

老子,姓李名耳,又称老聃(dān),楚国人,春秋末期哲学家,道家学派创始人。老子学识渊博,孔子曾问礼于他,其著有《老子》(汉以后又叫《道德经》)一书,记述了他的主要思想。老子有朴素辩证法思想,认为一切事物都包含有和无、难和易、长和短、高和下、前和后等对立面,对立的双方能够相互转化。但他忽视矛盾双方的斗争,把转化看做无条件的循环往复。老子向往"鸡犬之声相闻,民至老死,不相往来"的原始纯朴风气,要求回到"小国寡民"时代。老子的思想对后世产生了深远影响。

庄子,名周,宋国人,战国时哲学家,道家学派的代表人物。庄子继承和发展了老子的思想,带有朴素辩证法因素。他强调事物都在运动变化之中,而事物的变化是由于矛盾双方的相互消长。他认为一切都是相对的、可以转化的,但把事物的相对性绝对化,否定了事物之间的差别,表现为相对主义。庄子哲学在中国思想史上有着重要地位,后来的玄学、佛学、理学对它都有所吸收。庄子及其后学著有《庄子》一书,亦称《南华经》,是道家经典之一。《庄子》共 33 篇,大多为寓言故事,想象丰富,在哲学、文学上都有较高研究价值。

庄子像

墨家学派

墨子,名翟(dí),鲁国人(一说宋国人),春秋战国之际思想家,墨家学派的创始人。墨子曾学儒术,因不满其烦琐的"礼"而另立新说,聚徒讲学,成为儒家的主要反对派。墨子主张"兼爱"、"非攻"。"兼爱"就是反对人对人的压迫,主张对待别人就像对自己一样,尽力帮助别人。"非攻"就是反对不义的掠夺战

墨子像

争。墨子以"兴天下之利,除天下之害"为教育目的,尤重艰苦实践和服从纪律。墨子弟子很多,其学说对当时的思想界影响很大,与儒学并为"显学"。墨子提出,认识事物的标准要根据众人耳闻目见的实际情况和客观效果来验证,这带有认识论中的唯物主义因素。

法家学派

法家起源于春秋时的管仲、子产,发展于战国时的李悝、商鞅、慎到和申不害等人。战国末期,韩非集法家学说之大成。

韩非出身韩国贵族,是法家的主要代表人物。他综合商鞅的"法"治、申不害的"术"治、慎到的"势"治,提出以"法"为中心"法、术、势"三者合一的封建君主统治术,对后世影响很大。韩非主张实行"法治",加强中央集权,用严酷的刑罚镇压反抗,巩固国家的统治。韩非出使秦国,受到秦王政的重用,但不久因李斯、姚贾陷害而自杀于狱中。秦王政用其学说,建立了强大、统一的中央集权政权,结束了几百年的分裂局面。韩非著有《韩非子》一书。

韩非子像

各派之间不仅互相阐述各自的思想主张,还相互争论和批评。如在治理国家的问题上,儒家主张教化百姓,以"礼"治国;法家强调用"刑罚"加强统治;道家既反对"礼"治,也反对"法治",他们提出"无为而治"。各家相互辩驳又相互影响,有力地促进了思想文化的发展。

文学

神话、《诗经》、散文和屈原的诗是先秦文学的重点,对我国后来的文学起着巨大的作用。

神话

神话对于我们认识原始时代和人类生活的发展历程有着极其重要的意义。神话充满了原始人类的丰富幻想,表现出他们对未来生活的希望。神话反映现实的方法是浪漫主义的,这种浪漫主义是神话的基础,对后来的诗词、小说和戏曲的影响很大。

女娲(wā)补天造人 盘古开天辟地后死去,此时天崩地陷,水火成灾,于是女娲便炼五色石补天,用泥造人。这一神话反映了原始人的蒙昧状态和渴望认识自然的进取精神。

共工折天柱和鲧、禹治水 恶神共工氏与颛顼争为帝,怒而触不周之山,折天柱,绝地维,江河东流,洪水泛滥成灾。鲧为了堙(yīn)治洪水,替人类除害,偷了天帝的"息壤"(治水的神土),天帝便命火神祝融杀害了鲧,禹继承了鲧的事业。鲧和禹都是非常有本领的人,鲧能窃天帝的息壤止洪水,禹能化成熊驱使神龙帮他治水,这些传说显然是原始人智慧和愿望的集中体现。

夸父逐日和后羿(yì)射日 夸父敢与太阳竞走,表现了原始人类与自然作斗争的大无畏的英雄气概和他们迫切要求征服自然的强烈愿望。后羿用弓箭上射九日,下除风怪,是为民除害的英雄。

精卫填海和刑天舞干戚 炎帝之女名曰女娃。女娃游于东海,溺而不返化为精卫鸟,常衔西山的木石丢入东海,誓填东海。刑天敢于反抗天帝,被天帝砍了头却仍挥舞着干戚(兵器)以示反抗。这两则神话表现了人类和自然作斗争的不屈不挠的精神。

《诗经》

《诗经》是我国文学史上第一部诗歌总集,反映了西周初期到春秋中叶 500 多年间复杂的社会生活和尖锐的阶级斗争。《诗经》分为风、雅、颂三部分,除《小雅》6 篇有目无辞外,余下 305 篇中:风共 160 篇;雅分《大雅》、《小雅》,共 105 篇;颂有《周颂》、《鲁颂》、《商颂》,共 40 篇。

《诗经》的名称是汉儒加上去的。风、雅、颂三部分,大约是音乐上的区分:"风"就是各地诸侯的土乐,"雅"就是西周王畿一带的乐调,"颂"就是祭祀的舞曲。

《诗经》在秦灭后,至汉复传,传诗者有四家:鲁国的申培公、齐国的辕固生、燕国的韩婴及赵国的毛苌(cháng),或取国名或取姓氏,简称鲁、齐、韩、毛四家。毛诗最晚出,遂学毛诗者渐多,其他三家就逐渐衰废了,故毛苌有"诗祖"之称。

《诗经》的精华——周代民歌,是中国文学史的光辉起点,对我国文学特别是诗歌有极其重大的影响。中国文学史上有成就的诗人,大都曾受过《诗经》的影响,特别是其中的民歌部分。

诸子散文

战国时期的诸子散文是中国文化史上的一朵奇葩,大都是优秀的文学作品。

《论语》是孔子的弟子和后学者记录的孔子言行片段。《论语》在语言方面留下了不少形象而具体的格言；语言口语化，幽默风趣，富于启发性，不少语句富有诗意。孔子思想的核心是"仁"，《论语》中讲"仁"达109次之多。

《孟子》是孟子的政治理想不得实现时和学生一起撰写而成的。《孟子》的语言诙谐风趣并有鼓动性。《孟子》的文章特点：一是富有激情，有强烈的战斗性和巨大的讽刺力量；二是善于运用比喻，巧妙、确切而有趣，使抽象的道理具体化。孟子散文的影响要比《论语》大。唐以后，孟子的地位和孔子并列，这和孟子文章的成就不无关系。

《庄子》共33篇，内篇7篇是庄周的亲笔，外篇系庄子的门人或后学所作。庄子用寓言故事来做文章，幽默、辛辣，有巨大的讽刺力量，如用河伯"望洋兴叹"的故事讽刺见识少而又自高自大的人。庄子的散文有独特的风格，对后来的文学影响很大。

《墨子》是墨翟（di）及其弟子、后学所著。

《韩非子》为韩非所著。

《列子》8篇，列为道家。列子即列御寇，又名圄寇，他的事迹已无可考。《列子》书早已失传，今本《列子》疑是晋人伪托，其中有些内容表现了人们战胜困难、改造自然的决心。

屈原及其作品

屈原是我国历史上伟大的爱国诗人，他的诗歌不但是中国人民的文学瑰宝，而且在世界诗坛上也绽放光芒。因此，屈原被列为世界文化名人，深受世界人民敬仰。

屈原名平，楚国人，出身贵族，曾任楚怀王左徒。怀王因听信了谗言而疏远了屈原。屈原被流放，但不久又被怀王召回。怀王要去秦，屈原劝其不要去，怀王未听，终死于秦。顷襄王时，屈原又遭到亲秦派势力的打击，再度被流放。在流放中，他写了许多沉痛的诗歌。晚年，屈原想到自己年老体弱，理想破灭，故国沦陷，因而在写下一首绝命诗《怀沙》后，便自沉湘江下游的汨（mì）罗江，以身殉国，死时约60多岁。传说屈原投江那天正是夏历五月初五，后来人们便在这天划龙舟、吃粽子，以纪念这位伟大的诗人。这就是端午节的由来，屈原在人民的心中得到了永生！

屈原的作品有《离骚》、《九歌》、《天问》、《九章》、《远游》、《卜居》、《渔父》等20余篇。《离骚》是屈原的代表作品，是带有自传性质的抒情诗。"离骚"二字的含义，就是遭遇忧愁。《离骚》全篇瑰丽奇伟、冠绝千古，全诗373句，2 490字，是我国文学史上最长的抒情诗，并开创了世界罕见的最伟大的新体裁——骚体诗，这是中国诗歌形式上的一大发展。

"楚辞"有两种含义,一是西汉人把屈原的作品以及后人的骚体诗统称为"楚辞";另一种是书名,指西汉末年刘向辑录屈原、宋玉以及汉代人的作品而成的《楚辞》一书,是继《诗经》之后的又一部诗歌总集。屈原以后的楚辞作家以稍后于屈原的楚国人宋玉最为著名,其与屈原并称"屈宋"。

史学

《尚书》　"尚"通"上",《尚书》即"上传的书",是我国最早的一部历史文献汇编。其中,《虞书》、《夏书》是西周至春秋时人根据传说的追记,《商书》和《周书》则大多为当时作品。孔子曾系统整理过一次《尚书》,但《尚书》最后定型于春秋战国之时,被汉儒尊为《书经》。今传世59篇,是研究我国奴隶社会历史的珍贵资料。

《春秋》　《春秋》是鲁国编年史,经孔子修订过。由于《春秋》记事过于简括,词句含义过于深微,因此必须加以解释,这就产生了《公羊传》、《穀梁传》、《左传》三部书,被称为"春秋三传"。前二书重在解释《春秋》微言大义,《左传》重在叙述历史事实。

《国语》　《国语》是我国第一部国别史,共21卷,记载了上起周穆王、下至鲁悼公500余年8个诸侯国的史事,作者为8国史官,成书大致在战国初期。又传说《国语》为鲁国盲人左丘明所作。《国语》通过历史人物的言论、对话和论战来揭示历史事件。

《左传》　《左传》又名《左氏春秋》,是我国第一部详细完备的编年体史书,以《春秋》为纲,上起鲁隐公元年、下至鲁悼公十四年。这部记载了268年春秋时期各国历史的名著,相传为左丘明所作。《左传》不但历史资料丰富,而且文学价值也很高。

《战国策》　《战国策》是战国时代各国政治、军事、外交等情况的记录,是当时各国政客、史官的笔录汇集。今存33卷,为汉刘向所辑。《战国策》善于运用寓言故事来增强语言的生动性和说服力,如"鹬(yù)蚌相争"、"画蛇添足"、"亡羊补牢"等,都是流传至今的寓言故事。

其他

鲁班,姓公输,名般,"般"通"班",因是鲁国人,故称鲁班。鲁班发明过很多机械,制造过木车马、飞鹊和攻城用的云梯等。相传一些木工工具,如刨、钻等就是他发明的。鲁班不但长于木活,而且还善于建筑,历代工匠都尊奉他为祖师爷。

墨子也是一位能工巧匠,他像鲁班一样也能制造木鸢(yuān)和云梯。《墨子》中的"墨经",记录了墨子及其弟子对物体运动中力的作用、杠杆原理、光线直射等力学、光学方面的深刻见解,具有先驱意义,是我国科技史上的一块瑰宝。因此,墨子又是我国古代一位卓越的科学家。

孙武,春秋末期军事家,兵家的创始人。孙武总结春秋时的战争经验,创立军事理论,著有《孙子兵法》。孙武的后代孙膑是战国中期军事家,著有《孙膑兵法》,早佚。1972年,山东临沂银雀山汉墓中发现了《孙膑兵法》竹简,其以朴素的唯物论和辩证法丰富了中国古代的军事学术。

战国时期,医学家们将中医学理论知识和长期与疾病作斗争的临床经验加以系统总结,写成了我国现存最早的不朽医学经典著作《黄帝内经》(一般简称《内经》)。《黄帝内经》奠定了此后2 000余年中医学的理论基础。

扁鹊,原名秦越人,春秋战国之际的名医,熟练掌握切脉、望色、听声等诊断方法和针灸、汤液、熨(yù)帖等治疗方法。他在为秦武王治病时,因遭太医令的嫉妒而被杀害。

李冰,我国古代著名水利专家,战国末期曾任秦国蜀郡太守。他征发民工在岷江出万山流入平原的地方修建了都江堰(在今四川省都江堰市)。这项举世闻名的水利工程使成都平原变成天府之国,2 000多年来一直造福于人民。都江堰由"分水鱼嘴"、"飞沙堰"、"宝瓶口"等部分组成,是我国古代规模最大、效益最好、历时最久的水利工程,至今仍发挥着重要作用。2000年,都江堰与青城山一起被联合国教科文组织列入"世界文化遗产"名录。

郑国,韩国水工。在秦王政支持下,他修建了一条干渠总长300里的水利工程,灌溉田地400多万亩,使关中变成一片沃野。因此,秦人便用郑国的名字命名此渠为郑国渠。

春秋战国时期,绘画逐渐成为一门独立的艺术。青铜器工艺除造型轻巧、形制多样外,花纹也由铸纹发展到精细的鎏金文和刻文。由于毛笔的使用,这一时期出现了丝帛绘画品。

春秋战国时期,周王室和各诸侯国都盛行以编钟和鼓为主要乐器的大型乐队,编钟、编磬、鼓和瑟音色优美和谐。相传春秋时的乐师俞伯牙琴艺高超,《高山流水》是他的名曲,但可惜只有知音钟子期领会其中美妙的意境。这便是"高山流水遇知音"的典故。

春秋时期还流行围棋,奕秋是著名的围棋高手。

《春秋》一书记载了公元前720年我国的一次日全食,以及公元前613年7月彗星扫过北斗的现象,留下了世界上有关哈雷彗星的最早记录。战国时期,有了专门观测星辰的占星家,他们留下了一批研究天体运行的著作,如齐国甘德的《天文星占》8卷、魏国石申的《天文》8卷。后人把这两部著作合为一部,取名《甘石星经》。甘德和石申等人观测总结了行星出没规律,记录的恒星名字多达 800 个,他们还测定了 120 颗恒星的赤道坐标,这是世界上最早的恒星表,比意大利伽利略的发现早了 2 000 多年。

战国时的历法,一年为 365 又 1/4 天,19 年中共有 235 个月,其中 7 个闰月,这种颛顼历是当时世界上最精确的历法之一。战国时期,人们根据黄河流域的气候确定了 24 个节气,并根据节气变化来安排农业生产,这是我国劳动人民的杰出创造。

春秋时期已经使用圭(gui)表、漏刻等计时器,对一天的时间作比较精确的划分和记录。圭插在晷盘中心,晷盘上刻着表示时刻的分划,太阳照射的针影投射在晷盘的分划上就能指示出时刻。阴雨天和夜晚则用漏刻。漏刻又称漏壶,包括下有小孔的铜壶和带有刻度的刻箭两部分。水匀速漏下,通过刻度观察水位变化即可确定时刻。

第四章 秦汉时期

（公元前 221 年—公元 220 年）

一、秦始皇的统治

秦始皇嬴政是中国第一位皇帝。夏商周三代最高统治者多称王,秦王嬴政完成统一大业后便自称"始皇帝",并规定皇帝自称"朕",命称"制",令称"诏"。"皇帝"作为最高统治者的称号,在中国沿用了 2 000 多年。秦始皇任命李斯为丞相,建立了一整套专制的中央集权体制。在中央,设丞相、太尉、御史大夫。丞相协助皇帝处理国家政事,太尉掌管军事,御史大夫负责监察百官,彼此互不统属,都对皇帝负责。在地方,废除以血缘纽带为基础的封建制,建立由中央直接管辖的郡、县二级行政机构,把全国分为 36 郡,郡下设县。郡的长官称郡守,县的长官称县令。各级官员都由朝廷直接任免。

秦始皇统一度量衡,统一亩制(每亩 240 方步)和币制[黄金为上币,重一镒(yì,20 两);铜为下币,重半两];兴办交通,以首都咸阳为中心修建通向全国各地的行车跑马的大路——驰道;疏通水路,加深"鸿沟"(即后来的卞渠,在河南郑州、开封一带)以发展中原地区的水上运输,任命天才水利专家史禄负责修建一条连接湘江与漓江的人工运粮渠道,这样湘江中的船只可直达岭南。这项工程被称为"灵渠",全长 34 公里,连接长江与珠江,有着不可磨灭的历史意义。统一法令和统一文字。李斯等人以秦系大篆为本进行文字规范化工作,推广"小篆",叫做"书同文"。相传,程邈在狱中创造出一种更为简便的字体,秦始皇很赏识这种文字,遂赦免了程邈并给他升了官。秦朝时,罪徒称为"隶",所以程邈所创的字体被称为"隶书"。隶书简单实用,很快便在全国流行起来。隶书是古文字和今文字(楷书)的分水岭。这一切都成为中国2 000年封建社会制度的典范,改变了"田畴异亩,车途异轨,律令异法,文字异形"的混乱局面,故秦始皇被称为"千古一帝"。

为了防止北方游牧民族部落匈奴的入侵,秦始皇派大将蒙恬调集了大约50万民工修筑长城。长城西起临洮(今甘肃省岷县),东至辽东(今辽宁省东南),将过去燕、赵、秦的旧长城连接起来并扩充延长,随地形起伏,蜿蜒一万多里,世称"万里长城"。秦长城是古代世界著名的伟大工程之一,是古代中国广大劳动人民辛勤劳动的伟大成果,在历史上对巩固国防起了重大作用。但秦修筑长城也给劳动人民带来了深重的苦难,人们便创作了孟姜女寻夫哭倒长城的故事控诉封建专制的淫威,故事至今还在流传。

秦始皇为了满足穷奢极欲的生活,不惜残酷压榨和役使劳动人民。他为自己兴建宫殿,仅阿房宫就役使了70万人;在骊山为自己修造的陵墓位于现陕西临潼城东,如今的陵墓遗址尚高达76米。据推测,陵墓为重城,外城周长6 000多米。1974年,在陵墓东三里处发现了陪葬兵马俑坑,兵马俑6 000余件按阵排列,与真人真马大小相近,气势浩荡。武士俑所持兵器上万件,皆铜锡合金所铸,青铜剑经过铬化处理,至今光洁不锈。兵马俑表现了当时高超的雕塑、建筑、冶金技术,被誉为世界古代八大奇观之一。秦始皇修宫造墓所役使的劳力估计约为150万人,接近当时总人口的10%。

秦始皇接受李斯的意见,下令焚书坑儒。令天下人把所收藏的《诗》、《书》和诸子百家著作一概送往官府烧掉,只有医学、占卜、栽培的书籍不必焚烧,违者罪罚。焚书对中国文化造成了恶劣影响。秦始皇为求长生,先后派徐市、韩终、侯生、卢生等人寻求不死之药。侯生、卢生怕求药不应验会被处死,于是一起逃跑了。始皇大怒,正巧又听说咸阳儒生中有人散布流言飞语迷惑百姓,于是便下令将460多个儒生活埋,企图用这种方法制止天下人议论国家大事。始皇长子扶苏劝阻始皇说:"天下刚统一安定,远方百姓还未完全亲附。各位儒生学习孔子学说,是为了平治天下。如果您一概用重刑处理,恐怕会使天下人心不安。望陛下认真考虑。"始皇不但不听,反而下令要扶苏离京,去监视蒙恬防守边境。

始皇到处巡视,有次在阳武博浪沙(今河南省原阳东南)碰上张良派遣的大力士谋刺。行刺失败后,刺客张良改名换姓逃亡躲避到下邳。公元前210年,始皇东巡到沙丘(今河北省平乡县东北)时突然病危,写下一封遗嘱,要求在北方协助蒙恬防御匈奴的长子扶苏马上回咸阳,准备即位。但这道诏书还未发出,秦始皇便在马车厢内去世,享年51岁。

二、秦二世的昏庸

丞相李斯和宦官赵高联手篡改了秦始皇的遗诏,命令扶苏和蒙恬自杀,并赶回咸阳拥立始皇小儿子胡亥继位,称秦二世。胡亥继位后,听从赵高的建议,一口气杀光了 18 个哥哥、10 个姐姐,自己成了始皇的独生子,"无可争议"地坐稳了皇帝的宝座。赵高怂恿二世享乐,深居简出,以便自己独揽大权,并设法挑起二世对李斯的不满,诬陷李斯的儿子李由(三川郡守)与起义军陈胜有勾结。李斯被判处"五刑":先脸上刺字涂墨,再割鼻,再剁脚,再阉割,然后腰斩,还被夷灭了三族。这位功勋显赫而又因贪恋爵禄不讲原则的政治家,终于落得如此悲惨下场。赵高除去了李斯,攫取了丞相大权。为了打击异己分子,赵高特意举行了一次由皇帝和大臣参加、一头梅花鹿列席的朝会。在会上,赵高指着鹿对胡亥说:"陛下,这是多么英俊的一匹马啊!"胡亥疑惑地看着赵高,心想你怎么这样糊涂啊,于是笑着对赵高说:"爱卿弄错了吧,朕看是一头鹿。"这时,赵高阴阳怪气地对着群臣问道:"大家看这是头鹿还是匹马啊?"当时,有的人说是鹿,有的人说是马,还有的人默不作声。朝会结束后,赵高把那些说实话的官员陆续杀了。这就是比喻颠倒是非的成语"指鹿为马"的由来。

刘邦军队打到武关(今陕西省丹凤县东南)后,赵高害怕二世怪罪惩罚,派女婿阎乐去杀秦二世。阎乐赶到二世面前说:"我受丞相命令,为天下人讨伐你。"于是,二世只好自杀。二世死后,赵高立二世哥哥的儿子子婴为秦王。子婴即王位前便叫手下人杀了赵高,并灭了他的三族。

三、大泽乡起义与秦亡

秦二世严刑苛法、大兴土木,民不聊生。二世元年(公元前 209 年)7 月,秦征发贫民防守边境。有一支 900 多人的戍卒队伍由两名军官押送,向渔阳(今北京市密云)开发。队伍到蕲县大泽乡(今安徽省宿县东南)时遇上暴雨,道路不通,不能按期赶到渔阳。按照秦法,不按期到达的人均要杀头。戍卒中两名豪杰陈胜、吴广假称扶苏项燕的部下,为天下人带头起事。为在群众中树立威信,他们一是用朱砂在丝帛上写上"陈胜王"三字塞在鱼肚子里;二来吴广深夜躲到营地旁的丛林神祠中模仿狐狸叫:"大楚兴,陈胜王!"戍卒烹鱼时看到丝帛上的字,又听到狐狸的叫声,都交头接耳,注视陈胜。一切准备就绪,陈胜和吴广便夺剑杀死两个军官,筑坛订盟,称"大楚",陈胜称将军,吴广为都尉,点燃了反秦起义的烈火。

大泽乡起义后,义军迅猛发展,到攻占陈县(今河南省淮阳)时已拥兵数万,陈涉(陈胜)建立"张楚"国,自立为王,天下豪杰与民众纷纷响应。刘邦在萧何、曹参支持下,杀死沛县县令起义,自号沛公,有兵 2 000 人。项梁、项羽杀死会稽郡守,招募吴中精兵 8 000 人,占领全郡各县。陈胜派周文率领大军进攻函谷关、临潼关,遇到章邯率领的秦军的反攻,义军失败,周文自杀。不久,吴广被部将田臧杀死,起义队伍被逐个击溃。到了 12 月,陈胜败退到下城父(今安徽省蒙城西北),被车夫庄贾杀死。陈胜部将吕臣率军反击,收复陈县,杀死庄贾,将陈胜安葬在砀(dàng)县,谥为隐王。陈胜、吴广起义仅仅 6 个月便失败了,其主要原因是:缺乏军事素养,过早与秦军主力决战;起义军中的野心家割据分裂,不肯救援;陈胜、吴广个人骄傲自满。但是,陈胜、吴广起义开启了人民起义的序幕,其所设置的侯王将相最终推翻了秦朝统治。

陈胜被害后,所置侯王将相各自为政,以项羽和刘邦势力最大。项羽叔父项梁听从谋士范增建议,立楚怀王的孙子熊心为王,仍称楚怀王。项羽与刘邦共事楚怀王,并接受了楚怀王"先入定关中者王之"的约束,分兵攻秦。项羽率军渡河救赵,渡河时烧掉营房,毁掉炊具,每人只带三天军粮,渡河后把船只全部烧掉,以显示不战胜即战死的决心。这种战术被称为"破釜沉舟"。过河后,经过 9 场恶战,项羽终于在巨鹿(今河北平乡县西南)大战中击溃秦军,章邯也被迫投降项羽,秦王朝的主力部队被项羽歼灭了。刘邦收召陈胜、项梁的散兵,向西进发,张良率部归顺,到达霸上(今西安市东南)。秦王子婴乘素车白马,用丝带套在颈上迎降,献上皇帝印玺,秦亡。

四、楚汉相争(公元前 206 年—公元前 202 年)

刘邦率军进入咸阳后,听从张良、樊哙(kuài)建议,封存府库,领军退出咸阳,仍驻扎在霸上。刘邦与三秦父老豪杰约法三章:"杀人者死,伤人者及盗抵罪",并废除秦朝一切苛法,为秦人所喜。

当时,章邯已投降项羽,被封为雍王。项羽的士兵对投降的秦军进行报复侮辱,秦军为前途担忧,暗中议论。项羽亦担心秦军入关后发生变故,便在新安(今河南省渑池县)乘夜袭击并活埋 20 万降卒。项羽西进,击败刘邦守军,攻破函谷关,驻扎在新丰鸿门(今陕西省临潼东),与刘邦驻扎的霸上对峙。谋士范增怂恿项羽乘机消灭刘邦,项羽叔父项伯知悉后,乘夜骑马赶到刘邦军营中,找到张良(张良曾救过项伯的命),劝其逃离刘邦。张良将情况报告给了刘邦。刘邦宽待项伯,并与其订为儿女亲家。第二天,项羽设宴招待刘邦。范增多次向项羽递眼色,要项羽下决心杀死刘邦,项羽却沉默无反应。范增召来项庄,令其借舞剑刺杀刘邦。项庄入席拔剑起舞,项伯亦拔剑对舞,亲自保护刘邦。张良见情况危急,召来武士樊哙。樊哙闯入,怒发上指,瞪着项羽。项羽赐给酒与猪肘,樊哙在盾牌上切肉吞下,大受项羽称赞。刘邦乘机借去厕所逃回霸上,留张良献礼谢罪。刘邦回营后,立即杀了暗通项羽的左司马曹无伤。"项庄舞剑,意在沛公",比喻言行表面上另有名目,实则怀有恶意的成语,由来于此。

鸿门宴后,项羽领兵进咸阳,纵兵屠城,杀死秦降王子婴,掳掠金钱宝物与妇女,烧毁宫室,大火连延三月不熄,为秦人所恨。项羽欲自己做王,便分封诸将为 18 个诸侯王,刘邦为汉王于汉中,并自封为西楚霸王,统治九郡,定都彭城(今江苏省徐州市),杀了楚怀王。从此,楚汉相争局面形成。

刘邦进入汉中后,任用萧何为丞相,招揽人才,积蓄力量。韩信不被项羽重用,于是投奔刘邦。萧何发现韩信有才能,多次推荐却未被采纳,韩信不辞而别。萧何听到消息,亲自追回韩信,并对刘邦说:"大王要争天下,就非用韩信不可。"于是,刘邦举行仪式,登坛拜韩信为大将。韩信畅谈统一天下的策略,刘邦听后大喜,悔恨了解韩信太晚。于是任韩信为左丞相,指挥将领攻打项羽。公元前 205 年 4 月,刘邦率军攻下彭城,却又被项羽反攻打败,父亲刘太公与妻子吕雉(zhì)都被俘虏。刘邦逃到荥阳,萧何从关中派兵救援,楚汉两军对峙。刘邦听从陈平建议,采用反间计,用重金收买间谍人员,使项羽对范增都有所怀疑。范增建议攻下荥阳,项羽不听。范增大怒道:"天下事已经决定了,大王自己干吧! 我希望放我这把老骨头回家。"项羽亦不挽留,范增便离开了项羽。范增是项羽的主要谋士,累建奇功,被尊为"亚父",范增的离开是项羽失败的一个重要因素。

公元前 203 年 8 月,刘邦派侯公前往项羽营中,说服项羽以楚汉平分天下,两国以鸿沟为界,西属汉,东属楚。鸿沟在河南荥阳东南,又名大沟,是沟通黄河与淮河的一条运河。项羽送回刘太公、吕雉和刘邦其他家属,按约引兵东归。楚汉王休兵以鸿沟为界,日后人们便用"鸿沟"两字形容界限分明,中国象棋盘上的"楚河汉界"亦从此而来。

刘邦听从张良的建议,授韩信以封地。韩信受封后,便率军进攻项羽。公元前202年12月,项羽仅剩10万疲惫不堪的部队,退到垓下(今安徽省灵璧县东南)驻扎。韩信亲领30万大军进攻,把项羽败军团团围住。深夜,汉军高唱楚地民歌,歌声传入项王营帐中。项羽大惊说:"难道汉王已经全部占领楚地了吗?汉军中为什么有这么多楚地人呢?"于是半夜起身,在帐中饮酒,爱姬虞美人陪着他。项王一生驰骋沙场,有一匹青白色骏马。他望着美人战马,悲从中来,作了一首楚歌,唱道:

力拔山兮气盖世,时不利兮骓不逝。骓不逝兮可奈何?虞兮虞兮奈若何!

虞美人唱和道:"汉兵已略地,四面楚歌声。大王意气尽,贱妾何聊生!"歌舞之后,虞姬便拔剑自刎了。这便是霸王别姬的故事。"四面楚歌"这个比喻处在孤立无援、四面受敌的困境中的成语也由此而来。

虞姬死后,项羽乘夜突围,向南方奔驰而去。天亮后,汉军追赶上来,项羽边战边退,逃到乌江(今安徽和县东北)。乌江浦的亭长停船专等,对他说:"快渡江吧,可以到江东称王。"项羽说:"江东子弟八千随我征战,现在没有一人生还。我有什么脸面见江东父老呢?"于是把骏马赠给亭长,下马与汉军短兵接战,杀死了几百名汉兵,自身也受伤多处。他抬头望见汉将吕马童说:"你不是我的老友吗?听说汉王悬赏买我的头,我成全你吧!"于是自刎而死,是年32岁。

刘邦说,张良、萧何、韩信三人杰,"吾能用之,此吾所以取天下也。项羽有一范增而不能用,此其所以为吾所擒也"。韩信对项羽的评价为:"匹夫之勇,妇人之心,失天下心,其强易弱。"说得确切。

五、西汉(前汉)(公元前202年—公元9年)

从公元前202年刘邦称帝,建立汉朝,初建都洛阳,后迁都长安,到公元8年王莽篡位,历史上称为西汉或前汉。刘邦就是汉高祖。刘邦击败项羽后,回故乡沛县,设酒招待父老乡亲,畅谈乡情。酒酣起舞,唱了《大风歌》:"大风起兮云飞扬,威加海内兮归故乡,安得猛士兮守四方!"慷慨感伤,眼泪簌簌(su)流下。

汉初三杰

萧何,沛县人。秦末为沛县吏,佐刘邦起义,为刘邦制定政策,指挥战争。楚汉相争中,萧何以相国身份留守关中,制定法律,恢复社会秩序,安定人民生活,对刘邦战胜项羽、建立汉朝起了重要作用。

张良,字子房,韩国贵族。韩亡后,以家财求得刺客,在博浪沙行刺秦始皇未中,改名亡匿下邳。传说在圯(pǐ)上遇黄石公,得《兵法》。陈胜起义后,聚众归刘邦,为刘邦重要谋士。刘邦用其策,重用韩信,击败项羽。

韩信,淮阴人。少时家贫,常从人寄食,曾受胯下之辱。秦末投项梁起义军,后事项羽。项羽不用其策,亡归刘邦。刘邦用其策,占关中,破秦军,会师垓下,击灭项羽。刘邦称帝后即收回其兵权,封为淮阴侯。后因有人告发其准备袭击吕后,被吕后和萧何密谋杀死在长乐宫,并被灭了三族。韩信是萧何推荐重用的,却又死在萧何的计谋中,于是人们说:"成也萧何,败也萧何。"这一成语比喻事情的成败、好坏都由一人造成。

吕后当政(公元前 195 年—公元前 180 年)

吕雉为刘邦发妻。楚汉相争时,刘邦兵败彭城,父亲与吕雉等人被掳往项羽军中(后被项羽放还)。刘邦一人落荒而逃,遇到一处人家,乞饭借宿,这家人听说他是汉王,就把女儿许配给了他,即戚夫人。戚夫人年轻貌美,能歌善舞,粗通文墨,又体贴奉迎,刘邦溺爱成癖。刘邦称帝后,吕雉即为皇后,其子刘盈为太子。戚夫人乞求刘邦立其子如意为太子,刘邦便提出废立太子,但却遭到反对。一次宴会上,刘邦看见太子身边跟随的许多宾客皆是其心中的人才,于是宴会后对戚夫人说:"我想更换太子,但有人辅佐他,羽翼已成,难办了。今后吕后是你的主人啊。"戚夫人哭泣。刘邦说:"你为我跳楚舞,我为你唱支楚歌吧:鸿鹄高飞,一举千里,羽翮(hé)已就,横绝四海。横绝四海,当可奈何!虽有矰缴(zēngzhuó)(射鸟的箭),尚安所施?"这便是有名的《鸿鹄歌》。刘邦死后,太子刘盈即位,称孝惠皇帝。吕后掌权,做了皇太后。

吕雉是中国历史上第一位主管朝政达 10 多年之久的太后。吕后当政时,采取了一些有利于社会发展的措施:在经济方面,鼓励农业生产,实行"实物税一"的低税率,减轻农民负担;在政治上,废除"三族罪"(一人犯罪诛灭三族)和"妖言令"(官吏常以"妖言惑众"罗织罪名)等;在外交上,选派宗室女子远嫁匈奴,实行和亲政策,以避免战争、积蓄国力。这一切都取得了积极效果。《史记·吕太后本纪》评价说:"孝惠皇帝、高后之时,黎民得离战国之苦,君臣俱欲休息乎无为……政不出房户,天下晏然……"

吕后为政心狠手毒,特别是实行外戚专政。吕后对戚夫人和赵王如意母子恨之入骨,掌权后,便把戚夫人囚禁在永巷中,召赵王进京,派人送去毒酒,毒死了赵王。

随后又斩断戚夫人的手脚，剜掉眼珠，熏聋耳朵，灌下哑药，把她放到厕所里，称作"人彘(zhì，猪)"。吕后召惠帝去看人彘，惠帝知是戚夫人，于是放声痛哭，并生了一场病，一年多还未好。惠帝对吕后说："这样残忍的事，不是人应该干的。我作为您的儿子，也不能治理天下了。"从此，惠帝每天饮酒淫乐，糟蹋身体，政事全由吕后决断。吕后当权后一面迫害刘氏诸王，一面提拔娘家亲属。惠帝刚死，她便任命侄儿吕台、吕产、吕禄统帅军队，并立诸吕为王。右丞相王陵反对，被撤除丞相职务。公元前180年吕后死，太尉周勃便与陈平密谋，杀了吕家所有人。群臣商议决定迎立刘邦的儿子代王刘恒为帝，即汉文帝。

文景之治(公元前 180 年—公元前 141 年)

汉文帝刘恒在位 23 年，其子景帝刘启在位 16 年。文帝、景帝几十年间，经济繁荣，社会安定，民风淳厚，史称"文景之治"。

文帝主要政绩是：提倡农业，轻徭薄赋；厉行节省，不增修宫室，不添置车骑；减轻刑罚，严禁官吏贪赃枉法；虚心纳谏，重用贤能。文帝认为张释之是个奇才，便拜他为廷尉，主管刑狱。一次，文帝乘车经过中渭桥，桥下突然跑出一个人，惊了驾车的马。骑兵逮捕了那个人，交给张释之处理。张释之报告文帝说："这个人触犯了戒严令，应当罚金四两。"文帝发怒说："这个人惊了我的马，幸好马性柔和，不然我早就受伤了。我是皇帝啊，怎么只判罚金四两呢！"张释之大声回答说："法律是天子与天下人共同遵循的准绳。如果随意更改，加重处理，怎么能取信于百姓呢？ 既然交给我处理，我必须公正执法，不然，百姓就会哀鸿遍野！"当时人说："张廷尉断案，天下没有屈死的人。"

一次文帝亲自到细柳军营慰劳部队。守营将士不让慰劳先遣人员进营，先遣人员对守门都尉说："天子快到了。"都尉回答说："周(亚夫)将军下令说：'军营中奉行将军的号令，不奉行天子的诏书。'"不一会儿，文帝驾到，还是不能进营。文帝便传达诏命："我是进营慰劳部队的。"周亚夫传命打开营门。营门打开后，守门人员宣布说："将军规定：军营中不能纵马驰驱。"汉文帝只好下马慢慢前进。到了营帐，周亚夫向文帝作揖说："穿着铠甲、戴着头盔的武士不行跪拜礼，请允许我用军礼参见。"慰劳仪式结束后，出了军营，文帝说："这才是真正的将军，谁能冒犯偷袭呢？"不久，文帝便任命周亚夫为中尉，负责京城的治安。周亚夫是文帝即位后右丞相周勃的儿子。文帝临死前告诫太子说："国家若有急难，周亚夫可胜任带军的重任。"太子(景帝)即位后便任命周亚夫为车骑将军。

周亚夫平"七国"叛乱

晁(cháo)错,西汉政论家。汉景帝即位后任其为御史大夫,并接受了他的削封建议。景帝三年(公元前 154 年),以吴王刘濞(bì)为首的七国[楚王戊、胶西王卬(同昂)、赵王遂、济南王辟光、菑(zī)川王贤、膠东王雄渠]以清除晁错为名,发动武装叛乱。叛军声势浩大,朝中大臣也多与晁错意见不合,于是袁盎等人劝景帝斩晁错,恢复削地,以使七国罢兵。景帝斩晁错,派袁盎劝谕吴王。吴王扣押袁盎并准备杀掉他,后袁盎在一位军官帮助下逃回京城。景帝终于明白七国反叛的真正意图,遂决心用武力平定叛乱。

景帝任命周亚夫为太尉(国家最高军事长官),率领大军,向东平叛。周亚夫领兵到洛阳,进军荥阳,与大将窦婴会合,采取固守不战、断绝叛军粮道的战术。双方相持三个月,叛军粮绝,只好撤退,周亚夫便率精兵追击,几十万叛军土崩瓦解。吴王刘濞退守长江南岸的丹徒(今江苏省镇江市),周亚夫乘胜进军,吴王部队全部投降。随后,吴王、楚王等叛王败降自杀。从此,汉朝解除了同姓王侯的威胁,巩固了中央集权。

周亚夫平定叛乱后,担任了丞相。汉景帝宠爱栗姬,栗姬子刘荣被立为太子。后来,景帝移宠于王姬,王姬生下刘彻,景帝便想改换太子。丞相周亚夫反对,于是开罪了景帝。后来,景帝立王姬为皇后、刘彻为太子,接着又要封王皇后的哥哥王信为侯。周亚夫反对说:"高皇帝约定:非刘氏不得王,非有功不得侯。不为约,天下共击之。"不久,周亚夫即被撤掉丞相职务,但景帝仍担心周亚夫不利于太子。后来,周亚夫的儿子从皇家官署买了 500 套铠甲盾牌,准备作殉葬品,被人告发。景帝认为周亚夫造反,遂下令逮捕入狱。周亚夫绝食 5 天,终于呕血而死。

六、汉武盛世(公元前 140 年—公元前 87 年)

公元前 141 年景帝病死,太子刘彻即位,即汉武帝。前 140 年,汉武帝使用"建元"作年号,这是中国帝王使用年号的开始。汉武帝雄才大略,文治武功都非常突出,在位的 54 年是西汉帝国的鼎盛时代。

罢黜百家、独尊儒术

董仲舒,西汉哲学家,正统儒学(今文经学)创始者。董氏弟子众多且影响广泛,被称为"汉代孔子"。汉武帝采纳了董仲舒"罢黜百家,独尊儒术"的建议,因而只有通晓儒学的人才能做官。丞相卫绾(wǎn)迎合武帝旨意,上奏罢免了宣传其他学派的官吏,从此确立了儒学在中国 2 000 余年封建社会中的正统地位。董仲舒提出"三纲五常",后世儒生概括为"君为臣纲,父为子纲,夫为妻纲"和"仁、义、礼、智、信"五常之道。这成为封建社会儒家说教的中心和封建统治者套在中国人民身上的道德规范。汉武帝的一切作为都是从"独尊儒术"统一思想开始的,在中国此后 2 000 余年的封建社会中,孔子一直被看做圣人。

中央集权统治的加强

汉武帝采纳大臣主父偃(yǎn)的建议,颁布"推恩令",规定诸侯王除了让自己的嫡长子继承王位外,还可以推"私恩",把王国封地分给其他子弟,即侯。新封的侯国归中央直接统辖的郡管理。这样,原来的王国被分割成许多小侯国,实力大大减弱,无力和中央抗衡,而得到封地的诸侯子弟,则自然对皇帝感恩戴德。汉武帝不废一兵,不损寸土,便巧妙地削弱了诸侯王封国的势力。

汉武帝还颁布法令,禁止读书人与诸侯王交往,防止诸侯王培植自己的政治势力。

汉武帝大力加强监察制度。中央设立司隶校尉,监督和检举京师百官以及皇族的不法行为。在地方,将全国分为 13 个监察区域,称为"十三州部",每个州部派刺史一人,负责监督地方官员并抑制和打击地方豪富。刺史虽然官品很低,却可以监察郡国长官,如果发现官吏有欺瞒中央等行为,可直接奏报皇帝,加以制裁。

汉武帝还利用侍从、宦官制约丞相的权力,从而改变了汉初以来丞相位高权重的局面。

汉武帝时期,中央集权空前加强,大一统帝国得到了进一步巩固和发展。

张骞通西域

汉代将中亚、西亚统称西域。狭义的西域范围:东起玉门关、阳关,西至葱岭,北起阿尔泰山,南至昆仑山。当时西域地区小国林立,共有 36 国。这些小国常受匈奴控制,成为匈奴进攻汉朝的根据地,被称为"匈奴右臂"。于是汉武帝派遣张骞(qiān)出使西域,联合大月氏(zhī)、康居(咸海与巴尔喀什湖间)、大夏(今阿富汗境内)等国,了解附近各国情况。返回时,张骞被匈奴扣押,一年后乘匈奴内乱得脱,于公元前126年带领助手兼向导堂邑父回到长安,前后共13年。

公元前119年,汉武帝第二次派张骞出使西域。张骞以中郎将身份带领300名随从出发,首先到达乌孙国,再派副使分路到达康居、大宛、月氏、大夏各国。公元前115年,由乌孙使者伴送,回到长安。此后,汉朝使者踏着张骞的足迹,陆续出使到安息(波斯)、身(yuán)毒(dǔ,印度)、条支(今伊拉克境内)、大秦(罗马)等国。

张骞两次出使西域,开辟了通往西域的道路,加强了汉朝与西域各国的联系。公元前60年,西汉王朝在西域设置西域都护,这便是今新疆地区正式归属中央统辖的开始。

西域开通之后,汉朝在通往中亚、西亚的路线上修道路、设驿站、筑长城,为来往使团、商旅提供食宿、交通和安全保护。当时贯穿东西的交通线,从长安经河西走廊、今新疆地区、中亚、西亚,直到欧洲。中国精美的丝绸是这条交通线上运输最多的商品,因此,这条横穿欧亚的陆上通道就有了"丝绸之路"的美称。张骞对这条促进东西文化交流的路线的建立有不可磨灭的贡献,不愧为中国历史上杰出的探险家和外交家。

刘细君远嫁乌孙

公元前115年,乌孙昆莫(国王)猎骄靡派了几十名使者带上良马,跟随张骞来到长安,一表答谢,二探虚实。后来,匈奴攻打乌孙,乌孙请求汉朝援助。公元前105年,乌孙昆莫来朝,向汉武帝献马千匹,表示愿娶汉朝公主为妻,武帝便将江都王刘建德的女儿刘细君许给他做右夫人。细君初到乌孙,吃的是半生不熟的牛羊肉,喝的是腥膻难闻的奶酪,住的是穹庐毡帐,这对于中原大家闺秀来说,自然不能适应,再加上对故乡的眷恋,对亲人的思念,细君感到十分苦闷。一个深秋的晴日,看着南飞的大雁,细君写下了情真语挚、扣人心弦的《悲秋歌》:吾家嫁女兮天一方,托身异国兮乌孙王。穹庐为室兮毡为墙,以肉为食兮酪为浆。常思汉土兮内心伤,愿为黄鹄兮归故乡。全诗表达了怀乡思国之痛,语言浅白,直抒胸臆,在古代女性诗人作品中不失为上乘之作。

刘细君死后,汉朝又把楚王刘戊的孙女解忧公主嫁到了乌孙。汉朝和乌孙的和亲,有利于巩固汉朝在西域的地位和影响,刘细君为民族间播下了友谊与和平的种子。

抗击匈奴

公元前 129 年，汉武帝派卫青、李广、公孙敖、公孙贺分道出击匈奴，但唯有卫青一路捷报，一直打到龙城(今蒙古人民共和国鄂尔浑河西侧的硕柴达湖附近)，斩首700，晋爵关内侯。公元前 128 年，卫青率军从雁门出击，斩首数千；公元前 127 年，又从云中出击，打到陇西，赶走匈奴白羊王和楼烦王，夺取河套地区，设立朔方郡，被封为长平侯；公元前 124 年，从朔方出击，长驱 700 里，击溃匈奴右贤王，俘虏小王 10 多人、兵士 15 000 多人。武帝派使臣到军中封卫青为大将军，统率所有将领。公元前 119 年，卫青和骠骑将军霍去病率军分道合击匈奴，追击匈奴至寘(tián)颜山(今蒙古高原抗爱山南面)。卫青前后 7 次击败匈奴，屡建奇功。

霍去病是卫青二姐卫少儿的儿子。他善于骑马射箭，自小跟随卫青征战。公元前 121 年被封为骠骑将军，率万骑出陇西(今甘肃省临洮南)千里，俘浑邪王太子，击败匈奴至祁连山；公元前 119 年，和卫青各率骑兵 5 万，分道合击匈奴，大破匈奴左贤王，临瀚海(今呼伦湖与贝尔湖)而归。武帝欲给他修府第，他说："匈奴不灭，无以家为。"霍去病前后 6 次击败匈奴，屡建奇功，死时年仅 24 岁。

李广，陇西成纪(今甘肃省秦安)人，射箭百发百中。武帝即位后，李广先后任都尉、太守等职。有次因寡不敌众受伤后被匈奴活捉，放在网兜中，被两匹马拉着走，李广假装死去。走了 10 多里，瞥见一个匈奴少年骑着一匹好马，背着弓箭，李广忽然腾身上马，掉转马头奔驰，并夺过弓箭射退追兵，胜利返回自己的军队。李广身经 70 多次战斗，屡建奇功。匈奴人很害怕他，称之为"飞将军"。唐朝诗人王昌龄有《出塞》诗赞颂之："秦时明月汉时关，万里长征人未还；但使龙城飞将在，不教胡马度阴山。"公元前 119 年，李广为前将军，随大将军卫青出击匈奴，因没有向导而迷失目标，延误了军情。卫青的长史传李广受审，李广不愿受刀笔吏的侮辱，便自杀了，全军为之痛哭。

苏武不辱使命

苏武，西汉杜陵(今陕西省西安市东南)人，字子卿。公元前 100 年，汉武帝派中郎将苏武和副中郎将张胜到匈奴去答谢，并送回历年扣留的匈奴使臣。但匈奴单于扣留了苏武并威逼苏武投降，卫律(汉朝降将，被匈奴重用)用剑指着苏武说："今天投降明天富贵，不然白白把尸体作草原的肥料。"苏武昂然不动，并斥责了卫律。单于把苏武关进地窖，不给其饮食；苏武便啃毡毛，饮天上飘下来的雪，几天不死，单于以为神,便把苏武迁到荒无人烟、冰天雪地的北海(今贝加尔湖)边,叫他牧羊,并对他说:"公羊生崽,才可回汉朝。"苏武以野鼠和草实为生,杖汉节牧羊,卧起操持,节旄(máo)尽落,坚持不屈。

汉昭帝(刘弗陵)即位后,与匈奴和亲,匈奴假称苏武已死。汉朝在得到苏武未死的准确消息后派人对单于说:"汉朝皇帝在上苑射雁得到了系在雁脚上的苏武所写的信。"单于无可抵赖,公元前81年汉使至匈奴迫使单于将苏武遣返。苏武在匈奴19年,奉使不辱命,回汉时须发尽白,其事迹为后人所颂扬。

昭君出塞

公元前33年,匈奴呼韩邪单于到长安朝见,并要求迎娶汉家公主。汉元帝刘奭(shì)向宫中传令,有愿意嫁给单于的宫女可赐给公主身份。良家女子王嫱(qiáng),字昭君,被选入皇宫后一直受冷遇,于是自愿请求远嫁匈奴。昭君走上朝堂,光彩照人,元帝想留下她,但不能失信,只好把这位绝色美女嫁给呼韩邪。为了表达匈汉之间永久和平安宁的愿望,元帝下令改元,将年号称为"竟宁"。单于带回昭君,非常喜欢,上书愿意为汉朝保卫边塞。

呼韩邪封王昭君为宁胡阏氏(yān zhī,匈奴称君主的正妻),昭君生下一子。汉成帝刘骜(áo)时,呼汗邪单于去世,昭君上书成帝请求归汉。成帝敕(chì)令她"从胡俗",嫁给呼韩邪的长子复株累单于,昭君为其生了两个女儿。王昭君的女儿曾到长安学习汉宫礼节,昭君自己还在匈奴教人说汉语,教妇女织布缝衣,为促进汉匈友好关系而努力。

相传昭君死后,人们从四面八方赶来吊唁,用袍襟兜着泥土为她筑墓。昭君墓上草色常青,故称为"青冢(zhǒng)",其墓在今内蒙呼和浩特市南郊,供后人缅怀。

七、王莽篡汉改制

公元前33年,汉元帝去世,在经历了成帝、哀帝及平帝之后,汉朝政权完全落入外戚手中,西汉逐渐衰落下去。

元帝死后,太子刘骜即位,是为汉成帝,元帝皇后王政君成为太后。王太后有8个兄弟,成帝即位后便任命太后长兄王凤为大司马、大将军,又将其他5个舅舅封侯,人称"王氏五侯"，王家势力笼罩朝野。王凤专断政事，成帝成了傀儡(kuǐ lěi)，不理政事，沉湎于酒色。公元前18年，成帝看上了体态轻盈、能歌善舞的赵飞燕，先后把赵飞燕和她的妹妹赵合德接到宫中，不久即晋升婕妤(jié yú)(古代女官名)。赵飞燕恃宠诬告成帝许皇后的姐姐用巫术诅咒大将军王凤，太后大怒，废许皇后，并处死了许皇后的姐姐。赵飞燕做了皇后。王凤在专权11年后死去。公元前8年，成帝任命太后侄儿王莽为大司马辅政。哀帝(刘欣)即位，因外戚丁氏、傅氏得势，王莽一度失势。公元前2年，哀帝死，王莽与太皇太后王政君合谋立年仅9岁的刘衎(kàn)即位，即为平帝，王莽复任大司马，掌握军政大权。他先后除掉哀帝的宠臣董贤，废掉成帝皇后赵飞燕和哀帝皇后傅氏，并迫令她们自杀。公元5年，王莽用毒酒毒死了平帝。6年，王莽迎立宣帝的玄孙、两岁的刘婴为平帝的皇太子，号"孺子婴"。王莽摄行皇帝大权，定年号为"居摄"，不久便称为"假皇帝"。8年，王莽宣布即皇帝位，定国号"新"，9年废刘婴为定安公。

王莽如此容易便夺取了西汉政权，其客观原因是接连几代的皇帝都年幼无知，且王莽又可利用其姑母太皇太后王政君的权威。主观原因是王莽善于伪装，谦恭律己，收买民心，培植亲信。如国内发生灾害疾役时，他带头捐献银钱土地；在长安城为贫民修建住宅区；征召知识分子到长安任职……因此，曾出现48万人上书王政君要求重赏王莽的事件。王莽的二儿子王获杀死匈奴，王莽令其自杀偿命，更使人们觉得王莽大义灭亲。同时，还有一批亲信为王莽造舆论，或是摆功，或是伪造祥瑞符命，助其篡汉称帝。

王莽建立新朝后，在政治制度上作了很大的改革，史称"王莽改制"。具体为颁布诏令，收归天下田为王田，奴婢称私属，皆不得买卖；增加税收，垄断工商；改革币制，滥加封赏；对匈奴和东北、西南各族发动侵略战争，劳民伤财。王莽改制违反并阻碍了社会经济的发展，不但不能缓和当时的社会矛盾，反而成了西汉末年社会危机大爆发的导火线。23年，绿林军攻入长安，王莽为商人杜吴所杀，新朝灭亡。

八、绿林赤眉起义

西汉末年，各地反对王莽的义军风起云涌。17年，新市(今湖北省京山县东北)人王匡、王凤以绿林山(今湖北省大洪山)为根据地，领导饥民起义，击败王莽军，发展到 5 万余人,号称"绿林军"。后因绿林山中大疫,遂分兵转移,分为"新市"、"下江"、"平林"等部。18 年,樊崇在山东莒(jǔ)县聚众起义,转战山东各地。由于交战时,他们把眉毛涂成赤色,因而被称为"赤眉军"。赤眉军接连打败官军,发展到数十万人,驰骋于黄河南北平原上。

22 年,汉宗室刘縯、刘秀兄弟在舂陵(今湖北省枣阳县东)起义,号称"汉军"。刘氏兄弟是汉景帝儿子长沙王刘发的后代,具有较高的文化素养与丰富的军事知识。他们一起兵便发布檄(xí)文,宣布王莽罪状,联合新市、下江、平林军攻城略地。23 年,王莽派大司徒王寻、大司空王邑,带领百万大军南下,镇压刘縯、刘秀的部队。刘秀在昆阳大战中击溃了王莽主力,刘縯攻下了南方重镇宛城,却引起了内部的猜忌。

刘秀有个族兄叫刘玄,是平林军中的"更始将军"。平林、新市两军的将领害怕若刘縯称帝对自己不利,于是共同商定拥立刘玄为帝。23 年,刘玄在宛城(今河南省南阳市)设坛称帝,定年号为"更始"。更始帝刘玄决定除掉威信比自己高的刘縯。刘縯的部将刘稷(jì)为抗威将军,瞧不起更始帝及其部下,不肯拜谢。于是,更始帝便派数千人包围刘縯营地,将刘縯、刘稷杀害。刘秀在前线听到刘縯被害的消息,便赶回宛城谢罪。刘秀不为刘縯服丧,也不夸耀自己在昆阳的战功,饮食语言跟平常一样。因此,更始帝只好封刘秀为武信侯,任破虏大将军。

汉军攻入长安,士兵将王莽尸体割成碎块。刘玄从宛城迁都洛阳,24 年 2 月又迁都长安。25 年,赤眉军攻入华阴,与更始帝刘玄对抗,拥立在赤眉军中放牧的 15 岁西汉宗室刘盆子为帝。25 年 9 月,赤眉军攻入长安,更始帝刘玄投降,被封为长沙王。12 月,刘玄被赤眉军勒死。26 年,关中地区发生大灾,赤眉军粮尽,退出长安,向东撤退。27 年,刘秀在崤(xiáo)底(今河南省洛宁西北)击败赤眉军,刘盆子投降。

九、东汉(后汉)(25 年—220 年)

刘秀称帝

公元 23 年,更始帝刘玄命令刘秀到黄河以北各郡巡察镇抚。刘秀认真考察官吏,审理冤狱,废除苛政,受到欢迎。刘秀部属纷纷劝刘秀独立称帝。25 年,刘秀在鄗(hào)县(今河北省柏乡县北)即位称帝,即东汉(后汉)开国皇帝光武帝(又称汉世祖)。东汉定都洛阳。刘秀能够取得胜利的重要原因之一,是善于使用人才。刘秀手下能干将领很多,最著名的有 28 位,即邓禹、马成、吴汉、王梁、贾复、陈俊、耿弇(yǎn)、杜茂、寇恂(xún)、傅俊、岑(cén)彭、坚镡、冯异、王霸、朱祐、任光、祭遵、李忠、景丹、万修、盖延、邳肜(pī róng)、铫(yáo)期、刘植、耿纯、臧宫、马武和刘隆。这些将领各有特点,在东汉建立过程中发挥了重大作用。刘秀还善于安排这些将领的归宿,37 年平定陇蜀后,刘秀大宴功臣将士,偃(yǎn)武修文,给功臣们优厚待遇,功臣们纷纷交出将军印绶,不再参与朝政大事。这就避免了西汉吕后屠杀功臣的惨事。

　　汉光武帝在位 32 年,下诏释放官私奴婢并禁止残害奴婢,减轻赋役,兴修水利,精简官吏,裁撤都尉,积极恢复和发展经济。洛阳也代替长安成为经济、政治和文化的中心。

汉明帝派使印度求佛法

　　57 年,刘秀病死,太子刘庄即位,是为汉明帝。64 年,明帝派遣郎中蔡愔(yīn)、博士弟子秦景等人到天竺(印度)拜求佛法。三年后,蔡愔等携同天竺僧人摄摩腾、竺法兰二人,用白马驮着佛经、佛像回到洛阳。明帝为他们在洛阳雍门外另建住所,取名白马寺。寺,本是官府名称,因两位僧人是西方来的远客,所以称"寺",相当于宾馆,后来便成了僧庙的称呼。两位僧人在白马寺首先译出了《四十二章经》,这是我国现存的第一部汉译佛典。东汉时的大部分佛经都是在洛阳白马寺翻译的,魏晋时代这里仍是主要译经场所。现在白马寺内有两座大土堆,据说是摄摩腾与竺法兰的墓。

　　佛教传入中国是在西汉末年,而佛经传入是在东汉初年,这是中印文化交流史上的大事,佛教对汉以后中国文化的发展产生了巨大影响。

班超投笔从戎

　　班超,东汉名将,扶风安陵(今陕西省咸阳市东北)人。其兄班固因写《汉书》被人告发下狱,班固向皇帝上书辩冤,汉明帝因此而赏识班固,调其到京城作校书郎。班超随班固进京,靠给官府抄书奉养母亲。73 年,汉明帝派车骑都尉窦固率军讨伐匈奴,班超投笔从戎,在窦固手下担任司马,率军出击伊吾,大败匈奴,立下赫赫战功。窦固非常赏识班超的勇气和才干,决定派班超到西域各国去联络,共同对付匈奴。班超奉命带领 36 人出使西域,排除北匈奴势力的威胁,争取西域各国归附汉室。94年,西域 50 余国均与汉通使,东汉帝国再度奠定了在西域的统治地位。东汉和帝永元十四年(102 年)下诏赐归,班超回到洛阳,时年 71 岁,一个月后,就因病与世长辞。班超在西域活动达 31 年,他机智勇敢,坚忍不拔,使西域各国摆脱了匈奴的奴役,"丝绸之路"亦得畅通。班超是继承张骞之后的中国历史上又一位杰出的外交家,永为后人所敬仰!

外戚、宦官相争

东汉,皇帝早逝后,幼君继位,往往由母后和外戚执政。当外戚专政时,皇帝往往依赖宦官帮助从外戚手中夺回政权,但同时政权又为宦官所操纵。

汉明帝死后,儿子刘炟(dá)即位,是为汉章帝。汉章帝皇后窦氏,便把梁贵人的儿子刘肇(zhào)作为自己的儿子抚养。章帝死后,刘肇即位为和帝,时年才 10 岁,朝政便由太后窦氏主持。窦太后重用自己的哥哥窦宪及弟弟窦笃(dǔ)、窦景等人,形成外戚专政的局面。和帝亲政后,便依靠宦官郑众等人,商定诛灭窦宪的办法。和帝先调遣京城部队守卫皇宫,然后关闭城门,逮捕窦宪的心腹爪牙,再派人收缴窦宪的大将军印绶,把窦氏兄弟押到自己的封国,逼令他们自杀。窦宪所提拔的人也都被免官。

宦官郑众在铲除外戚窦宪过程中为汉朝立了功,被晋封为侯爵,参与商议朝中大政。而郑众与窦宪的斗争侧揭开了东汉和帝以后宦官与外戚斗争的序幕。

汉和帝立邓绥为皇后,和帝去世,邓皇后无子,便立和帝的少子刘隆(生下才 100 天)为帝,但刘隆第二年便死去,被称为殇帝。邓太后又主持迎立汉章帝的孙子 13 岁的清河王刘祜为帝,便是汉安帝。从和帝去世到安帝即位,邓太后主持国家大事达 17 年之久。她做了很多有利于国计民生的好事,被人称为"皇后之冠"。邓太后临朝政绩卓著,但也因没有及时还政于安帝而引来了安帝及其亲信的不满,死后邓家便遭了厄运。

安帝死后,李妃的儿子刘保即位,是为顺帝。顺帝去世,皇后梁妠(nà)无子,便立虞贵人的儿子刘炳为帝,是为冲帝。一年后冲帝死,迎立章帝的玄孙刘缵(zuǎn)为帝,是为质帝。梁妠以太后身份临朝当政,其兄梁冀担任大将军,专断朝政,作威作福。年幼而聪明的质帝看不顺眼,说梁冀是一个跋扈将军。梁冀便暗中派人毒死了质帝。于是梁太后与梁冀迎立章帝的曾孙刘志为皇帝,并把梁冀的小妹梁女莹立为皇后。桓帝刘志即位后,梁冀倚仗两个妹妹(皇太后与皇后)的势力,更加横行无忌。梁冀的弟弟与儿子都被封侯,其妻孙寿也被封为襄成君享受皇后的待遇。梁冀对官吏视同奴仆,稍不遂意非杀即罚;对百姓更视为草芥,花园中的一只兔子被一商人误杀,竟有 10 多人被株连砍头。梁皇后也专横暴虐,她没儿子,一见别的宫妃怀孕便立刻杀死。梁太后病死后,梁皇后失宠,后忧愤而死。桓帝召见太监唐衡、单超、徐璜、具瑗等人,歃血为盟,决心除掉梁冀。具瑗等人率领禁卫军 1 000 多人包围了梁府,梁冀和孙寿自杀,其亲属全都处死,并没收财产价值 30 亿。于是,桓帝封这些太监为侯,宦官专政亦代替了外戚专政。东汉政权日益走向穷途末路。

党锢之祸

外戚宦官均树立私党分布于中央和州郡,以扩大自己的势力,压榨人民。汉桓帝靠宦官诛灭梁冀而掌握实权,非常宠信宦官。宦官专权,政治腐败,引起了太学生和官僚的不满。太学生领袖郭泰、贾彪等人便与官僚首领李膺、陈蕃等联合起来批评朝政,揭露宦官的罪恶。李膺才能杰出,执法严厉,担任司隶校尉时,宦官集团首领张让的弟弟张朔杀死孕妇,因害怕李膺而躲在张让府中,李膺带人冲进张让府中把张朔抓走并杀掉了。很多名士都想结交李膺,如被其接见,便称为"登龙门"。因此宦官集团对之恨之入骨。166 年,宦官们使人上书诬告李膺等人结成死党,诽谤朝廷,扰乱社会风气。桓帝在宦官鼓动下,勃然大怒,下令在全国逮捕"党人",共捕了李膺、范滂、陈实等两百多人,严刑拷打。太尉陈蕃上书反对,也被罢官。第二年,桓帝窦皇后的父亲窦武等大臣上疏营救李膺,宦官集团也感到害怕,于是请求释放党人。桓帝赦免党人,遣送回故里,将其名字在三府(太尉府、司徒府、司空府)登记造册,终身禁锢不用。这便是第一次"党锢之祸"。

第一次"党锢之祸"时,很多名士纷纷逃跑躲避,但陈实自动投监,赦免后在家闲居。一次有小偷潜入他家,躲在屋梁上,陈实察觉后便召集子孙训话说:"有人不是生来就不好,而是习惯造成的。屋梁上那位先生便是这样。"小偷马上从屋梁上下来叩头谢罪。陈实说:"你不像坏人,大概是贫困逼迫你这样,应该克己向善。"便叫人拿了两匹绸缎送给那小偷。"梁上君子"一词便来源于此。

桓帝病死,皇后窦妙临朝主政,迎立汉章帝的玄孙刘宏为帝,是为汉灵帝。窦太后以父窦武为大将军、陈蕃为太傅,负责军政大权,还起用了名士李膺。169 年,宦官曹节指使部下官员告发李膺、杜密等人结党诽谤朝政,大逆不道。于是,宦官操纵灵帝大兴党狱,杀死李膺、杜密等 100 多人,其妻子儿女发配到边境,亲友都受到株连,囚禁六七百人。172 年,又逮捕了太学生 1 000 多人。这便是第二次"党锢之祸"。直到 184 年黄巾大起义爆发,汉灵帝才解除了党禁。

十、黄巾军起义

东汉末年,巨鹿(今河北省宁晋县)人张角创立太平道,利用符水治病作为团结贫苦民众的手段,秘密组织群众。10余年间,徒众达数十万人。朝廷下令解散太平道,并准备捕杀太平道首领。于是张角提出了起义口号:"苍天已死,黄天当立,岁在甲子,天下大吉。""苍天"指汉朝,"黄天"指太平道,"甲子"指起义日是汉灵帝光和七年(12月改中平元年)(184年)3月5日,即甲子日。张角派马元义多次潜入京城,联络太监做内应,以便一举攻占皇宫。不料张角弟子唐周向朝廷告密,马元义被捕车裂。张角决定提前行动,起义者以头裹黄巾为标志,故称黄巾军。张角自称"天公将军",其弟张宝、张梁分别称"地公将军"、"人公将军"。不到一个月,黄巾军便占领了河南、河北、安徽、山东很多城市,杀死了不少官吏。

灵帝派大将军何进镇守京城,派卢植、皇甫嵩、朱俊等人分头进剿。黄巾军由于缺乏军事经验,被皇甫嵩等人很快击溃。8月,张角病死,10月张梁战死,11月,张宝战死,几十万起义军在战斗中牺牲。但黄巾军余部仍不断起义,一直绵延到192年底青州百万起义军被曹操击溃和收降为止。这时,东汉虽有献帝之名,实则已亡。

十一、董卓专权

189年4月,灵帝病死。何皇后欲立自己所生儿子刘辩为少帝,宦官蹇(jiǎn)硕欲立王贵人所生儿子刘协为帝,于是外戚与宦官展开了斗争。何进是何皇后的哥哥,掌握朝政大权,于是杀了蹇硕,夺了兵权。何进与袁绍、董卓等具有军事力量的人加强联系,袁绍劝何进把宦官全部消灭。宦官们见情况危急,便派张让的儿媳(何皇后的妹妹)进宫请求保护。189年8月,宦官张让、段珪(guī)等人纠集几十人埋伏在嘉德殿前,杀死了何进。何进被杀后,袁绍带兵攻入皇宫,杀了赵忠等2 000多名宦官。张让、段珪等人劫持少帝刘辩及刘协外逃,被卢植、王允派兵夺回,太监有的被杀,有的自杀。外戚势力与宦官势力同归于尽。

董卓率兵进入洛阳,胁迫群臣与何太后废少帝刘辩,立刘协为帝,这便是东汉最后一个皇帝——汉献帝。不久,董卓杀了何太后,自封为太尉、相国。董卓放纵士兵,抢劫财物,奸淫妇女,挖开灵帝坟墓,取走墓中珍宝,对不满之人,酷刑残杀,洛阳民不聊生,怨声载道。190年1月,董卓毒死刘辩,2月胁迫献帝迁都长安。西迁前,董卓命令烧毁洛阳宫殿官府,200里内一片赤土。同年,董卓自立为太师,在长安城东郊筑郿(méi)坞(今陕西省眉县),围墙高七丈,厚七丈,号"万岁坞"。坞中积粮可供30年食用,金银珠宝、绫罗绸缎堆积如山。董卓说:"成功了,这里可以雄踞天下;不成功,守在这里可以度过终生。"

董卓倒行逆施的残暴行为引起了朝野的普遍不满。朝臣中以司徒王允为首,策划杀死董卓。王允联络董卓部下中郎将吕布为内应。吕布本为丁原部将,猛勇有力。董卓收买吕布,杀死丁原,封吕布为中郎将,结为义父子,做贴身侍卫。吕布暗恨董卓,又曾与董卓宠爱的婢女私通(这个婢女后来逐步衍化成著名美女貂蝉),担心董卓发觉后会惩罚自己。王允便乘机劝吕布做内应。192年4月,王允、吕布等人借未央殿朝会之机杀死董卓。董卓被杀后,部将李傕(jué)、郭汜(sì)率兵反攻,吕布败走,王允被杀。此后数年,关中地区荒无人烟。全国各地豪强纷纷起兵割据,历史进入了三国鼎立时期。

十二、两汉文化

哲学宗教

董仲舒,西汉哲学家,其"罢黜百家,独尊儒术"的建议为汉武帝采纳,从而确立了儒学在中国封建社会中2 000余年的正统地位。其著作汇编为《春秋繁露》一书,成为西汉正统儒学(今文经学)的代表作,书中将儒学与阴阳五行学说结合在一起,内容包括:谈阴阳灾异的"天人感应"论、把人性分为上中下三品的"人性论"、黑白赤三统循环的历史论。

王充,东汉哲学家,中国古代著名的唯物主义者和无神论者。王充写过很多著作,但只有《论衡》传世。"论衡"的含义是像秤(衡)一样来评量各种理论,论述自己的见解。《论衡》大胆地批判了当时流行的谶(chèn)纬学说(即用神学思想来附会儒学经典的学说)。如:"有血脉之类,无有不生,生无不死。以其生,故知其死也。""物无不死,人安能仙?""人死血脉竭,精气灭,形体朽成灰土,何用为鬼?"书中指出,鬼是人的一种幻觉,"人病则忧惧","忧惧则存想,存想则目虚见"。王充所使用的批判武器是"元气一元论"哲学,他明确指出,天地是元气的产物,"天地,含气之自然也","万物之生,皆禀元气"。元气是产生宇宙的最原始的物质。

张道陵,"五斗米道"的创立者(东汉末年道教中"五斗米道"入道者须缴纳五斗米,故称"五斗米道"),后被奉为道教的创始人。他强调奉道诫,致太平,修炼养生,积善成功,积精成神。他用符水法咒为人治病。张道陵被后代教徒尊称为"张天师",故其教又名"天师道"。道教大概分为三支。一是张角领导的太平道,黄巾大起义失败后,太平道转入地下秘密流传。二是张道陵的五斗米道,由其孙张鲁继承。三是黄老汉初的道家学派,此派假托黄帝的名义而改造老子的"无为"、"虚静"等思想,与炼丹术结合为金丹道,代表人物为魏伯阳。道教养生炼丹,在客观上促进了中国古代化学、医学、药物学的发展。道教对古代民俗的影响无处不在,像玉皇大帝、太上老君、八仙、城隍、土地、灶君等神灵都来自道教虚构的神仙世界。

佛教,相传为古印度迦毗(pí)罗卫国(今尼泊尔南部)王子释迦牟尼所创立,西汉末年经丝绸之路传入我国中原地区。东汉初,佛经传到中国。据说,东汉明帝夜里做了一个梦,梦见西方的神灵——"佛",于是他就派使者西行去求佛法,从古印度请来两位高僧,并用白马驮回许多经书,这就是"白马驮经"的故事。后来,汉明帝在洛阳西门外为高僧建造了我国第一座佛教寺院——白马寺。

随着佛经被翻译成汉文,人们开始接触佛教教义。佛教宣扬生死轮回、因果报应,认为人生是痛苦的,只有忍耐眼前的一切痛苦,信奉佛教,努力修行,才能在来世得到幸福。这种教义有利于维护封建社会的等级秩序,对"来世天国"的期待在贫苦民众中产生了极大的吸引力。东汉末年,佛教在民间流传开来。此后,随着佛教与中国传统伦理道德的结合,在思想领域逐渐形成了以儒家为主,儒、佛、道三家并立互补的局面,这一局面对中国古代思想文化和文学艺术产生了深远的影响。

文学

汉赋

两汉最盛行的文学形式是辞赋。辞,原指楚辞,多以抒情为主。赋,创始于战国时荀子的《赋篇》,以铺叙为主,短小精悍。汉以后,赋一方面继承《赋篇》的铺叙形式,一方面又受楚辞的影响,题材范围更广,讲究文采和音韵,兼具诗歌与散文的性质,通称"汉赋"。

西汉赋家:贾谊是较早出现的汉代赋家,他的《吊屈原赋》、《鹏(fú)鸟赋》是散体赋的代表作,对后世有一定的影响。司马相如是汉赋首屈一指的代表作家,他的《子虚赋》、《上林赋》,汉武帝看了很欣赏,便任命他为郎官。而司马相如和卓文君相恋的故事,更是封建社会中人们突破富贵贫贱界限而追求婚姻自由的典范。

司马相如,蜀郡成都人,好读书击剑,因景仰蔺相如而改名相如。汉景帝时,曾担任武骑常侍(侍从皇帝),后投奔到梁孝王刘武门下作宾客。梁孝王死后,司马相如回到故乡,但家徒四壁,只好投靠临邛(今四川省邛崃县)县令王吉。临邛大富翁卓王孙,家中僮仆达800多人。有次卓王孙举行盛大宴会,邀请王吉和司马相如参加。卓王孙女儿卓文君刚刚丧夫,住在娘家。卓文君是一位才女,尤爱乐曲。司马相如便故意反复弹琴,用琴曲表达爱慕之心。卓文君偷偷从门户中观察司马相如,见他雍容娴雅,于是倾心于他。司马相如派人通过卓文君的丫环传情达意,卓文君便乘夜与司马相如逃回成都。卓王孙大怒,发誓一文钱也不救济卓文君!卓文君横下心对司马相如说:"我们回临邛去,向弟兄们借钱开酒店!"到了临邛,卓文君卖酒,司马相如打杂。卓王孙感到羞耻,闭门不出。经亲族再三劝解,卓王孙才给卓文君送去100万钱和100名僮仆,司马相如与卓文君回到成都。有传说后司马相如上京求名,得官后忘却妻儿,5年未通音讯。卓文君思念丈夫,巧用一串数字写就一首诗,表达对丈夫的无限思念之情:

一别之后,两地相思,只说是三四月,又谁知五六年。七弦琴无心抚弹,八行书无信可传,九连环从中折断,十里长亭我望眼穿。百思念,千思念,万般无奈叫苍天;万言千语把君怨,百无聊赖,十倚栏杆。九月重阳看孤雁,八月中秋,月圆人未圆。七夕银河鹊桥断,六月炎天,人人摇扇我心寒。五月端午,怕把龙舟看,四月桑芽懒养蚕。三月春风桃花散,两地相思,一片痴心,梦里到关山。

这首诗经人捎给司马相如后,司马相如见诗思情,即速回蜀,迎接卓文君,重践白头之约。

杨雄,一作"扬雄",蜀郡成都人,西汉后期著名学者,哲学家、文学家、语言学家。其《羽猎赋》、《甘泉赋》、《河东赋》等作品,备受世人赞赏,人们把他与司马相如并提。

东汉著名的赋还有班固的《两都赋》、张衡的《二京赋》等。

蔡邕(yōng),东汉著名学者,其《述行赋》是揭露当权者不顾民众死活的名赋。蔡邕因触犯权贵与宦官,曾逃往在外10多年。董卓当政后,他被逼担任左中郎将。王允杀董卓后，蔡邕因叹气而被王允以"怀私恩以忘大节"的罪名逮捕下狱，屈死狱中。

蔡邕的女儿蔡琰(yǎn)，字文姬，十分精通音律和文学。她初嫁卫仲道，夫死无子，回到娘家。汉献帝时，长安大乱，文姬被匈奴军队带走，嫁给匈奴左贤王，生了两个儿子。12年后曹操平定北方，用重金赎回蔡文姬。在曹操的安排下，蔡文姬嫁给了董祀(sì)。后蔡文姬追忆自己的身世，写下了《悲愤诗》，被称为我国诗史上文人创作的第一首自传体的五言长篇叙事诗，也是整个汉代文人五言诗的压卷之作。另外，《胡笳十八拍》相传也是蔡文姬在匈奴学会吹奏"胡笳"后而作，但不见于《后汉书》记载，亦可能是后人伪托。

乐府民歌

汉武帝设立"乐府"，大规模采集各地民间乐曲和歌谣。后世把乐府采集的民歌和文人模仿这些民歌的作品，都称为"乐府"。于是"乐府"不仅是一个官署的名称，更重要的是一种诗体名称，同时乐府民歌中也杂有一大部分贵族文人的作品。汉代民歌在文学史上占有重要地位，中国有成就的诗人无不受过汉代民歌的影响。今存两汉乐府民歌约40首，大都是东汉作品。汉乐府中最伟大的诗篇是《焦仲卿妻》(即《孔雀东南飞》)，描写的是东汉末献帝时焦仲卿与刘兰芝的婚姻悲剧，在我国封建时代有典型性，具有动人心魄的思想艺术力量。

汉乐府直接孕育了我国汉代及以后各代的五言古诗。到了东汉晚期，五言古诗已经非常成熟，其代表作品是后来《昭明文选》所收入的"古诗十九首"。"古诗十九首"非一人一时之作，其情致和词采都达到了很高水平，是五言古诗达到成熟阶段的标志，为建安时代五言诗的创作高潮作了准备。

建安文学

建安文学，指东汉末献帝建安时期的文学。这一时期的文学以诗歌成就最为显著，其代表人物可概括为"三曹七子"。"三曹"即曹操及其子曹丕、曹植；"七子"指孔融、王粲(càn)、刘桢、阮瑀(ruǎn yǔ)、徐干、陈琳、应玚(yáng)。建安文学的特点是：深刻反映作者所经历的时代现实，抒发建功立业的抱负，思想开放而不受拘束，慷慨任气，辞采飞扬。这便是所谓"汉魏风骨"，对后世影响很大。

建安文学的杰出代表首推曹植。他的诗"骨气奇高，辞采华茂"，是我国第一个大量创作五言诗且艺术水平很高的杰出诗人。其兄曹丕迫害他时，他写出《七步诗》：煮豆燃豆萁，豆在釜中泣，本是同根生，相煎何太急？至今为人传诵。他的赋以《洛神赋》、《鹞雀赋》最具特色。曹操的诗在反映社会生活方面超过曹植,尤以四言诗著称。其代表作有《短歌行》、《步出夏门行》等。《步出夏门行》第四章《龟虽寿》中有:"神龟虽寿,犹有竟时。腾(téng)蛇乘雾,终为土灰。老骥伏枥,志在千里;烈士暮年,壮心不已。盈缩之期,不但在天;养怡之福,可得永年。幸甚至哉,歌以咏志。"历代为人们广泛传诵。曹丕的《燕歌行》是现存最早的文人七言诗,在七言诗发展史上占有突出地位。他的《典论·论文》是文学批评史上的重要著作。建安七子中首屈一指的人物是王粲,他的《七哀诗》与《登楼赋》为人们传诵不衰。

史学

《史记》

司马迁,西汉史学家、文学家,夏阳(今陕西省韩城市)人,自幼好学,曾跟随著名学者董仲舒学《春秋》,从孔安国学《尚书》。20岁时遍游祖国名山大川,考察历史与风习,武帝元封三年(公元前108年)继父亲司马谈之职,担任太史令,同时继承父志,开始编写《史记》。武帝天汉二年(公元前99年)李陵战败投降匈奴,只有司马迁站出来为李陵辩解。武帝大怒,下令逮捕入狱,判处死刑。要避免处死,一是用50万钱赎罪,二是接受"宫刑"。司马迁无钱赎罪,为了完成写作《史记》的宏伟志愿,只好接受了耻辱的宫刑(阉割生殖器的残酷肉刑)。受刑后,他担任中书令,完成了《史记》。宣帝时,司马迁的外孙杨恽(yùn)公开了这部著作。

《史记》是我国第一部纪传体通史,也是中国古代第一部传记文学总集。《史记》从黄帝时代写到汉武帝时代,共记述了3 000多年中华文明发展的历史,它不虚美,不隐恶,达到了"究天人之际,通古今之变,成一家之言"的目的。而且,《史记》文笔生动,感情充沛,鲁迅誉之为"史家之绝唱,无韵之《离骚》"。

《汉书》

《汉书》是我国第一部纪传体断代史,上起汉高祖元年(公元前206年),下迄王莽地皇四年(23年),包括整个西汉一代。它比《史记》更完整地记录了各种典章制度,体例更严谨,评价人物更客观冷静。所以,历来史学家都将"史汉"并称。《汉书》的写作经历了班家父子兄妹三人之手,修撰时间长达40多年。

班彪,西汉末年著名学者,爱好史籍,赞赏《史记》。他搜集史料,完成《史记后传》60多篇。班彪死后,长子班固决心完成父亲未竟之业,于东汉明帝永平元年(58年)

正式开始编写《汉书》。几年后,有人告发他私自改作国史,被捕下狱。其弟班超代兄上书申诉,明帝看了申诉书,读了书稿,很欣赏班固的文才,便任命他为兰台令史,管理皇家图书,并继续编写《汉书》。和帝永元初年(89年),班固跟随大将军窦宪出征匈奴,参议军事。后窦宪被杀,班固受牵连逮捕入狱,病死狱中。这时,《汉书》的"八表"和"天文志"尚未完成定稿,于是他的妹妹班昭继续完成父兄的未竟之业。班昭是我国历史上第一位女史学家。她嫁于同乡曹世叔为妻,婚后几年,丈夫不幸去世。班昭以坚强的意志承受不幸,一方面抚育子女,一方面努力钻研经学、史学、天文、数学知识,为以后完成《汉书》打下了坚实基础。她还常被召进皇宫,教皇后和嫔妃们学习各种文化知识,被尊称为"曹大家"。

科学技术

杜诗主持制造"水排"

东汉光武帝时,杜诗为南阳太守,十分注意兴修塘坝、开垦土地、改良农具。他发动能工巧匠制造水排,利用水力推动鼓风机增高冶铁炉温铸造农具,既省人力,又提高工效,百姓受益很大。欧洲直到12世纪左右才出现水力鼓风炉,比杜诗的"水排"晚了1000多年。

蔡伦造纸

东汉明帝末年,蔡伦进宫做宦官,和帝永元九年(97年)担任尚方令,负责铸造宝剑和各种器械。蔡伦决心利用这一条件改进纸张制作。他采用树皮和各种废弃物质(麻头、破布、渔网)为原料,为造纸业的发展开辟了广阔途径。和帝元兴元年(105年),蔡伦把成果上奏朝廷,并于安帝元初元年(114年)被封为龙亭侯,因此人们把蔡伦造的纸叫"蔡侯纸"。纸是中国古代四大发明(纸、指南针、火药、印刷术)之一,对人类文化的发展作出了不可估量的贡献。

科学巨匠张衡

东汉安帝永初四年(110年),张衡应征进京,先后担任郎中、太史令等官职,主持观察天文、候望气象、编制历法等工作。张衡精心研究制造出水运浑天仪,这是世界第一架水力发动的天文仪器。他还写下著名的天文著作《灵宪》和《浑天仪图注》,记录下洛阳地区能观察到的2500颗恒星,并精确计算出地球绕太阳一周所需要的时间,其结果接近现代天文学确定时间。东汉顺帝阳嘉元年(132 年),张衡又制造出世界第一架测定地震方向的仪器——候风地动仪,欧洲 18 世纪才出现利用水银溢流记录地震的仪器。

医圣张仲景

张机,字仲景,南阳郡涅阳(今河南省南阳市)人,相传晚年曾任长沙太守。其名著《伤寒杂病论》(后人整理时分为《伤寒论》与《金匮要略》两书),是中医史上一部划时代的著作。张仲景提出了完整的"辨证施治"理论,"辨证"包括四诊八纲。"四诊"是望、闻、问、切,即通过观察气色病状、闻病人气味、询问有关情况、切脉等 4 种方法,对病情做出判断。"八纲"是指在四诊的基础上,把症状分析综合为八大类型,即阴症、阳症、里症、表症、虚症、实症、寒症、热症。施治即根据症状确定治疗方法。他提出了"八法"(汗、吐、下、消、和、清、温、补),主张"缓则治其本,急则治其表"。张仲景的医学理论是中医学的基础理论,千百年来为医家所遵循,故人们称张仲景为医圣。

神医华佗

华佗,沛国谯县[今安徽省亳(bó)县]人,与医圣张仲景生活在同一时代。华佗精通医学典籍,拒绝官府征召,坚持在民间行医。他最擅长外科,发明了"麻沸散",使病人全身麻醉,从而可以进行剖腹治疗等外科手术,这比西方要早 1 600 多年,是世界医学史上的奇迹。他的针灸术,取穴少,进针深,效果神速。华佗重视疾病预防,提倡运动和锻炼,他创造了一套体操与气功结合的锻炼方法,名"五禽戏",主要模仿 5 种动物(虎、鹿、熊、猿、鸟)的动作姿态。曹操患有头风症,常常发作,因此想把华佗留做私人医生,为自己治病。华佗以妻疾为托归家,累召不应,曹操大怒,杀害了这位民间神医,华佗的神奇医术也随之失传。

数学

西汉后期的《周髀(bì)算经》,是现存最早的数学著作。东汉初期的《九章算术》,总结了春秋战国以来数学上的重大成就。这说明,东汉时数学已形成科学体系。

文字学

刘向与刘歆

刘向,西汉著名学者,我国古代杰出的古籍整理专家,校勘(kān)学、叙录学、图书目录学的奠基人。刘向对文学亦有很深造诣,但所作辞赋大多亡佚。今存其著作有《新序》、《说苑》、《列女传》、《洪范五行传论》等。

刘歆(xīn),刘向少子,精通诗书,善于写作。成帝诏命刘歆跟从父亲刘向一起整理古籍。刘向死后,刘歆完成父亲未竟之业,编出我国第一部书目《七略》。《七略》即辑略、六艺略、诸子略、诗赋略、兵书略、数术略和方技略。辑略为总论,以下六略即图书的6个大类。《七略》是世界最早的目录学著作,比德国吉士纳的《万象图书分类法》要早1 500年。

刘歆提倡古文经学。是西汉末年古文经学派的开创者,古文经学者讲究文字训诂(对古书字句解释),如许慎、马融、郑玄等都受到刘歆的影响。王莽当政后想利用古文经学为己服务,于是重用刘歆,任其为国师,为称帝寻找理论根据。后刘歆图谋反叛王莽,事泄自杀。

《说文解字》

许慎,东汉经学家、文字学家。许慎幼年勤奋好学,博览群经,安帝永初四年(110年)跟随著名学者刘珍、马融等在皇家藏书处校定五经,写下多部著作,但除《说文解字》外皆已散佚。后因病回乡,专心整理《说文解字》。

安帝建光元年(121年),许慎派儿子许冲将《说文解字》呈献给朝廷,公布于天下。此书共收部首字(以小篆为主)9 353个,加上重文(异体字)1 163个,共10 516个,解说13万多字。《说文解字》的巨大贡献为:系统整理"六书"(象形、指事、会意、形声、转注、假借)理论并分别给以定义,用以解释汉字的结构原理;首创部首分类法,建立540个部首;全面运用形训(六书分析)、义训(包括注音与定义)、声训的方法解释字义;保存了丰富的古代语言资料和社会资料、科技资料。因此,《说文解字》是我国文字学、字典学的奠基之作,是识读古代文献与地下文献(甲骨文、金文等)的梁津,是研究古代文化的基本工具书,是中国第一部系统分析字形和考究字源的文字学著作。

秦始皇陵兵马俑

秦始皇的陵墓位于陕西临潼以东,南倚巍巍骊山,北临滔滔渭水。1974年春,当地农民在打井时,发现了一些破碎的陶俑(古代墓葬中模仿活人、活物形象之作的陪葬品)。后经考古队挖掘,这一大型兵马俑军阵重现于人们面前。气势恢宏的秦始皇兵马俑反映出秦汉时期我国雕塑艺术的高超水平。1987年,秦始皇兵马俑被列入"世界文化遗产"名录。

第五章 三国两晋南北朝时期

（220 年—589 年）

一、三国鼎立与兴亡（220 年—280 年）

董卓败亡后,各地豪强纷纷起兵割据。196 年,曹操带兵到洛阳,奉汉献帝,迁都许昌,自封为大将军,"挟天子以令诸侯"。曹操在许昌实行屯田,恢复生产,增加军粮,壮大实力。汉献帝建安五年（200 年）,袁绍南下,曹操在官渡（今河南省中牟县东北）与之一战,大破袁绍,奠定了统一北方的基础。

三顾茅庐

刘备是当时群雄中实力最弱的,但他是东汉远支皇族,自称西汉景帝的后裔,胸怀大志,颇得人心。因而曹操认为刘备与自己才是天下英雄。但刘备却累遭失败,无法立足,重要原因之一是缺乏谋臣。徐庶、司马徽便向他推荐诸葛亮。诸葛亮,字孔明,隐居在南阳郡的隆中（今湖北省襄阳市西）。刘备驻军在新野,亲自到隆中拜访诸葛亮,前后三次方得见,人们称为三顾茅庐。由此,"三顾茅庐"作为成语,比喻真诚实意地邀请别人。

刘备向诸葛亮虚心求教。诸葛亮说:董卓专政以来,群雄并起,袁绍实力最强,名声最大。曹操能够击败袁绍,在于谋划正确。现在曹操统一北方,拥有百万大军,挟天子以令诸侯,难与其对抗。孙权占据江东,国险民附,人才很多,只能与他友好结交。剩下荆州地盘,形势险要,刘表看来是守不住的;益州是天府之国,刘璋懦弱糊涂,不会用人。将军若取得荆、益两州为根据地,西和诸戎,南扶蛮越,东连孙权,北拒曹操,等到时机成熟再率兵北伐,就可平定天下,复兴汉朝了。这便是著名的隆中对。

诸葛亮以惊人的战略眼光为刘备指明了发展方向,预测了三国鼎立的政治形势。刘备高兴地说:"我得到诸葛孔明先生,就像鱼得到了水一样。"

赤壁之战

汉献帝建安十三年(208 年)9 月,曹操带领大军进攻荆州。此时刘表已病死,次子刘琮即位。刘琮献地投降,刘备带领几十名将领逃到夏口(今湖北省汉口)。曹操大军占领了江陵,欲顺江东下一举消灭刘备与孙权。孙权知道刘表病死,早已派鲁肃以吊丧为名前往联络刘备,刘备也派诸葛亮随鲁肃到柴桑(今江西九江西南)拜见孙权,商议联合抗曹。孙权派周瑜、程普、鲁肃领兵 3 万会同刘备 1 万多兵力,共约 5 万兵力,在赤壁(今湖北省黄冈城外)与曹军隔江对峙。10 月,周瑜派黄盖假装投降,率领 10 只战船开向曹营。船上装满芦苇枯柴,灌上油,蒙上幕布,插上旌旗,后面系着快船。离曹军两里左右时,10 只船同时点火,火势乘着迅猛的东南风飞箭般烧进曹营,从水寨烧到旱寨。周瑜乘胜进攻,曹军崩溃,大半伤亡。赤壁之战奠定了三国鼎立的局面。

220 年,曹操病死,子曹丕废献帝,自立为帝(是为魏文帝),国号魏,定都洛阳,据有中国北部地区。至此,东汉王朝灭亡。

221 年,刘备称帝(是为昭烈帝),国号汉,史称蜀或蜀汉,定都成都,据有中国西部地区,诸葛亮为蜀相。

222 年,孙权称帝,是为吴大帝,国号吴,定都建业(今南京),据中国长江以南地区。至此,三国鼎立局面形成。

刘备白帝托孤

刘备率军伐吴,却败退白帝城,忧愤懊悔一病不起。于是派人到成都,诏丞相诸葛亮、尚书令李严等人到白帝城安排后事。刘备见到诸葛亮,推心置腹,语重心长地说:"我有了丞相,才有今天的帝王事业。您的才能比曹丕强十倍,一定能治理好蜀国。我不行了,如果太子有能力,希望您好好辅佐他。如果他无能,您可取而代之。"诸葛亮泪流满面地说:"臣下一定竭尽全力,敬效忠贞,辅佐嗣君,赴汤蹈火,在所不惜,定不辜负皇帝重托!"刘备又诏令太子刘禅:"我已六十有余,死而无憾。只是牵挂你们兄弟几人。不要因为坏事很小而去做,也不要因为好事很小而不做。只有依靠自己的才德,才可以使人信服。我德行鄙薄,不足以效法。与丞相相处,要像侍奉自己的父亲一样。"白帝托孤后,刘备于 223 年在白帝城永安宫病逝,终年 63 岁,谥号昭烈帝。诸葛亮护送刘备灵柩回到成都，与甘皇后合葬于惠陵。刘禅在成都继位，朝中大小事务，一律由诸葛亮决定。

诸葛亮七擒孟获

诸葛亮治蜀，政治清明，生产发展。当蜀汉内政相对稳定后，诸葛亮便着手解决与南中(今云、贵和四川西南部)各族的关系问题。刘备去世后，少数民族首领孟获、雍闿等人杀死蜀官吏，公开发动叛乱。225年3月，诸葛亮亲自带兵进军南中。出征时，诸葛亮采纳了马谡(sù)"攻心为上，攻城为下"的建议。孟获在当地有一定威望，诸葛亮在渡泸水追击孟获时下令必须活捉，不得伤害。孟获被俘押进营帐时，没有败将之色，一脸傲气。为了打消孟获的嚣张气焰，让其了解蜀国的强大，诸葛亮亲自陪同孟获参观蜀国营地。面对严整肃穆、斗志昂扬的蜀军，孟获顿感威慑，内心空虚，但却故作镇静地狡辩道："过去我不知虚实，所以战败。今天承蒙丞相恩赐，让我观看军营，不过如此。我定能反败为胜！"诸葛亮笑道："好！放你回去，重振旗鼓，再来较量！"孟获与蜀军一战再战，七次战败，七次被擒。第七次被抓获时，诸葛亮仍放他回去，允许他再战。此时，孟获"扑通"一声跪在地上，泪流满面，羞愧地喊道："诸葛公天威，我再也不反叛了！"这便是诸葛亮七擒孟获的不朽功绩！

诸葛亮挥泪斩马谡

南征平叛告捷，蜀汉的后顾之忧后解除了，诸葛亮开始了以"兴复汉室，还于旧都"为目的的北伐战争。228年春，诸葛亮派赵云、邓芝率军强攻祁山，取得胜利。魏朝上下一片惊慌，魏明帝[曹叡(ruì)]急命张郃(hé)率军抵御，并亲自赴长安督战。诸葛亮用马谡为先锋与张郃战于街亭(今甘肃省秦安东北)。马谡善于谈论兵法，但缺乏实际作战经验，他违背诸葛亮的部署，自作主张舍水上山扎营。张郃派人截断其取水道路，蜀军将士饥渴困顿，不战自乱，导致战略要地街亭失守，全线被动。为了挽救败局，诸葛亮只好退兵汉中，并依法挥泪斩马谡。在北伐中，诸葛亮六出祁山，积劳成疾，于234年8月卒于军中，终年54岁。蜀汉也因此退军。诸葛亮北伐虽然取得了部分胜利，但就全局来讲是失败的。究其原因，主要因为蜀、魏两国力量悬殊太大。但尽管如此，蜀国却能对魏采取攻势，这主要是依靠诸葛亮的杰出才能。诸葛亮不愧为我国古代伟大的政治家、军事家。至今保存在成都的武侯祠，就是千百年来人们对他的纪念。

蜀汉后期，政治腐败，加之连年出兵攻魏，兵民疲惫不堪。263年，司马昭令魏帝下诏大举伐蜀,邓艾率军长驱直入进逼成都。11月,蜀帝后主刘禅反捆双臂,带着棺材,亲自到邓艾军中投降。至此,历经43年的蜀汉灭亡。

卫温远航夷洲

东吴位居长江中、下游地区,河流湖泊纵横交错。为了充分发挥吴国优势,适应长江水战以及国内和海上贸易交通,东吴大力发展造船业。造船业的发展,带来海上交通业的繁荣。230年,吴主孙权派将军卫温、诸葛直率领万人大船队浩浩荡荡远航夷洲。他们从建业出发,经长江口进入东海,往南行驶。历经千难万险,几经周折,一年后终于到达夷洲。夷洲,即祖国的宝岛台湾。夷洲岛上的居民本是古代大陆沿海一带"百越"民族的一支。自古以来,夷洲和大陆就有着往来。从三国时代起,交往更加频繁、密切。东吴卫温率万人大船队远航夷洲,是大陆人民第一次大规模到达夷洲,也是大陆人民利用先进文化开发夷洲的开始。从此以后,夷洲和大陆的经济文化联系进一步加强,也促进了与东南亚各国的贸易和文化交流。历史证明,台湾自古便是中国不可分割的一部分。

孙权晚年日趋昏聩(kuì),国势衰落。252年,吴大帝孙权去世,子孙亮继位。诸葛恪(kè)为太傅,总揽国家大事。诸葛恪骄傲轻敌,指挥失误,使数万吴军葬身合肥新城。侍中孙峻与吴主孙亮共谋杀掉了诸葛恪,但孙峻辅政后不久便去世,从弟孙琳代其辅政。孙琳骄横专政,废吴主孙亮为会稽王,迎立孙休为景帝,自己为丞相。孙休死后,孙皓(孙权之孙)为帝。

孙皓即位后显露出骄残淫奢的本性。当时蜀汉刚灭亡,东吴失去长江上游的屏障,孙皓便把都城从建业迁到武昌,民穷财尽后,又将都城搬回建业。孙皓兴建富丽堂皇的昭明宫,耗资亿万,民不聊生。其暴虐胜于商纣,因此上下离心,人人自危,积弊重重,东吴的统治再也无法维持下去了。280年,晋武帝司马炎南下灭吴。三国分立局面就此结束。

二、司马懿谋反

魏明帝临终前,诏大将军曹爽(曹操侄孙)和太尉司马懿辅佐8岁的曹芳继位。曹爽担心司马懿强权,便上疏皇帝将司马懿调任为太傅,剥夺了其军政大权。圆滑世故的司马懿一时无法与曹爽争锋，只好退让，装病在家。曹爽放心不下，派李胜前去窥探虚实。司马懿为了迷惑对方，假装重病缠身、手足不灵便、语无伦次、指南为北。李胜信以为真，回报曹爽说："司马懿气息奄奄，形同僵尸，不足忧虑！"

　　曹爽大权在握，骄奢无度，专断朝政。而司马懿则在家豢(huàn)养3 000亡命之徒，伺机诛杀曹爽。249年，曹爽等大小官员一同护卫魏帝曹芳出城祭奠父亲明帝。司马懿立即调发800人把曹府围了个水泄不通。曹爽回到洛阳，司马懿以大逆不道之罪将其及其兄弟、同党斩首，并夷灭其三族。从此，曹氏政权完全落入司马氏手中。

三、司马炎建立西晋（265年—317年）

　　司马懿死后，其子司马师为大将军。254年，司马师废曹芳为齐王，立曹髦（曹魏文帝长孙）为帝。未久，司马师弟司马昭执政。曹髦死后，司马昭立14岁的曹奂为元帝，灭掉蜀汉。司马昭自认为功劳盖世，自封晋王。265年，司马昭病逝，其子司马炎重演曹丕代汉的禅让故技，废魏帝自立(是为晋武帝)，国号晋，定都洛阳，史称西晋。

四、晋武帝统一天下

　　司马炎从自立之日起，就一直虎视眈眈地盘算着突破长江天险，灭亡东吴。272年，司马炎命王濬(jùn)在益州造船，为伐吴做准备。王濬(jùn)砍削的木片"敝江而下"，引起了东吴的警惕。吴主孙皓命令封锁江中险要之地，铸造铁索拦截江面。280年正月，王濬(jùn)由成都出发伐吴。他先挑选部分识水性的人驾着几十只大竹筏在前开路，让江中铁锥扎在竹筏上带走，扫清航道。同时，又扎了许多大火把，灌满油放在船头，遇到铁索便点燃火把，让熊熊大火将铁索熔断。然后，大批战船顺流而下。吴军望见晋军"兵甲满江，旌旗烛天"的盛势，遂不战而降。3月15日，王濬(jùn)率军进入石头城(今南京)，孙皓以亡国之君的礼节向王濬投降。晋平定东吴，统一天下，中国又出现了一个为时不长的统一时期。

　　晋武帝统一中国后，为了保住司马氏的天下，他吸取了曹魏的教训，为确保皇权稳固,大封司马氏子侄兄弟做藩王,控制全国,以此巩固皇室。晋武帝共分封了27位同姓王,并允许各诸侯国内的官吏由诸侯王自己任免。这些同姓王在封国内逐渐形成强大的割据势力,日益威胁到中央的统治权。

五、石崇与王恺斗富

西晋统治集团和豪强地主穷奢极欲的生活风气在历史上十分突出。石崇与王恺斗富,正是这种恶劣风尚的突出表现。

石崇,渤海南皮(在今河北省)巨富。王恺,东海郯郡(今山东省郯城县)人,晋武帝的舅舅,也是著名的豪富。他们二人多次炫耀自己,争豪斗富,以期压倒对方。王恺家做完饭用饴糖洗锅,石崇家做饭用白蜡当柴。王恺用紫色丝绸做步障40里,石崇就以织锦做步障50里。晋武帝也参与其中,助其舅一臂之力,他把一株高二尺多高、世间罕见的珊瑚树赐给王恺。王恺得意洋洋地向石崇炫耀,以为这次定会获胜。谁知石崇斜视一眼,顺手拿起铁如意"当啷"一声将珊瑚树砸得粉碎。王恺大怒,责骂起来。石崇冷笑一声,漫不经心地说:"恼火什么,我马上赔你!"随即令人将他收藏的珊瑚树取来,任王恺挑选。其中高三四尺的有六七株,株株光彩夺目。王恺恍然自失,只好甘拜下风。

他们二人常常大宴宾客,以显阔绰。石崇宴客以美女相伴劝饮,客人若饮酒不尽,立即将美女杀掉。有的酒客故意不饮,逼石崇杀人取乐,石崇不惜连杀三人。王恺请客,定要美女吹笛助兴,笛声稍有走韵失调,便将其杀掉。西晋统治阶级的腐朽暴虐已达到令人发指的地步。

六、"八王"乱痴君(291年—306年)

290年,晋武帝司马炎去世,其子司马衷继位,即晋惠帝。晋惠帝是历史上有名的痴君。当时天下大乱,百姓多有饿死,而晋惠帝却说:"百姓没饭吃,为何不吃肉呢?"痴顽到如此地步! 惠帝皇后是武帝时功臣贾充的女儿贾南风。贾南风妒忌多诈,为皇后以后,更加骄横跋扈,遂形成悍妇控制傻皇帝扰乱政事的局面。

其时,杨太后与其父杨骏合谋辅政,掌握国家大权。贾后权欲熏心,妄想独揽朝廷大权,受到杨骏的压抑,十分恼恨。291 年,贾后密召楚王司马玮带兵入京,伙同淮南王司马允等人杀死杨骏和杨氏党羽数千人,废杨太后为庶人。从此揭开"八王之乱"的序幕。

消灭杨骏集团以后,贾后令汝南王司马亮为太宰辅政、楚王司马玮为卫将军,掌握禁军。贾后挟惠帝下诏,命司马玮杀死司马亮,然后借司马玮擅杀的罪名,收斩司马玮。从此,大权尽归贾皇后。

惠帝长子司马遹(yù),为谢才人所生。贾后无子,害怕太子长大对自己不利,于是将太子废为庶人,囚于金墉城,终年仅 23 岁。握有军权的赵王司马伦见太子死,遂联合齐王司马冏(jiǒng),借口为太子报仇,讨伐贾后。司马伦废贾后为庶人,幽禁在建始殿。不久,司马伦矫诏将贾后赐死于金墉城。机关算尽的贾皇后,最后落得如此可悲的下场。

太子、皇后相继丧命,朝廷上下只剩下一个毫无震慑力的痴愚皇帝。司马伦想篡位,淮南王司马允打算讨伐,反被他杀。301 年正月,司马伦龙袍加身,自己称帝。他尊惠帝为太上皇,将惠帝幽禁在金墉城。司马伦称帝激起了各诸侯王的强烈反对。齐王司马冏联合成都王司马颖、河间王司马颙(yóng)等共同起兵,讨伐司马伦。司马伦兵败被杀,惠帝复位,司马冏为大司马辅政。司马冏既掌大权,沉迷于酒色,被长沙王司马乂(yì)所杀。司空东海王司马越利用禁军抓获司马乂,将其活活烤死。至此,八王已死五王,争夺统治权的斗争又在司马颖、司马颙、司马越三王之间猛烈展开。

司马乂死后,司马颖任丞相,司马颙为太宰。司马越挟持惠帝讨伐司马颖,却败逃东海封国。司马颖挟惠帝南逃洛阳,被俘至长安,后司马颖被矫诏赐死。305 年,司马越以"奉迎天子还复旧都"为借口,再度起兵,次年攻入长安。司马颙败逃太白山。司马越又以司徒官职召司马颙入洛阳,于途中杀之。随后,司马越又毒死惠帝,拥立武帝第二十五子司马炽为帝,这就是晋怀帝。

"八王之乱"从贾后专政开始至怀帝继位为止,历时 16 年。八王为了争夺统治权,同室操戈,战火从洛阳、长安烧遍黄河南北,夺走数十万人的生命,"祸难之极,自古未闻",西晋王朝也在这场群狼狂斗中走向灭亡。

七、"永嘉之乱"与西晋灭亡

西晋统治阶级的腐朽与内乱,给西北各族进入中原创造了有利的时机。八王乱起,山西的匈奴族各首领共推刘渊为大单于,首先形成了独立的势力。晋惠帝时,刘渊自称汉王,晋怀帝永嘉二年,刘渊称皇帝,国号汉,都平阳(今山西省临汾市)。永嘉四年(310年),刘渊死,第四子刘聪(cōng)继位,派大将军刘曜(yào)、石勒率部进攻洛阳,破洛阳后,纵兵大掠,杀三万余人,并掳去晋怀帝。晋怀帝流亡平阳,313年被杀。史称这一时期为"永嘉之乱"(310年—313年)。

晋怀帝被杀后,秦王司马邺(yè)在长安即天子位,即为晋愍(mǐn)帝,西晋王朝又得以苟延残喘。刘聪得知这一消息,立即派刘曜进攻长安。316年,刘曜破长安,愍帝投降,受尽凌辱。317年刘聪杀死司马邺,西晋灭亡。从此,西北各族连骑纵横,北中国地区大遭蹂躏。

八、北中国各族混战(304年—439年)

西北各族从西汉末年开始逐渐向内地移徙,历东汉、三国有增无减。

匈奴南徙山西南部,其别部羯(jié)族则居山西东南部一带;鲜卑族迁居河北,部分则散居中原;氐(dī)、羌(qiāng)族分布在甘肃、青海一带。以上匈奴、羯、鲜卑、氐、羌5族,史称"五胡"。

西晋末年,从304年匈奴刘渊据山西独立起,到317年晋政权南迁以后,北中国地区一直为西北各族分割占据的混乱局面。这种混乱局面一直延续了135年(304年—439年),西北各族先后建立了16个国家,史称"五胡十六国"——事实上不止5个民族,也不止16个国家,这些国家也不是同时存在的。匈奴刘渊建立汉,后刘曜据长安自立为帝,改国号为赵(前赵)。羯人石勒称赵王(后赵),灭前赵。后赵几乎征服了全部北中国。鲜卑族慕容廆建立前燕,灭后赵。氐族符健建立前秦。北中国地区形成了前燕与前秦对立的局势。后前秦灭掉前燕,占领了北中国全部。淝水战败,前秦崩溃,各族又纷起割据,直到439年北魏太武帝拓跋焘灭北燕、北凉,才结束了"五胡十六国"的混乱局面,占领了北中国的全部。

九、东晋(317年—420年)与祖逖北伐

北方进入"五胡十六国"时期时,南方则出现了司马懿曾孙司马睿建立的偏安小朝廷,定都建康(今南京市),称晋元帝,史称东晋(317年—420年)。中国古代皇帝的名字及同音字在当时都不能随意使用,历史上称这种规定为避讳。如东吴、东晋和南朝(宋、齐、梁、陈)的都城都在今天的南京,故南京有六朝古都之称。东吴时,南京称建业,西晋灭吴后改为"建邺",由于西晋末年愍帝叫司马邺,为避司马邺之讳,东晋时改建邺为建康。

司马睿是依靠北方大族王氏和江南世族的支持,才建朝称帝的。王导为丞相,其堂兄王敦手握重兵。东晋初年,龙袍穿在司马氏身上,大权却攥在王氏手中。所以,民间流传着"王与马共天下"的话。司马睿统治集团中的许多人都是苟且偷安,无心复还中原。但也有部分有志之士积极主张北伐,驱逐敌人。祖逖就是其中一位具有强烈民族感的杰出人物。他上书司马睿,请求允许募兵北伐,为国雪耻。司马睿迫不得已,封其为奋威大将军、豫州刺史,提供1 000人的口粮和3 000匹布,其他军用物资由祖逖自谋解决。尽管如此,祖逖毫不退缩,毅然率部渡江北上。船到江心时,祖逖站在船头,神情激昂地敲着船楫起誓:"我祖逖不能廓清中原胜利凯旋的话,就像这长江一样有去无回!"这铿锵誓言,激励众人奋勇向前。渡江后,祖逖在淮阴一面募兵,一面铸造兵器。

经过几年艰苦卓绝的斗争,祖逖终于收复了黄河以南全部领土。正当祖逖准备进军河北完成统一大业时,司马睿却心怀疑虑,担心祖逖功大压主,难以控制,便派戴渊充当都督,牵制祖逖。同时,祖逖又听到东晋朝廷王敦与刘隗争权激烈,十分忧虑。321年,祖逖在雍丘(今河南杞县)含恨去世。祖逖北伐虽然没有取得最后胜利,但却打击了外族贵族南侵的气焰。

十、淝水之战（383 年）

383 年,前秦苻坚为消灭东晋,强征步骑 90 万人,自谓"投鞭于江,足断其流",大举南下,以其弟苻融为前锋都督,率军 25 万,渡淮河攻下寿阳(今安徽省寿县)。东晋孝武帝司马曜以谢玄为前锋都督,率兵 8 万迎战。晋将刘牢之在洛涧(洛水,今安徽省淮南东)渡河,击败前秦军前锋。苻坚与苻融登寿阳城,望见八公山(今安徽省凤台县东南)上草木,以为都是晋军,始有惧色。形容心怀恐惧、疑神疑鬼的成语"草木皆兵",即由此而来。

晋军进至淝水(今安徽省寿阳县南),与前秦军隔水对峙。谢玄遣人请前秦军稍向后移,以便渡水决战。苻坚想在晋军渡河时冲击,便令苻融命军队稍退。被强征的前秦军本不愿作战,一退即不可止。在襄阳被俘的晋将朱序乘机在阵后大呼:"秦兵已败!"前秦军阵势大乱。谢玄引兵渡河猛追,苻融马倒被杀。前秦军溃散,自相践踏,死者无数。溃兵听到风声和鹤叫声,都以为是晋兵追来。因此,形容惊慌疑惧的成语"风声鹤唳"即源于此。后来,苻坚被姚苌(后秦皇帝)缢死。

淝水之战的胜利既保障了南中国的土地,也保卫了东晋的政权,是中国历史上以弱胜强的著名战例之一。

十一、刘裕篡位,东晋灭亡（420 年）

刘裕,小名寄奴,祖籍彭城(今江苏省徐州市),出身于破落的低级士族,东晋初年,举家迁居京口(今江苏省镇江市)。刘裕幼年家贫,只好以耕、樵、渔为生。淝水大战后,晋军北府统帅在京口招募军队,见刘裕身材魁梧、相貌堂堂,就把他留在北府兵当了一个小军官。

东晋安帝(司马德宗)隆安二年(398 年),孙恩(山东临沂人,世代为信奉五斗米道教徒)起事,旋即失败。后孙恩自海岛登陆,攻占上虞、会稽(绍兴),江浙农民纷纷起义响应。不到 10 天,孙恩部众已达数十万。孙恩自称"征东将军",下令诛杀异己,到处掳掠财物,成为流寇。东晋王朝命谢琰(yǎn)、刘牢之等进攻孙恩。安帝元兴二年(402年),孙恩为晋军刘牢之部将刘裕所败,投海自尽。

刘裕在击败孙恩起事中扩大了自己的实力,后又在北伐灭南燕、后秦中提高了自己的声望。刘裕排除异己,独掌大权,为篡晋已做好充分准备。418年,刘裕暗中派人缢死安帝,立司马德文为恭帝。420年,刘裕迫使恭帝禅让,终于登上皇帝宝座,国号宋,史称南朝刘宋。东晋灭亡。

十二、南北朝对立(420年—589年)

420年刘宋建立后,又相继经历了齐、梁、陈4个朝代,史称南朝。同时期,在北部地区先有北魏,后分裂为东魏、西魏,后北齐代东魏,北周代西魏,史称北朝。南北朝对峙了169年。

南朝政权的更替

宋(420年—479年)武帝刘裕死后,长子刘义符继位,他不会管理国家大事,不到两年便被大臣徐羡之等人杀死,拥立其弟刘义隆即位,是为宋文帝。宋文帝精明能干,虽年仅18岁,却懂得治国之道。他除掉三位重臣(徐羡之、傅亮、谢晦),掌握了国家大权。宋文帝重视农业,鼓励开垦,救济灾民,惩办贪官污吏,社会经济日益繁荣起来。宋文帝在位30年,年号为"元嘉",历史上把他在位的太平盛世称为"元嘉治世"。宋朝到第八代顺帝时,为萧道成所篡。

齐(479年—502年),高帝萧道成所建,仅历23年,即为雍州刺史族弟萧衍所篡夺。

梁(502年—557年),萧衍所建,是为梁武帝。梁武帝勤于政务,生活节俭。史书上记载他"一冠三年,一被二年",他每天只吃一顿饭,忙的时候就喝点粥充饥,可谓勤俭皇帝。梁武帝笃信佛教,曾先后4次舍身同泰寺(当时建康最大的寺庙),是历史上唯一的"菩萨皇帝"(或称和尚皇帝)。他认为,佛教徒不应违背佛教"不杀生"的戒条,发誓断除酒肉,又规定宗庙祭祀用面粉替代牲畜。梁武帝严格遵守誓言,头戴葛巾,身着布衣,脚穿草鞋,每天只吃豆羹粗饭。僧人们在梁武帝的带动下,也严格吃素食,并以素食招待客人。时间一长,吃素就成了僧人们的习惯,成了寺院里一种必须遵守的戒律。但梁武帝可不是菩萨心,他剥削残酷,苛政暴刑,出兵北朝,人民死伤不可计数。晚年,老朽昏聩(kuì)的梁武帝竟异想天开地收降东魏大将侯景,封其为大将军、河南王,打算凭借侯景之力进复中原。由此,梁武帝引狼入室,侯景叛梁,攻陷建康,梁武帝被困,饿死于静居殿,终年85岁,是中国历代帝皇岁数最长者之一(仅次于后来的清帝乾隆)。侯景被湘东王萧绎(yì)和高要太守陈霸先联合击败,并后被部下羊鲲(kūn)杀死。萧绎即位,是为梁元帝,后西魏攻杀梁元帝,陈霸先立萧方智为梁敬帝。

陈(557年—589年),陈霸先废敬帝自立,国号陈,是为陈武帝。陈朝末代皇帝陈叔宝,史称后主,自幼生活在深宫,成长于群妇之手,不知稼穑(sè)艰难,更无忧患意识,唯礼宾诸公,寄情酒文,亲近小人,因而政刑紊乱,民不聊生。588年11月,北方隋国派遣晋王杨广率大军来伐,朝中大臣相互勾结利用,压下军情不报。因此,陈军毫无防备。直到589年正月,隋国杨广各路大军逼近建康,后主才命将领出战。结果一战溃散,城中文武百官遁逃,后主与贵妃藏于井中,被隋军活捉。至此,南朝最后一个小朝廷——陈灭亡了。

北魏的建立与分裂

383年淝水之战后,前秦崩溃,北方分裂。386年,鲜卑族拓跋珪(guī)自立为代王,同年改称魏王。398年,拓跋珪定都平城(今山西省大同市),自称皇帝,是为北魏道武帝。太武帝拓跋焘即位后,征服了整个北中国,与南朝宋形成南北对峙局面。北魏统治者为了巩固政权,缓和种族间的斗争,力谋推行汉化政策。

北魏孝文帝拓跋宏顺应历史潮流,主动采取措施,加快民族融合的步伐。为了便于学习和接受汉族先进的文化,进一步加强对黄河流域的控制,孝文帝不顾守旧势力的反对,于494年将都城从平城迁到洛阳。迁都以后,孝文帝积极进行改革,推行汉化政策:国人一律改穿汉服,学习汉语,采用汉姓,提倡与汉人通婚。在改革中,孝文帝以身作则。他将皇族的姓氏拓跋改为元,自己改名为元宏,并带头娶汉族大臣的女儿为皇妃,将自己的女儿嫁给汉族人为妻。孝文帝促进民族融合的措施,至今仍值得称赞。

北魏政权走向封建化,但鲜卑贵族对汉族人民的压迫与歧视依然如故,人民起义不断发生。其中规模较大的是葛荣领导的人民起义。526年,葛荣在左人城(今河北省唐县)领导起义,攻克瀛(yíng)州(今河北省保定市沧州市一带),驰骋于大河南北,使北魏在河北、河南的统治陷于分崩瓦解状态。葛荣起义一直坚持到528年,才为北魏尔朱荣镇压下去。尔朱荣进入洛阳,立拓跋攸(yōu)为孝庄帝。鲜卑化的汉人高欢立拓跋脩(同"修")为孝武帝。534年,孝武帝不满高欢专权,逃往关中依靠宇文泰,北魏分裂。后高欢立拓跋善见为孝静帝,都于邺(今河北省临漳县),是为东魏;立拓跋宝矩为文帝,都于长安,是为西魏。高欢子高详篡东魏自立,国号齐,史称北齐。

宇文泰子宇文觉篡西魏自立,国号周,史称北周(557 年—581 年)。

十三、杨坚篡位,隋朝建立(581 年—618 年)

577 年,北周武帝宇文邕(yōng)灭北齐统一了北方,结束了北齐 27 年的割据。周武帝死后,子宇文赟(yūn)继位,是为周宣帝。周宣帝昏庸暴虐,朝政腐败,上下离心。这对杨坚夺取政权是个好机会。

杨坚父亲杨忠是北周开国功臣,封隋国公。杨坚继承了父亲的爵位,娶鲜卑大贵族、柱国大将军独孤信的女儿为妻,所生女儿为周宣帝的皇后,这使杨坚在北周政权中享有特殊地位。周宣帝病死,继位的周静帝宇文阐不满 8 岁,杨坚以大丞相身份辅政,控制了北周的军政大权。杨坚在辅政时,革除了一些暴政,提倡节俭,安定社会,安定人心。在消灭北周的残余势力后,杨坚于 581 年迫使周静帝退位,自立为帝,建国号隋,改元开皇,定都长安。隋王朝建立后,隋文帝杨坚派儿子晋王杨广率军南下,于 589 年灭亡陈朝,结束了东晋以来 270 余年的分裂割据局面。一个统一的封建集权制隋王朝,开始了它的新作为。

十四、两晋南北朝文化

哲学宗教

郭象,西晋哲学家,著有《庄子注》一书,书中将名教与自然统一起来,并不全合《庄子》原意,反映了玄学家的观点,在《庄子》注本中影响很大。

鲍敬言,西晋思想家。他将老庄学说中的某些成分发展为无政府主义的"无君论",主张无君无臣,取消统治,从而打击了统治者的"权威"与"尊严"。

佛教

南北朝时期,佛教大为流行,被统治阶级利用作为麻醉人民的工具。梁武帝宣布佛教为国教,建康(南京)一地佛寺就达 500 多所,僧尼有 10 余万人。洛阳有寺院 1 500 多所,北魏寺院共达 3 万多所。

399 年,东晋僧人法显从长安出发去印度求法,前后 14 年,游历 30 余国。回国后著《佛国记》(原名《历游天竺传记》,即《法显传》),是关于中外海陆交通最早的记录,有着重要的史料价值。

道教

北魏嵩山道士寇谦之,改造民间道教,创立为封建统治者所接受的新教,道教史上称为"北天师道"。北魏太武帝拓跋焘宣布道教为国教,位在佛教之上,道教遂成为官方正式宗教。

南朝晋宋间,著名道士陆修静对天师道进行改革。他在庐山东南瀑布白云峰下修造草庐,隐居修道。宋明帝朝夕问道,朝野向风,于是道教随之大兴。陆修静在对道教经典整理分类基础上,编制成《三洞经书目录》,创立道教典籍三洞(洞真、洞玄、洞神)四辅(太宗、太平、太清、正一)十二类分类法。陆修静对后世道教发展影响很大,许多教派都奉他为祖师。

南朝齐梁时,著名道学大师陶弘景弃官修道,隐居句曲山(今江苏省句容茅山),建华阳道馆,自号华阳隐居,不复出仕。梁武帝每有吉凶大事,无不前去咨询,时人称之为"山中宰相"。陶弘景主张儒、释、道三教合流,撰《真诰(gào)》,将佛教轮回转生之说引入道教,确定了"元始天尊"为道教的最高神仙,使江南民间道教成了官方道教。

范缜(zhěn)

范缜,南朝齐梁时哲学家和无神论者。他在佛教盛行时敢于反对佛教,针对佛教的"神不灭"论发表了《神灭论》,从理论上驳斥佛教唯心主义,在中国思想史上有重要地位。但他认为圣人和凡人的形体不同,神也不同,这就陷入了宿命论。

文学

"竹林七贤"

"竹林七贤"为西晋文学的代表作家,他们是嵇康、阮籍、山涛、向秀、阮咸、王戎和刘伶。其中,阮籍和嵇康文学成就最高。阮籍的主要作品是 82 首五言的咏怀诗。嵇康对当时的黑暗政治予以有力抨击,触犯了阴谋篡夺的司马昭与其帮凶,被诬害处死。

嵇康擅长散文,代表作有《与山巨源绝交书》,最有文学意味。

陆机

《文赋》是陆机讨论创作问题的专著,在我国文学理论的发展上起了承先启后的作用。

左思

左思花费 10 年时间创作完成的《三都赋》,记载了蜀、吴、魏三都情况,旁征博引,材料丰富,是赋体文章中最著名的长篇之一。左思因《三都赋》得到当时文坛高明之士的赞扬并为之作注写序而身价百倍,轰动一时。京城豪贵之家竞相传抄其赋,从而造成洛阳城里纸张价格骤然上涨。这就是流传千古的"洛阳纸贵"的故事,借以形容文章著作风行一时,广泛流传。

李密

李密,蜀汉武阳(今四川省彭山县)人,从小失去父母,由祖母刘氏将其抚养成人。西晋建立后,朝廷征召李密为太子洗马。此时,李密祖母已 96 岁高龄,无人赡养。李密不忍心只为个人显达而置祖母于不顾,于是上表晋武帝司马炎陈述自己的心情与请求,这就是传古千颂的《陈情表》。《陈情表》全文紧紧围绕一个"情"字,情深理透,开卷落墨极为酸楚、沉重:"臣以险衅,夙遭闵凶,生孩六月,慈父见背,行年四岁,舅夺母志","既无伯叔,终鲜兄弟……茕茕子立,形影相吊。"寥寥数语道出作者幼年无依无靠,单根独苗的悲惨遭遇。接着,此表叙述朝廷多次征召而祖母日益病重,自己处于进退两难的境地。最后,李密提出自己的请求,表示暂不应官,绝非怀念蜀汉,不事二主,而是祖母已"气息奄奄,人命危浅,朝不虑夕。臣无祖母,无以至今日;祖母无臣,无以终余年",摄人心魄。司马炎读到这篇上表,大为感动,遂答应了李密的请求。

陶渊明

陶渊明,又名陶潜,浔阳柴桑(今江西省九江市西南)人,东晋伟大诗人,生于东晋末年,出身没落士族,因而仕途不得发展。从 29 岁出仕到 41 岁辞彭泽令,陶渊明终身归耕垄亩。辞官归田,和封建统治者宣告决裂,这是陶渊明的伟大之处。《归去来兮辞》、《归园田居》是其重要代表作,同时,他还写了《桃花源记》、《五柳先生传》等优美通俗的散文。陶渊明的田园诗开辟了诗歌的新境地,所以被后人奉为田园诗歌之祖、隐逸诗人之宗。他的诗对以后各个时代的文学都产生了巨大影响,不愧为伟大的诗人。

南北朝民歌

南方民歌主要有吴声、西曲两类。吴声原是晋、宋时代产生于建业一带的民间徒歌,后来形成十几种曲调,内容一般都是五言四句的小诗。西曲盛于齐、梁时代,有30余种曲调。南方民歌的形式,奠定了唐代绝句的基础。

北方民歌都是北魏太武帝以后北方各民族接受了汉文化后,用汉语记录的一些歌、辞,其中也有不少汉族人民的作品。描绘北国风光的《敕勒歌》是北方民歌中的一首杰作,千百年来一直脍炙人口。"敕勒川,阴山下。天似穹庐,笼盖四野。天苍苍,野茫茫,风吹草低见牛羊。"

《木兰诗》是北方民歌中的长篇叙事诗,创造了木兰这位女英雄的光辉形象,表现了人民的英雄主义精神,千百年来在民间广泛流传。《木兰诗》是我国古代的民间创作,它充分表现了劳动人民的美学理想,其与《孔雀东南飞》并美,是我国民间叙事诗的双璧。

诗文

鲍照、谢灵运、颜廷之被称为"元嘉三大家"。鲍照诗歌代表作《拟行路难》等七言诗,隔句押韵,富于变化,音调铿锵,为初盛唐的七言诗和七言歌行体的形成和发展奠定了基础。谢灵运在政治上失意后,寄情于山水,写出许多优美的山水诗。他扭转玄言诗风气,开创山水诗派的功绩不能磨灭。

谢朓(tiào)是齐代较有成就的作家,他和谢灵运同样擅长山水诗,故被称为"小谢"。谢朓一些模仿南朝乐府民歌的小诗写得清心蕴藉,开唐人绝句之风。庾(yǔ)信,贵族出身,梁亡屈身仕魏,内心很痛苦,想念祖国和故乡,但终身未能回去南朝,其代表作有《哀江南赋》、《拟咏怀》等。庾信是南北朝时期最后一位诗人,他由南朝进入北朝,融合了南北文风,可以说是南北朝时期集大成的一位作家。

梁代徐陵编的《玉台新咏》是一部诗歌总集。

骈(pián)文

在汉赋的影响下,散文骈偶化渐渐成为一种风气。到汉末魏晋时,散文更加骈偶化了。到了齐梁,在形式主义文风的影响下,骈文达到了最繁荣的时期。这一时期,几乎一切文体都用骈偶文。南北朝时期的骈文,主要是形式主义的作品,内容空虚贫乏,没有什么现实意义。齐代孔稚珪(gui)的《北山移文》是一篇著名的骈文。

散文

在骈文充斥文坛的情况下,南朝的优秀散文数量很少。但与此同时,北朝先后出现了三部散文巨著。《水经注》为北魏人郦道元撰。《水经》本为我国古代地理志,但其书成于何时及作者是谁,均不确知。《水经》原著过于简略,郦道元为之作注,大大丰富了原著。《水经注》不仅是一部研究古代地理的参考资料,而且在文学上也有较高价值。因为郦道元在书中还叙述了与河流有关的神话传说和历史胜迹,富有文学韵味。《洛阳伽蓝记》为北魏人杨衒(xuàn)之撰。"伽蓝"系梵语"僧伽蓝"之译音,即僧寺的别名。本书描写的洛阳寺庙风光极为生动,具有浓厚的文学韵味。以上二书,不仅艺术地描写了祖国河山和寺庙建筑,而且对后代游记小品文的发展起了推动作用。《颜氏家训》为北齐颜之推撰。颜之推初事梁,梁亡投奔北齐,遂为北朝所用,终身以此为恨。颜之推屈身异族,但不忘祖国,不忘民族,把一生生活体验所得,写成《颜氏家训》一书,目的在于训诫子孙如何立身处世,并对当时的颓风弊俗大加抨击。《颜氏家训》的文章平易近人、朴实动人,对后世起了深刻而久远的影响。

梁代昭明太子萧统编的《文选》,是最著名的文学总集。萧统是梁武帝萧衍的长子,1岁立为太子,31岁病死,谥号"昭明",后人称为昭明太子,故称其《文选》为《昭明文选》。凡入选的文章内容必须经过仔细推敲,都是文辞华美流畅、情文并茂的赋、诗、文三种题材的文学作品。此书共收录周代至梁朝七八百年间130位作者的700百余篇优秀作品。其内容宏富、文体完备、辞彩绚丽,对后世文学发展和科举考试产生了极大影响。唐宋以后,《昭明文选》成为文人随身携带的必备之书。北宋民间更流传有"《文选》烂,秀才半"的谚语,意思就是《文选》读得烂熟,离登上秀才科第就不远了。因此,历代文人家弦户诵,研读此书蔚然成风,于是形成专门的学问——"选学"。

南朝论文

南朝的文学批评取得了空前的成就,出现了两部著名的文学理论批评著作。

《文心雕龙》为刘勰(xié)作于齐代。刘勰,祖籍山东莒县(今山东省莒县),世居京口(今江苏省镇江市),梁时做过小官,晚年出家,改名慧地。《文心雕龙》共50篇,讨论范围极为广泛,包括文体区分、创作方法以及文学批评等方面。它是梁以前文学批评的全面总结,是我国古典文学批评史上杰出的巨著。

《诗品》为锺嵘所作,稍后于《文心雕龙》。《诗品》是关于五言诗的作家与作品的评论,起于汉,迄于梁,所评价的诗人共122位,许多评语都很精当。《诗品》提供的有关文学史的材料和有价值的论点,对后人进一步研究我国诗歌的发展有极大的意义。

小说

我国小说起源于上古的神话和传说。先秦古籍中保存神话、传说最多的是《山海经》和《穆天子传》。魏晋南北朝的小说就是继承《山海经》和《穆天子传》的系统发展起来的。这一时期,小说数量很多,内容也很复杂,但大体上可分为两类:一类是专谈神仙鬼怪的"志怪小说",如《列异传》(托名曹丕撰)、《博物志》(张华撰)、《灵鬼志》(荀氏撰)、《搜神记》(干宝撰)、《搜神后记》(托名陶潜撰)等;另一类是记录轶闻琐事的"志人小说",如裴启的《语林》、郭澄之的《郭子》、刘义庆的《世说新语》等。

晋干宝的《搜神记》为志怪小说的代表作。干宝写《搜神记》的目的是证明鬼神的存在,所以书中存在大量的迷信成分。但其中有些作品表现了人民的思想愿望。如《干将莫邪》揭露了封建暴君残害人民的凶恶面目,也突出地表现了我国古代劳动人民反抗暴力的英雄行为;《李寄》通过斩蛇刻画了智慧、勇敢、善良的少年女英雄李寄。志怪小说的一些故事成为后代小说、戏曲作家再创造的素材,为后来的志怪小说开辟了创作途径。

刘义庆的《世说新语》是志人小说的代表作,主要内容是汉末至东晋士族阶层人物的遗闻轶事。在该书中,刘义庆揭露了豪门贵族的奢侈和残暴。如《石崇宴集》揭露了石崇、王敦等人的凶残本性,《周处》篇赞扬了周处勇于改过的好品德,《荀巨伯》篇描写了荀巨伯在危难时节不丢弃朋友的操行。这些故事都具有一定的进步意义。《世说新语》是后世笔记小说的先驱,对后世文学有着深远的影响。《世说新语》中的许多故事也成为后世戏曲、小说家再创作的素材。由于刘义庆是宋王朝的宗室,袭封临川王,受阶级局限,他无法认识封建统治的腐朽本质,却同情和欣赏封建统治阶级的奢淫生活,这给后世留下了不良影响。

史学

两晋时期的历史著作,较以前为盛。陈寿的《三国志》是继《史记》、《汉书》以后的名著。它以传记的形式记载了三国发端、发展及结束的过程,很有独到的地方。司马彪的《续汉书》原有80卷,现仅有记载东汉典章制度的30卷流传下来。袁宏所著《后汉纪》是记载东汉的编年史,在史料的保存及编写的体例上都有所贡献。

南北朝时,对后来较有影响的历史著述有宋时范晔(yè)所著的《后汉书》,记载了东汉光武帝刘秀至献帝刘协为止195年的历史。《后汉书》在史书中率先公开为妇女立传，是继《汉书》、《三国志》以后成就最大的历史著作，也是一部有价值的历史文学作品。

科学技术

天文

东晋天文学家虞喜，会稽余姚（今属浙江）人。虞喜的最大贡献是发现了岁差，这是我国天文历法史上的一大发现。祖冲之是南朝宋、齐之际著名的科学家，他把岁差的存在应用到历法上，制订的《大明历》比以前的历法更加精确。他测定出一年实际天数为365.242 814 81天，这与近代科学家测量的结果相差不到50秒。为了纪念祖冲之对世界科学文化作出的伟大贡献，1967年，国际天文家联合会把月球上的一座环形山命名为"祖冲之山"。

数学

祖冲之在数学研究，特别在计算圆周率方面取得了突出的成就。他在前人的基础上，计算出圆周率的数值在3.141 592 6和3.141 592 7之间，是世界上第一个把圆周率的数值计算到小数点以后第七位的人，比德国人奥拓和荷兰人安托尼兹早了约1 000年。日本数学家三上义夫曾建议把圆周率称为"祖率"。

地理

西晋裴秀，才华出众，深得晋武帝赏识，官至尚书令、司空。他经过长期不懈努力，终于绘制成《禹贡地域图》18篇，这是世界上最早的历史地图集。有人称裴秀为"中国科学制图学之父"。

农学

北魏贾思勰的《齐民要术》，是珍贵的农艺科学著作，直至今日仍是人们研究农业科学史的宝贵文献。

医学

西晋名医王叔和著《脉经》10卷，是中国现存最早的脉学专著，奠定了脉学诊断的理论基础。西晋名医皇甫谧(mì)所著《针灸甲乙经》，是我国现存最早的针灸学专著，被国际针灸学会列为必读之书，已被译为英、法文字在欧洲广为流传。南朝齐梁时医学家陶弘景所著《本草经集注》，对药物学的发展具有贡献。其另著有《外阙肘后百一方》、《药总诀》等书，是养生和医学方面科学价值很高的名著。南北朝时雷学的《炮炙论》，提出提炼药物的17种方法，在制药史上有长远的影响。

艺术

东晋王羲之，有"书圣"之称。他亲笔写的《兰亭集序》被称为天下第一行书，是我国书法艺术珍品。其真迹据传为唐太宗陪葬品，埋于地下。

东晋顾恺(kǎi)之，被称为一代画圣，所著《论画》一书是论画法的名著。其代表作品摹本《女史箴图》、《洛神赋图》，是我国稀世的艺术珍宝。顾恺之还是个博学多才的文学家，被当时人称为"三绝"，即"才绝、画绝、痴绝"。王、顾二人，对中国书画的发展有深远的影响。

文房四宝是笔、墨、纸、砚四种文具的统称。"文房"一词起源于南北朝时期，原指官府掌管文书之处，唐朝以后专指文人的书房。文房四宝的制作历史悠久。纸是我国古代四大发明之一，笔、墨、砚的历史可以追溯到新石器时代。比较成熟的毛笔出现于战国时期，相传是秦国大将蒙恬所造。历代都有著名的笔、墨、纸、砚制品和制作艺人。如安徽泾县(旧属宣城郡)的宣纸、歙(shè)县(旧为徽州府治)的徽墨、浙江吴兴(旧为湖州府治)的湖笔、广东高要(旧名端州)的端砚，至今仍很著名。称之为文房四宝，并不是因为它们稀有珍贵，而是形容它们对文化发展的重要作用。

北朝的统治阶级曾动员大量的人力、物力、财力，在今山西大同的云岗、洛阳伊阙的龙门山开凿石窟，大造佛像。云冈石窟有53窟，造像51 000多尊，最大的高达13.7米。北魏和西魏还对十六国时开凿的甘肃敦煌莫高窟继续修建，绘塑了许多佛像。石窟虽是佛教迷信的产物，并且在修建时大大增加了劳动人民的负担，但它们也代表了当时绘塑艺术的高水平，至今仍是闻名世界的绘塑艺术宝库。

第六章　隋唐时期
（581 年—907 年）

一、隋文帝的统治政策

隋唐时期是继秦汉全国统一之后中国历史上的第二次全国大统一。隋文帝结束了南北长期分裂的局面,促进了各民族的大融合和社会的稳定发展,为唐朝的强盛创下了坚实的基础。

隋文帝杨坚是封建中国第二次大统一时期的帝王。杨坚的皇后名叫独孤伽罗,14 岁时嫁给杨坚为妻,好读书,识达古今,敏于心计且富有政治谋略。独孤皇后常与杨坚一道分析形势,共商政略,在许多重大问题上,杨坚都听从皇后的意见,因此,宫中称为"二圣"。

隋文帝为了巩固统一和强化中央集权,实行了一系列政治和经济的改革措施,改革官制,把朝廷丞相的职权分为三省。内史省的主管叫内史令,掌管机要,发布政令;门下省的主管叫纳言,负责政令的审议;尚书省的主管称尚书令,负责处理全国行政事务。三省由皇帝直接驾驭。进行地方建置的改革,把州、郡、县三级制改为郡县两级制,规定九品以上的地方官一律由朝廷任免,加强了封建专制主义的统治。继续实行均田制,扩大垦田面积,减轻徭役。继续实行府兵制,籍民为兵,免其租赁。改善刑法,惩治贪污,建仓储粮等。

隋文帝另一项重大贡献,即创建科举制度,废除魏、晋以来按门第高低选用官吏的"九品中正制",开始用考试选拔人才。三国魏时司空持节都督王昶(chǎng)曾向魏主曹芳倡议过科举制度,但到隋文帝时才实行。科举制度为兴起的庶族地主开辟了从政的出路,扩大了地主阶级的统治基础。科举考试制度注重严格的知识标准,鼓励知识竞争,从现代管理论来看,在一定程度上有积极的意义。科举制度至 1905 年才由清政府宣布废除,前后沿袭了 1 300 多年。

隋文帝的整顿和改革促进了生产的发展,社会经济出现了短暂的繁荣景象。

二、隋文帝血溅御屏

隋文帝会治国,却不善治家。隋文帝与独孤皇后生有 5 个儿子,依次为杨勇、杨广、杨俊、杨秀和杨谅,他自信五子同母绝无手足相残之忧。隋文帝和独孤皇后不好奢华,务求节俭,但太子杨勇却喜好奢侈。一次,杨勇大摆宴席,歌舞弹唱,美姬如云。隋文帝得知后,断然废除了杨勇太子之位,立杨广为太子。杨广生性狡诈诡谲(jué),善于投机取巧,他篡夺王位的野心早已暴露。602 年 8 月,独孤皇后病死,杨坚渐渐沉醉于酒色之中,身边离不开两个宠爱的美女:宣华夫人陈氏和容华夫人蔡氏。604 年 4 月,杨坚病卧仁寿宫床榻,杨广暗自庆幸,加紧为夺位登基作准备。7 月,杨坚病重,尚书左仆射杨素、兵部尚书柳述、太子杨广和宣华陈夫人都在宫中侍候。一天清晨,杨广利用陈夫人去厕所的机会,从隐蔽处突然窜出来抱住她求欢。陈夫人竭力挣脱,回到隋文帝身边。杨坚见陈夫人神情惊慌,反复诘问,夫人才哭着说:"太子无礼了!"杨坚愤然捶着床沿骂道:"畜生!何足当大事!"并紧急传令左右:"召我儿!"这时,杨广与杨素令东宫卫士包围了仁寿宫,逮捕了柳述等人。同时,他们派心腹潜入寝宫,将杨坚从床上拉起来,强行灌入毒药。杨坚大骂"逆贼",大口大口喷出鲜血,连御屏风上也溅满了血迹。不一会儿,杨素传出了皇上驾崩的消息。7 月 18 日,杨广即位。杨广残忍地杀死了亲父和兄弟,镇压了政敌,在血泊中登上了皇帝的宝座,集贪婪、昏庸、暴虐于一身。

三、隋炀帝的暴政

隋炀帝杨广即位后,一反其父亲所为,穷奢极欲,好大喜功,对外侵伐,实行暴政。杨广令著名的巧匠宇文恺主持兴建东都洛阳。宇文恺迎合杨广的心意,力求设计精巧,规模宏大,营建工程动用役工多达 200 万人,花费了一年左右的时间。都城最里面是宫城;都城外面是皇城,即文武官员的所在地;最外面是外郭城,既是官吏住宅和百姓居住地,也是商业区,有 100 多个坊和东、南、北三市。洛阳建成后,隋炀帝下令万户豪族和富商迁到洛阳居住,同时又修建宫苑楼阁,踏月游乐,歌舞达旦。

在营建洛阳的同时,隋炀帝下令调集几十万民工开凿大运河。大运河以洛阳为中心,是北自涿郡(今北京市)、南达余杭(今杭州市)的水路交通动脉,前后花了约 6 年时间开凿。大运河全长达 5 000 余里,以东都洛阳为中心,沟通了海河、黄河、淮河、长江、钱塘江五大河流,贯穿河北、山东、河南、安徽、江苏、浙江等省,成为南北交通的大动脉,对于维护统一、繁荣经济起了重大作用。

隋炀帝利用大运河三次巡游江都(今扬州),规模庞大,耗费惊人。他乘坐的龙舟高 4 层,长 200 尺,船上宫殿和宫室上百间,装饰得富丽堂皇。王公贵族、后宫妃嫔、文武官员、僧尼道士等各按等级分别乘坐豪华大船。上万艘大船首尾相连接,在运河上排开,竟达 200 余里,两岸步行拉纤的民工有 8 万多人。船上灯火通明,歌舞鼓乐之声通宵达旦,远传数里之外。沿途 500 里内的民众,被迫筹办珍贵食物"献食",不少百姓倾家荡产,穷困得连树皮草根都吃光了,甚至被逼到了人吃人的绝境。

传说隋炀帝在龙舟饮足了酒,听腻了曲子,想看看岸上的风光。他走上船台,看见 1 000 名少女身着红衣充当纤夫,少女之间间隔排列着 1 000 只肥羊,一红夹一白,煞是好看。隋炀帝兴致勃勃地倚在船栏上观赏着这幅少女纤夫图,哪晓得少女在太阳底下背纤,个个汗水淋淋,像从水里爬上来似的。隋炀帝大为扫兴,要众臣想办法遮住阳光。众臣面面相觑(qù),无可奈何。翰林学士虞世基上前献策说:"此事不难,只要在两岸遍种柳树,一可替民女遮阳,二可保护河堤,三可树叶喂羊,岂不是一举三得?"隋炀帝一听大喜,说道:"妙计妙计,这千里大堤,哪天才能栽完?"虞世基又说:"陛下可降旨,不论官民,有种柳一棵者,赏绢一匹。若如此,臣料不出五六日便能成功。"布告一出,果然不出三天工夫,运河两旁已青枝绿叶、柳絮飞扬了。

隋炀帝为了向天下炫耀武功,满足自己的权力欲,三次发动侵略高丽的战争。第一次攻高丽,出兵 200 万,分 24 路向平壤进军,首尾相接,鼓角相闻,阵线长达 960 里,结果大败。第二次伐高丽,隋炀帝亲自率大军渡过了辽河。正当战争激烈进行时,炀帝得到隋朝大臣杨玄感反隋攻打洛阳的告急战报,大为惊恐,慌忙撤兵回京。隋炀帝第三次进攻高丽,征召天下兵员。这时,起义的浪潮已在全国此起彼伏,被征去的士兵也纷纷逃亡。隋炀帝不敢渡辽河东进了。高丽国王高元派使臣讲和,隋炀帝率军回到洛阳。后来,反隋义军蜂起,隋军再也无力远征了。

四、隋末农民起义

隋炀帝统治时期,繁重的徭役和赋税给百姓带来了深重的灾难。山东地区是隋朝重要的经济区,也是进攻高丽的基地,民众遭受的祸难更加深重。611年,王薄领导农民在山东长白山(今山东章丘县境内)起义,揭开了隋末农民大起义的序幕。617年前后,各地起义军逐渐汇合成三支强大的起义军:河南瓦岗军、河北起义军和江淮起义军。

河南瓦岗军首领翟让、李密率领精兵 7 000,攻破东都附近粮仓兴洛仓(今河南省巩县境内)。瓦岗军开仓分粮,赈济穷困,更广泛地动员了群众。瓦岗军在洛口建立政权,李密称魏公,发布讨伐隋炀帝的檄文,列举其十大罪状,指出:"罄南山之竹,书罪无穷;决东海之波,流恶难尽。"号召民众起来共同推翻隋王朝。正当瓦岗军接连取得胜利之时,李密因疑心翟让夺权,竟在617年冬袭杀翟让,给起义军造成了不应有的的损失,瓦岗军开始转向败亡的局面。

河北起义军在窦建德领导下,沉重打击了河北的反动势力,占领了河北大部分郡县。618年,河北起义军在乐寿(今河北省献县)建立农民政权——夏,窦建德称夏王。夏国境内百姓安居乐业,窦建德在起义军中也享有很高的威信。当隋末农民起义风起云涌之时,一些官僚、地主也纷纷组织武装,割据称雄。620年,雄踞关中的李渊集团派兵出关,攻打占据洛阳的王世充。王世充向窦建德求援,窦建德企图先与王世充合力击败李渊,然后再消灭王世充,于是派兵救援。但于 621 年战败,窦建德被李渊军俘杀,河北起义军败亡了。

杜伏威、辅公祏(shí)领导的江淮起义军,是战斗在东南地区的主力军。613年,江淮起义军南下,大败隋军。后来,起义军对隋朝的军事重镇江都(今江苏省扬州市)采取大包围的攻势,隋炀帝的末日即将来临。

五、隋朝灭亡(618 年)

617 年,农民起义军基本摧毁了隋朝的统治,各地地主官僚纷起割据。隋炀帝授命留守太原的李渊进入长安,李渊乘机立隋炀帝 13 岁的孙儿西京留守代王杨侑(yòu)为傀儡皇帝(恭帝),尊隋炀帝为太上皇。618 年,正在江都巡游的隋炀帝下令在丹阳(今南京市)修建新宫室,想迁都丹阳以保全皇位。随从的禁军卫士大多是关中人,纷纷逃归家乡。右屯卫将军宇文化及发动兵变,带领禁军冲进皇宫捉住杨广押到殿前,司马德戡(kān)和斐虔通各拿一把刀站在杨广身旁。郎将马文举列举杨广罪行:违弃亲庙、到处巡游、骚扰百姓、骄奢淫逸、草菅(jiān)人命、对外讨伐、民穷国贫、盗贼四起……杨广吓得面色惨白地说:"天子不能用锋刃,拿毒酒来吧!"将领们不同意,杨广无奈,解下身上丝带交给马文举。两位将领接过丝带在杨广的脖颈上缠了几圈,然后用力一拽,这个杀父害兄的暴君便结束了罪恶的一生。

618 年 3 月,李渊在长安废恭帝,自己称帝,即唐高祖。隋朝灭亡,唐朝建立,中国封建社会进入最强盛的历史时期。

六、玄武门之变(626 年)

李渊依靠其子李世民等人的才谋,消灭了各地的割据势力,击溃起义军,统一了全国。但是,唐朝皇室内部的矛盾斗争也尖锐起来。早在太原起兵之初,李渊就许诺过:若事成,则当以世民为太子。从太原起兵一直到统一全国,李世民的功劳在诸皇子中最大。但是,李渊称帝后,按传统的继承办法将太子的地位封给长子李建成。李世民被封为秦王,李元吉被封为齐王。于是太子李建成和秦王李世民两大集团长期明争暗斗,终于演变为"玄武门之变"。

唐高祖武德九年(626 年)6 月 4 日,李世民率长孙无忌等人伏兵于长安宫城北门玄武门。当李建成和李元吉经过玄武门去朝见李渊时,李世民乘机发动袭击。李元吉连发三箭,却未射中李世民,李世民的狼牙箭正中李建成的咽喉,李建成掉下马身亡。尉(yù)迟敬德张弓一箭射中李元吉的后心,李元吉当场毙命。

"玄武门之变"后,李渊只好立李世民为太子。同年 8 月,李渊被迫退位,李世民登上皇位,即著名的唐太宗。

七、"贞观之治"（627 年—649 年）

唐太宗李世民是中国历代帝王中的杰出人物之一，被誉为封建时代的"盛世明君"。他从历代王朝的兴废中总结出历史的经验教训，清醒地悟出了这样一条道理："君依于国，国依于民。""君，舟也；民，水也；水可以载舟，亦能覆舟。"从贞观元年(627 年)到贞观二十三年(649 年)，是唐太宗执政的贞观时期。唐太宗在位期间，知人善任，注意纳谏，任用魏征、李靖等贤臣，励精图治。宰相房玄龄、杜如晦两人同心辅政，世人合称"房杜"。推行均田制、租庸调法和府兵制度；轻徭薄赋，养民生息；发展科举制度，遵循"用人如器，各取所长"的用人原则，在统治阶级内部做到不计亲疏、门第选拔人才；削弱旧门阀士族势力，加强皇权；不轻率发动征战，对少数民族统治者侵扰内地的予以坚决抗击。唐太宗采取的这一系列措施，加强了李唐王朝的统治，封建政治出现了少有的清明，人民生活比较和平安定，社会经济得到恢复和发展。因此，封建史官将唐太宗在位时期誉为"贞观之治"。

八、唐太宗的对外和平与扩张

玄奘西行取经

在唐朝，人们统称印度半岛一带的印度、巴基斯坦和孟加拉为天竺。唐朝和天竺的友好往来，促进了中印经济文化交流。在中印文化交流史上，两国僧人作出过很大贡献。

玄奘，通称三藏法师，俗称唐僧，本姓陈，名祎(yī)，13 岁出家为僧，刻苦钻研佛学，后决定到天竺去求学佛经。贞观三年(629 年)，他从凉州(今甘肃省武威市)出玉门关西行，经西域 16 国，历时 4 年到达佛教发源地天竺。玄奘在天竺游览佛教胜迹，钻研佛经，主持佛学讨论会，获得天竺各界很高的赞誉。贞观十九年(645 年)，玄奘回到长安，带回了 657 部梵文佛经，随即在长安弘福寺和慈恩寺主持译场，着手翻译佛经。玄奘带头不懈工作,20 年间,译出佛经 75 部、1 335 卷。652 年,慈恩寺院建塔藏经,本称经塔,之所以后叫做雁塔,据说天竺有雁塔,玄奘游天竺见过此塔,遂取其名。又一说谓建塔时有雁坠地,故名。此塔即现存西安,塔身 7 层,高 64 米,磨砖对缝,坚固异常,气象巍峨宏壮。千百年来,虽经数次大地震,雁塔始终无倾斜之状。古时新进士所谓"雁塔题名",即在这里。

　　玄奘还回忆途中见闻,由其弟子辩机等人写成《大唐西域记》12 卷。书中记述了玄奘亲历和传闻的 138 国的情况,成为研究中古时期印度半岛各国及中亚地区历史、地理和中西交通的重要文献。明代吴承恩以玄奘取经的故事为题材,加以创作,写成著名小说《西游记》。玄奘去天竺求经,是中印文化交流史上一大盛事,唐和天竺此后长期维持着和平友好关系。小雁塔在西安荐福寺,建于公元 707 年,因小于大雁塔,故名小雁塔。小雁塔高 45 米,原为 15 层,明嘉靖时陕西地震,上二层震塌,现存 13 层。玄奘之后另一位著名高僧义净从印度取经回来后,在荐福寺内翻译佛教经典 56 部,为中印文化交流作出了卓越贡献。

　　这两座雁塔屹立至今,既体现了大唐时劳动人民的智慧和艺术,同时又是千百年前中外文化交流的历史见证。甚至可以说,它们是我国最早的翻译出版机构。

玄奘像

李靖奇袭阴山

　　古老的游牧民族突厥,在隋初分为东西两部,控制着大漠南北和中亚地区。唐太宗刚即位,东突厥就进逼长安,掠夺后引兵退去。唐太宗加紧秣马厉兵,为击败东突厥创造条件。629 年,东突厥内部矛盾更加尖锐,再加上大雪成灾、牲畜死亡,百姓饥寒交迫,唐太宗乘机发动进攻,由李靖率领 10 万大军进攻。630 年,颉利可汗逃到阴山以北,声称求和。李靖和徐世勣(后改名李勣)预料颉利不会轻易言和,于是共定防范之策。李、徐二军分两路向阴山进发,夜幕降临时,大军悄悄潜入颉利营地。颉利骑马逃奔,李靖挥军紧追不舍,突厥军乱成一团,颉利被活捉。东突厥政权至此灭亡,大漠以南遂为唐属。

李勣大破薛延陀

隋唐时期,居住在漠北的铁勒各部族中,薛延陀是最强的一部。东突厥灭亡后,薛延陀汗国号称拥兵 20 万。641 年,薛延陀首领夷男发兵到漠南侵扰,唐太宗派大将李勣等人分 5 路出兵,大败薛延陀军。646 年,夷男死后,薛延陀汗国内部发生战乱。唐军乘机进攻,一举灭掉薛延陀汗国。至此漠北亦为唐属。

文成公主进藏

吐蕃人是藏族的祖先,很早就活动在青藏高原一带,过着农耕和游牧生活。唐太宗时,年仅 13 岁的松赞干布继吐蕃赞普位。少年松赞干布很快统一了西藏地区许多部落,建立起强大的奴隶制政权。吐蕃将都城迁到逻些(今拉萨市),从此逻些成为西藏政治、经济和文化的中心。640 年,松赞干布派大相(宰相)禄东赞带领上百人的使团,备了黄金、珍宝等厚礼,到长安求亲。唐太宗把聪明美丽的宗室女文成公主嫁给吐蕃王松赞干布。641 年,唐太宗派江夏王李道宗护送文成公主进藏。松赞干布亲自到柏海(今青海省札陵湖)迎接公主,在逻些举行了盛大的婚礼。文成公主带去了手工艺品、药物、谷物、蔬菜种子以及大量文化典籍等,使汉族先进生产技术、文化传遍西藏,对藏族社会发展起了推进作用。文成公主与其侍女还把纺织、刺绣等技术,传授给藏族妇女。公主信奉佛教,松赞干布受她的影响也提倡佛教,在逻些修起了大昭寺,佛教在西藏一时大盛。

文成公主在吐蕃生活了 40 年,于 680 年去世。她和松赞干布为加强汉藏两族的友好交往,为发展藏族社会经济、文化作出了重要贡献。至今,在西藏的大昭寺和布达拉宫,还供奉着二人的塑像,这是汉藏两族友谊和团结的珍贵物证。

九、武周时期(690 年—705 年)

武后改制

唐高宗李治是个平庸懦弱的人,即位以后,自己不执掌朝政,而是依靠宰相拿主意,后来,他立武则天为皇后,李唐王朝的政局便发生了变化。

武则天本是荆州都督武士彟(huò)的女儿,出身寒微之族。唐太宗贞观十一年(637 年),14 岁的武则天被召入宫中,立为才人,并赐名"武媚"。武则天为人聪慧,又爱读史书和考虑政事人情,性格刚毅果断,几近残忍。入宫之初,武则天在宫中只是最低级的内官,只能料理皇上的生活,无法取得太宗的宠幸。不久,太宗病重,武则天见太子李治经常出入宫廷探视,就想方设法接近太子。太子李治乍遇武则天这么一个美丽端庄、通达事理而又善于理事的年轻女子,不禁倾心。太宗担心以后出现西汉吕雉专政局面,决定把武则天赐死。武则天知道后吓出一身冷汗,但很快镇静下来,对太宗说:"我蒙皇上恩宠,本该以死来报答皇上的大恩大德,但您的身体未必不能痊愈,所以我也不敢马上去死。情愿削去头发,披上黑衣,吃斋拜佛,为圣上祈祷,聊以报答圣上的恩德。"太宗想了想说:"好吧,你既有这个想法,就马上出宫去吧,也免得我替你操心了!"

太宗驾崩,武则天被送进感业寺,削发为尼。太子李治即位,是为唐高宗,他虽然思念武则天,但不敢公然把她召回宫中。当时高宗正宠爱萧淑妃,王皇后吃醋,就鼓动高宗把武则天接回宫中。武则天回宫之后,非常清楚自己的处境,就采取卑躬屈膝的态度侍奉皇后。皇后十分喜欢武则天,曾多次在高宗面前说她好话。不久,高宗开始专宠武则天,封其为昭仪,皇后与萧淑妃同时失宠。于是,王皇后与萧淑妃联手起来对付武则天。武则天胸有城府,并不惧怕。

武则天怀孕的消息传出后,王皇后无子,十分恐惧,害怕武则天一旦生子,自己的皇后之位以及未来前程就会受到威胁。于是,王皇后联络舅父中书令柳奭(shì)等人,立后宫刘氏所生的高宗长子李忠为太子,并把当时的重臣长孙无忌、褚遂良等人拉进了辅佐太子的班子。

武则天深知自己出身寒微,内廷中皇后容不得她,外廷中士族大臣更容不得她,在内外夹攻的情况下想达到自己的目的,靠正常的手段是不行的。她大肆结揽人心,凡是王皇后和萧淑妃不喜欢的人,她都倾力接纳,把自己得到的赏赐全部分给他们。因此,皇后、萧妃的动静,她全都知道。武则天生下一个女儿,极其灵秀可爱,王皇后前来探视抚抱。王皇后刚走,武则天就闻高宗要来,她浑身一颤,觉得千载难逢的良机到了。于是,她把手伸进被窝,狠狠掐住女儿的脖子……然后再把被子盖好,若无其事地出去迎接高宗。高宗进来,武则天承笑如前,毫无慌张之举,待高宗揭开被子想看女儿时,却发现女儿已经死了。武则天故做吃惊状,大声悲号。高宗忙问左右侍女,都说皇后刚刚来过,高宗愤怒地说:"皇后杀我女儿!"武则天乘机历数王皇后的罪过，王皇后有口难辩。此事之后，高宗就下决心废掉王皇后，立武则天为皇后。永徽六年（655年），唐高宗下诏废王皇后为庶人，立武则天为皇后。太子李忠被贬为梁王，武则天之子李弘被立为太子。武则天当上皇后之后，就开始参与朝政，计划攫取权力。她把王皇后、萧淑妃禁死于冷宫，把反对她的官员一个个贬逐，连长孙无忌也被迫自杀。同时，武则天开始擢用支持她的许敬宗等人，"自是政归中宫矣"。

高宗懦弱寡断，身体不好，政事均交武后处理。武则天手里握有实权，与皇帝无异，她与高宗并称"二圣"。高宗上朝，武后垂帘听政，实际掌握黜陟（chùzhì）、生杀之权。高宗咸亨五年（674年），"皇帝称天皇，皇后称天后"。

武则天称天后之后，即向高宗提出十二条政治建议，史称"建言十二事"，并另修《姓氏录》，以取代太宗时修的《氏族志》。这样一来，大批出身寒门的庶族地主知识分子蜂拥而来，给当时的政治、经济和文化带来了一股生气，对促进当时社会的发展确有作用。高宗疾病缠身，越来越重，他想把皇位传给太子李弘，但武则天不喜欢李弘，她发现李弘与自己争权，于是，用毒酒药死了亲生儿子李弘。李弘死后，次子李贤被封为太子。李贤不听话，武则天就以李贤"颇好声色"为由，将他废为庶人，流放到巴州，继而立三子李显为太子。683年，唐高宗病死，太子李显即位，是为唐中宗，武后以皇太后身份临朝执政。李显初登位便执意提拔岳父韦玄贞为宰相，宰相裴炎告诉了武则天。武则天便下诏废中宗为庐陵王，立四子李旦为帝，是为唐睿宗。经过多次废立的教训，武则天感到要使朝廷政局稳定，非得由自己总揽朝纲不可！于是，武则天就令睿宗李旦居于别殿，不得参与政事。相传流放巴州的李贤，曾写过一首《黄台词》：种瓜黄台下，瓜熟子离离。一摘使瓜好，再摘使瓜稀。三摘犹为可，四摘抱蔓归。这首诗对武后专政表示了深切的忧愤。武后知道后大怒，立即命令使者到巴州逼李贤自尽。至此，武后独掌了朝中大权，号令自出，史称"武后改制"。

武则天称帝

684年，武则天废中宗、架空睿宗，以女主临朝，削弱李唐宗室等一系列做法，遭到皇家贵戚、元老重臣及部分失意官僚的反对。扬州司马徐敬业、临海丞骆宾王以"匡复王室迎立庐陵王"为名，发布《讨武曌檄》（武则天为自己创造了"曌"（zhào）字为名，意为日月当空），聚集兵众10万人在扬州起事。武则天从容读罢讨武檄文，询问作者是谁，左右回答是骆宾王。武则天感慨地说，如此人才变为叛逆，这是宰相的过错！武则天临危不乱，她先不失时机地铲除宰相裴炎和手握重兵的程务挺等人，以除肘腋之患，随后又急调30万大军平定了徐敬业之乱。武后垂拱四年（688年），武则天的侄子武承嗣看到武则天登基称帝的时机已经成熟，就暗地里派人在一块白石上凿上"圣母临人，永昌帝业"的字样，并使雍州人唐同泰奉表献之，谎称获于洛水。武则天闻讯大喜，当即下诏称此石为"宝石图"，并准备于当年 5 月选择吉日，亲临洛水拜受宝石。到了选定的日期，武则天"告谢昊天，礼毕御明堂，朝群臣"，正式加尊号曰"圣母神皇"，从此，武则天始称"陛下"。李唐宗室诸王纷纷起兵，但李氏诸王，兵无斗志，武则天兵马一到，便不堪一击。武则天镇压叛乱后，采取了三条措施：一是鼓励告密；二是严刑逼供；三是任用酷吏。武则天提拔周兴、来俊臣、索元礼等酷吏，专门进行"肃反"。周兴等人秘密观察李氏宗族中王公大臣的行迹，一有可疑，立即逮捕，严刑逼供，诬其谋反；三个酷吏每人都杀了数千人。除武则天亲生儿子李显、李旦以外，唐高祖、太宗、高宗的子孙全部诛除，造成了无数人的屈死！690 年 7 月，东魏国寺里的僧人写了几卷经书，书中说武则天乃弥勒佛投胎转世，应该代替唐朝作阎浮提主（即东方之主）。不久，侍御史傅游艺乘机率领关中百姓 900 多人来到长安宫门外，上表请求改大唐国号为周。武则天假装推辞，没有应允。未久，朝中百官、宗室、百姓以及沙门、道士共 6 万多人，组成一支极其庞大的请愿队伍，重复傅游艺的请求。武则天见"民意不可违"，遂于 690 年 9 月 9 日宣布改唐为周，自称"圣神皇帝"。她身穿龙袍，光彩奕奕，在洛阳登上了大周皇帝的宝座。从皇后到女皇，武则天经过 36 年的苦心经营。武则天是中国历史上唯一的女皇帝，也是世界史上不靠传位登基的第一位女皇帝。

武则天功罪

　　武则天在称帝前 30 余年参政执政的政治生涯中，已显示出惊人的政治谋略和手段。在称帝后的 10 余年中，武则天更充分地显示了她在用人、处事、治国等各个方面杰出的政治才能和政治家的气魄。尤其在用人方面，很值得称道。她经常派人到各地去物色人才，只要发现谁有才能，便不计门第出身、资格深浅，破格提拔，大胆任用。所以，在她的手下，涌现出了一大批有才能的大臣，其中最著名的是宰相狄仁杰。

　　狄仁杰当豫州刺史的时候，办事公平，执法严明，受到当地百姓的称赞。武则天听说他有才能，就把他调到京城当宰相。一天，武则天告诉他说："有人在我面前揭你的短。你想知道他是谁吗？"狄仁杰说："别人说我不好，如果确是我的过错，我应该改正；如果陛下弄清楚不是我的过错，这是我的幸运。至于谁在背后说我的不是，我并不想知道。"

　　武则天听了，认为狄仁杰器量大，便更加赏识他。来俊臣得势时，曾诬告狄仁杰谋反。狄仁杰被贬到外地做县令,直到 697 年来俊臣被杀,才被召入朝,恢复相位。狄仁杰两度任宰相,曾为武则天提过许多建议和批评意见,且大都被采纳。武则天信任敬重狄仁杰,称他"国老",朝见时,往往不让他行跪拜礼,并招呼群僚,不是军国大事,不要去烦扰狄公。狄仁杰向武则天推荐过很多贤臣,如张柬之后来被任命当了宰相。狄仁杰去世后,武则天遇有朝政大事难以决断时常常叹息说:"老天为何这样早就夺走了我的国老啊!"

武则天前后执政近半个世纪,她加强中央集权,革除时弊,发展生产,完善科举,并创立殿考和武举制度,破除门阀观念,不拘一格任用贤才,社会安定,经济繁荣,顺应历史潮流,上承"贞观之治",下启"开元盛世",史称"贞观遗风"的历史功绩,昭昭于世。

但是武则天奖励告密,任用酷吏,严刑逼供,屡兴大狱,宗室、朝臣冤死者无数。晚年,她生活奢侈,轻信男宠,挥霍巨资。武则天称帝以后,为解决与大臣之间的矛盾,处决了来俊臣等一批酷吏。来俊臣被处死后,其仇家们争咬尸体,踏成泥浆。武则天虽与群臣在表面上维持着良好的君臣关系,但当年滥杀所造成的阴影始终无法彻底驱除,因此,她的晚年十分孤独。在这种心态下,武则天的男宠不计其数。705年,武则天病重,满朝文武惶恐不安。宰相张柬之以清君侧的名义发动宫廷政变,由禁卫军将领桓彦范、敬晖率军 500 余人攻占玄武门,突入宫中。武则天闻变,抱病强起,桓彦范等人强迫她让位给太子。武则天自知精力已竭,事不可为,傲然返卧,不屑作答。于是,张柬之等拥太子李显即位,武则天被迫退位,徙居上阳宫。中宗李显复位后,诏尊武则天为"则天大圣皇帝",复国号为唐。世人据其尊号"则天大圣皇帝"称之为武则天(则,法则也;则天,即以天为法则,向上天学习,遵循上天的规律和要求的意思)。同年 11 月 26 日,武则天与世长辞,终年 82 岁。其生前遗嘱要求,除去帝号,称则天大圣皇后,与高宗合葬于乾陵(今陕西乾县梁山)。乾陵武墓前,至今仍耸立着一幢巨型无字碑,其意为:不歌功颂德,千秋功罪留待后人评说。由此,也可见这位杰出女政治家的风度与器识。

十、中宗韦后乱政

中宗李显被贬为庐陵王之时,曾被放逐到房州(今湖北房县),韦后亦随中宗来到房州。中宗在房州整日生活在恐惧之中,害怕自己步两位哥哥的后尘。每当听说有京城的使者到来时,中宗就会想:不如自杀算了。这时候,韦后就阻拦住他,劝道:"祸福本无常,你犯不着先自杀,等使者来了再说嘛。"后来,中宗对韦后非常感激,对她说:"如果有一天我能重见天日,我一定让你为所欲为,决不会阻拦。"705年初,中宗再度当上皇帝,韦后也二度成为皇后。

中宗再次登基后,实践了以前对韦后的诺言,听任她为所欲为。于是,韦后与女儿安乐公主便开始了政治舞台上的疯狂演出。韦后崇拜婆婆武则天,想按照武则天从皇后到太后,再到女皇帝的路走下去。但是,要由皇后变成太后,必须等到皇帝本人逝世以后。中宗景龙四年(710年)6月,被权欲冲昏头脑的韦后,嫌中宗老不去世,遂跟女儿安乐公主合谋,竟然用毒饼将曾经共患难的丈夫活活毒死。唐中宗一生极其悲惨可怜,先被强悍母亲压得抬不起头,后有淫乱妻子,更有一个绝情女儿。中宗即送命在这三个女人手中。

中宗死后,韦后立中宗与宫女所生温王李重茂为帝,是为少帝,改元唐隆,自己以太后身份临朝摄政,大权独揽。接着,宗楚客、武延秀等与韦后共同策划,想效法武则天改国号、称皇帝。韦氏子弟布满朝廷,甚至禁卫军的将领也由韦家人来担任,并且,韦氏图谋杀害少帝、相王李旦及太平公主。值此李唐王朝存亡的危急关头,相王李旦的儿子临淄王李隆基回京朝觐(jìn),留京不返,与太平公主合谋发动倒韦兵变。于是,姑侄二人暗中联络禁卫军将领,向他们揭露韦氏谋夺天下的罪行,鼓动大家铲除韦氏党羽,捍卫李唐王室。中宗景龙四年(710年)6月庚子夜晚,李隆基指挥禁卫军一路攻入宫中,斩杀了韦后、安乐公主、宗楚客、武延秀等人,逼迫小皇帝李重茂下台,请相王即位。睿宗李旦恢复帝位,立李隆基为太子。

韦后的女皇帝梦就此破碎,她垂帘听政仅有18天。韦后尽力效法婆婆武则天,想做第二个女皇帝,结果是画虎不成反类犬。她画虎不成的关键,是因为缺乏成为政治领袖的特质——只是热衷于政治权力和政治权位,却缺乏高明的手段与方法,因而最后把自己的生命也赔进了权力游戏之中。

十一、唐玄宗"开元之治"(713年—741年)

睿宗复位后,昏庸懦弱,引起太平公主与太子之间争夺权势的角斗。太平公主要揽朝权,阻力不在皇帝而在太子。712年秋,睿宗不顾太平公主的阻力,下诏传位给太子。李隆基登位，是为唐玄宗，又称唐明皇。唐明皇是唐玄宗的谥（shì）号。谥号是在帝王、贵族等死后，后人根据其生前事迹追加的名号。最初只是一字谥，像周文王、周武王。唐玄宗谥号字数多至 7 字，为"至道大圣大明孝皇帝"，唐明皇是其谥号的简称）。太平公主依仗睿宗之势，干预朝政，并密谋废杀唐玄宗。713 年，唐玄宗与郭元振等先发制人，引兵入宫，诛杀太平公主党羽数十人，其余党徒一概斥逐出朝，太平公主被赐死于公主府第。至此，唐政权才切实掌握在玄宗皇帝手中。李唐王朝进入又一个稳定、昌盛的时期。

713 年至 741 年，是唐玄宗执政的开元时期。唐玄宗励精图治，表现出卓越的政治才能。他很重视官吏的人选，整顿吏治，裁汰冗官，精简官僚机构，严格督察官吏，以功以才授官。他先后任用贤臣姚崇、宋璟、张九龄等为宰相。玄宗初登位就任命姚崇为宰相，兼兵部尚书。姚崇辅佐玄宗整顿朝政，为开创开元盛世的局面竭尽心力，被史家称为"救时宰相"。当时，河南、河北发生严重蝗灾，百姓迷信，不敢捕杀。姚崇承担了指挥灭蝗抗灾的重任，平息各地蝗害，没有造成大的饥荒。姚崇向玄宗推荐宋璟，请求让出相位，宋璟接替姚崇的宰相职位，二人并称"姚宋"。

玄宗朝承袭旧制，皇帝、宰相每年要听取各地派出的"朝集使"汇报政务。于是，朝集使们将珍贵名产赠送权贵，以求进达。宋璟上奏玄宗，请下令退还一切礼物，以革贿赂求官的不正之风。宋璟还极力主张限制女宠，疏远佞（nìng）臣，精简刑法，减轻苛税，控制边疆，轻动干戈，这些都切中时弊。一次，朝廷举行春宴召会群臣，玄宗令侍臣将金箸（金筷子）赐给宰相，宋璟没有弄清为何得此奖赏，不敢受赏。玄宗解释说："不是赐给你金，赐给你筷子，是为了表彰你的正直呀！"从此，"金箸表直"的佳话便流传于世。

唐玄宗在能吏贤臣的辅佐下，革除时政种种积弊的同时，还颇重视农耕，采取大兴屯田、奖励生产、清查逃亡户和籍外田等措施，对发展生产、缓和阶级矛盾，都起了一定的积极作用。

因此，唐玄宗开元时期，社会安定，经济繁荣，四夷臣服，万邦来朝，一派歌舞升平的盛世景象，史称"开元之治"。

十二、鉴真东渡

中日两国是"一衣带水"的邻邦，早在汉代就开始了交往。到唐朝时，中日友好交往和经济文化交流盛况空前。唐太宗时,日本派"遣唐使"来中国,每批人数至少二三百人。随同"遣唐使"到唐朝来的日本留学生、学问僧,长期在中国学习和研究各门知识,他们在传播汉文化、加强中日文化交流方面,起了十分重要的作用。

唐高僧鉴真,本姓淳于,扬州人,14 岁出家为僧。鉴真青年时代曾游学长安、洛阳等地,研究律宗(佛教宗派之一)教理,后回扬州主持大明寺。玄宗天宝元年(742年),日本学问僧荣睿、普照二人学成归国,特邀鉴真去日本传道弘法。鉴真欣然应允,准备次年开春起程,但由于种种困扰,四次东渡,均告失败。但是,鉴真仍不气馁,于玄宗天宝七年(748 年)第五次率队东渡。这次航船又遇到恶风险浪,在大海上漂流了 14 天,最后抵达海南岛南部。荣睿不幸在端州(今广东省肇庆市)病逝,鉴真也辛劳过度,感受暑热,双目失明。但这些并没有动摇鉴真东渡的决心。天宝十二年(753 年),鉴真携带僧、尼及工匠 20 余人,乘日本遣唐使的归舟第六次东渡,终于成功抵达日本九州岛。日本政府委任鉴真为奈良皇家首刹东大寺大僧都,主持全国僧徒受戒传律事宜,从而确立了日本施戒制度,奠定了律宗基础。鉴真赴日本,带去大批雕刻、建筑、文化、医学、绘画、书法、佛教等方面的书籍和作品,使唐朝文化大量传入日本。鉴真及其弟子在奈良还参与兴建唐招提寺的工作,寺内至今仍供放着的鉴真坐像,被定为日本的"国宝",这是唐代中日文化交流的重要物证。

日本遣唐留学生中有一位著名人物叫晁衡。晁衡日文名叫阿倍仲麻吕,玄宗开元五年(717 年)来中国,就读于长安太学。学业完成后,晁衡留在唐朝历任光禄大夫、御史中丞、秘书监等职。他同著名诗人李白、王维等建立了深厚的友谊。在鉴真第六次东渡那年,晁衡请求随日本的遣唐使归国,唐朝任命其为代表唐朝回访日本的使臣。晁衡所乘的船只,在狂风巨浪的大海上曾一度漂流到越南,后历尽艰险又辗转返回长安,继续在长安任职,一直到 770 年病逝于长安。晁衡一生中大部分时间是在中国度过的,他的事迹在中日友好史上传为佳话。

十三、安史之乱(755 年—763 年)

唐玄宗当了 20 多年的"盛世明君",渐渐滋长了骄傲怠惰的情绪,骄侈心已代替了求治心。开元二十一年(734 年),口蜜腹剑的李林甫爬上了宰相的显位,耿直的名相张九龄被排挤免职,李林甫独专朝权,大群钻营拍马的小人受到重用。唐玄宗最信任的宦官高力士,成为当时颇为显赫的人物。玄宗怠于政事,朝廷事务由高力士自行专决。当时的将相李林甫、杨国忠、安禄山等人的得势,都与高力士分不开。高力士收受贿赂,资产殷富,王侯贵族都无法与之相比,成了唐玄宗权力的化身。开元二十三年(736年),玄宗最迷恋的武惠妃去世,高力士四处寻访,得知玄宗儿子寿王李瑁(mào)的杨妃美貌异常便赶快将其送入后宫。玄宗一见大悦,即命这个儿媳先入籍为女道士,赐号太真,随后再迎入宫中,封为贵妃。杨贵妃小字玉环,聪明警颖,资质丰艳,善歌能舞,多才多艺,深得玄宗宠爱。杨贵妃的三个姐妹分别被封为三国夫人,堂兄杨国忠手握相权,杨氏一门一时之间势倾朝野,贵盛无比。

　　唐睿宗景云元年(710年),唐朝开始设置掌握边镇武力的节度使。起初,节度使只掌领所辖边境地区的军事,后来兼管民政、财赋等,权力大增,地位与宰相相近。宰相往往出任节度使,节度使有功也往往入朝任宰相,称为"出将入相"。寒微胡人安禄山勇猛善战,颇得朝廷奖赏,又因用各种手段博得唐玄宗及杨贵妃的欢心,被杨贵妃认作干儿子。于是,安禄山逐步升迁,终于得到了兼任平卢、范阳、河东三镇节度使的重要职务。安禄山野心极大,图谋夺取李唐江山,伙同同乡史思明,招兵买马,筹谋兴兵灭唐。

　　玄宗天宝十五年(755年)冬,安禄山在范阳(今北京市房山区及河北怀来、永清一带)誓师起兵,带领三镇兵马15万人南下攻唐。叛军大举进军,官军望风披靡。756年正月,安禄山攻陷洛阳,在洛阳自称大燕皇帝,建元圣武,并乘势进逼潼关,企图一举占领长安。

　　正当潼关告急、长安可危的紧急关头,河北平原地区一些忠臣太守奋然起兵讨伐叛军。平原(今山东省平原县)太守颜真卿和常山(今河北省正定县)太守颜杲(gǎo)卿(颜真卿的堂兄),联兵讨叛,大挫叛军的气势。安禄山被迫停止西进,命史思明带兵围攻常山。颜杲卿率领军民奋勇抵抗,终因粮尽矢缺,城陷被捕。颜杲卿被押送到洛阳,安禄山责问其为何反叛,颜杲卿大骂叛贼说:我为国除奸,怎叫反叛! 安禄山恼羞成怒,割下杲卿的舌头。颜杲卿满口鲜血,还发出含糊的骂声,直到含愤死去。756年2月,河东节度使李光弼和朔方节度使郭子仪会师,收复常山,河北大捷。安禄山惊恐万状,军心动摇。大将哥舒翰在潼关外屯驻半年,始终无法攻打进去。杨国忠疑忌哥舒翰手握重兵奏请玄宗命令哥舒翰出兵收复失地。哥舒翰被迫率兵出关,在灵宝县遇到叛军伏兵,一战大溃,哥舒翰成了俘虏。756年夏6月,叛军进入潼关,长安混乱不堪,杨国忠忙劝玄宗"驾幸"蜀地。玄宗携带杨贵妃和一批皇族亲贵,随从3 000禁军一道向四川逃奔。逃亡队伍到达马嵬(wéi)驿(今陕西省兴平县西)时,将士们鼓噪不前,唐玄宗被迫诛杀了杨国忠,缢死了杨贵妃,才得以继续西行。后兵分两路,玄宗入蜀。7月,太子李亨在灵武(今宁夏回族自治区灵武市西南)自行登基,是为唐肃宗,尊玄宗为上皇天帝。758年,玄宗回到长安,不久便抑郁而死。

756年夏6月,雍丘(今河南省杞县)县令张巡招募1 000多壮士,日夜坚守抵御,打退叛军数百次进攻。757年初,睢(suī)阳(今河南省商丘市)太守许远向张巡告急。张巡入睢阳与许远合兵守城。到10月,城中树皮、草根、战马都吃光了,将士们只好捕捉鸟雀、老鼠充饥。后来,全城军民因饥伤无力再战,城陷,张巡等将领全部遇害。由于张巡等将士的坚守,阻止了叛军南下,睢阳以南的江淮地区得以免遭叛军的破坏。12月,唐肃宗下诏表彰颜杲卿、许远、张巡等将士,抚慰他们的子孙并赏赐官爵以示优恤。

潼关失守、玄宗逃蜀时,安禄山叛军入长安。郭子仪、李光弼不得不放弃河北,率军赶往灵武。肃宗命郭子仪为武部尚书,李光弼为户部尚书,二人并拜相。757年正月,叛军大将史思明率兵围攻太原,李光弼坚守激战,取得了守卫太原的重大胜利。757年秋,肃宗诏令郭子仪率军与回纥(hé)、西域援兵汇合,攻下长安,收复洛阳。安禄山的儿子安庆绪杀父自立为帝,占据相州(今河南省安阳市)等城,拥兵数万,仍然是唐军的劲敌。758年秋,唐肃宗命令郭子仪、李光弼等9节度使联军讨伐叛军,由于肃宗听信宦官,疑忌郭、李,唐军不得进取。759年正月,史思明在魏州(今河北省大名县东北)自称大圣燕王,3月,诱杀安庆绪,兼并其兵马,占据其地盘。史思明留儿子史朝义守相州,自己引兵回范阳,自称大燕皇帝,立史朝义为怀王,改范阳为燕京。761年2月,史思明在进犯长安途中被其子史朝义杀死,叛军内部更加分裂。

762年春,唐肃宗病危,宦官李辅国一伙假借太子命令,杀死皇后及越王李系、兖(yǎn)王李偲,肃宗受惊忧惧而死。太子李豫即帝位,是为唐代宗。762年冬,代宗调集各路兵马会师讨伐史朝义,收复了洛阳。史朝义在唐军追击下,穷途末路,自杀而死。延续八年的"安史之乱",至此才告结束。

安禄山、史思明发动的叛乱,是唐朝统治阶级内部的斗争,是唐朝中央和地方势力发展不平衡的结果。叛乱发生在中原地区,给民众带来了深重灾难,黄河流域的农业生产遭到严重破坏,北方经济随之衰落。从此,中国的经济重心逐渐南移。平乱期间,唐朝军队大量调集到了内地,边防空虚。一些节度使与地方豪强地主势力勾结,各霸一方,发展成为藩镇割据势力,大大削弱了唐朝中央集权势力。

"安史之乱"是唐朝由盛而衰的转折点,统一、繁荣、强盛的唐朝已成过去,接下来出现的是藩镇割据、政治腐朽的混乱衰败的局面。

十四、永贞革新(805年)

宦官专权是唐朝后期政治生活中一个严重的问题。唐代宦官参政弄权,是从唐玄宗宠幸高力士开始的,安史之乱之后,宦官势力逐渐恶性膨胀。唐肃宗、唐代宗都即位于政变的非常时期,宦官恃拥立之功谋取军政重权,专横跋扈。唐德宗更宠幸宦官,宦官也有恃无恐,巧立名目欺压和剥削百姓。宦官们以替皇帝采办物品为借口,在街市上勒索民众,称为"宫市";在五坊[雕坊、鹘(gǔ)坊、鹞(yào)坊、鹰坊、狗坊]当差的宦官,称"五坊小儿",以替皇帝捕捉鸟雀为借口,四处扰惊民众。百姓称之为寇盗。当时太子李诵的东宫中,有两名侍读官员:善书法的王伾和善下棋的王叔文。王叔文经常私下向太子反映民间疾苦,并谈论到一些才堪将相之任的人物,深得太子信任。

德宗病死,太子李诵于805年(永贞元年)正月即位,是为唐顺宗。顺宗是个有正义感的人,想革新朝政,即位后立即把王叔文和王伾封为翰林学士,让声望较高的韦执谊当宰相,由他们负责革新朝政。王叔文等既得皇帝信任,便同志同道合的好朋友柳宗元、刘禹锡、韩泰、程谏等人共同实行革新。革新派颁布朝命,罢宫市和五坊小儿,停发部分宦官的俸禄,削弱宦官兵权;严加惩治贪官污吏;减免苛捐杂税等。这一系列具有进步意义的改革,赢得了民众的欢迎,但却引起了以俱文珍为首的宦官集团的强烈反对。8月,顺宗得了中风,革新派失去中坚力量。俱文珍乘机发动宫廷政变,幽禁顺宗,迫其让位给太子李纯(唐宪宗)。唐宪宗在宦官和官僚的拥戴下,还未正式登基,便下令贬王叔文为渝州司马、王伾为开州司马,不久"二王"都被杀害。柳宗元、刘禹锡、韩泰、程谏、韩晔、凌准、程异及韦执谊8人都被贬为边州司马。这场革新运动只进行了146天就昙花一现般地夭折了,史书上把这件事称为"二王八司马事件",又因这件事发生在唐顺宗永贞年间,故又称"永贞革新"。

十五、牛李党争

唐代后期,宦官把持朝政,反对宦官的朝廷官员大都遭到贬逐打击。依附宦官的朝廷官僚,因出身不同、仕途不同而大致分成两个派别:一是靠先代官爵余荫获得官职爵位的,他们多倾向于没落的门阀士族地主;二是靠科举考试进入仕途的,他们多倾向于与门阀对立的庶族地主。这两派官员,勾结宦官,互相倾轧,明争暗斗,造成晚唐统治集团内部的朋党之争。这种斗争由来已久,其中历时最长、争斗最尖锐激烈的是"牛李党争"。

唐宪宗元和三年(808年)科举考试时,应试的牛僧孺、李宗闵、皇甫湜(shí)等人借策试指斥时政,言辞十分激烈,被主考官吏部侍郎杨於陵和员外郎韦贯之录取,却遭到士族出身的宰相李吉甫的大力反对。结果,杨、韦二人遭贬逐,牛僧孺等人也长久不得迁升,只能充当藩镇的幕僚。这场科举考试的风波,揭开了牛、李朋党斗争的序幕。

牛党的首领是牛僧孺,其成员有李宗闵、杨嗣复、杨虞卿等人。李党的首领是李德裕,李吉甫之子,其成员有李绅、陈夷行、李让夷等人。

牛李两党的分歧主要表现为:牛党维护科举制度,反对向藩镇用兵,主张姑息妥协;李党则主张选拔官员注重经术,要求废除进士科,主张摧抑藩镇割据势力,恢复中央集权。

牛李两党交替执政,执政一方总是利用职权贬抑排斥对方。由于士族地主和庶族地主都代表封建势力,无论牛李谁掌权,都不可能较大地改进时政。唐宪宗时期,牛李开始结怨。穆宗时,牛僧孺一度为相,李德裕被调出为浙西观察使。文宗时,牛僧孺居相位,压抑李德裕。武宗即位,李德裕为相,李宗闵被贬致死,牛僧孺被贬免职。唐武宗去世,皇太叔李忱即位,是为唐宣宗。宣宗登位,牛僧孺得势,被召还朝,但不久病死。李德裕几经贬谪,于849年死于崖州贬所。至此,上演了将近40年的朋党之争总算收场,而唐王朝也到了日暮途穷之时,衰败局势已无可挽回了。

十六、黄巢起义(875年—884年)

唐朝末年,宦官专擅朝政,朋党相互倾轧,藩镇称霸地方,政治腐败黑暗,阶级矛盾日趋激化,封建统治阶级的荒淫奢侈更加惊人。宣宗死后,先后继位的唐懿宗李漼(cuī)、僖宗李儇(xuān)都是昏庸无能、腐化堕落之辈。懿宗女儿同昌公主出嫁,以珍宝装饰新房门窗,以金碗银盆做嫁妆。僖宗不理朝政,专好斗鸡、打马球。他以节度使的官位作赌注,打球获胜者即被任命为节度使。宰相杨收,号称"田产遍于四海"。与此同时,土地兼并加剧,农民失去土地,离乡背井,沦为逃户。再加水旱蝗灾频发,官吏照旧横征暴敛,农民走投无路。

僖宗乾符二年(875年)初,濮州(今河南范县)王仙芝率领数千农民在长垣(今河南长垣)起义,王仙芝自称"天补平均大将军",发布檄文,号召民众起来讨伐唐朝统治者,得到贫苦农民热烈拥护。夏6月,王仙芝率众攻下曹州,部众发展到数万人。这时,山东曹州冤句(今山东省曹县西北菏泽)人黄巢聚众数千人,响应王仙芝起义。

黄巢从少年时起就贩卖私盐,走南闯北,见多识广。他善骑射,能诗文,数考进士却都未中。有一年他未考中进士,写了一首《不第后赋菊》诗:"待到秋来九月八,我花开后百花杀。冲天香阵透长安,满城尽带黄金甲。"表露了他有朝一日起来造反的想法。

黄巢起义后,遂与王仙芝的农民起义队伍会合,转战山东、河南一带,攻下许多州县,唐朝廷十分恐慌,急忙调兵镇压,但同时也采取诱降的招数。王仙芝准备降唐,遭到黄巢反对。876年秋,黄巢、王仙芝各带数千人分路战斗,彼此相声援。878年春,王仙芝在黄梅(今属湖北)战死,余部大多投奔黄巢。黄巢被拥推为主帅,号"冲天大将军",建元"王霸",设置官属。黄巢率部渡长江,经江西,抵浙东,开山路七百里,进入福建,攻下福州。879年,黄巢入岭南,克广州,众至百万,自称"义军百万都统",向全国发布檄文,宣告将进入关中。起义军在广州休整以后,黄巢率军北上,抵潭州(今长沙市),经鄂州(今湖北省武昌),渡长江、淮河,入河南,起义军力量迅速壮大,号称60万人,黄巢称"率土大将军"。880年11月,起义军攻克东都洛阳,12月占领潼关。长安朝中君臣惊慌失措,宰相卢携服毒自杀,官员纷纷逃匿。881年1月8日,宦官田令孜(zī)带禁军,挟僖宗仓皇逃往成都。起义军进入长安,百姓夹道欢迎。1月16日,黄巢在含元殿登上皇帝位,国号"大齐",年号"金统",正式建立农民政权。

由于大齐政权的领导者们满足于既得胜利,没有及时追歼唐王朝的残余力量,给了唐王朝重新纠集力量、伺机反扑的机会。882年春,僖宗以宰相王铎兼诸道行营都都统,统领各路唐军围剿长安。起义军坐困空城,粮食严重缺乏。而黄巢派往同州的守将朱温又于9月叛变,向唐朝投降。唐王朝召沙陀贵族李克用出兵攻打起义军。883年春,起义军与李克用等三路唐军激战于梁田陂(今陕西省华县西南),伤亡数万人。黄巢在军粮尽、兵数败的情况下,带领15万大军撤离长安,5月撤到河南境内,起义军攻打陈州(今河南省淮阳)时,大将孟楷被俘牺牲。黄巢引兵向汴州(今河南省开封市)撤退,遭李克用部袭击,伤亡万余人,尚让等起义将领带领部众向唐军投降。黄巢在封丘(今河南省封丘)战败,招集近千名余众向山东撤退。884年6月,起义军在瑕丘(今山东省兖州市西)遭到唐军围攻,伤亡殆尽。黄巢宁死不屈,最后撤到泰山狼虎谷(今山东省芜县西南祥沟村),自刎壮烈而逝。

　　黄巢领导的农民大起义,在中国农民战争史册上书写了光耀千古的一页。

　　这次农民大起义,历时近 10 年,南征北战,横扫大半个中国,沉重地打击了封建统治者,使唐朝的腐朽统治陷于土崩瓦解。在农民武装斗争中,地主阶级在政治上的特权地位被动摇了,其田宅、财产也多被扫荡或易主。随着土地所有制的削弱,自耕农民增多,许多奴婢在斗争中挣脱了人身依附关系,成为平民,佃客地位有所改变,农民生产条件也得到某些改善。这些都为五代、北宋社会经济的发展创造了有利条件。起义军抑制和打击了强藩巨镇的割据势力,这就为后来的统一减少了一些阻力。

十七、朱温篡位,唐朝覆亡(907 年)

　　农民大起义失败以后,唐僖宗又回到长安。这时,唐王朝已名存实亡,新旧藩镇混战兼并,闹得国无宁日。888 年春,唐僖宗病死,宦官杨复恭拥立太子李晔(yè)即帝位,是为唐昭宗。河南开封的宣武节度使朱温于 901 年 10 月发兵直逼长安,上表请昭宗迁往洛阳,宦官韩全诲等挟持昭宗出长安投凤翔节度使李茂贞。朱温遂围攻凤翔。903 年,朱温打败李茂贞以后,又挟昭宗回到长安。宰相崔胤请朱温根除宦官,朱温令亲信斩杀宦官数百人,持续了一百余年的宦官势力终于遭到毁灭性的打击。904 年初,朱温派人杀死崔胤等权臣,逼昭宗迁都洛阳。8 月,朱温指使人杀死昭宗,拥昭宗之子 13 岁的李柷(zhù)即位,是为唐哀帝。905 年,朱温大肆诛杀宗室诸王,将宰相斐枢、崔远等朝士 30 余人全部杀死于白马驿,投尸于黄河。这次事件,史称"白马驿之祸"。朱温扫除政治上的阻力之后,于 907 年逼哀帝退位,篡夺帝位,改国号梁(史称后梁)。接着,鸩(zhèn)杀哀帝,历时 289 年的唐王朝覆亡。

十八、隋唐文化

宗教盛行

　　唐代,随着中外经济、文化的交流与发展,外国许多宗教也传播到了中国,如伊斯兰教、摩尼教和景教等,但最盛行的还是佛教和道教。唐太宗时,佛教广泛流行,出家人越来越多,佛寺遍及全国各地。唐中期以后,社会动乱,朝廷财政收入日益减少,官府同佛教寺院在经济和政治方面的利害冲突越来越尖锐。唐武宗推崇道教,于会昌(841年—846年)年间下令禁佛,没收全国数百万亩寺院土地,拆毁4 600多所佛寺、4万多所僧舍,令26万多僧尼还俗,并连同15万获释的寺院奴婢一律登记为官府的纳税户。由于唐朝统治者把佛教当做维护统治的工具之一,当政治、经济矛盾缓和之后,朝廷又重兴佛教。

文学

在整个唐代文学中,诗歌的成就最高。唐诗的发展一般分为初唐、盛唐、中唐、晚唐4个阶段。

"初唐四杰"

"初唐四杰"指王勃、杨炯、卢照邻和骆宾王。这4位诗人年少才高,位卑名大,怀才不遇,遭遇坎坷。王勃为高宗时的进士,后往交趾省亲,溺水受惊而卒。杨炯曾为校书郎,坐事贬盈川令。卢照邻因病去官,隐居太白山中。骆宾王从徐敬业起兵讨武,作《讨武曌檄》,兵败后不知所终。"初唐四杰"的诗,比较注重内容的充实、感情的真挚和文辞的清新。王勃的《送杜少府之任蜀川》抒发了真挚的惜别之情,"海内存知己,天涯若比邻",表达了朋友间的深厚情谊和诗人博大的襟怀,因而成为千古名句。杨炯的代表作是《从军行》,"宁为百夫长,胜作一书生",表达了对边塞军旅生活的向往。骆宾王颇有天赋,7岁作《咏鹅》:"鹅、鹅、鹅,曲项向天歌,白毛浮绿水,红掌拨清波。"他们在唐诗发展中,起到了承先启后的作用。杜甫则肯定了他们"不废江河万古流"的历史地位。

陈子昂

陈子昂被誉为唐代诗坛的"改革家"。陈子昂在唐睿宗时进士及第,曾任右拾遗。他屡次上书指陈时弊,不避权贵。自知忠谏不能为时所用,遂辞归故里。武三思指使县令段简诬陷他,陈子昂被捕下狱,忧愤而死。他严词抨击统治诗坛近五百年的形式主义诗风,主张恢复以诗词内容反映现实生活的优良传统。他在创作实践中一扫齐、梁的浮靡空洞诗风,树立内容充实、文辞刚健质朴的新诗风,为唐诗的发展开拓了道路。《登幽州台歌》是他的杰作,全诗仅有四句:"前不见古人,后不见来者。念天地之悠悠,独怆然而涕下。"横亘(gèn)古今,俯仰天地,充分表达了知音难觅的孤独情况,境界壮大开阔,感情深沉激越,语言遒劲奔放。陈子昂在诗歌史上的卓越贡献,得到时人和后人的普遍赞誉。"有才继骚雅,哲匠不比肩。公生扬马后,名与日月悬。"这就是伟大诗人杜甫对陈子昂的高度评价。

盛唐诗坛,诗歌体裁千变万化,风格千姿百态,出现了异彩纷呈的空前繁盛景象。

山水田园诗派

山水田园诗派的主要作家是孟浩然和王维,时称"王孟"。孟浩然 40 岁时游长安,应进士不第,后长期隐居,以诗歌自娱。其山水田园诗含蓄清丽、生动逼真,以平淡清远的风格见长。诗评家将其推为唐代山水诗派的创始人。孟浩然有许多传世名句,如"野旷天低树,江清月近人"、"气蒸云梦泽,波撼岳阳城"等。他的《春晓》:"春眠不觉晓,处处闻啼鸟。夜来风雨声,花落知多少。"妇孺皆能传诵。

王维,年轻时即盛负才名,擅长诗、画,兼通音乐,开元进士,后官至尚书右丞。王维晚年退居蓝田(今陕西省蓝田县),以赋诗、绘画、弹琴、诵佛为事,故有"诗佛"之称。王维善于把绘画技艺巧妙地运用于诗歌创作之中,被称赞为"诗中有画,画中有诗"。"大漠孤烟直,长河落日圆"、"渡头余落日,墟里上孤烟"、"日落江湖白,潮来天地青"等名句,即是运用动静相形、色彩相映、远近相衬的手法,以诗笔勾画出一幅幅优美的风景图。

边塞诗派

边塞诗派与田园诗派并列为盛唐诗坛的两大流派。其代表人物高适和岑参都以悲壮豪迈的边塞诗著称于唐代诗坛。高适的边塞诗以强烈的爱国主义精神和对广大士兵深切的同情为基本特征,《燕歌行》是他的代表作。"战士军前半死生,美人帐下犹歌舞",揭露了边塞的不平等现象;"少妇城南欲断肠,征人蓟北空回首",表达了对征夫思妇的深切同情;"君不见沙场征战苦,至今犹忆李将军",指出长期征战给民众带来的深重灾难,也抒发了对戍边保国英雄的崇敬与怀念之情。

岑参,天宝进士,两度出塞,久佐戎幕,对边塞风光、军旅生活以及少数民族风俗文化有深刻体验,其诗以描绘塞上风景和边地征战著称。岑参的"三杰作"《走马川行奉送出师西征》、《轮台歌奉送封大夫出师西征》和《白雪歌送武判官归京》,当推为这一时期的代表作。"忽如一夜春风来,千树万树梨花开"成为咏雪诗中的名句。

王昌龄,开元十五年(727 年)进士,授秘书郎,后授汜(sì)水尉,又贬江宁丞等职,安史之乱中还乡,为刺史闾丘晓所杀。王昌龄的七绝能够在短小的篇幅内摄纳丰富的内容,情致深挚婉曲,语言流利明快,故王昌龄有"七绝圣手"之誉。《出塞》是他最著名的作品:"秦时明月汉时关,万里长征人未还。但使龙城飞将在,不教胡马度阴山。"境界开阔,气象豪迈,表达了人们极盼李广式的将军安边守土,使百姓免受异族侵扰的意愿。《出塞》曾被推为唐人七绝压卷之作。

王之涣《凉州词二首》其一云:"黄河远上白云间,一片孤城万仞山。羌笛何须怨杨柳,春风不度玉门关。"描绘塞外风光,形象鲜明,末二句语意含蓄,物解人情,尤为妙绝。《登鹳雀楼》中的"欲穷千里目,更上一层楼"两句,更广为人们传诵。

王翰《凉州词二首》其一云:"葡萄美酒夜光杯,欲饮琵琶马上催。醉卧沙场君莫笑,古来征战几人回?"表现了将军不以死生为念,从容出征的豪迈气概。

"诗仙"李白

李白,字太白,号青莲居士。李白24岁离开四川,长期漫游各地,对社会生活深有体验,42岁时奉诏供职翰林院。他有"济苍生"、"安黎元"的政治抱负,自知在朝廷不可能有所作为,仅一年多即离开了长安。他在各地游历了约10年,其"诗仙"的名声也流传天下。安史之乱中,他怀着济世之志,曾入永王李璘幕府,因璘败受牵连,被判流放。晚年漂泊困苦,62岁时卒于当涂。

李白是中国诗坛上杰出的积极浪漫主义大师。他以雄奇豪放的风格、丰富奇妙的想象、自然流转的语言、惊世绝俗的笔墨、和谐多变的音律,构成了其诗特有的绚烂色彩。他热爱祖国山河,多描绘壮丽自然景色;蔑视封建权贵,抨击政治腐败;同情民众疾苦,揭露社会的不平等;反对叛乱分裂,讴歌维护统一的正义战争……表现出强烈的爱憎之情和动人心魄的艺术魅力。《李太白集》存诗共900余首。《静夜思》:"床前明月光,疑是地上霜。举头望明月,低头思故乡。"诗句明白如话,而又意味隽(juàn)永,被人们广为传诵。

李白

李白是中国文学史上继屈原之后又一个伟大的浪漫主义诗人,他把浪漫主义的诗歌艺术推向高峰,这是李白对中国古典诗歌发展的重要贡献。李白诗歌流传广泛,影响巨大,历代作家无不从他的诗中汲取丰富的养料。他的作品被大量介绍到国外,受到世界人民的喜爱和敬重。

"诗圣"杜甫

杜甫,早年苦读,年轻时游历各地,见识广博。安史之乱前,杜甫曾参加科举考试落第,后寓居长安将近10年,穷困潦倒,对当时的社会、民情有较深的了解。安禄山军陷长安,他脱身至凤翔,肃宗命他为左拾遗,后弃官入蜀,在成都筑草堂寓居。两年后,他入西川节度使严武幕府,被荐为工部员外郎,所以人们称他为"杜拾遗"、"杜工部",称其诗为"草堂诗"。杜甫晚年转徙湖北、湖南等地,59岁时在潭(今长沙市)、岳(今湖南省岳阳市)旅途中病逝。

杜甫最伟大的贡献,是倾注毕生的才智创作了大量真实反映这一时代现实的动人史诗。他为诗坛拓展了许多富有社会意义的题材,让诗歌走向社会现实,走向人民。"朱门酒肉臭,路有冻死骨",是他揭露阶级矛盾对立的名句;"语不惊人死不休",是他锤炼诗句的名言。他善于博采众长,转益多师,又勤于融冶创造,因而能够取得"地负海涵,包罗万汇"的成就。感情真挚、基调雄浑、沉郁顿挫、语言精练,构成了杜诗独特的艺术风格。其代表作有"三吏"、"三别"、《兵车行》、《北征》、《羌村》、《春望》、《茅屋为秋风所破歌》等,都忠实反映了当时的社会现实和历史风貌,也成为人们乐于传诵的名作。杜甫诗歌不仅在唐代诗坛产生了巨大影响,对后世的影响也极其深远。他被誉为永垂不朽的"诗圣"。其《绝句》:"两个黄鹂鸣翠柳,一行白鹭上青天;窗含西岭千秋雪,门泊东吴万里船。"全诗由两组对仗句组成,是脍炙人口的佳作。

新乐府运动

中唐诗坛,由白居易、元稹(zhěn)等人发起了诗歌创作方面的新乐府运动。新乐府诗始创于初唐,唐初写乐府诗的诗人中已有人率先在沿用汉魏六朝乐府旧题的同时,另立新题,因而虽名为乐府,但题材上更加丰富,遣词造句上也不拘囿于声律,故称新乐府。盛唐时,李白、杜甫等更将新乐府推向了一个新的发展阶段。中唐时期,以白居易、元稹为首的"元白诗派"发扬了这种写作方法,同时也确定了新乐府的名称。很多诗人以白居易的名言"文章合为时而著,歌诗合为事而作"相号召,以创作新乐府诗作为主要实践,要求创新题、写时事,反映当时的社会政治生活,兴起了新乐府运动的高潮。"新乐府运动"持续时间虽不长,但其影响很深远。新体乐府诗风行一时,传诵千古。

白居易是继杜甫之后的又一位杰出的现实主义诗人。

白居易，字乐天，祖籍太原，后迁居下邽(guī)(今陕西渭南)。幼年躲避藩镇战乱，体验过颠沛流离的困苦生活，十五六岁时所写"离离原上草，一岁一枯荣。野火烧不尽，春风吹又生"的诗句，获得当时著名诗人顾况的赞许。德宗贞元年间，白居易考取进士，后做过刑部尚书，晚年退隐洛阳香山，自号香山居士。白居易的诗，具有深入浅出、通俗易懂、形象生动、纯朴自然、别具民歌风味的独特风格。他一生创作丰盛，为诗坛留下了3 000多首诗篇，著有《白氏长庆集》。最能代表白居易创作主张和风格的为讽喻诗，其中，《杜陵叟》、《卖炭翁》、《重赋》等篇，同情民众的苦难，揭露剥削者贪暴强横，深受民众喜爱。他还有优美和谐的叙事诗，如《长恨歌》、《琵琶行》，都是千古

白居易像

传诵的名篇。

元稹，河南洛阳人，德宗贞元九年进士及第，历任左拾遗、监察御史，敢于和权贵作斗争。后来，元稹转为妥协于藩镇与宦官，入相出将，最后暴卒于武昌节度使任所，年53岁。元稹和白居易同为新乐府运动的倡导者，其长篇叙事诗《连昌宫词》与白居易《长恨歌》齐名。元稹诗中最有特色的是艳诗和悼亡诗。流传最广的《遣悲怀三首》，成为古今悼亡诗中的绝唱。

李绅，中唐新乐府运动的倡导者之一，新乐府诗的最早实践者，率先推出了《乐府新题》20首，可惜已失传。他的《悯农》二首，一直广为传诵："春种一粒粟，秋收万颗籽。四海无闲田，农夫犹饿死。""锄禾日当午，汗滴禾下土。谁知盘中餐，粒粒皆辛苦。"

中唐著名诗人有刘长卿、韦应物、孟郊、李贺等。

刘长卿与杜甫几乎同时，但其创作活动主要在中唐时期，因而也被视为中唐诗人。刘长卿擅长五言，特别是五言律诗，气韵流畅，语言雅净，音调谐美，尤为人所推重。他曾自许为"五言长城"。五律佳篇如《秋日登吴公台上寺远眺》："古台摇落后，秋日望乡心。野寺人来少，云峰水隔深。夕阳依旧垒，寒磬满空林。惆怅南朝事，长江独至今。"五绝如《逢雪宿芙蓉山主人》："日暮苍山远，天寒白屋贫。柴门闻犬吠，风雪夜归人。"取境幽清，空茫含思，颇耐人寻味。

韦应物的诗有两方面的成就：一是部分诗篇敢讽黑暗现实，反映民生疾苦；二是

"高雅闲淡"的山水田园诗。韦应物的名篇七绝《滁州西涧》:"独怜幽草涧边生,上有黄鹂深树鸣。春潮带雨晚来急,野渡无人舟自横。"不仅把春雨中荒山野渡的景色写得优美如画,而且传达出行人待渡的怅惘心情。

孟郊,早年屡试不第,直至46岁才中进士,50岁任溧阳县尉。他一生穷愁潦倒,不苟同流俗,被人称为"寒酸孟夫子"。他和贾岛都是著名的"苦吟"诗人。孟郊的《游子吟》:"慈母手中线,游子身上衣;临行密密缝,意恐迟迟归;谁言寸草心,报得三春晖。"被人们广为传诵。

贾岛,曾做过和尚,还俗应举,不被录取。贾岛与孟郊的诗风,曾被苏轼以"郊寒岛瘦"相提并论。贾岛长于五律,但往往缺乏完整的构思,而以片言只语取胜。佳句如"秋风吹渭水,落叶满长安"、"鸟宿池边树,僧敲月下门",都有很深的"推敲"工夫。

李贺,唐宗室的后裔,但到他出生时,唐已经没落。父亲名晋肃,"晋"、"进"同音,按例要"避讳",因此李贺受人排挤,不得应"进士"试。后来,李贺做过奉礼郎这样的小官,不久辞去。他身体羸弱,诗才早熟,虽只活到27岁,存诗却240多首,著有《昌谷集》,被后代诗评家称为"鬼才"。李贺生活在德宗、顺宗、宪宗年间,目睹混乱的政治局面,对国家前途满怀忧虑。他描写人民疾苦的诗如《老夫采玉歌》,揭露统治者残暴荒淫的诗如《猛虎行》,同时,他也写过一些描写恋情、闺思、宫怨的诗篇。李贺在诗歌艺术上继承了屈原的浪漫主义精神,发扬了汉魏乐府的优良传统,以巧妙的构思、丰富的想象、奇丽的意境、浓郁的色彩、新颖的语言,构成自己独特的艺术风格。

刘禹锡诗中虽多身世感慨,但情调依然乐观豪迈。他给人们留下了"沉舟侧畔千帆过,病树前头万木春"、"旧时王谢堂前燕,飞入寻常百姓家"等名句,人们称之为"诗豪"。

晚唐时期,杰出诗人代表有杜牧、李商隐。他们二人对诗歌发展作出了巨大贡献,被人们称为"小李杜"。

杜牧,德宗时名相杜佑之孙,文宗太和年间进士,官终中书舍人。杜牧是有政治抱负的人,他关心国家的治乱,诗文中颇多指斥及讽喻时政之作。可是,在江河日下的晚唐社会环境中,诗人的理想逐渐化成了泡影。他生活上转而纵情酒色,以发泄内心的抑郁不平之气,于是便惹出了不少"风流韵事"。杜牧写过一首流传很广的《遣怀》诗:"落魄江湖载酒行,楚腰纤细掌中轻。十年一觉扬州梦,赢得青楼薄幸名。"即是那段落魄荒唐生活的记录。杜牧的诗歌艺术在晚唐成就颇高,他的古体诗和近体诗都写得很出色。《江南春》:"千里莺啼绿映红,水村山郭酒旗风。南朝四百八十寺,多少楼台烟雨中。"是江南春色的绝妙写照,其中蕴有对当时上层社会的宗教狂热的含蓄讥弹。《泊秦淮》:"烟笼寒水月笼沙,夜泊秦淮近酒家。商女不知亡国恨,隔江犹唱后庭花。"画面为一抹淡淡的哀愁笼罩,河上传来柔靡歌声,暗示唐王朝正在步随亡国破家的六朝覆辙。

李商隐,没落贵族后裔,父亲早逝,少有文名,19岁被令狐楚(牛僧孺派成员)引为幕府巡官,25岁中进士,入王茂元(李德裕派成员)幕中为书记,并与其女结婚。从此,李商隐卷入政治漩涡。牛党得势,李商隐一直受压抑,漂泊四方,依人作幕,郁郁以终。李商隐是晚唐最杰出的诗家。《无题》诗则是李商隐诗歌中最有特色的艺术珍品。"身无彩凤双飞翼,心有灵犀一点通"、"直道相思无了益,未妨惆怅是清狂"、"春蚕到死丝方尽,蜡炬成灰泪始干"等名句,至今仍流传于人们口头。

古文运动与韩柳散文

中唐时期,文坛兴起了改革文体、文风和文学语言的浪潮,史称"古文运动"。

早在武则天执政时,文学家陈子昂等人就要求改变文体,提倡以古代散文为典范,采用明朗而朴实的语言表现思想和现实生活。然而,当时骈体文的势力还很大,未能扭转风气。但陈子昂堪称古文运动的奠基者,其功不可没。直到中唐,著名文学家韩愈、柳宗元等人大力提倡古文,才掀起一个社会性的古文运动,新的文学形式才逐渐取代了骈文的地位。古文运动提倡恢复先秦、两汉的古代散文体,表面看来似乎是一个复古运动,实际却是创新,要在继承古代散文优秀传统的基础上,以自由质朴、内容充实的新散文体来代替已近走入绝境的骈体文,力图开创一个文学发展的新局面。因此,古文运动是一个具有重大意义的文学革新运动。在这一运动中,贡献最大的是韩愈和柳宗元。

韩愈,河南南阳人,昌黎为其郡望,常自称"昌黎韩愈"。韩愈25岁中进士,29岁入仕途,曾因谏迎佛骨,触怒宪宗,被贬为潮州刺史。官终吏部侍郎,故世称韩吏部,有《韩昌黎集》。韩愈在古文运动中的突出贡献,是奠定了古文运动的理论基础,创造出一种更适合表达思想、"言之有物"的新散文体。在文学史上,他是自司马迁之后最杰出的散文大家,被列为"唐宋八大家"之首。他先后创作了300多篇具有高度艺术价值的散文。如《师说》、《张中丞传后叙》、《进学解》、《祭十二郎文》等,都是十分精彩的名作。

柳宗元,河东(今山西永济市)人,21岁中进士,顺宗时参加王叔文集团的政治革新运动,任吏部员外郎。王叔文新政失败后,柳宗元被贬为永州(今湖南零陵)司马,后改为柳州刺史,47岁病逝,世称柳河东、柳柳州,有《柳河东集》。柳宗元是唐代卓越的散文家。他不似韩愈以才气纵横、笔力雄恣取胜,其长处是立意新颖深刻、文墨雅洁简峭。其古文成就主要在寓言小品、山水游记及人物传记等方面,留下了许多脍炙人口的名作,如《封建论》、《捕蛇者说》、《黔之驴》、《永州八记》等。他与韩愈一起倡导古文运动,并称"韩柳",是唐宋八大家之一。

唐代传奇

唐朝随着城市的繁荣、商品经济的发展,出现了适应市民文化生活需要的"传奇",这是一种用文言写作、情节奇特神异的短篇小说。唐代传奇与唐诗,是唐代文学的两朵奇葩。传奇小说中塑造的主角,已不是志怪小说中的神鬼一类,而是现实生活中的人,这就使作品更适于反映丰富的社会内容。与六朝志怪小说相比,传奇小说在语言、情节和人物塑造等各方面都有了新的发展。唐代传奇标志着中国古典小说达到了新的水平。

从唐代宗大历初年至懿宗咸通中期近100年间,是传奇小说的黄金时代。传奇小说的优秀作家和作品有:沈既济的《枕中记》、李公佐的《南柯太守传》、陈鸿的《长恨歌传》和《东城老父传》、元稹的《莺莺传》、李朝威的《柳毅传》、白行简的《李娃传》、蒋防的《霍小玉传》等。

唐代传奇的出现,是中国小说史上的一大飞跃,它表明中国小说进入成熟阶段,小说正式形成了自己的规模和特点,从此成为中国文学领域中一种独立的文学样式。唐代传奇对后世文学产生了很大影响,宋、元、明三代许多著名的戏剧故事、说唱作品和话本小说,都取材于传奇小说。

史学

唐代编成的正史很多,官修的有《晋书》、《梁书》、《陈书》、《周书》、《北齐书》、《隋书》等;还有李延寿编著的《南史》和《北史》两部。而唐代史学最大的成就还是刘知几编撰的《史通》和杜佑编撰的《通典》。

刘知几,彭城(今江苏省徐州市)人,自幼笃爱文史,20岁中进士,长期在史馆供职,得以博览国家秘籍,又洞察史馆利弊,形成了自己的独特见解。但因与监史大臣宗楚客、武三思等意见不合,很难抒发个人的史学观点,于是刘知几辞职回家,集中精力撰写《史通》。

《史通》全书20卷,都是专题论文的形式,为中国第一部史学评论专著。刘知几还提出了"史才三长"的著名观点,强调史家和写史都应有高标准、严要求。他认为史学家必须兼有史才、史学、史识三长,强调史德,提倡"实录书为贵",做到"不掩恶,不虚美"。这些有进步意义的史观,在中国史学发展史上产生了深刻的影响。然而,刘知几毕竟是封建时代的史学家,《史通》中也难免存在他所处时代和阶级的局限。

杜佑,唐代著名政治家、史学家,官至宰相,长于吏治和理财。杜佑决意总结历代政治、经济等制度的沿革变化而为当朝政治、经济服务。此前,刘知几的儿子刘秩曾仿《周礼》体制,撰成《政典》35卷。杜佑通过查检,认为内容不够完备。于是,他从唐代宗大历初年开始,投入很大精力,撰作巨著《通典》。前后花了30年时间,《通典》200卷才告完成。

《通典》是中国第一部记述典章制度的专史,是研究唐中期以前历代典章制度不可缺少的史书。《通典》确立了中国史书编纂的新体裁,为后代政书的编修开拓了先河,在中国史学史上具有重要地位。但是,此书重封建礼教,表明了作者维护封建统治的鲜明立场。

天文地理

唐代最杰出的天文学家是高僧一行。一行俗名张遂,魏州昌乐(今河南省南乐县)人,从小刻苦读书,青年时已经博览经典,精通天文历法,扬名长安城。他为逃避官场纷争,21岁时出家为僧,法号一行,后来成为中国佛教密宗的祖师。

一行奉唐玄宗诏令,进京主持修订新历法。他与梁令瓒(zàn)等创制了黄道游仪,测定150余颗恒星的位置,并首先发现了恒星位置变动的现象。这比英国天文学家哈雷1718年提出的恒星自行观点早出将近1 000年。一行是世界上首次测量子午线(经度)的记录者。他还与梁令瓒等创制了以水力运转的浑天仪,这是现代时钟的雏形。一行主持修订的新历法,取名《大衍历》,是当时的先进历法。《大衍历》一直沿用到明朝末年西方历法传入之前。

唐朝著名地理学家贾耽(dān),于801年绘成《海内华夷图》,并撰成《古今郡国县道四夷述》40卷。《海内华夷图》后散失,但1137年根据其缩编成的《华夷图》和《禹迹图》刻石,至今仍保存在西安碑林。贾耽其他的重要地理著述还有《陇右山南图》、《皇华四达记》、《吐蕃黄河录》等。

李吉甫于813年撰成重要的地理著作《元和郡县图志》40卷,记载了当时各地的物产、贡物、户口、州县沿革和山川等情况。原书仅存34卷,是现存我国历史上最早的地方总志,对后世地方志的编撰影响深远。

医学

隋唐时期，我国的医学有了新的发展。隋朝太医巢元方主编《诸病源候论》，论述了内、外、妇、儿、五官等科疾病的病因、病理和症状，是中国医学史上内容丰富且有创见的专著。

唐高宗时，官府组织苏敬、长孙无忌等人编写了《新修本草》54卷，收录药物844种。这是世界上第一部由国家编订刊行的药典，比欧洲最早的药典早800多年。

孙思邈（miǎo）是唐代最杰出的医学家，京兆华原（今陕西耀县）人。隋文帝、唐太宗、唐高宗都曾征召他为官，但都被拒绝了。孙思邈把毕生精力都投入到医学研究工作中，他总结唐以前的临床经验和医学理论，收集方药、针灸等资料，写成《备急千金要方》30卷、《千金翼方》30卷。这两部著作简称为《千金方》，是其一生辛勤钻研的结晶。孙思邈注重实践，关心百姓疾苦，对医学作出重大贡献，获得了人民的崇敬，被后世尊称为"药王"。民众在他居住和采集过药物的五台山，立祠永远纪念他。

唐中叶，吐蕃著名医学家宇妥·元丹贡布广集民间医疗经验，吸取汉族医学著作内容，主编了《四部医典》一书。这部藏族医学的重要著作，曾流传到蒙古，对藏医和蒙医的发展都具有重要影响。

科学技术

隋朝杰出的桥梁建筑师李春在隋初主持设计、建造了赵州桥（又名安济桥）。赵州桥位于河北省赵县，至今仍雄跨在古老洨（xiáo）河上，已经历了1 300多年风霜雨雪的洗礼。赵州桥比欧洲19世纪中叶建造的同类桥梁要早1 200多年，其设计与工艺之巧妙，在世界桥梁史上堪称石拱桥的卓越典范。

隋文帝认为古长安城狭小，遂命令著名建筑家宇文恺负责兴建新都大兴城（即新长安城）。后唐朝在隋长安城的基础上，经过100多年间的陆续营建，才完成了唐都长安城的宏伟规模，成为当时世界上最大的城市之一，长安城对后世的城市建设有着深远的影响。

在唐代的建筑群中，古朴壮观的佛寺大殿和佛塔，既吸取了印度佛教建筑物的长处，又体现了中国建筑的民族风格，堪称中国建筑史上的奇观。

雄踞今山西省五台县境内的南禅寺大殿和佛光寺东大殿，是经历了1 100余年的悠悠岁月幸存下来的唐代殿堂建筑物，也是我国目前仅存的两座木结构古建筑。

至今仍屹立在西安市大慈恩寺内的大雁塔,现已经历了近 1 300 年的风霜雨雪的考验。中外游人无不叹为观止。

中国最早的雕版书是唐太宗时刻印的长孙皇后所著《女则》。唐文宗时曾经下令禁止民间私自雕印历书,由此可见当时雕版印刷的应用已经相当广泛。现存最早的雕版印刷品是 868 年雕印的《金刚经》。这部《金刚经》是 1900 年在敦煌莫高窟"藏经洞"中发现的,可惜已在 1907 年被帝国主义分子斯坦因盗往英国。雕版印刷术发明后,陆续传播到世界各国,这是中国对世界文化发展的伟大贡献。

唐朝手工业也有较大进步。制瓷业已从陶器生产中分离出来,得到迅速发展。当时,邢州(今河北省邢台市)白瓷如银似雪,越州(今浙江省余姚市)青瓷如冰如玉。唐三彩是唐朝生产的一种彩陶制品。这类彩陶造型优美、光彩夺目,尤其是人物和动物造型,在斑驳灿烂的釉面映衬下极富动感。唐三彩以黄、绿、蓝、赭(zhě)等色为基本颜色,三彩蕴涵着多彩的意思。唐玄宗时,三彩工艺炉火纯青,因此被称为唐三彩,它体现了唐代制陶工业的突出成就。

陆羽(733 年—804 年),唐代复州竟陵(今湖北省天门市)人。陆羽只闭门著书,不愿为官,以嗜茶著名,并对茶道很有研究,旧时视其为"茶神",撰有《茶经》。书中论述茶的性状、品质、产地、采制、烹饮方法及用具等,是我国第一部关于茶的专门著作。

艺术

唐代书法在中国书法发展史上占有重要的一页。唐代书法艺术继往开来,书体繁茂,各具艺术风格的书法家辈出。

唐初四大书法家是欧阳询、虞世南、褚遂良、薛稷。成就卓著的草书家有孙过庭、张旭、怀素等。孙过庭所著《书谱·卷上》,是一部书文并茂的书法理论著作。张旭往往大醉后落笔疾书,人称"张颠";怀素也喜欢在酒酣兴起时运笔,人称为"以狂继颠",其二人并称为"颠张狂素"。他们创造的"狂草书",对后世影响很大。

盛唐时期的颜真卿及中晚唐之际的柳公权,是唐代最杰出的两位大书法家。

颜真卿继承了"二王"(王羲之、王献之)的传统,兼采唐初四大书家之长,吸收民间书法的新技艺,创造了唐代新的书体,人称"颜体"。颜体,楷书端庄雄浑,行书遒劲郁勃、笔力劲健,人们用"颜筋"来概括其书法特点。颜真卿碑刻以《千福寺多宝塔碑》、《麻姑仙坛记》、《颜勤礼碑》、《颜惟贞家庙碑》等最为著名;行草书以《祭侄文稿帖》最著名,称天下第二行书。颜体书法独特的艺术风格,开创了中国书法艺术上的新局面,对后世影响深远。颜真卿无愧为继王羲之之后中国书法史上最有成就的大书法家。

　　柳公权是继颜真卿之后出现的又一位大书法家,世人并称其二人为"颜柳",后人还用"颜筋柳骨"来概括颜书和柳书的艺术特色。柳公权的书法深得唐穆宗的赏识,一次穆宗询问他笔法,他借谈论笔法劝谏说:"用笔在心,心正则笔正。"因此,在书法史上留下"笔谏"的千古美名。柳公权尤以楷书见长,字体端方俊丽、骨力劲健,自成一家,世称"柳体"。据说,当时一些公卿大臣为家人立碑,若得不到柳公权手迹,时人会以为不孝,有些外国宾客来唐,也专门准备银钱以作购买柳书之用,可见柳体字对当时及后世都颇具影响。柳公权书碑很多,传世的碑刻以《玄秘塔碑》、《金刚经》、《神策军碑》等最为著名。

　　唐代绘画艺术取得了很高的成就,绘画题材、内容更加丰富多彩,画坛名家辈出。

　　初唐的阎立德、阎立本兄弟是善画人物故事的著名画家。阎立本的绘画才能深得唐太宗的赏识。他一生作画甚多,留存至今的传世之作《步辇图》今藏于故宫博物院;《历代帝王图》现藏于美国波士顿艺术博物馆。

　　盛唐时期的著名画家吴道子(又名吴道玄),少年孤贫,勤奋好学,学书不成,改学绘画,年不满20已有成就。唐玄宗闻其才名将他召入宫中,吴道子成为宫中画师。吴道子擅画佛教道教人物及神鬼和龙等,技法吸收西域画派晕染法,并加以发展变化,使画面富有立体感。其艺术风格,被称作"吴家祥";其着色方法,被称作"吴装"。唐代临摹仿效他的画,成为一代风气。吴道子的绘画艺术,对后世影响极大,可惜其作品流传下来的极少。世存《天王送子图》,是后人临摹的吴道子作品。吴道子是唐代最杰出的画家,被世人誉为"画圣"。

　　唐朝还有许多特具专长的画家,如薛稷长于画鹤;曹霸、韩干均长于画马;韩滉(huáng)、戴嵩均长于画牛,韩干与戴嵩齐名,世有"韩马戴牛"之称;边鸾长于画花鸟;张萱和周昉(fǎng)以工画仕女图著称。

　　唐代壁画也堪称唐代绘画艺术宝库中的珍品。

　　雕塑艺术在唐代有了很大发展,当时雕塑艺坛最为精彩的石雕和泥塑,大多依靠神秘的石窟得以保存下来。著名的敦煌莫高窟,原有1 000多个洞窟,叫千佛洞,是中国石窟艺术的精华,也是世界上罕见的艺术宝库之一。莫高窟现存的492个洞窟中,唐窟达213个,唐塑有670多尊。最大的佛像高达33米,气势雄伟;小的菩萨只有十几厘米,小巧精致,显示出雕塑艺人的高度智慧和才能。

　　四川乐山的石雕大佛像,高达71米,气魄伟岸,是中国最大的石佛像。唐太宗墓前高大的浮雕石刻昭陵"六骏"、乾陵和顺陵前巨大的雕刻群极为壮观、精美,都堪称唐代石雕中的艺术珍品。唐代最著名的雕塑家是盛唐时的杨惠之,被时人誉为"塑圣"。他为长安的名演员留杯亭所塑的像,惟妙惟肖,行人只要看到塑像的背影,就能认出是留杯亭像,可见这位"塑圣"的高超技艺。

隋代音乐家万宝常,擅长多种乐器,代表作品有《乐谱》64卷,论述"八音旋相为宫之法,改弦移柱之变",提出了"八十四调"的理论。音乐家李龟年,以能歌唱、善吹笛、会作曲著称于当时并深得唐玄宗赏识。唐玄宗李隆基是我国第一位皇帝"音乐家",擅长演奏揭鼓和横笛。他创作改编的《夜半乐》、《小破阵乐》、《霓裳羽衣曲》等,成为当时广泛传唱的名曲,还建立了唐代音乐机构教坊、梨园。他与宠妃杨玉环也同是善跳霓裳羽衣舞的宫廷"舞蹈家"。公孙大娘则是善于剑器舞的著名舞蹈家。

第七章　五代十国时期

(907 年—960 年)

一、五　代

907 年唐朝灭亡以后,在我国中原一带相继出现了 5 个短暂朝代,即梁、唐、晋、汉、周。为了与此前的同名朝代相区别,历史上通常把这 5 个王朝称为后梁(朱温建立)、后唐[李存勖(xù)建立]、后晋(石敬瑭建立)、后汉[沙陀人刘暠(gǎo,本名知远)建立]、后周(郭威建立)。这 5 个王朝,史称"五代"。除后唐建都洛阳外,其余均建都开封。由此可见,中国政治、经济和文化中心逐渐由关中一带向东部的中原迁移。

二、十　国

五代同时,长江流域及其以南地区先后建立了 10 个割据政权,史称"十国",合称五代十国。十国是前蜀、后蜀、吴、南唐、吴越、闽、楚、南汉、南平(荆南)和北汉。前蜀等 9 国都立国南方,北汉系由西域沙陀人刘旻(mín)在山西太原建立。十国与五代并存,但各国存在时间长短不一。十国立国年代都超过五代中任何一个王朝,因之,所谓"五代十国",实际上是唐朝藩镇割据的继续与发展,同时也是结束分裂割据、走向统一的过渡时期。

南方诸国间战争较少,人民生活相对稳定,生产得到发展,经济逐渐繁荣。十国中,钱镠(líu)建立了吴越政权,都杭州。钱镠注重兴修水利,他征发大批民工修建了钱塘江的石堤和沿江的水闸,并凿平了江中的大礁石,以便船只来往。这些措施对经济及海上交通的发展都是有益的,因此,民间给了钱镠一个"海龙王"的称号。但是,钱镠在其统治地位巩固之后,就开始贪图奢侈淫逸的生活。他大兴土木,把临安(杭州)城扩建了30里,大造亭台楼阁,加重了民众负担。吴越政权维持了71年,978年投降北宋,在五代十国中,算是最长的了。

三、契丹兴起

契丹原属东胡族,居于鲜卑故地东北地区。唐时,受唐代封建经济文化的影响,农业已与畜牧业并重。后梁时,契丹首领耶律阿保机接受汉文化,根据汉文创造契丹文字,推行农业,加速了氏族家长制向封建制的发展过程。916年,阿保机称帝(辽太祖),建国号曰"契丹"(后改为"辽"),与五代并立。阿保机死后,耶律德光继位。936年,后唐河东节度使石敬瑭意欲称帝自立,派谋士桑维翰到契丹求援。石敬瑭致书契丹,称耶律德光为父,并以割让燕幽云十六州(今山西北部、河北中部)为代价,换取契丹援助。契丹出兵,后唐灭亡。937年,石敬瑭建立后晋,迁都汴州(开封)。被石敬瑭出卖的燕云十六州被契丹贵族占领,成为契丹后来进攻中原的基地。

后晋大将、河东节度使刘知远以防御契丹为名,广募兵众,拥有步兵、骑兵达5万人。刘知远于947年春2月在晋阳(今山西省太原市南)称帝。辽兵北退后,刘知远统兵南下,定都开封,改国号为后汉。刘知远改名刘暠,是为后汉高祖。刘知远死后,侄刘承祐继帝位。岐阳节度使王景崇勾结契丹,反叛后汉,权臣郭威讨平叛乱。950年冬,隐帝刘承祐听信谗言,欲谋杀郭威。郭威被迫起兵,攻入开封。951年,郭威率兵抗击契丹,将士哗变,拥郭威称帝,史称后周太祖,改国号为周,仍以开封为京都。

四、后周北伐未成

后周太祖郭威,出身贫寒,知民疾苦。称帝后,郭威虚心纳谏,生活节俭,励精图治,安定社会,发展生产,使国内经济、政治渐趋好转。954年正月郭威死后,养子郭荣(柴荣)继位,是为周世宗。周世宗柴荣是中国历史上一位很有作为的政治家。他在周太祖改革的基础上,继续革除五代弊政,加强封建中央集权,致力于国家统一,决意收复燕云失地,以解除北方契丹的威胁。959 年,柴荣亲自北伐。后周军入河北,契丹统治下的汉将纷纷举城迎降。出兵仅 42 日,已迅速克复莫(今河北省任丘市北)、瀛(今河北省河间市)、易(今河北省易县)三州。在幽州指日可复之际,柴荣突然患病,后周军只得班师回京。同年 6 月,柴荣去世,7 岁的儿子柴宗训继承皇位(周恭帝)。军权落在殿前统帅赵匡胤手中,赵匡胤改北伐为"先南后北"政策,所以失去了收复燕云十六州失地的良好时机。960 年正月,赵匡胤夺取了后周政权,建立北宋。历史进入了北宋统一的新时期。

五、五代十国文化

五代十国时期的科技、文化,在唐朝原有基础上也有所发展。

此时雕版印刷普遍应用,大大有利于文化的传播。后唐雕印出售"九经";后蜀木板雕印了蜀"九经",镂板印行《文选》、《初学记》、《白氏六帖》等,使"蜀中文学复盛";南唐刻印了《史通》、《玉台新咏》等;吴越雕印了《陀罗尼经》8 万 4 000 卷;后汉刻板印制《周礼》等未刊的"四经"。

史学方面,刘昫(xù)、张昭远等人撰成 200 卷《旧唐书》,保存了唐代大量的原始资料。王仁裕撰《开元天宝遗事》、王定保撰《唐摭言》、尉(yù)迟偓(wò)撰《中朝故事》、刘崇远撰《金华子》、孙光宪撰《北梦琐言》等书,都有相当的史料价值。

五代十国时期,词进入了重要发展阶段。西蜀和南唐是五代词发展的两个中心:西蜀韦庄、欧阳炯等人的作品见于《花间集》;南唐著名词人有冯延巳、中主李璟、后主李煜(yù)等,李氏父子有《南唐二主词》行世。

南唐后主李煜,怠于政事,无志于帝王之业,却善诗文,工书画,知音律。有宠姬名窅(yǎo)娘,轻柔善舞,以帛缠足,在六尺高的金制莲花上跳舞,飘然若水仙乘波。相传中国妇女裹足的陋习始于此(至清末辛亥革命以后,才被废除)。975 年,北宋攻破金陵,李后主出降,被押往汴京,南唐灭亡。李后主是一位擅长诗词的帝王,失去王权后,日夜怀念故国,写下了千古名句:"春花秋月何时了,往事知多少。小楼昨夜又东风,故国不堪回首月明中。雕栏玉砌应犹在,只是朱颜改。问君能有几多愁,恰似一江春水向东流。"这首《虞美人》便是他的反思和慨叹。后李煜被宋太宗用毒酒赐死。在唐末五代词乃至中国文学史上,李煜的词具有很高的艺术地位。

　　五代十国时涌现出许多画家,其中最著名的有后梁的荆浩、关仝,南唐的董源、徐熙、巨然,后蜀的黄筌(quán)等人。荆、关长于画崇山峻岭,气势磅礴。董、巨善于绘江南景色,水墨浓淡相宜。徐熙善画水鸟汀花,黄筌喜绘奇卉珍禽。顾闳(hóng)画的《韩熙载夜宴图》,也堪称传世艺术珍品。

第八章　宋辽金元时期

(960 年—1368 年)

一、赵匡胤建立北宋(960 年—1127 年)

陈桥兵变

后周柴荣死后,子柴宗训(恭帝)继位,年仅 7 岁,军权掌握在殿前都点检赵匡胤手中。960 年元旦,后周朝廷举行庆典,赵匡胤在其弟赵匡义和谋士赵普、石守信等策划下,虚报契丹与北汉勾结,大举南侵。宰相范质等慌忙命令赵匡胤率兵应敌。赵匡胤率军从开封出发,行至城东北的陈桥驿,诸将以黄袍加在赵匡胤身上,拥立赵匡胤做皇帝。赵匡胤所领军队在宋州(今河南省商丘市),故建国号为"宋",史书上称为"北宋"。赵匡胤是为宋太祖,时 34 岁,以开封为京城,称东京。在陈桥兵变中,赵匡胤除了杀死后周高级将领韩通一家外,基本上做到了和平交接政权,没有贻害平民百姓。

杯酒释兵权

961 年,赵匡胤为了把一切权力收归自己,接受谋士赵普的建议,在宴会上解除了禁军将领石守信、王审琦、高怀德、张令铎(duó)等人的兵权,让他们去做空头的节度使,这就是历史上有名的"杯酒释兵权"的典故。赵匡胤通过和平手段收缴将领兵权,强化皇权,表现了宋初决策集团的谋算高明。

宋太宗统一全国

为了北宋政权的生存与发展,赵匡胤与赵普商定,采取先南后北的战略铲除周边的威胁,先后灭掉了南方诸国。976 年,据传赵匡义在深夜挥斧杀死了宋太祖,夺取帝位,是为宋太宗(赵炅,本名匡义)。太宗统一南方后,亲自督战,进攻北汉,在太原城外筑起围墙,断绝其粮草、武器供应。北汉军队苦战一日,计穷力竭,北汉主刘继元、名将刘继业,只好投降宋廷。太宗命令战斗勇猛的刘继业恢复原姓,即杨继业(又名杨业)。北汉灭亡,五代十国历史结束,北宋统一了全国。

王小波、李顺起义

北宋初期,阶级矛盾仍然尖锐。宋太宗时在四川设立博买务,实行茶叶专卖制度,加强了对四川百姓的剥削和压榨,逼得"农民失业"、茶商"失职"。993 年,青城(今四川省灌县西南)贫民王小波发动起义,明确提出"均贫富"的口号,得到群众拥护,迅速发展到万人,攻占青城县,转战各州,震动四川。12 月,王小波率领起义军在猛攻成都西南的重镇江源县时,被驻守江源的宋军都巡检使张玘(qǐ)射伤,不久牺牲,起义军蒙受重大损失。王小波牺牲后,李顺领导起义军攻克了成都。起义军在成都建立"大蜀"政权,李顺称大蜀王。大蜀政府铸造"应运元宝"铜钱和铁钱。宋太宗派王继恩为四川招安使,率兵入川镇压起义军。由于起义军缺乏大规模阵地战的经验,李顺在战斗中失踪。994 年,宋军攻陷成都,3 万余人战死,大蜀政权灭亡,起义军失败。

二、北宋与辽、夏

杨家将的故事

太宗灭掉北汉后,决定收复后晋时划给辽国的燕云十六州,986 年,派兵分路伐辽。杨业为西路军主将潘美的副将,他英勇善战,攻取寰、朔、应、云四州。宋廷下令将四州之民迁往内地,由潘美、杨业所部负责保护。这时,辽国 10 万大军已向西猛攻,给掩护边民撤退的宋军以严重威胁。在辽军进逼下,杨业主张暂避敌锋,使边民安然撤退。监军王侁(shēn)等人听不进杨业的正确意见,坚持要杨业率军迎击辽军主力。杨业抱必死之心,迎战辽军,要求潘美、王侁等伏兵于陈家谷(今山西省朔县)接应。但潘美、王侁临阵撤走,未在陈家谷接应。杨业至陈家谷时为辽军包围,率部属将士英勇血战,独力掩护边民撤走,致所部大都战死。杨业身负几十处战伤,最后重伤力竭,为辽军所俘,三日不食而死。杨业抗辽的事迹,被后世演绎为"杨家将"的故事。杨家祖孙三代:祖杨业(杨老令公)、子杨延昭、孙杨文广,英勇杀敌(辽、西夏),为国捐躯,千百年来为人民所敬仰;老当益壮的佘太君(杨业妻)、飒爽英姿的穆桂英(杨文广之妻)等杨门女将,深受民众爱戴。

太宗收复幽燕之战失利,锐气耗尽,表示不再谈论收复幽燕之事。宋廷从此"不敢北向"对辽,军事上改为防守以求安了。

澶渊之盟

宋真宗(赵恒)景德元年(1004年),辽圣宗及其母萧太后率大军南侵,来势凶猛。宋朝君臣大惊失措,大臣王钦若、陈尧叟(sǒu)密请真宗南逃金陵(今南京),也有人主张西迁成都,而宰相寇准则力排众议,坚持要真宗立即亲征,鼓舞士气,安定人心,打退辽军的进攻。

此时,20万辽军直逼澶(chán)州(今河南省濮阳市),宋真宗勉强赶到澶州督战。宋军射杀辽大将达览,辽兵后退。宋军本可胜利,但真宗怯懦畏敌,派曹利用为使,与辽和谈,于公元1005年订立和约。真宗与辽圣宗以兄弟相称,尊萧太后为叔母,每年向辽输纳银10万两、绢20万匹。因澶州又称澶渊,故这次盟约称为"澶渊之盟"。宋以屈辱求和结束了宋辽兵戈相见的敌对局面。宰相寇准深得真宗器重,王钦若不满,向真宗诬陷寇准,真宗对寇准渐渐疏远。不久,真宗感到和议已定,天下太平,对"好刚使气"的寇准已不感兴趣,就罢去其相位,用王旦为相。真宗死后,寇准也卒于贬所。

西夏兴亡

西夏是党项族(羌族的一支)所建,唐末至宋,据有夏州(陕西)、甘肃、宁夏一带,受宋赐姓赵,表面臣属宋王朝,但却不时侵扰。公元1038年,宋仁宗(赵祯)时,赵元昊自称帝,国号夏,建都兴庆(今宁夏回族自治区银川市),历史上叫做西夏。西夏国势强盛,成为宋王朝西北方的劲敌。仁宗庆历四年(1044年),宋夏议和成功,宋每年赐西夏银72 000两、绢153 000匹、茶3万斤,夏向宋称臣。宋神宗赵顼(xū)时又起战争,哲宗(赵煦)时和议再成,岁赐如旧。终北宋之世,两国未再用兵。1227年,西夏为蒙古所灭。

三、范仲淹新政

北宋庆历初年,宋夏战争持续不断,宋军连连败北,国内又陆续爆发农民起义,宋廷统治出现了危机。为了克服危机,部分官僚相继提出改革意见。宋仁宗在改革呼声的推动下,把范仲淹从陕西调回京城担任参政知事(副宰相),韩琦、富弼为枢密副使,欧阳修、蔡襄、王素、余靖等为谏言,开始改革吏治的工作。

范仲淹于仁宗庆历三年(1043年)所写《上十事疏》,是其改革吏治的基本方案。其主要内容是:定期考核官吏,按政绩好坏提拔或者降职;严格限制大臣子弟靠父亲关系得官;改革科举制度;慎重选用地方长官;提倡农桑;减轻劳役;加强军备;严格法令;等等。这次改革发生在仁宗庆历年间,史称"庆历新政"。

新政方案提出之后,由于限制和触犯了官僚的政治权益,引起部分官僚的强烈反对。宰相章得象、夏竦(sǒng)等人不断攻击范仲淹,说其结成"朋党"、"欺罔擅权"、"怀奸不忠",仁宗动摇了改革的信心。范仲淹无奈,只得自动要求再回到陕西防守边境,仁宗下令废止新政。庆历五年,韩琦、欧阳修等被贬出朝,各地支持新政的官员均遭到迫害。此后,朝廷内外官僚"皆惧逡畏祸,不敢挺然当国家之事",政治又陷入因循旧习中。

范仲淹实行新政失败,政治上受到很大打击,但他却不因个人遭遇而懊恼。后来,在朋友滕子京修建岳阳楼时,范仲淹写下《岳阳楼记》这篇著名文章,写出了一个有远大政治抱负的人的思想感情:"先天下之忧而忧,后天下之乐而乐。"这句名言一直被后人传诵。范仲淹很受百姓爱戴,宋仁宗年间范仲淹64岁去世时,数百名羌族首领痛哭流涕,为之斋戒三日。

四、王安石变法

宋真宗时,"澶渊之盟"后宋廷每年须输辽大批"岁币",人民负担加重;宋仁宗时,对西夏的战争更是人民的沉重负担;宋英宗(赵曙)时,财政亏空惊人;宋神宗时,国库中只剩下一本空账。因此,改革政治、摆脱财政困难、缓和社会危机、增强国防力量,已成为宋王朝迫切需要解决的问题。宋神宗熙宁二年(1069 年),王安石任宰相,主持变法,推行新政,陆续颁行农田水利、青苗、均输、保甲、免役、市易、保马、方田均税等新法,史称王安石变法。

新法的颁布抑制了大官僚、大地主、大商人的特权,维护了中小地主和小生产者的利益,缓和了阶级矛盾,促进了生产,府库积余了财物。但新政受到以司马光为首的保守派官僚的强烈反对。神宗母亲高太后也反对说:"安石乱天下。"于是王安石被迫罢相,出知江宁府,由假充新派的吕惠卿继任施行新法,故时称吕惠卿为"护法善神"。1085 年,神宗死,哲宗(赵煦)立,高太后临朝听政,司马光为相,开展罢废新法的一系列活动。司马光病死后,吕公著忠实执行司马光主张,继续废除新法。因而,王安石变法时期的新法基本上在哲宗元祐年间被废罢。王安石变法至此失败。由于高太后当政时宋哲宗的年号为"元祐",所以把这一时期废罢新法的活动,称为"元祐更化"。王安石变法虽然失败了,但其意义垂史不朽。列宁称王安石是"中国 11 世纪的改革家"。

五、方腊、宋江起义

王安石变法失败,北宋社会危机更加严重。哲宗死后无子,由弟赵佶(jí)继承帝位,是为宋徽宗。宋徽宗即位以后,荒淫腐朽,不理朝政,宠信坏人。蔡京被任命为尚书右丞,乘机排挤曾布,爬上了右相宝座,与王黼(fǔ)、朱勔(miǎn)及宦官童贯、梁师成、李彦 6 人植党营私,掌权祸国,欺压百姓,做尽坏事。人们恨之,称之为"六贼"。

蔡京一伙为了讨好宋徽宗,满足其穷奢极欲的需要,便大兴土木,要把朝廷、宫室、园林等搞得富丽堂皇。他们在苏州设立了应奉局,由朱勔主管,强取豪夺,搜刮民间奇花异石,用大船载运至东京开封,每 10 只船编为一纲,称"花石纲"。应奉局曾经得到一块高达四丈的太湖石,载在大船上,役夫达数千人之多,在运送途中,拆毁了无数桥梁、城墙、水门,东南地区及运河沿岸的百姓深受其害。蔡京建议在皇宫北的延福宫旁兴建"万岁山"。万岁山方圆十多里,最高峰达 90 尺,使用山石数以万计,峰峦起伏,极为壮丽。山上山下,修筑了数不清的殿、台、亭、阁,山下还开凿了许多池、沼、洲、渚。万岁山的石、木、竹、奇花异石,都是从东南地区民间搜夺来的。万岁山前后修筑了 10 年,百姓深受其役之苦!

徽宗宣和二年(1120 年),方腊在睦(mù)州(今浙江省建德市)召集百余人,揭竿而起。方腊起义军"以诛朱勔为名,见官吏公使之人皆杀之"。方腊自称"圣公",建元永乐,任命方肥为相,初步建立起政权。方腊起义后,两浙百姓因受花石纲之害纷纷响应,起义军迅速扩大到数十万人,声震东南。

宋徽宗急派童贯调遣精兵 15 万南下镇压。起义军分路迎击官军,遭到官军内外夹击而失利,退至杭州与宋军激战 6 天,杭州失守。20 多万义军与官军浴血奋战,方腊被俘,解送京师开封后被害。起义失败。

徽宗宣和元年(1119 年),宋江在河北聚众揭竿而起,时称"河北剧贼"。起义军转战于京东各地,声势甚壮,官军不敢与敌。宣和三年初,宋江结集力量移军南下,遭到张叔夜所设伏兵的攻击,损失很大。张叔夜拿出徽宗招安的旨谕,宋江无奈,为求生存,接受招安,向宋投降。起义军余部仍然坚持斗争。渔民张荣领导梁山泊(今山东省梁山县)起义军,以梁山泊为根据地,不懈地与官府斗争。宋江起义军的规模虽不大,但战斗力较强,又活跃在离京城开封不远的河北、京东和淮南地区,所以影响较大。后经民间传说,尤其是《水浒传》的流传,宋江之名不胫而走,妇孺皆知。

六、女真兴起

女真族散居于东北一带,隋唐时称靺(mò)鞨(hé),五代时改称女真,常受辽(契丹)压迫与勒索。1114 年,女真完颜部首领阿骨打,会合诸部落,举兵攻辽,并占领辽边境。1115 年,阿骨打建国,国号金,都会宁(今黑龙江省哈尔滨市阿城区)。此后,女真人亦称金人。

北宋联金抗辽

北宋朝廷闻知金人兴起、辽势大衰，便联金攻辽，收复燕云失地。但宋徽宗及蔡京、童贯等一群腐朽统治者，并非决心如此。方腊起义爆发，徽宗急调攻辽之兵镇压起义。1121 年金兵攻辽，辽天祚(zuò)帝败逃西京大同府，留守燕京的辽宗室耶律淳自立为帝。宋廷考虑如不出兵，燕京必为金兵所占，燕云十六州就不能归宋所有，才仓促命童贯、种师道出兵。但他们毫无战斗准备，结果大败而回。1122 年，宋朝乘耶律淳死之机，令刘延庆出兵攻辽再次失利。1125 年，宋廷只得请求金兵夹攻，金兵占领燕京，辽天祚帝被金兵俘获，辽亡。宋为了收回燕京，除把原给辽的 40 万岁币和六州二十四县赋税如数交金朝外，还应诺每年以百万贯钱作为代税钱交纳给金朝。

李纲固守开封

金灭辽后，便借故向宋挑衅。1125 年冬，金兵分两路开始南侵。西路攻太原，东路攻燕京，燕京守将郭药师叛变，金兵长驱南下。1126 年，金兵直逼北宋都城开封。宋徽宗传位给子赵桓，是为宋钦宗。徽宗带蔡京、童贯等及精兵 2 万人南逃镇江。这时，北宋统治者分裂为"走降"与"战守"两派。宰相白时中、李邦彦、张邦昌及蔡懋(mào)等人主张逃跑讲和；爱国将领李纲则主张守城抵抗。钦宗几次想逃，都被李纲设法挽留下来。金兵包围开封，钦宗被迫任命李纲为亲征行营使，全面负责京师开封的防务，李纲组织军民备战，修楼橹、安炮座、运砖石、备火油，防守之具无不备。同时，在开封城四面配备禁军 1 万 2 000 人，组织马步军 4 万人，在延丰仓储存粮食 40万石，以备固守。金兵发动攻势，进攻西水门，经过一夜激战，杀死金兵 100 多人，金兵只得退走。金兵进攻封邱门，已渡过城壕，用云梯攻城，形势十分危急。李纲立即命令列队射箭，将攻城金兵射倒，又派壮士数百人缒城而下，烧毁云梯几十座。宋军将士奋勇作战，杀死杀伤金兵数千人，胜利地保卫了东京。

太学生陈东救亡

钦宗和走降派恐惧金人，遣使向金人求和，但怕李纲反对，竟借故罢免战守派首领李纲和种师道，任命走降派蔡懋代替李纲，准备投降，激起爱国的太学生和军民的强烈反对。1126 年 2 月 28 日，太学生陈东等率领 300 多名同窗与城内数万军民在皇宫宣德门外示威请愿，上书斥责走降派的卖国罪行，要求罢免宰相李邦彦，起复李纲。钦宗被迫宣布恢复李纲、种师道原职。宦官朱拱之奉命宣召李纲稍迟,被群众当场打死,直到李纲、种师道出面,示威群众才欢呼而散。李纲复职后,重新布置城防,金兵被击北退,掳掠人口财物,开封以北地区悉遭蹂躏,造成数百里不见人烟的悲惨景象。这次太学生的示威请愿是中国历史上最早一次太学生救亡运动,对于扭转当时北宋的逆境起了重要作用。

七、"靖康之耻"(1127年)

金兵北退后,北宋朝廷内主和投降派又得势,遂将李纲贬斥出开封,解除种师道的兵权。宋徽宗回到开封,继续过着荒淫腐朽的生活。钦宗靖康元年(1126年)8月,金兵再度南侵。宋廷和降派阻止军民抵抗,而向金人求和。钦宗派其弟康王赵构去金议和,被守将宗泽留住;又派耿南仲、聂昌去金割地求和。耿南仲路过卫州(今河南省汲县)时,畏惧人民,仓皇逃去;聂昌至绛州(今山西省新绛县),被当地军民砍成肉泥。人民群众的抗金热情无济于北宋统治者投降求和之心。靖康二年(1127年)正月,开封沦陷。由于各地军民坚守抵抗,且金人兵力有限,在侵占开封4个月后,于靖康二年4月被迫北退,徽宗、钦宗及其宗室近亲被掳北去,史称"靖康之耻"。

金军北返后,金朝册封的以张邦昌为帝的傀儡政权立即瓦解。张邦昌不得已,便把宋哲宗的废后孟氏迎进宫内,册封元祐皇后为宋太后,垂帘听政。接着,又以太后的名义下手书,要康王赵构即帝位,赵构这才前往南京(今河南省商丘市)即位,是为宋高宗,改元建炎。从此宋朝廷政权南迁,史称南宋(1127年—1279年)。之后,张邦昌被赐死于潭州。

八、南宋抗金名将

宗泽留守东京

南宋王朝是腐朽的北宋王朝的继续,统治集团内部投降派与抗战派的斗争更加剧烈。为了保持自己的帝位,高宗不能完全放弃抵抗,但他又怕钦宗回来失去帝位,所以不愿抗金胜利。南宋王朝建立之初,高宗为稳定帝位,不得不起用李纲为相,但他同时又依靠投降派黄潜善、汪伯彦为左右手,牵制抗金斗争。李纲坚决反对逃跑求和,主张依靠人民力量,准备北伐;推荐老帅宗泽任东京留守。宗泽在东京招募兵卒,网罗人才,岳飞受到他的赏识与擢(zhuó)用;联络各地义军,增强抗金力量,使南宋王朝获得初步稳定。此时,宋将王彦在河南战败,后突围而出转移到太行山区,坚持抗金。王彦及其士兵都在面部刺上"赤心报国,誓杀金贼"八字,被称为"八字军"。八字军大败金军,给南侵的金军造成很大威胁。李纲、宗泽等主张配合八字军北伐,但宋高宗等投降派拒绝还都开封,积极准备南逃。不久,高宗便罢黜了李纲,驱逐了抗战将领张所等。宋高宗逃往扬州。金人闻高宗南逃,随即以大军南侵,宗泽部属诸军,准备渡河,收复失地,并请高宗还都开封。逃到扬州的高宗等投降派,更加积极向金人求和,拒绝派兵支援宗泽北伐,并派"副留守"至开封监视宗泽。高宗建炎二年(1128年)8月,宗泽见北伐无望,忧愤交迫,背疽重发而死。弥留之际,语诸将曰:"汝等能歼敌,则我死无恨!"连呼三声:"渡河！渡河！渡河!"而卒,时年70,开封军民莫不号恸(tòng)!

宗泽死后,投降派杜充继任东京留守,尽反宗泽所为。建炎三年(1129年)2月,杜充弃开封南逃,金兵渡淮,直逼扬州。高宗仓皇渡江南逃,直奔杭州、越州(今绍兴)、明州(今宁波),后又乘船逃到海上,金兵也下海穷追300余里,不及而还。由于江南人民的英勇斗争,金兵才被迫于建炎四年(1130年)初北退。

韩世忠大战黄天荡

宋爱国将领韩世忠乘船至镇江,扼长江断金兵归路,宋、金双方各自出动水师在长江上展开激战,韩世忠率军英勇迎敌,其妻梁红玉亲自击鼓助战,士气倍增,金军溃退。金将兀(wù)术(zhú)(汉名完颜宗弼)无奈,向韩世忠借道,愿意丢下在江南俘掠的财产和人口,遭到韩世忠的严词拒绝。最后,韩世忠把金军围困在建康(今南京)附近的黄天荡20余天。后来,金兀术采纳了奸细的意见,在夜里出动大军,利用老鹳(guàn)河故道,开渠30里,于4月13日逃出黄天荡,到了建康。4月25日,金军用火攻破宋军,渡江北归。黄天荡之战爱国将领韩世忠身负战伤,10个手指仅保4个,夫人梁红玉成为中国古代战场上三大女英雄(花木兰、穆桂英)之一,金军势力退出了江南。

金兵北退后,宋高宗从海上回来,定都临安(今杭州)。南宋王朝把临安变成荒淫堕落的"乐园",大造宫殿、花园、酒楼、妓院。南宋诗人林升的《题临安邸》:"山外青山楼外楼,西湖歌舞几时休? 暖风熏得游人醉,直把杭州作汴州!"这正是南宋腐朽统治阶级没落生活和心理的最好写照。

九、伪齐政权

金人感到不能灭亡南宋、征服中国,因之,于建炎四年(1130年)9月立刘豫为皇帝,国号齐,史称伪齐,建都大名(今河北省大名县),后迁都汴京(今开封),统治黄河以南地区。刘豫对内镇压抗金活动,对南宋开展诱降。高宗绍兴元年(1131年)5月,宋叛将李成率几万军马从淮西投降伪齐。绍兴三年(1133年),南京水军都统制徐文以海船60艘、官军4 000人投降伪齐。次年,刘豫出兵西北,宋熙河路总管关师古战败投降,伪齐尽有陕西地区。刘豫要求金出兵进攻南宋。绍兴四年(1134年),金军与刘豫之子刘麟所率伪齐军汇合,渡淮河南侵,遇韩世忠、岳飞两军,连夜退兵北逃。后来,刘豫打着金的旗号,发兵30万,号称70万,分三路南侵,被韩世忠、刘光世所阻,以失败告终。绍兴七年(1137年),刘豫被金废为蜀王,伪齐终亡。

十、南宋末年农民起义

江南农民既遭受南宋的剥削压榨,又饱受金人南侵的蹂躏之苦,纷纷聚众起义。在起义队伍中,以钟相、杨幺(yāo)领导的洞庭湖一带农民起义声势最大,历时最久。钟相提出"等贵贱,均贫富"的口号,深受洞庭湖周围几百里内的农民拥护,起义军发展到40余万。建炎四年(公元1130年)2月21日,钟相被推为楚王,建国号楚,改元天载,建立政权。起义军平时上岸耕种,宋军来时则登舟作战。他们曾打败宋军,势力扩展到长沙、岳阳等地。南宋王朝任命孔彦舟为"捉杀使",负责镇压。孔彦舟物色了一批奸细,打进起义军内部进行破坏,同时又大造舆论,唱着"钟爷若休我也休,依旧乘舟向东流"的歌谣,麻痹起义军。3月26日,孔彦舟突然派兵袭击钟相,里应外合,占领起义军大寨,钟相父子突围后为地方武装所俘,解送途中被杀害于潭州攸县。

钟相被害后,杨幺继续领导起义军英勇战斗,发展队伍。绍兴三年(1133年),杨幺自号"大圣天王",根据洞庭湖的特点,创造了一套"陆耕水战"的战斗体制。起义军既是士卒,又是农民,一边打仗,一边生产。起义军战斗主要在湖上进行,称为"水战"。杨幺起义军的发展壮大使南宋惶恐不安,遂派王燮(kuí)带领6万大军进行镇压,结果起义军取得阳武口大捷。王燮围剿起义军失败,被宋廷连贬三级。后来,南宋朝廷丧心病狂地调动岳飞的抗金部队镇压起义军,绍兴五年(1135年),杨幺败死。

宁宗(赵扩即位)嘉定四年(1211年),杨安儿、李全等领导农民在山东发动起义,起义军身穿红袄作为标志,故称红袄军。起义军控制山东半岛的绝大部分地区后,杨安儿病死,其女杨妙贞与丈夫李全率部向南宋境内转移,坚持战斗。理宗[赵昀(yún)即位]宝庆元年(1225年),起义军被蒙古军镇压,大大削弱了抗金的力量。

十一、岳飞抗金

岳飞,相州汤阴(今河南省汤阴县)人,佃农出身。传说岳飞年幼受母教育,立下"精忠报国"之志。他曾先后隶属宗泽、张所、王彦等人部下,屡次以少敌众,在抗金斗争中立下许多战功。他爱护士兵和人民,军纪严明,军中有"冻死不拆屋,饿死不掳掠"的口号,深得人民爱戴,他的部队被称为"岳家军"。金人有"撼山易,撼岳家军难"之说。

高宗绍兴六年(1136年),岳飞部队到达黄河南岸,伪齐军纷纷归降,太行山梁兴率领的义军也加入岳家军,形势异常有利。岳飞奏请高宗进取中原,高宗不许。绍兴七年(1137年),金人取消伪齐。岳飞再请高宗乘刘豫新废、金人无备,增兵北伐,高宗又不许。绍兴十年(1140年),金兀术执政,以全部兵力大举南侵,战线东至淮水下游,西至陕西。各路金兵均被击败,北宋取得空前胜利。

岳飞派梁兴渡黄河,联络义军配合作战;派牛皋(gǎo)等分路前进,收复了洛阳、郑州等地;亲自领兵直趋河南郾(yǎn)城,与金兀术决战。岳飞命将士各持麻扎刀、大斧,手拽厮劈,把金军"铁浮图"、"拐子马"军打得大败,兀术不支而退。岳飞军抵朱仙镇(距开封仅45里),黄河南岸金兵多尽弃辎(zī)重,疾走渡河,燕京金人,大搜财货,准备北逃。岳飞兴奋地对部下们说:"直抵黄龙府(今吉林省农安县),与诸君痛饮耳!"然而,坚持妥协投降的统治者集团害怕人民抗金胜利,高宗怕钦宗回来夺位,这时，宰相秦桧接到金兀术提出的以杀害岳飞作为"议和"的条件。于是，高宗、秦桧先下令撤退各路军队，然后以"孤军不可久留"为借口，一日间连下12道金牌，严令岳飞迅速退兵。岳飞愤惋泣下说："十年之力，废于一旦！"不得不退兵回朝。岳飞回京途中，顺便到镇江金山寺拜见方丈道月禅师，讲了自己此行的去处，并问道月禅师："昨夜在瓜州营宿时，梦见两犬抱头而言，不知此行凶吉如何？"道月答道："两犬对言乃'狱'字，此去恐怕有牢狱之灾，凶多吉少。"岳飞致谢登舟，临行时道月以诗相赠，用以提醒岳飞："风波亭下浪滔滔，千万留心把舵牢！谨备同舟人意歹，将身推落在波涛。"岳飞到临安后，果然应道月预言，秦桧逮捕了岳飞及其子岳云、部将张宪（岳飞婿）。但历时两月余，狱尚不成（"罪状"尚未编好）。然而朝廷大臣无一人敢为岳飞辩白，唯独韩世忠不平，诣秦桧处诘问其实，桧答曰"莫须有"。韩世忠愤慨地说："'莫须有'三字，何以服天下？"高宗绍兴十一年12月29日（1142年1月27日），秦桧手书小纸付狱吏，杀害了岳飞，时年39岁。岳云、张宪均被害。

高宗为何要杀害岳飞？当时，岳飞的实力的确使其已成为宋王朝最易被猜忌和防范的对象。首先，岳飞的威望高于高宗，宋兵只知有"岳家兵"，不知有"朝廷兵"。在民心向背中，岳飞一呼百应，并已培养出一支直属的嫡系部队，率领这支部队的是其子岳云、女婿张宪。更为严重的是，从高宗的角度来看，岳飞不但在军中培植自己的势力，任用裙带关系，而且还一直隐瞒这支部队的实力，这显然另有图谋。再次，岳飞所统率的"岳家军"已经形成"一枝独大"的局面。当时南宋的主要军事力量分为五大军区。楚州军区韩世忠兵力8万人，建康军区张俊兵力8万人，庐州军区刘光世兵力5万人，兴州军区吴玠兵力7万人，而岳飞所统领的鄂州军区的兵力达10万人，而且是最为精锐的部队。这让宋高宗寝食难安。岳飞与韩世忠、张俊、刘光世等联系甚密，这就更让高宗怀疑他另有所图。所以，宋高宗加给岳飞的罪名是"谋反"，以"莫须有"而害之。

岳飞是中国历史上的英雄，岳家军粉碎了金人灭亡中国的幻想。南宋之能够偏安江南，避免金人蹂躏，封建经济和文化在南方继续发展，与岳飞的抗金斗争是分不开的。因此，岳飞的抗金战绩是巨大和不可磨灭的。岳飞虽死，但他反抗侵略者的英勇战斗精神和崇高的民族气节永照史册，千古不朽！杭州西湖边上的岳鄂王墓永远寄托着人们的追慕和敬仰！

十二、"绍兴和议"

高宗、秦桧派使臣魏良臣在金面前"再三叩头,哀求甚切",并以"莫须有"罪名害死岳飞,又解除了韩世忠等抗金将领的兵权,扫除了与金和议的障碍。兀术允许以淮水为界"议和"。秦桧代表南宋王朝与金签订了投降卖国的宋金和议。其主要条款有:(1) 宋金之间以西起大散关、东沿淮河之线为界;(2) 宋割唐州、邓州、商州、泗州及和尚原、方山原等地给金;(3) 宋向金称臣;(4) 宋每年向金贡纳绢 25 万匹、银 25 万两;(5) 金归还宋徽宗棺木与高宗生母韦氏。

宋金和议签订于绍兴十二年(1142 年),为壬戌年,故绍兴和议亦称"壬戌之盟"。宋高宗以称臣纳贡的代价换得了东南半壁江山的统治权,宋、金之间在力量大体相当的情况下,维持了一个较长时间的相对稳定的局面。同时,秦桧总揽军政大权,竭力摧残抗金力量,迫害抗金爱国忠良。殿前军士施全痛恨秦桧卖国,挟刃欲刺之于道,不中被害。

十三、宋金对峙

绍兴和议后,宋金双方统治者日益腐朽堕落,社会危机愈加尖锐,国力日渐衰弱。宋金虽有战争,但没有引起双方和议对峙形势的重大变化。

金兀术死后,金熙宗被海陵王完颜亮杀死。完颜亮为了向南宋发动进攻,决定从上京会宁府(今黑龙江省哈尔滨市阿城区)迁都到燕京(今北京市),派尚书右丞张浩负责修建燕京,现在北京北海的琼华岛、瑶玄楼就是那时修建的。金章宗即位后,在燕京南面建造了卢沟桥。卢沟桥栏杆上有很多石狮子,千姿百态,雄伟壮观,"卢沟赏月"成为老北京一大景点。完颜亮把都城迁到燕京,并命令女真族人南迁与汉族人居住在一起,学习汉族文化,把金国建成一个封建国家。完颜亮的一系列举措,对促进女真文化的发展作出了贡献。

"乾道之盟"

绍兴三十二年(1162年),高宗让位于皇太子赵眘(shèn),是为宋孝宗。因绍兴三十二年为壬午年,故史称"壬午内禅"。宋孝宗还是皇子时就主张抗金,即位后随即任命主战派老将张浚(xùn)统兵北伐,但因受腐朽官僚地主的牵制,北伐无所进展。金则因金世宗(完颜雍)新立,统治未稳,无力进行较大战争,要求双方议和。由于太上皇高宗支持宰相汤思退的议和建议,孝宗在无可奈何之下答应接受金的要求。孝宗兴隆二年(1164年)冬天,宋派使臣赴金议和,主要议和条款是:南宋皇帝对金不再称臣,改金宋君臣关系为叔侄关系;疆界仍以淮水到大散关(今陕西省宝鸡市以南)为分界;"岁贡"的名称改为"岁币",数量由银、绢各25万两、匹,减为各20万两、匹;宋割商、秦之地给金。次年,即孝宗乾道元年(1165年),和议成立,故又称"乾道之盟"。

"嘉定和议"

孝宗死后,宋光宗赵惇(dūn)即位,朝政为皇后李氏所把持。李氏飞扬跋扈,任人唯亲,反对孝宗抗金之策。于是,由太皇太后(高宗后)下诏,强迫光宗退位,立赵扩为帝,即宋宁宗。宁宗庆元元年(1195年),外戚韩侂胄(tuō zhòu)(宁宗韩后之叔祖)为相,主持朝政,以抗金为号召,思立功以自固。从嘉泰年(1202年)起,解除以朱熹为代表理学家"逆党"59人之名,收罗知名人士,得到抗战派人士辛弃疾、陆游等的支持,准备北伐。与此同时,宋宁宗命令在镇江建立韩世忠庙,追封岳飞为鄂王,以激励诸将,鼓舞士气;为打击主和派,追论秦桧主和误国之罪。开禧二年(1206年),宋大举出兵攻金。但宋将吴曦在四川降金,受封蜀王;宋军又在安徽宿州、寿州等地战败,金遂分兵9路南下。正当金军压境之际,宋廷中主和派积极活动,完全听从金朝旨意,以诛杀韩侂胄为条件,向金朝乞和。开禧三年(1207年)11月,吏部侍郎史弥远在杨皇后支持下,伪称得到密诏,指使权主管殿前司公事夏震,待韩侂胄上朝时,杀之于玉津园。宋宁宗得知韩死,虽吃惊却无可奈何,只得附和。嘉定元年(1208年)3月,史弥远按照金朝的无理要求,竟开棺割取韩侂胄及其军事助手苏师旦的首级送给金朝,借以惩办、警告抗金的官吏和将领,与金订立了"嘉定和议"。宋主改称金主为伯父,南宋输金"岁币"增至银、绢各30万两、匹,另给金"犒军银"300万两。

韩侂胄力主抗金的爱国热忱是不容否定的。后来,史弥远任宰相执政,胡作非为,擅权用事,贿赂公行。宋宁宗嘉定年间,蒙古军队誓师伐金,攻克中都,金迁都开封。金朝衰弱的现实,使南宋不再向金贡纳岁币。嘉定十二年(公元 1219 年),金军南侵完颜讹可率领中路军主力长驱直入,围攻枣阳城,与宋军进行了激烈的攻守之战。宋将孟宗政指挥宋军与金军相持在枣阳城下,连续战斗 80 余日,金军不能攻下。宋军派来援军,遂大败金军,宋军取得了枣阳之战的胜利。至此,金军南侵完全失败,并宣布不再南侵。

宋理宗联蒙灭金

嘉定十七年(1224 年)秋,宁宗病死,史弥远立即胁迫杨皇后扶植赵昀即位,是为宋理宗。宋理宗初年,史弥远专权擅政,绍定六年(1233 年)10 月,史弥远病死,理宗始得亲政。这时,金哀宗被蒙古击败,逃往蔡州(今河南省汝南县)。宋和蒙古达成协议:联合灭金后,河南地归宋,河北地归蒙古。蒙古军由塔察儿率领,宋军由孟珙(gǒng)(宋将孟宗政之子)率领,分道向蔡州进发。端平元年(1234 年)正月,攻破蔡州,金哀宗于幽兰轩自缢。受诏即位的元帅完颜承麟亦被杀死,金遂灭亡。

十四、蒙古兴起

蒙古族曾被称为鞑靼(dá dá),长期游牧于今蒙古人民共和国境内及黑龙江上游与贝加尔湖一带的草原。12 世纪时,中国的铁器和铁匠流入蒙古部落,加速了氏族制度的崩溃,蒙古部落在掠夺战争中并吞和联络其他部落,形成一个强大的部落联盟。这个部落联盟的首领是也速该,也速该死后,其子铁木真继位。

宋宁宗开禧二年(1206 年),铁木真统一了蒙古,并被蒙古氏族贵族会议公推为蒙古大汗,尊称成吉思汗(意为强有力的皇帝),史书称为元太祖,以蒙古为国号,随即开始了对世界的征服,建立了横跨欧亚两洲的蒙古帝国。蒙古帝国包括钦察汗国、察哈台汗国、窝阔台汗国、伊儿汗国。因之,蒙古帝国是不统一的、暂时的、不巩固的军事集团,各汗国后来均分裂瓦解。

十五、元朝建立（1206 年—1368 年）

　　成吉思汗想求长生不老之术。他听御医刘仲禄说,有个著名道士丘处机已活了300 多岁,隐居于中原登州栖霞山(今属山东省)。于是,成吉思汗就命刘仲禄请丘处机来献长生药。成吉思汗一封言辞恳切的诏书,使丘处机大受感动,决定随刘仲禄上路。公元 1219 年,72 岁的丘处机从宣德州(今河北省宣化市)出发,行程历时一年多,于 1222 年 4 月到达成吉思汗西征的行营大雪山。成吉思汗视处机为神仙,迫不及待地问道:"真人从远方来,可有使我长生的药?"丘处机回答道:"世上多有延年益寿之方,断无长生不老之药!"成吉思汗大失所望,但很赞赏丘处机的诚实。丘处机为成吉思汗讲道三次,内容大致有三:长生之道,清心寡欲;一统天下,不嗜杀人;为治之方,敬天爱民。成吉思汗很赞许这些主张,对左右的人说:"神仙三说养生之道,我甚入心,慎勿泄于外。"其后,成吉思汗对丘处机不直呼其名,而以"神仙"称之,特许其入帐不行跪拜礼,只折身叉手即可。1223 年,丘处机启程东返,次年到达燕京(今北京),住在长春宫。成吉思汗让丘处机总管天下道教,利用他在广大教徒中的威望来加强对中原地区的统治。丘处机死后葬在长春宫的处顺堂——即今天北京的白云观。

　　成吉思汗死后,三子窝阔台为大汗(即元太宗),耶律楚材被任命为中书令(宰相)。这是蒙古统治者授命异族人的最高官职。耶律楚材是契丹皇族的后裔,辽亡,耶律楚材的继祖父耶律德元归附了金朝,耶律楚材官至左右司员外郎。1215 年,蒙古攻陷燕京(今北京市),成吉思汗风闻他的学行,下诏召见,留在身边待用。窝阔台大汗让耶律楚材管理黄河以北的政事,耶律楚材请废屠城旧制。1233 年,大将速不台带兵攻打汴京(今河南省开封市),准备攻下汴京后,把城里人一律杀光。经耶律楚材劝说,窝阔台下令给速不台:"除了金朝皇族以外,其他人一律不许杀。"这才保全了140 万老百姓的性命。他任事近 30 年,对于蒙古统治集团接受汉族文化、元代立国规模基础的奠定都起了促进作用,有"治天下匠"之称。1241 年窝阔台去世,乃马真皇后摄政,耶律楚材受到冷遇,1244 年忧愤而死,年 55 岁。耶律楚材尸骨未寒,就有人逸言:"天下贡赋,半入其家。"乃马真皇后立即派近臣去调查。结果,在其府第只发现"琴阮十余,及古今字画、金石遗文数千卷",除此之外,别无长物。政敌的逸言不攻自破。耶律楚材死后,"蒙古诸人哭之如丧亲戚,天下士大夫莫不涕泣相吊"。人们为了纪念这位伟大的政治家,把他安葬在玉泉山麓,为他修的祭祠和塑的石像,至今仍保存在北京颐和园里。

金亡后,蒙古准备进攻南宋。1257 年,成吉思汗子拖雷的长子蒙哥分三路大举南侵:一路由蒙哥之弟忽必烈率领,渡江围鄂州(武昌);一路由大将兀良哈台率领,包围潭州(长沙),企图与忽必烈会师;一路由蒙哥亲自率领,入四川。蒙哥在四川合州(合川)受伤而死,忽必烈急于北归争夺汗位。1256 年,忽必烈不顾蒙古选汗旧制,筑开平城(今内蒙自治区多伦县东南),三年而成,1260 年自立为帝,是为元世祖。1264年,元迁都燕京(后定名大都,即今北京)。1271 年,改国号为"元"。

十六、南宋军民抗元

"蟋蟀宰相"贾似道

宋度宗(赵禥)时,贾似道为宰相,终日不理朝政而流连于青楼酒肆,西湖泛舟,通宵不返,并迷醉玩斗蟋蟀,曾著《蟋蟀经》。百姓恨之,称其"蟋蟀宰相"。贾似道为了控制朝政,不惜以官爵收买官吏,结集死党。1274 年 6 月,元世祖(忽必烈)派丞相伯颜率领大军,水陆并进,向临安进发。元军攻破鄂州(武昌),贾似道不得已出师抗元,但另一方面又以黄柑荔枝赠元军统帅伯颜,以求和议,伯颜不允许。宋军与元军接战,兵败奔逃扬州。贾似道回到临安,恭帝[赵㬎(xiǎn)]之母皇太后降旨罢免了他,并将他流放到循州(广东惠州)。在流放途中,贾似道被押送的县尉郑虎臣杀死,一代权奸就此了结了罪恶的一生。

李庭芝、姜才守城不屈

恭帝德祐元年(1275 年),元兵围扬州,守将李庭芝、姜才团结军民,坚守不降。次年,临安陷落,恭帝的祖母谢太后两次下诏劝降,都遭坚决拒绝,并且姜才射杀了劝降使者。后城中粮尽,李、姜率军转战到泰州。元兵又围泰州,并驱李庭芝妻子至城下招降,李庭芝不屈。其后,扬州、泰州均被汉奸献城降元。李庭芝、姜才被害。扬、泰人民闻之,莫不泪下。

文天祥从容就义

1276年,宋恭帝祖母太皇太后谢道清任命文天祥为右丞相,派其前往元军营中议和,文天祥痛斥伯颜,被扣留,后在镇江脱逃,由通州入海至温州,历尽艰苦,流亡至福州,坚持抗元。

1276年3月,元兵攻陷临安,俘谢太后、恭帝等北去。宋臣陆秀夫、张世杰退往福州,立恭帝幼弟赵昰为端宗,由海道退至泉州,再退至广东海上。1278年,端宗死,复立其弟赵昺为帝。时文天祥在赣州遭元兵击溃,妻子被俘,文天祥孤身逃走,在南岭收拾残部继续抗元。由于叛徒陈懿出卖,文天祥在五坡岭(在今广东省海丰县北)兵败被俘。文天祥坚拒汉奸张弘范的诱降,书《过零丁洋》诗以明心意,其中"人生自古谁无死,留取丹心照汗青"永为后世所传诵。

1279年3月19日,汉奸张弘范进攻南宋政权最后根据地厓山(今广东省新会市以南海中),张世杰率残余海军战败后,和陆秀夫等人保护幼帝赵昺和幼帝母杨太妃乘船撤退。元军派船追来,陆秀夫不甘幼帝被俘,背负幼帝赵昺投入南海,壮烈殉国,时年41岁。张世杰、杨太妃亦覆舟殉难,南宋王朝灭亡。

文天祥诱降不屈,被押到大都(今北京市),投入监狱,过了三年阶下囚的生活,写下气吞山河的《正气歌》,歌颂了历代忠臣义士的崇高气节,也显示了自己视死如归的决心。1283年,文天祥拒绝了元世祖忽必烈亲自劝降后,在大都被害。遇害前披枷带锁,面不改色,问旁边的百姓,哪是南方,然后向南一拜、再拜,一代民族英雄,从容就义。

十七、元朝统治的特点

蒙古族人口较少,社会经济和文化亦较落后,在侵入中国后,遭到以汉族为主体的广大人民的反抗,因而元在统治中国的过程中,有着极大的戒惧心理,表现为特别残酷的种族压迫和农奴制对经济上的破坏与掠夺。

元把各族人分为四大类:蒙古人最高贵,色目人(西域各族人和西夏人)次之,汉人(包括北中国的汉人、契丹人、女真人、高丽人等)又次之,南人(南中国的汉人)最低。高级行政官吏、各级地方官吏均由蒙古人为之。元蒙统治者对人民防禁森严,并经常处于戒严状态中。汉人、南人不许藏兵器,不许养马,不许聚众、祀祷,甚至不许集市买卖。夜间戒严,禁止通行,禁止点灯。在全国各地分驻军队,镇压人民;又设"里甲"之制,编20家为一甲,蒙古人为甲主,监视南人,甲主极为贪暴,随意奸淫劫掠。尽管元蒙统治者如此压迫和防禁,人民的反侵略、反压迫的斗争却始终没有停止过。

元统治者在征服中国的过程中,攻城略地,屠杀人民,不可胜数,从而人口锐减,土地荒芜,社会经济遭到严重破坏。北方土地多荒为牧场,使得畜牧业生产逐渐占有主要地位。在南方,农业主要劳动者是佃农,佃农耕种官府和地主的土地,沉重的地租、赋税和徭役压迫使佃农沦为流民,农业受到严重破坏。手工业生产也受到严重破坏。元统治者,俘虏和搜刮全国工匠为他们制造兵器和生产消费品,从而阻碍了民间手工业的经营自由,阻滞了手工业的发展。因此,商业也不能有所发展。但是南宋工商业的发展水平较高,所以虽经元破坏,仍高于同时期的欧洲,因而为欧洲寻求东方市场的探险者所惊羡。1271年,意大利旅行家马可波罗自威尼斯东来,经历了千难万险,于1275年到达上都(今内蒙古自治区锡林郭勒盟境内),元世祖忽必烈派人把他迎接到大都(今北京市)。马可波罗通晓蒙古语和汉语,颇得元世祖的信任,在中国侨居17年,1295年返抵威尼斯。马可波罗是最早到达中国的欧洲人,著有《马可波罗行纪》(即《东方见闻录》),盛赞东方各国的富庶和繁荣。欧洲人诧为奇闻,争相传颂。《马可波罗行纪》激起了欧洲人对中国文明的向往,自那以后,中国古代的三大发明(指南针、印刷术、火药)传到了欧洲。

十八、反元统治的长期斗争

人民的反抗使元统治者始终不得安宁。还在南宋覆灭之前,南方人民便纷纷起义。1276年,福建陈吊眼曾与张世杰攻打降元泉州宋臣,后率众攻据漳州7年后才失败。随着元统治者压迫的日益加强,人民的反抗亦日益强烈。1283年,广东新会林桂方、赵良钤(qián)等人举兵反元,号罗平国。1285年,赵和尚自称宋福王子广王在四川起义。广西瑶民、福建畲(shē)民曾屡次爆发起义。

元朝统治者压榨人民,滥发纸币,官吏凌虐人民,横征暴敛,引起了人民的深切痛恨与强烈反抗。人民高喊:"天高皇帝远,民少相公多,一日三遍打,不反待如何!"

十九、元末红巾军起义

1351年,元征发民夫15万修治黄河决口。白莲教首领韩山童、刘福通遣会众参加治河,在民工中秘密宣传"弥勒降生"、"明王出世"以策动起义,并预埋一只眼的石人在黄陵冈(今鲁豫交界处)工地,制造童谣:"石人一只眼,挑动黄河天下反",以迷信来号召和组织广大农民群众起义。刘福通在河北永平聚众3 000,推韩山童为明王,择日起义,派人四处通知,同时发动,因头裹红巾为号,故称"红巾军"。后事泄,韩山童被害,其子韩林儿随母逃往山中。刘福通等遂逃往颍州(今安徽省涡阳、蒙城一带)起义,攻占安徽、河南部分地区,淮河流域的人民群众及治河民工纷纷加入起义军,起义军迅速发展到10余万人,这是红巾军的主力。江淮一带农民纷纷也响应:徐寿辉在湖北起义;孟海马在湖南起义;芝麻李在山东起义。1352年,郭子兴在安徽起义,朱元璋参加了郭子兴的起义军。郭子兴死,朱元璋带领其众,渡江南下,成为南中国一支声势强大的农民军。不属于红巾军系统的起义军起义,有方国珍在浙东起义,张士诚在苏北起义……大半个中国旋即陷入农民战争的大潮中。

刘福通率领的红巾军发展迅猛。1355年,刘福通迎韩林儿至亳州为帝,为小明王,国号大宋,对推动农民战争的发展有很大的号召力。1357年,红巾军分兵三路北进:中路出长城,攻下元蒙上都开平,直抵高丽;西路趋关中,攻下陕西,入甘肃、四川、宁夏诸边地;东路攻占河南、山东、河北,直逼元蒙首都大都。1358年,刘福通率军攻下汴梁(今开封),迎韩林儿入居,定为国都。当时有童谣歌颂红巾军的伟大胜利:满城都是火,官府四散躲;城里无一人,红军府上坐。

红巾军的伟大胜利从根本上动摇了元蒙的统治基础,但由于历史条件和农民本身所固有的缺点,很快从胜利转向溃败:第一,其斗争是自发的,没有明确具体的纲领并加以实践,没有建立广泛的反元蒙的阵线。第二,其首领大多农民出身,在胜利形势下,本身的落后性和散漫性显现,争权夺利,互相杀戮,削弱了自己的力量。第三,起义军"流寇"式地转战四方,孤军深入,得地不守,有利于敌人组织和扩大力量,进行反攻。

1359年,元兵包围汴梁,红巾军坚守百余日,粮尽弹绝,韩林儿、刘福通突围退回安丰(今安徽省寿县)。各路远征的红巾军转战万里,亦均溃败。1363年,张士诚乘机遣兵包围安丰,朱元璋驰救,未至而安丰已陷,刘福通败死,朱元璋迎韩林儿归。1366 年,韩林儿溺死于瓜州江中,北中国红巾军失败。

二十、朱元璋推翻元朝统治

朱元璋,濠(háo)州(今安徽省凤阳县)人,出身佃农家庭。17 岁时父母兄长相继死亡,孤贫无靠,不得已入皇觉寺为僧。1352 年,郭子兴在濠州起义,元兵不敢进攻,乃放火烧皇觉寺。朱元璋无处安身,遂毅然投奔郭子兴起义军,充当九夫长(小头目)。朱元璋参加起义军后,表现出勇敢、谦虚、有见识、讲义气、善于团结群众的优良作风,颇得郭子兴的赏识,并深受同伴们的爱戴。他回乡号召 700 多农民参加红巾军,其中有他幼年时的伙伴徐达、汤和等。徐达等人后来都成为杰出的军事将领。1353 年夏,朱元璋率领徐达、汤和等 24 人南下打开局面,破元军数万,得精壮 2 万,悉加训练,成为一支精锐善战的军队。1355 年春,郭子兴死,朱元璋带领其众,遥奉韩林儿为首领。1356 年春,朱元璋攻下集庆,改名应天(今南京市),在以后的三四年里,成为击溃江南元军的主力,克复了苏、皖、浙大部分地区,与张士诚、方国珍、陈友谅境壤相接。

朱元璋决定先灭陈友谅,再灭张士诚,稳定江南根据地后,再北伐中原。1363 年,陈友谅乘朱元璋北援安丰韩林儿之际,大举进犯,包围洪都(今南昌市)。朱元璋回兵救援,两军大战于鄱阳湖,陈友谅战死,赣、鄂、湘地区相继平定。1367 年,朱元璋攻占平江(今苏州市),张士诚自杀,浙东方国珍不久亦降。江、浙地区相继平定。1367 年 10 月,朱元璋命徐达为主帅,率军北伐。

1368 年,朱元璋在应天府(今南京市)称帝,即明太祖,国号明,建元洪武,因此朱元璋又称洪武皇帝(古代帝王死后要在太庙里为其立室祭祀,所以要有一个庙号,如汉高祖、唐太宗、宋太祖、明太祖等。从朱元璋起,就常用皇帝的年号来代称,清代更为盛行)。是年春,徐达的北伐军攻下山东,收复河南,西克潼关,随后又集中主力经河北,直捣元都。7 月,元顺帝仓皇退出京都,逃往塞外。徐达率军攻入大都(明初改称北平),元蒙在中国的统治被推翻。五代时丧失的燕云十六州,至此时终于收复。

元顺帝逃往漠北后,其后裔逃往和林(今蒙古人民共和国鄂尔浑河上游哈尔和林),仍称大元皇帝,图谋复兴,历史上称昭宗以后的蒙古政权为"北元"。直到明代建文帝四年(1402 年)始去国号,改称鞑靼。

二十一、宋元文化

哲学

"理学"，儒家新学派。北宋周敦颐、张载等人是理学的创导者。他们认为，宇宙生长时，"一于天气(物质)而已"，同时还有唯物主义的因素。稍后的程颢、程颐则发展了理学的唯心主义成分，认为"心即道也"。南宋理学家朱熹对理学进行了综合。他认为，"理(精神)不在气先，气亦不在理后"。程朱学派的基本思想是将当时的封建秩序看做永恒的"理"的表现，因而对维持和巩固封建秩序很有作用。所以，程朱学派的理学在后来一直都是巩固和加强封建统治的理论根据。朱熹编著的书很多，重要的有《大学中庸章句》、《论语孟子集注》和《朱子语类》等。朱熹也成为孔孟以后影响最大的思想家。

"心学"，是理学的另一派别。其时，陆九渊反对朱熹学说，提出了"心即理"的命题，认为"宇宙即是吾心，吾心即是宇宙"，"万物皆备于我"，这是彻底的主观唯心主义。

南宋时，尚有以叶适、陈亮为代表的反映当时自由商人要求的比较进步的唯物主义思想家。他们认为有物即有道，"道"既不能离开"物"，也不能先于"物"而存在，从而反对朱熹、陆九渊等人"专以心性为宗主"的认识论。

文学

词是宋代的代表文体。它发生、发展于隋唐五代，兴盛于宋。柳永创作了大量适合歌唱的新乐府，又称慢词。其作品在语言技巧上也较为通俗化和口语化，深受当时下层人们的喜爱。柳永是对宋词发展有重大影响的第一人。苏轼以诗为词，在题材内容、意境风格乃至形式音律多方面都有革新，成为宋词发展新阶段的揭幕人。著名女词人李清照生活在南北宋之交，她后期的词从一己的遭遇反映出时代的忧患离乱，在艺术上独树一帜。南宋出现了张元干、张孝祥等爱国词人，而辛弃疾的词较之苏轼又有新的发展。他不仅在词中写身世之感，而且抒家国之恨，进一步扩大了词的表现领域,丰富了词的表现手法,成为宋代最重要的一位词人。宋末文天祥等人的词激昂悲愤,是宋词爱国主义的最后歌声。宋词多言情,题材内容并不十分宽广,但在艺术上很有特色,为宋代其他文体所不及。

宋代诗歌有独特的成就,宋人学唐而自成面目,形成与唐诗不同的艺术个性。王禹偁(chēng)的诗歌成就较显著。他学习白居易的现实主义精神,成为宋代现实主义文学的先驱。欧阳修、梅尧臣、苏舜钦倡导革新,诗风为之一变。王安石、苏轼继承欧、梅而加以发展,宋诗进一步走向成熟,苏轼诗成就尤高。苏门四学士黄庭坚、张耒(lěi)、晁补之、秦观,以黄庭坚的诗最为突出,开创江西诗派。江西诗派是宋代影响最大的诗歌流派,南宋诗人多受其影响。南宋中期出现了"中兴四大诗人"——尤袤、杨万里、范成大、陆游,其中陆游成就最高。陆游是古代留下诗篇最多的诗人,至今有9 300多首保存下来。陆游一生渴望收复失地,统一祖国的愿望强烈却始终没有实现。陆游在临终时对儿孙念了他人生最后一首感人肺腑的《示儿》诗:"死去元知万事空,但悲不见九州同,王师北定中原日,家祭无忘告乃翁。"

宋代散文,无论内容、形式、语言、风格,都较唐散文有新的开拓。欧阳修倡导古文运动,奠定一代文风。宋代300年间,不仅散文作品数量惊人,而且名家继出,成就很高。在唐宋八大家中,唐人二家(韩愈、柳宗元),宋人占了六家(欧阳修、苏洵、苏轼、苏辙、曾巩、王安石)。宋代散文继承了唐代散文的优良传统并加以发展,加强了抒情性和议论性,丰富了表现技巧和体裁样式。宋代散文对明清散文的影响十分深刻。

宋元话本。话本原是"说话"艺人的底本。"话"的意思是故事,"说话"就是讲故事。话本的出现开辟了我国小说史的新纪元。宋代,由于都市经济的繁荣,各种瓦肆(娱乐场所)技艺进一步发展,"说话"更为流行。"说话"中又细分为小说、讲史、讲经、合生(或说浑话)四家。"说话"四家中,最受群众欢迎的是"小说"和"讲史"这两家。"小说"话本是短篇白话小说。如《碾玉观音》通过裱褙匠的女儿璩(qú)秀秀和咸安郡王府中碾玉工崔宁的爱情故事揭露了封建统治阶级对市民阶层的压迫,塑造了热爱自由、敢于反抗的女性璩秀秀的形象,暴露了封建社会上层官僚的罪恶。"讲史"话本,实际上是长篇通俗历史小说。因其通过讲史达到鉴戒的目的,故又称"平话","平"即评论历史之意。如《大宋宣和遗事》是宋靖康之难前后的历史故事,其中宋江等36人聚义梁山泊则是后来《水浒传》的雏形。"讲史"话本,是根据历史事实进行艺术加工创作的。宋元话本对后代小说产生了深刻影响,"小说"话本开明清短篇白话小说的先河,"讲史"话本是明清长篇小说的先驱。

诸宫调是一种有说有唱、以唱为主的文艺形式,它以同一宫调的若干曲牌联成短套,再用不同宫调的短套联成长篇以演唱故事。诸宫调最先产生于北宋,成熟于金代。宋金时期留存下来的唯一完整而又能代表当时诸宫调最高水平的作品,是金代董解元的《西厢记诸宫调》。因诸宫调是用琵琶等乐器伴奏的,故又称为《弦索西厢》或《西厢挡弹词》。董解元的名字、籍贯、生平均不详,只知其生活于金章宗时期(1190—1208)。解元是当时对读书人的通称。董解元在长期流传的崔莺莺与张生的爱情故事基础上创作了《西厢记诸宫调》,在思想内容和艺术表现上都有较大,成为王实甫《西厢记》问世以前描写崔张爱情故事的杰作。

元杂剧通过唱(曲词)、念(宾白)、做(虚拟性的动作、表情)、舞(武打场面)等一系列表演手段,在舞台上艺术地再现了现实或历史故事,以代言体形式综合了各种表演技艺,形成了具有独特民族风格的戏曲艺术。

元曲四大家

元曲四大家是关汉卿、郑德辉、白朴、马致远,其中前3人成就最大。关汉卿是元杂剧作家中极有影响的领袖式人物。他在从事戏曲创作活动中结识了许多作家和演员,剧作家杨显之、费君祥、岳伯川、高文秀等都是他的好朋友,女演员朱帘秀、顺时秀也与他过从甚密。关汉卿是一位高产的剧作家,写有杂剧60多种,现存18种。他的《窦娥冤》、《拜月亭》、《蝴蝶梦》作品等都跻身于世界名剧之林。

白朴,幼经丧乱失母,绝意仕元。他不仅是一位戏曲家,而且能诗能词,又是散曲高手。他的戏曲作品今存《墙头马上》、《梧桐雨》和《东墙记》等。《梧桐雨》写的是李隆基和杨玉环的爱情故事,其立意受白居易《长恨歌》中"秋雨梧桐叶落时"的引发。

马致远的杂剧作品《录鬼簿》著录13种,今存《汉宫秋》、《青衫泪》等7种。《汉宫秋》是元杂剧中的优秀作品之一,它集中代表了马致远戏曲创作的成就。《汉宫秋》写的是昭君出塞的故事,作者在创作时参考历史和故事传说,但作了较大的改动和艺术加工。作品突出了昭君的民族气节,批判了毛廷寿等奸佞的误国行为,表现出了明显的民族意识。

元杂剧中的"水浒戏"作家有康进之和高文秀。康进之的《李逵负荆》是现传元人水浒戏中最优秀的作品。高文秀有"小汉卿"之称,他编的水浒戏最多,尤以李逵戏著称,现仅存《双献功》一种。元杂剧作品还有纪君祥的《赵氏孤儿》、尚仲贤的《柳毅传书》、杨显之的《潇湘雨》、石君宝的《秋胡戏妻》、张国宾的《薛仁贵》等。

王实甫的代表作《西厢记》,是在"董西厢"的基础上再创造而成的,有"西厢记天下夺魁"的评价,是元杂剧中较早的一部以多部剧本连演一个故事的剧本。王实甫的

《西厢记》更强化反封建的主题,通过崔张爱情故事热情歌颂青年男女争取婚姻自主的斗争。《西厢记》是流传最广、最受群众喜爱的剧本,是我国古典戏剧中的现实主义杰作,后世有许多续书和模仿之作,但都无法与《西厢记》匹比,明清以爱情为主题的小说戏剧很少不受其影响。

南戏,是南曲戏文的简称。南戏于北宋末年流行于浙东沿海,谓之"温州杂剧"。宋元时,南戏最初纯粹是民间创作,其剧本大约以师徒身传口授的形式进行传播,流传下来的很少。流传下来基本保持原来面目的只有5本,即《张协状元》、《宦门子弟错立身》、《小孙屠》、《白兔记》和《琵琶记》。经明人修改过的有12本,其中以《荆钗记》、《拜月记》、《杀狗记》最为著名,此三本再加上《白兔记》(全名《刘知远白兔记》),合称为"四大传奇",简称"荆、刘、拜、杀"。

金元时民间长短句歌词吸收了女真、蒙古等少数民族的乐曲营养,形成了一种新的诗歌形式,这就是当时流传在北方的散曲。散曲包括小令和套数两种主要形式。小令即独立的只曲,句调长短不齐,但要倚于一定的腔格,它与词不同之处是用韵密了,几乎每句都要押韵。套数沿自诸宫调,又叫散套、套曲,是由同一宫调两首以上的曲子相连而成的组曲,一般有尾声,要一韵到底。散曲从形式上看比诗、词自由得多,它的出现是古代诗体的一次解放。

散曲作家,前期有关汉卿、马致远、白朴等人,马致远是散曲大家,是传世作品最多的元前期散曲作家。后期代表作家有张可久、乔吉、张浩养、刘时中等人。

史学

司马光以治史名闻后世,他退居洛阳时,全力编写历代名臣事迹史书,北宋神宗赐名《资治通鉴》。《资治通鉴》记事上起战国,下终五代,是我国史学史上一部具有重要史料价值的编年体的史学名著。

南宋袁枢著《通鉴纪事本末》,以历史事件为中心记述五代末年以前的历史,为中国通史的编撰创造了新的体裁。

南宋史学家郑樵所著《通志》,是以人物为中心记述隋末以前各代的纪传体通史。郑樵主张据实直书,善恶自见,严厉批评传统史学的"伤风败义"。郑樵的史观对后世有很大影响。

南宋马端临所著《文献通考》,是记述上古至宋宁宗时历代典章制度的重要著作,是研究中国古代典章制度的重要史籍,尤其是研究宋代典章制度的必备之书。

宋代史学家私人编写的本朝史书,流传下来的也很多。

南宋初年李焘编撰的《续资治通鉴长编》，专记北宋一代史实，为研究宋史之要籍。

南宋孝宗时，王称修撰的《东都事略》，是一部纪传体断代史，为研究宋史之必备史籍。

南宋孝宗时，徐梦莘(shēn)修撰的《三朝北盟会编》，专记徽宗、钦宗、高宗三朝与金之和战关系。书中广泛收集了当时官府和私人有关宋金交涉、作战与议和的言论和记述，照录原文，不加更改，使其"是非并见，同异互存"。

南宋宁宗时，李心传修撰的《建炎以来系年要录》，专记高宗一朝36年的史实。此书为接续李焘的《续资治通鉴长编》而作，保存了极丰富的史料。

另外，还有涉及农民起义的著作，如方勺的《稗海》、王弥大的《清溪弄兵录》专记方腊起义事迹；鼎澧的《杨幺事迹》专记钟相、杨幺起义事迹，都为研究这两次农民起义提供了重要的史料。

科学技术

北宋苏颂与韩公廉创造了"水运仪象台"。这座天文台下的齿轮运转的机械原理，可以说是欧洲中世纪天文钟的先驱，是世界上最早的一台天文钟。

元代天文学家郭守敬制作了简仪、高表候极仪、浑天象等20余种新的天文仪器。简仪是世界闻名的天文测量仪器，比丹麦天文学家第谷在1598年发明的仪器早300多年。1279年，郭守敬开展了大规模的天文观测活动，恒星的记录由原来的1 464颗增至2 500颗。

在数学方面，北宋刘益提出二次方程的求根法，贾宪提出"增乘开方法"。南宋秦韶九写成《数学九章》，其中的大衍求一术和增乘开多次方的方法，是中国古代数学发展史上的两项重要成就，比意大利的鲁非尼和英国的霍纳提出此种算法要早800年。

南宋初年，陈旉(fū)不愿仕宦，"种稻治圃以自给"，74岁时撰写《农书》。《农书》对稻、麦、粟、豆、麻、芝麻及萝卜等农作物的种植时间、高产方法，都作了科学说明，是两宋之际农业生产技术的一个全面总结，在中国农业史上有着光辉地位。

黄道婆，元朝女纺织技术家。她从海南来到松江府乌泥泾(今上海市松江区华泾镇)，教乌泥泾人纺线织布，乌泥泾人把纺织品卖出去，家庭渐渐富裕了。黄道婆死后，乌泥泾人为她送葬，后又为她修建祠庙，人们始终没有忘记这位对中国棉纺事业作出重大贡献的普通人。

北宋中期以后，太湖流域及长江沿岸的江宁、芜湖、当涂等地，兴建起大批圩(wéi)田。圩田是中国劳动人民"与水争尺寸"、改造大自然的成就，大批圩田的修建大大提高了单位面积产量。由于江浙地区多圩田,因而有"江浙二方,天下仰给"、"苏常熟,天下足"的谚语。

北宋陶瓷业发展到了一个新的阶段,逐渐形成了五大名窑:定州(今河北定县)的定窑,产白瓷,俗称粉定或白定;汝州(今河南省临汝县)的汝窑,又称汝官窑,以青瓷为主;禹州(今河南省禹县)的钧窑,能用铜在还原过程中烧出红色瓷器,这是钧窑的创举;官窑设于开封之陈留,专供内廷用品;哥窑和弟窑以章生一、章生二兄弟命名,烧出的瓷器晶莹光亮,犹如美玉。

北宋用竹造纸,是为独创,其他还用麦秆、稻草等造纸。为了降低生产成本,北宋还出现了再生纸。纸制品不仅应用于衣、帽、被、帐的制作,还应用于蚕蛾产卵、军事工业的火器的制造以及纸币的印刷。苏易简的《纸谱》记载:"山居者常以纸为衣……然服甚暖。"王禹偁在诗中写道:"风摇纸帐灯光碎。"陆游在诗里写道:"纸被围身度雪天。"纸的广泛运用,促进了印刷业的发展。

北宋布衣毕昇发明了活字印刷术,这是世界上最早的活字印刷,是中国古代劳动人民对世界文化的伟大贡献。

北宋火药炼制及应用得到了很大发展。曾公亮、丁度等人奉命编撰《武经总要》,其中记载了许多火药武器的名称,如火箭、火炮、火枪等。南宋时,火器传到金,金人制造了铁火炮、飞火枪等新式火器。而西方人掌握火药和火器制作技术比中国晚了400余年。

北宋科学家沈括,对指南针的制作和改进作出了重要贡献。指南针的发明创制成功,促进了两宋造船业和航海技术的发展。沈括晚年定居润州(今江苏省镇江市),著写了《梦溪笔谈》,此书内容丰富广博,是一部综合性的科学著作。

北宋在木桥建筑上创造虹桥作为垒梁拱,达到了中国古代木桥构造的最高水平。虹桥没有桥柱,又称"无脚桥"或"飞桥"。自开封至泗州,"沿汴皆飞桥为往来之利,俗曰虹桥"。南宋张择端所绘《清明上河图》中的开封虹桥,即是其中的一座。这种结构的虹桥,在世界桥梁史上属中国古代劳动人民所独创,既反映了中国古代建筑技术的先进,也是中国古代劳动人民智慧的结晶。

与隋代赵州桥齐名的洛阳桥,原名万安桥,位于福建泉州北20里的洛阳江的入海口上。宋仁宗时,蔡襄知泉州,募款建桥。桥长3 600尺,宽1.5丈,有孔47个,桥上两边有扶栏,非常雄伟壮观。桥上曾刻蔡襄写的"万安天下第一桥",以纪念这一伟大工程的落成。南宋初年,泉州安海又建了一座巨大的安平石桥,长5里,规模之大超过洛阳桥,实为当时全国第一桥。

开封铁塔位于今河南开封市东北。铁塔前身是一座木塔,叫做"开封宝塔",由北宋太宗时杰出建筑师俞皓设计和负责建造,塔身八角 11 层,高 360 尺,历时 8 年造成,后遭雷击毁坏。仁宗时,按其式样重建琉璃砖塔,因塔表呈赤铁色,所以民间称为"铁塔",或"开封铁塔"。铁塔几百多年来经历自然灾害和战火的袭击,仍矗立如故,充分显示了中国古代劳动人民在高层建筑工程上的惊人成就。

现北京阜成门内白塔寺里的白塔,是元世祖忽必烈迁都燕京(今北京)后由教尼波罗(今尼泊尔)国王的后裔阿尼哥设计建造的,并在塔前建寺,赐名"大圣寿万安寺",俗称白塔寺。这座白塔是中国现存最大而年代最早的一座尼波罗式喇嘛塔。

北宋李诫总结前人成果,集中当时工匠技巧,加上自己多年的实践经验,编著成有名的建筑工程典籍——《营造法式》一书。这是中国古代建筑营造术上最详尽、最全面、最系统的建筑学手册,也是世界上最早、最完备的建筑学著作。

宋代城市经济和商品经济的发展,使花卉进入市场,成了商品。我国六大名花:芍药、荷、梅、牡丹、兰、菊,到了宋代也进入了一个重要发展时期。宋人爱花,已普及城市中下层居民。洛阳是花王牡丹之城,栽培了许多名贵品种,如"祥云"、"双头红"初上市一株便可卖 30 贯钱。关于栽培花卉的书也不断出现。《图经本草》记载了牡丹的培植;周师厚的《洛阳花木记》详细叙述了花的四时变接法;《扬州芍药谱》记载了芍药的33 个品种;《百菊集谱》收集了 163 个菊花品种;《天彭牡丹谱》中的牡丹品种有 100 多个。北宋刘蒙对菊花的种植、培植及变异有很深入的研究,著有《菊谱》一书。这说明,当时已经具备了生物进化的观念,也可反映出中国古代植物学上的进步。

医药

北宋初年修的《开宝本草》所收药物,比唐修本草增加了 132 种。北宋末年由唐慎微主编的《证类本草》,所收药物多达 1 558 种,对后世药物学有长期的影响。北宋针灸学有突出的成就,出现了许多著名的针灸师和新技术。宋仁宗太医王惟一设计铜铸人体模型,标出各种穴位,并写出《铜人腧(shù)穴针灸图经》,指明人体各腧穴的正确部位。针灸名师窦材在其《扁鹊新书》中记载有《睡圣散》药方,这是中药全身麻醉的最早记录,说明中国古代针灸术的先进。南宋初年,宋慈编写了《法冤集录》,由宋朝廷印行颁布全国,作为办案官吏检验的指南。《法冤集录》是世界上最早的一部法医学著作,说明了中国古代医学及法医学的进步。金元时期还出现了刘完素、张从正、李杲(gǎo)、朱震亨等名医。他们各有所长,号称金元四大家,对中国医学的发展有一定的影响。

教育

宋代的国子监,是中央最高的教育管理机构。太学是国子监的主体,也是宋代的教育典范。北宋前期,太学规模不大,不过三四百人;徽宗时,太学生总数 3 800 人,达到两宋时期的顶峰。宋代太学的招收对象,下移至八品以下官员子弟及平民子弟,取消了对社会中下层入学的限制,这是由贵族教育转向平民教育的一次重大改革。

北宋大兴学校,到北宋末期,全国州学县学共有学生 167 000 人,形成历史上第一个县以上的官学网络。县学学制一年,每年春秋两次招生,叫补试。每学年举行一次升学考试,合格者升入州学。州学学制三年,每隔三年举行公试一次。州学公试非常严格,由官府派官员与学官共同主持,并采用密封糊名等办法,防止作弊。这是历史上十分先进的考试方法。为了解决官学的经费开支,朝廷赐给"学田",也有私人捐赠,官学学生全部享受公费补助。兴办官学,主要是为了满足官僚后备队伍建设的需要,但在客观上有利于社会文化素质的提高。

官办小学,多附于州学或县学,十分正规,推行一套严格的教学秩序。一天的学习有 6 个环节:行礼、授课、练习、温课、训导、洒扫。教学内容可分 4 类:识字、学习诗文、学习儒家经典、学习历史与名物知识等。官办小学的主要任务是进行忠君、爱亲、敬长、隆师、亲友等伦理道德熏陶,积累文史名物的基本知识,初步培养写读作文的能力,同时也注意培养洒扫庭院的劳动习惯。这种德智体劳全面发展的教育思想,对后世影响很大。

北宋社会读书风气日盛,于是城镇乡村出现了私立小学。私立小学是清寒贫苦的知识分子所举办。苏东坡 8 岁入小学,老师是个道士,叫张易简。秦桧也教过小学,曾说:"若得水田三百亩,这番不做猢狲王。"这种简陋的私立小学,主要是教孩子学会写字,学习诗文,背诵一些儒家经典。

北宋太宗、真宗时,曾命朝臣编撰四部大类书。一为《太平广记》500 卷,由李昉(fǎng)等人撰集,收录汉至宋初杂史、传记、小说等资料。二为《太平御览》1 000 卷,由李昉总领编修,是一部包罗万象的百科全书。三为《文苑英华》1 000 卷,由李昉、宋白等人编撰,是一部文学总集,上起萧梁,与《昭明文选》相衔接,下迄五代,作品近 2 万篇,为研究中国文学史之重要参考资料。四为《册府元龟》1 000 卷,由王钦若、杨亿等人编撰,概括全部十七史,所引书皆为北宋以前古本,故可用以校史,亦可用以补史。这四大类书保存了大量已散失的古籍,为研究中国传统文化提供了宝贵的资料。

北宋初年儒士讲学之风大盛,书院随之兴起,全国闻名的有五大书院。石鼓书院在今湖南衡阳石鼓山,宋扩建时,朱熹为之写文记叙。岳麓书院在今长沙岳麓山下,朱熹曾在此讲学。白鹿洞书院在今江西庐山五老峰下,朱熹重修白鹿洞,手定《白鹿洞书规》,并亲到书院讲学。嵩阳书院在今河南登封太室山南,原名嵩阳寺,宋改名为"太室书院",后更名"嵩阳书院",程颐曾于此处讲学。应天府书院在今河南商丘故城,宋真宗时,应天府民曹诚在此建学舍,广延生徒,诏赐院额为"应天府书院"。

艺术

北宋苏轼擅长行书、楷书,用笔丰腴(yú)跌宕(dàng),有天真烂漫之趣。与黄庭坚、米芾(fu)、蔡襄并称"宋四家",存世书迹有《前赤壁赋》《黄州寒食诗帖》等。

元人书法崇尚复古,而以赵孟頫(fǔ)为巨擘(bo)。赵孟頫,字子昂,号松雪道人,湖州人,宋太祖十一世孙。他的书法超越唐人而直接晋人,被誉为"篆、隶、真、行、草书,无不冠绝古今"。

两宋的绘画艺术有很大发展。宋初即设翰林图画院,罗致天下画士,聚集许多名家,同时,院外画家也是人才辈出。宋徽宗时,撰《宣和画谱》,共着录宋廷搜集的古今名画 6 396 轴,其中北宋画家作品达 3 300 余件。

北宋中期的李公麟,最初以画马著称,后集中精力画人物,其代表作为《五百应真图》《维摩演教图》等。宋代最有代表性的作品是张择端的《清明上河图》、刘松年的《中兴四将像》和《便桥见虏图》,以及李嵩画的宋江等 36 人形象。

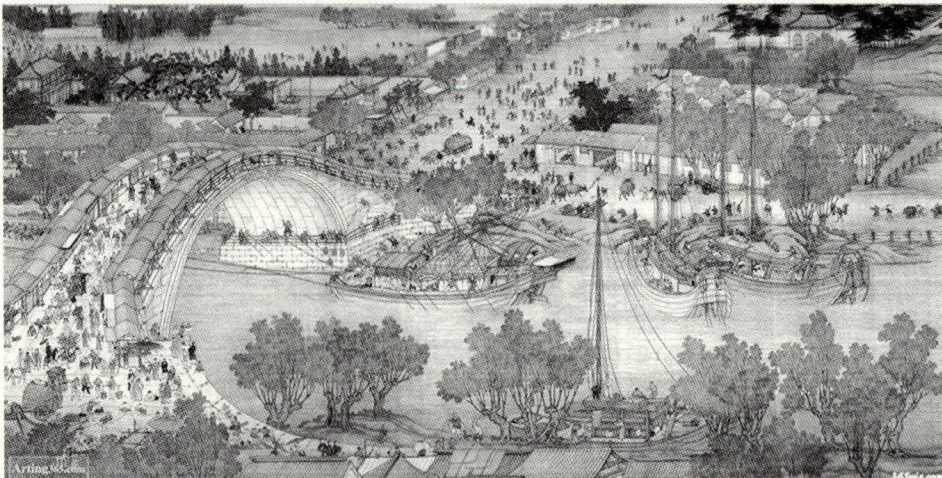

清明上河图(局部)

花鸟画,如现存杨补之《四梅花图卷》、马麟《层叠冰绡图》和山水画,如李成的《寒林图》、范宽的《烟岚秋晓图》、郭熙的《早春图》,皆为传世佳作。

宋代流行于市井的通俗音乐形式多样,主要有三类。一是小唱。艺人们手执拍板,唱一些慢曲。东京开封的小唱红星有李师师、徐婆惜等。二是嘌(piāo)唱。艺人们敲小鼓,唱些短小的歌曲。嘌唱明星有张七七、王京奴等。三为唱赚。它融合小唱、嘌唱等多种艺术成分,成为难度最大的一种歌唱形式。唱赚出名的歌手有濮(pú)三郎、时春春、朱伴伴等。

宋代集体舞蹈风行。皇宫祝寿,有几百人队舞的表演。地方州县的官方集会,也有对舞演出。正月初一,南宋临安就有几十种化装游行的舞队,如旱划船、耍和尚、乔亲事等。到了元宵节,舞队游行通宵达旦。因此,也涌现出一批著名的舞星,如开封的张真奴、李伴奴等。

第九章 明朝时期
(1368 年—1644 年)

一、明初恢复和发展生产

　　明王朝是中国封建社会的中衰时期,明太祖朱元璋是中国历史上少数出身贫苦的皇帝之一。他登基后,除旧布新,兢兢业业,社会经济得到恢复和发展。

　　明太祖朱元璋认为:"天下初定,百姓财力俱困,如初飞之鸟不可拔其羽,新植之木不可摇其根"。他称帝后,不忘百姓艰辛,保持简朴作风,下令车舆器具一律用铜代替。明初,宫中也十分节俭。马皇后出身贫寒,父母早亡,被郭子兴收为养女,郭子兴将她嫁给了朱元璋。她作为皇后,不失平民本性,生活俭朴,常带领宫中人吃些粗糙的食品,节省宫中费用。朱元璋也告诫官吏要"与民生息",不要"损民"、"伤农"。洪武十八年(1385 年),户部侍郎郭桓勾结其他官吏和各处地主豪强,大肆侵吞公款,贪污的钱粮相当于当时全国秋收实征粮饷的总额,万人痛恨。朱元璋大为震怒,除下令严惩此案所涉及的全部人犯数万人以外,他还让大臣制定了一系列的经济法规来防止记录时的漏洞。其中一项便是把记录钱粮的写法,从原来较简单的"一、二、三、四、五、六、七、八、九、十",改为较复杂的"壹、贰、叁、肆、伍、陆、柒、捌、玖、拾"。这样的写法,不易被窜改,更有利于加强财政、经济方面的管理。这种方法一直沿用到今天。通过"郭桓案",朱元璋严重打击了贪官污吏,确使大多数官吏能够约束自己,不敢侵害百姓,一时节俭清廉成风。

　　朱元璋还采取措施招诱流亡农民垦荒屯田,由官家发给耕牛、种子,并允许将所耕荒地作为农民自己的产业,三年不征田租;同时,迁徙长江下游太湖地区的无田农民 4 000 户到今安徽凤阳、怀远、定远、嘉山等县开垦,多次迁徙贫民到边远及空旷地区开垦。为了就地解决军饷问题,明代推行军屯制度,规定边疆驻军三分守城、七分屯垦;内地驻军,二分守城,八分屯垦。明初还注重修治水利,提倡种植经济作物。这些措施使明朝初年的农业生产逐渐得到恢复和发展,全国征入的粮食比元代增加了近 2 倍,人口也比元代最盛时增加了 700 万。这对明初巩固政权起了物质保证作用。

二、君主专制中央集权的加强

为安定大乱之后的社会秩序,防备元蒙残余势力的卷土重来,以及对付那些旧地主士大夫分子对明政权的仇视,明政府必须致力于建设加强有力的中央集权。

改革官制,加强君主专制

最初,明朝袭用元朝制度,设中书省,由左、右丞相总管全国行政。洪武十三年(1380 年),废中书省,取消丞相,对全国性行政执行权设吏、户、礼、兵、刑、工六部分掌,每部设有尚书,六部尚书分别直接对皇帝负责。六部之外有:通政使司,掌收纳章奏和臣民告密;都察院,掌监察;大理寺,掌司法案件的复审。刑部、都察院和大理寺合称"三法司",在司法案件的处理上起互相制约的作用。后又设内阁大学士,仅为皇帝待从顾问,办文墨之事,无权处理政事。军事方面,除兵部掌兵政外,还设左、右、中、前、后五军都督府,分别掌管军籍、训练士兵,但不直接统带军队。遇有战事,由皇帝发布命令,任命将帅。战争结束,官兵均回原来防地。总之,明朝的军政大权由皇帝一人总揽。

各地方行政区设布政使司,掌管一省民政、财政,统管府、州、县三级行政机关。明代大行政区仍称为"省"或"行省"。明代陕西省,清初分为陕西、甘肃两省;湖广省,分为湖北、湖南两省;南直隶地区,分为江苏、安徽两省;北直隶地区,改为直隶省,即相当于现在的北京、天津、河北、河南和山东小部分地区。明代其余行省的辖境,大体上一直沿袭到现在。

滥杀功臣,实行恐怖专政

如何让朱家子孙世代享有这大好河山,一直是朱元璋的一块心病。当时的开国功臣大都是淮西人,他们以血战获得了特权。洪武六年(1373年),胡惟庸升为右丞相,不久又升左丞相,后独掌中书省。胡惟庸在朝廷培植私人势力,令朱元璋不安的是,胡惟庸与军界贵族也有密切来往。洪武十三年(1380年),外国使者来京,胡惟庸没有奏闻,朱元璋知道后大怒,毫不留情地杀死了胡惟庸,被株连致死者3万多人。同时,朱元璋下令废除实行了1500多年的宰相制度,独揽大权。蓝玉是洪武后期的主要将领,战功赫赫,威望很高。洪武二十六年(1393年),朱元璋疑惧蓝玉谋反,杀了蓝玉,牵连被杀的功臣武将有15 000多人。历史上将这两次事件合称"胡蓝之狱"。

明朝开国功臣,很少能够善终。徐达是明朝第一开国功臣,与朱元璋有布衣兄弟之称。相传徐达生背疽,忌吃蒸鹅。朱元璋却特赐蒸鹅,徐达流泪吃下,不日而死。开国功臣中只有刘基、汤和两人,未遭毒手。

朱元璋生性多疑,又一心要独揽大权,于是处处提防部下,为此设有严密的特务网。洪武十五年(1382年),朱元璋将亲军都尉府改为锦衣卫,内设专门法庭和监狱,与各部院没有隶属关系,直属皇帝,全国所有政治性的重罪犯人,都由其审判和处刑。由于锦衣卫对犯人严刑逼供,非法凌虐,使得朝廷内外怨声载道。洪武二十年(1393年),朱元璋下令内外刑狱不再经由锦衣卫。明成祖执政后,又恢复了诏狱,此后锦衣卫和东西厂一起共同组成强大的特务网,实行恐怖专政,一直延续到明亡。

选拔官吏,严格思想控制

朱元璋规定,朝廷和地方官吏,由学校和科举选拔。设在京师的学校叫国子监,国子监的学生只在官员子弟中招收,并由地方学校保送。学习内容以皇帝发布的诏令、法律和儒家的四书五经为主,成绩优良的,可派去做官。在地方科举考试中被录取的称为举人,举人到京师会试,及格后再参加殿试,殿试的优胜者称进士。进士分为三甲:一甲三名赐"进士及第",第一名为"状元",第二、三名分别为"榜眼"、"探花";二甲均赐"进士出身";三甲均赐"同进士出身"。进士按考试的成绩由皇帝分别决定授予官职。

各级考试均在四书五经范围内出题,答卷文章要写成八股。所谓八股,即作文的格式,由破题、承题、起讲、入题、起股、中股、后股、束股8个部分组成。此后,其格式更为固定化、严格化,成为内容空洞的死文字。在这种气氛下,思想活跃便无从谈起了。

为了更严厉地进行思想控制,朱元璋更留心审读各种文件,并以自己的文化水平和心理来推敲,稍有不满,文件作者就有杀身之祸。朱元璋幼年曾当过和尚,如果奏章、诗词里出现"僧"、"光"等字就会引起他的猜疑。杭州府学教授徐一夔所写贺表有"光天之下,天生圣人,为世作则"等语,朱元璋看了大怒道:"生者僧也,骂我当过和尚,光是剃发,说我是个秃子,则音近贼,骂我做过贼。"这些作者都免不了一死,如此荒唐文字狱10余年,杀死文人无数。

分封诸王,迫使诸王就藩

朱元璋马皇后死后,未再续立皇后,但有许多嫔妃,前后生有26个儿子。诸子中除长子立为太子,第9子和第26子早卒外,其余23子都封王建府。诸王在自己的封地建王府,设置官员,地位极高,公侯大臣觐见亲王都要俯首拜谒,但亲王不得干预当地民政。太原的晋王和北平的燕王更享有独立的军权,多次受命带兵出征,军中小事立断,大事才报告朝廷。朱元璋死后,皇族内部展开激烈斗争。

洪武三十一年(1398年),朱元璋病逝,惠帝(太子朱标嫡子允炆)继位,改元建文,史称建文帝。惠帝害怕藩王势力膨胀,听信大臣齐泰、黄子澄的计谋,实行削藩。在不到一年时间里,以各种借口先后削夺了5个亲王的爵位,废为庶人。这时,实力最大的燕王(朱元璋第四子朱棣),在谋士姚广孝的策划下,以"靖难"为名举兵造反,燕王和惠帝叔侄间展开了夺权斗争。建文四年(1402年),燕王军刚到南京城下,惠帝宫中起火,建文帝便不知去向。一说他与后妃自焚于宫中;一说他从地道逃走,落发为僧,后云游于滇黔巴蜀间,活到80多岁。后人难以确考,这便是明史上有名的疑案之一。燕王争夺帝位终于以胜利而告终。

燕王朱棣进京后,将建文帝的近臣50多人指为奸臣,张榜于朝堂,一家一族地进行诛杀。朱棣准备登基,需要起草即位诏书,众朝臣都推举原文学博士方孝孺。方孝孺掷笔于地,边哭边骂:"死就死吧,诏书决不可草。"朱棣大怒,抓其亲戚朋友,九族之外另把门生朋友作为一族,诛了十族,共杀873人。方孝孺始终不屈,最后被凌迟处死。惠帝兵部尚书铁铉被抓进京,朱棣恨之入骨,令人一寸一寸割其肉。这次大清洗,史称"瓜蔓抄",意即如顺藤摸瓜般大批杀人,凡和列榜之人沾亲带故的,都在被清洗之列,前后杀了数万人。

1403年,朱棣称帝,即明成祖,改年号为永乐,又称永乐皇帝。明成祖为进一步加强封建专制统治,所做第一件事仍然是削藩。在几年的削藩中,威胁最大的辽王、齐王、周王的护卫军全被解除,成祖的后顾之忧解决了。

成祖要以文治武功来显示国家的兴旺,他用国家经费支持编写巨著《永乐大典》。此书始修于永乐元年,由翰林学士解缙主持编写,解缙从各处调来146人,次年告竣,书名《文献大成》。后明成祖嫌其简略，永乐三年又命姚广孝等重修，参与者2 169人，于永乐五年底完成，明成祖命名为《永乐大典》，并亲自作序。全书22 877卷，另有凡例、目录260卷，辑有古今图书七八千种，是当时世界上最早、最大的百科全书。《永乐大典》在应天（南京）编成，永乐十九年（1421年）迁都时，用船运到北京，藏在宫中的"文楼"里，成为稀世名著。但解缙在编书过程中触怒龙颜，被贬到广西，后下狱，在狱中被杀害。明仁宗朱高炽继位后，才为解缙平反。

三、迁都北京

明成祖上台后，决定迁都北京。一是因为北京是其发祥地，已经营多年；二是因为削藩后需要加强北方的边防力量；三是因为这里是元朝旧都，是北方的经济文化中心。

永乐四年（1406年）明成祖下令迁都，永乐五年（1407年）5月正式开始了北京城的修建。北京城由外向里，依次是京城、皇城和宫城。宫城旧称紫禁城，现称故宫。紫禁城是明清两朝的皇宫，也是当时的政治中枢。紫禁城前方的左右两侧是太庙和社稷坛。太庙祭祀祖先，社稷坛祭祀国土和五谷。紫禁城的正南门叫午门，过金水桥就是紫禁城最高大的奉天门，其后便是奉天、华盖、谨身三大殿。奉天殿俗称金銮殿，是皇帝进行登基、大婚、册立皇后等重大典礼的地方。乾清门后的后三宫（乾清宫、交泰殿、坤宁宫）是帝后居住的地方。永乐十九年（1421年），明迁都北京，改应天为南京，作为"留都"。

故宫是我国现存规模最大、最完整的古建筑群，体现了我国古代城市建筑和宫殿建筑的典型风格，是东方建筑艺术的结晶，1987年被联合国教科文组织评定为世界文化遗产。

我国历史上的地名问题十分复杂，同地异名或同名异地的情况非常普遍。例如今天的北京地区，在不同的历史时期分别被称为幽陵、幽都、幽州、蓟、燕、渔阳、广阳、范阳、南京、燕京、燕山、中都、大都、北平、京师等。而且，历史上的北京不一定是今天的北京地区，例如唐朝、五代时期唐、晋、汉的"北京"在今山西太原一带，北宋仁宗时的"北京"在今河北大名，金代的"北京"在今内蒙古境内，只有明清时期的"北京"才是今天的北京。

明成祖以叛逆夺得天下，自然最害怕臣下的叛逆，因此必然加强直属于皇帝的监控网络。

宦官是皇帝的私人奴仆，在"靖难之役"中，宦官传递情报，多建奇功，深得成祖赏识。永乐年间，成祖取消洪武时期对宦官的种种限制，提高了他们的地位，宦官的出使、监军、分镇以及特务机关的设立都是从永乐年间开始的。永乐初年，成祖便恢复了锦衣卫的职能。永乐十八年（1420年），又置东辑事厂（简称东厂），令宦官刺探臣民隐事，甚至也调查锦衣卫。"厂卫"共同进行恐怖的特务统治，从此翻开了明代封建专制最黑暗的一页。

永乐年间，明廷营建北京城、修会通河、北征蒙古，屡兴大役，耗资巨大。山东一带，受害很重，人民四处逃荒，被逼起义。永乐十八年（1420年）2月，山东蒲台人林三之妻唐赛儿率领数百人起义，迅速发展至数万人。山东的地方官惊慌失措，连忙向朝廷告急，明成祖命柳升为总兵官，刘忠佐之，率京军前来镇压。起义军寡不敌众，于3月失败。明军把俘获的4 000多人全部杀害，而唐赛儿在人民掩护下逃走，不知所终。成祖怀疑唐赛儿已削发为尼或混在女道士中，便下令尽逮山东、北京等地的尼姑、道姑来京，后又尽捕全国出家妇女，先后达数万人，但仍一无所获，只好以失职罪杀死了许多地方官。这是明代早期最著名的一次农民起义。

四、明朝对外关系

防御蒙古

占据漠北的北方蒙古势力，是明朝最大的威胁。元顺帝死，子爱猷识理达腊逃往和林（今蒙古人民共和国鄂尔浑河上游哈尔和林），仍不断侵扰明边境。洪武二十年（1387年），朱元璋派大将蓝玉率兵15万出击，次年大破元军主力，俘获7万余人，元蒙残余势力基本被打垮。其后，蒙古内部发生分裂，鬼力赤（非元主后裔）篡立，称可汗，去国号元，改称鞑靼，元蒙至此始绝。

永乐七年（1409年），鞑靼可汗杀明使臣，明大将邱福率兵10万征讨，结果全军覆没。

次年5月，成祖率兵亲征，鞑靼惨败。永乐二十二年（1424年）成祖第五次亲征，鞑靼可汗阿鲁台不敢应战,远遁漠北。成祖在班师途中病死于榆木川(今内蒙古多伦)。朱棣以马上取天下,最终死于马上,不愧一世英雄。鞑靼势力渐衰,另一蒙古族部落瓦剌继起。

为了防范蒙古骑兵南下侵扰,明朝在历代长城的基础上,先后花了200年的时间修筑长城。

明长城东起鸭绿江,西至嘉峪关,全长6 000多公里,无论规模、质量都达到历史最高水平。中国古代,几乎历代中原王朝都面临着来自北方游牧民族的挑战,作为遏止游牧民族进攻的有效手段,长城的军事效应是显而易见的。

长城防线不仅保护了中原社会经济、文化的发展,保证了中原地区的强大和统一,而且有效地保卫着屯田和交通,为边疆地区的经济开发提供了和平安定的环境。游牧民族只有在无法任意破关抢掠而又迫切需要获取农产品时,才与中原地区发展马市贸易,从而出现较为长期的稳定和平交往局面。长城防线正是促成这种格局出现的重要保证。

长城在政治、经济、军事、文化等方面的积极效应,与其雄伟博大的景观所激发的豪情壮志完美和谐地融为一体,上下两千年,熔铸成中华民族聪明智慧、艰苦勤劳、坚韧刚毅和充满向心凝聚力的精神象征。

郑和下西洋(1405 年—1433 年)

明成祖初即位,遭到部分士大夫的公开反对或消极抵制。为改变不利的政治局面,成祖急欲证明自己是个有为的皇帝,便派人出海远征,宣扬国威和"取宝"。同时,国内经济迅速发展,要求开拓更广大的国内外市场;此时,造船技术已有高度发展,能制造远洋巨舶,且早已使用罗盘针。这一切为郑和下西洋准备了物质条件。

郑和,本姓马,名三保,回族,云南人。洪武年间,郑和在战争中被明军俘获,后转送至朱棣身边为侍童,"靖难之役"中立下汗马功劳。成祖即位后,提拔郑和为内官监太监,赐姓郑,世称三保太监。永乐三年(1405 年)6月,郑和第一次奉成祖命下西洋(今指南洋及印度洋沿岸)。郑和率领一支有208艘船的船队,其中长44丈、宽18丈的62艘,载有将士27 800余人和大量金、帛、货物,从苏州刘家河(今太仓浏河镇)出海,先到福建,再从福建五虎门扬帆,首达占城(今越南南部)。然后,历经爪哇、苏门答腊、南巫里,至印度古里返航,于永乐五年(1407 年)秋回国。此后,郑和又6次下西洋,29年中,行踪遍及今东南亚、印度洋沿岸和非洲东海岸红海和麦加等30多个国家和地区。郑和7次下西洋,是中国古代空前的壮举。他率领庞大的船队,纵横于太平洋、印度洋上,与海洋和气候作战,表现出中华民族大无畏的精神和战胜困难的本领。郑和7次下西洋,扩大和丰富了中国人民航海知识和地理科学知识。郑和的随从马欢,记录航海过程中的见闻撰为《瀛海胜览》,费信著《星槎胜览》,巩珍著《西洋番国志》,均记载了各国的风土人情。这些书都是各国历史地理的珍贵史料,对于沟通东西海上交通不能不说是一项伟大贡献。郑和一行跨越了半个地球,促进了中外文化的交流,这一壮举可说是15世纪末欧洲地理大发现(1492年西班牙人哥伦布发现美洲)以前最伟大的探险,郑和不愧为航海家中的伟大先导者。郑和最后一次远航时年已60余,回国后病逝于南京。至今,南洋各地还有不少关于郑和的传说和遗迹。

土木堡之变

成祖时,册封瓦剌酋长为王,后瓦剌酋长脱懽杀鞑靼首领阿鲁台,并其部众,势力日益强大。仁宗、宣宗两朝,因重用当时名臣"三杨",即指阁臣杨士奇、杨荣、杨溥,因而政治稳定、社会安定、经济繁荣,史称"仁宣之治"。明英宗时,瓦剌脱懽死,子也先继位,征服蒙古北部,西掠新疆,东逼朝鲜,成为明朝北方的严重边患。明英宗即位后,宠信原在东宫伴读的宦官王振。"三杨"在英宗初年继续执政,王振对其有所顾忌。杨荣死后,杨士奇、杨溥都已不能任职,王振便窃取权力,陷害异己。

由于英宗信任王振,政治日趋腐败,北方边防渐弛,因而引起瓦剌南侵的野心。正统十四年(1449年),瓦剌大举南下,也先自率大军进犯山西大同。王振想博取盖世功名,力劝英宗亲征。英宗不顾朝臣谏阻,几天之内拼凑了50万大军,匆匆出发。英宗刚至大同,大同守军在王振爪牙郭敬的瞎指挥下全军覆没。王振挟持英宗回师,退到土木堡(河北怀来西),被敌军团团围住。英宗亲率军突围不成,便下马盘膝而坐,束手就擒。护卫将军樊忠满腔愤懑,将王振打死。也先抓获明天子,喜出望外,带着俘获北返。这次由明统治者昏庸无能所招致的失败,史称"土木堡之变"。

于谦保卫京师

英宗在土木堡被俘,举朝震惊,皇太后为安定人心,令英宗弟朱祁钰为帝,遥尊英宗为太上皇,改元景泰,史称景帝。景帝命于谦为兵部尚书,将战守的重任托付给他。于谦选拔精干人才,整顿军队,并速调外地军队入京,同时又设法运来通州仓积之粮,朝野人心渐趋安定,也显示了明朝的稳定和抗战的决心。

英宗被俘两个月后,也先挟英宗南下,声称送皇帝回京。至大同,大同守将严阵以待,也先便绕过大同,分兵南下,直指北京城。京城主将石亨主张尽闭九门,坚城以避敌锋。于谦说:"不可,敌人气势嚣张,我军再示弱,则敌军就更为气盛。"遂令诸将列阵于九门之外,紧闭诸城门,以示背城死战的决心!于谦自己披盔戴甲,亲临前线,与将士共生死,将士人人感奋,勇气倍增。也先大军至城下攻德胜门,石亨领兵埋伏,诱敌深入,一声令下,伏兵四起。石亨手执大刀,其侄石彪手执巨斧,冲入敌群,一阵乱砍,所向披靡,敌兵败退,也先弟身亡。瓦剌又攻彰义门,当地居民爬上屋顶,投砖石助战,喊声震天。后明军后援赶到,敌军败退。如此相持5天,也先一无所获,便于半夜里挟英宗北归。明正统十四年(1449年)10月,于谦保卫京师取得胜利,明王朝转危为安。

"南宫复辟"

也先初获英宗以为奇货可居,以人质作为议和的条件,而于谦根本不理睬,也先只好无条件议和。景泰元年(1450年)8月,英宗被接回北京,幽居于南宫。也先与明通好,恢复了通商和互市。于谦为加强京师的防备能力,对京师军队进行整编,提高了军队的战斗力。景泰的朝政也比以前有所改善,政治渐趋清明。

景帝将英宗软禁于南宫,加以严密监视,不许大臣与他交往。景泰八年(1457年)正月,景帝病重,石亨、徐有贞、曹吉祥等人乘机策划谋反。16日晚,石亨、徐有贞等掌握京师军权,让1000士兵进入皇城,冲到南宫,把英宗抬到奉天殿上,扶英宗即位。这时已是17日黎明,群臣正等在朝房准备上朝,忽听钟鼓齐鸣,只见诸门大开,徐有贞大呼:"上皇复辟了!"文武官员只得到班朝贺。随后英宗废景帝为王,改元天顺。十几天后,景帝不明不白地死了,一场政变就此成功。这场政变史称"南宫复辟",又叫"夺门之变"。

任何政治阴谋都需要借口,在维护正统的借口下,于谦成了"南宫复辟"的牺牲品。于谦,钱塘人,青少年时代便以天下为己任,十分仰慕宋末忠臣文天祥的为人,曾作诗曰:"千锤万击出深山,烈火焚烧若等闲,粉身碎骨全不怕,要留清白在人间。"土木堡之变后,于谦挺身而出,外抗瓦剌于城门之外,内扶景帝于朝廷之中,使明朝转危为安。于谦勤政廉洁,常常夜宿值房,景帝赐给他府第,他说:"国家多难。臣子何敢自安。"后抄其家,家无积蓄,仅有一些旧书。于谦刚烈忠直,招致小人怨恨。徐有贞、曹吉祥等人联合诬陷于谦逆谋反叛,使之被害。死后,于谦葬于杭州西湖边,与岳飞忠魂为伴。明末抗清志士张苍水绝命词曰:"国破家亡欲何之,西子湖头有我师,日月双悬于氏墓,乾坤半壁岳家祠。"其高风亮节为千秋景仰!

平定倭寇

倭寇,即日本海盗,因为日本古称倭奴国,故明人称其为"倭寇"。倭寇之患见于明初,但因当时海防巩固,未造成大患。15世纪后期,日本国内诸侯混乱,一些内战的残兵败将联合商人和浪人,占据海岛,经常袭击中国沿海。他们打起仗来光头赤膊,提大刀飞舞向前,凶狠异常,一阵烧杀抢掠之后,即挂帆远去。明世宗嘉靖年间,倭患严重,时有倭寇船百艘,载数千人,泊宁波、台州,登陆杀掠,给沿海人民带来极大的灾难和痛苦。嘉靖三十二年(1553年),大汉奸汪直勾结倭寇大举入侵,倭寇连舰数百,蔽海而来,浙江沿海数千里同时受害。俞大猷,福建晋江人,手下精兵号称"俞家军",屡建战功,成名早于戚继光。戚继光,山东人,17岁便承袭父职在山东领军抗倭,写下"封侯非我意,但愿海波平"的壮丽诗句。嘉靖三十四年(1555年)戚继光调任参将,镇守宁波、绍兴、台州三府,抵御倭寇入侵。戚继光在乌义招募农民、矿徒,编练成一支勇敢善战、纪律严明的劲旅,人称"戚家军",倭寇见之胆寒,称戚继光为"戚老虎"。戚继光与俞大猷、刘显等联合抗击倭寇,到嘉靖四十四年(1565年)终于肃清了东南沿海的倭寇。

戚继光抗倭水城

援朝抗倭胜利

16 世纪末,日本将军丰臣秀吉统一了日本列岛,日本社会经济有了较大发展。为了满足封建领主和商人的欲望,丰臣秀吉积极向外扩张,打算侵占朝鲜后进而侵略中国。明神宗万历二十年(1592 年),丰臣秀吉遣小西行长等率日军 18 万人突袭朝鲜,迅速占领了五京汉城、平壤等城,俘获了朝鲜王子。朝鲜国王逃到义州,向明朝告急。明朝随即派遣军队援朝,命宋应昌为经略、李如松为东征提督,率军抗战。次年 1 月,明军进围平壤。李如松亲率敢死队冲锋,其弟李如柏被铅丸击中盔顶也毫不畏惧,60 多岁的老将吴惟忠胸部中弹洞穿,仍高呼督战。不久明军攻入平壤城内,日寇南逃,企图卷土重来。

万历二十五年(1597 年),日军发动 14 多万人第二次进攻朝鲜。明政府派兵部尚书邢玠为总督,布置诸将兵分三路进攻,迫使日军退守朝鲜半岛南端的岛山。次年 10 月,丰臣秀吉死,日军军心动摇,中朝军队加紧攻势。明总兵陈璘率水师分守诸海口,与陆军配合,焚敌船百余艘,朝鲜名将李舜臣亲自驾船冲入敌阵,击沉敌船,但自己中弹牺牲。明朝 70 岁的老将邓子龙率领壮士 200 人登上朝鲜船奋战,杀敌无数,不幸战船起火,全体将士壮烈牺牲。援朝抗倭取得了胜利,充分体现了中朝两国优秀儿女伟大的反侵略精神。

五、欧洲商业资本进入中国

葡商占领澳门

明武宗时葡人来中国日益增多,在东南沿海各地抢掠杀戮,甚至掠卖人口。明世宗嘉靖三十二年(1553 年),葡商托言商船遇风暴,请借澳门地方曝晒货物,行贿于明海道副使汪柏,遂得入据澳门。嘉靖三十六年(1557 年)以后,葡人视澳门为殖民地,筑城造房,自设官员管理。澳门成为欧洲人入侵中国最早的根据地,到 1999 年 12 月 20 日,新中国才收回澳门主权。

荷兰侵夺台湾

明神宗时,荷兰商人屡来广州要求通商,都被葡萄牙人所阻。于是,荷兰商人转而侵夺台湾,筑室耕田,久留不去,并几次劫掠澎湖和沿海各地,大批掳掠台湾居民,卖到爪哇为奴隶者有千余人。1624 年,荷兰殖民者侵占了台湾。

传教士东来

欧洲资本主义入侵中国,除了海盗商人外,还有不少传教士。明神宗万历九年(1581 年),意大利人利玛窦来到中国传播天主教,先到达广州,后与西班牙人庞迪同到北京。明神宗喜欢他们所献的自鸣钟、万国图等,许他们留住北京,建立教堂。此后,天主教士来中国传教者渐多。

六、明朝极端君主专制的腐溃

明武宗与"刘皇帝"

孝宗驾崩(1505 年),太子朱厚照继位,即为明代第 10 位皇帝明武宗。15 岁的小皇帝是个纨绔子弟,沉溺玩乐,不理朝政。皇帝好娱乐,宦官便想出各种稀奇古怪的玩法满足他,于是宦官备受宠爱。武宗宠信以刘瑾为首的 8 个宦官,他们分别是马永成、谷大用、张永、罗祥、魏彬、丘聚、高凤和刘瑾。这 8 个宦官很凶狠,有"八虎"之称。刘瑾上靠皇帝的信任,下仗"七虎"的支持,很快取得了朝廷大权。武宗上朝时,刘瑾站在宝座右方,群臣拜完君王,再向北作一辑,拜见刘瑾。故民间歌谣唱道:北京城里皇帝多,一个坐皇帝,一个站皇帝;一个朱皇帝,一个刘皇帝。地方长官入朝觐见,须给刘瑾银两万两,才能见到皇帝。刘瑾私建内行厂,权力更在东西厂之上。内行厂治罪株连更为广泛,一家犯罪,邻里受累,若河边人家没有邻居,就连坐对岸人家。随着刘瑾权势的增长,其余"七虎"逐渐失宠,从而便产生了矛盾。正德五年(1510 年),张永到宁波征讨平安化王叛乱回来,受到武宗赐宴,张永便趁机控诉刘瑾的恶行。武宗命人搜查刘瑾住处,发现金银财宝无数,还有违禁之物,于是下令将刘瑾凌迟处死。

刘瑾被割了3 000多刀,拖了三天才断气。被害者家属争着买他的肉吃,以此泄愤。

刘瑾被处死后,武宗一如既往地花天酒地,同时又宠信钱宁、江彬两个佞臣,命其掌管锦衣卫。钱宁仗势招权纳贿,稍不合意就置人于死地,大臣争先恐后地讨好他,甚至有人拜他为父。钱宁常陪武宗出宫胡闹,武宗喝醉了就枕着钱宁睡觉。武宗不爱搭理后妃,而热衷于到处寻芳问柳,民间十分恐慌,许多人家一夜间将女儿胡乱嫁人,有的拉郎配,有的乘夜逃跑躲藏,百姓被闹得鸡犬不宁,民怨震天。武宗在南方游玩时,乘小船打鱼掉进水里,自此受寒生病,不久死于豹房,终年31岁。纵观其荒唐的一生,即位以来即沉溺于声色犬马之中,胡作非为。后太监江彬被处死,家产被抄,有黄金70柜、白银3 200柜。

明世宗与"大、小丞相"

武宗身后无子嗣,张太后和阁臣决定将帝位授予武宗的堂弟朱厚熜,改年号为嘉靖,嘉靖皇帝便是在位长达45年的明世宗。明代诸帝中有不少迷信道教方术的,而世宗达到登峰造极的地步。世宗迷信道术,不理朝政,严嵩专权固宠,成为明朝第一权相。严嵩以佞媚得宠,并无多少才能,老年后更加糊涂,所赖有一机灵儿子严世藩,从中出谋帮助,更讨皇上欢心。因此,当时人说皇上不能一日无严嵩,严嵩不能一日无儿子,并将严氏父子称为"大丞相、小丞相"。严嵩父子仗势欺人,枉法纳贿,严家的仓库深一丈,方五尺,藏满金银财宝,富可敌国。

明世宗听不得一点反对意见,于是朝廷一片谄媚之声,而到了晚年,竟被知县海瑞骂了一顿。海瑞为海南琼山人,性格刚直,故自号刚峰。他以举人入仕,45岁才当上浙江淳安知县,海瑞以一身廉洁独抗举世污浊。地方官俸禄微薄,难以度日,他种菜自给;为老母祝寿,只买肉二斤。海瑞在淳安取消盛情款待过住官员的陋规。这样的人当然不讨上司的喜欢,嘉靖末年,海瑞向皇帝上疏,劈头就说:很久以来天下之人就认为陛下不对了。陛下的错误多了,最大的乃是斋醮(僧道设坛向神佛祈祷)。这简直就等于说世宗不配做皇帝。皇帝大怒,叫道:快把这小子抓来,别让他跑了!

海瑞被刑部判处死刑,但皇帝迟迟未批,不久,世宗去世,海瑞得以释放。海瑞死时,家徒四壁,没有儿子,御史王用汲为他筹钱安葬。出殡那天,南京市民休市一天,穿上白衣,戴上白冠,扶老携幼,自发前来送葬。这位被誉为明代第一大清官的海瑞,又被百姓称作"海青天",冒死上疏怒斥嘉靖帝的故事一直流传至今。

严嵩妻死后,严世藩必须守丧,不能帮助严嵩处理政务,严嵩渐渐失去皇帝的欢心。这时,徐阶乘机讨好皇帝,逐渐得到信任。徐阶向皇帝上奏,称严世藩勾结倭寇,世藩被斩,严嵩郁郁而死。徐阶成了内阁首辅,极力引导世宗对下臣宽厚,努力保护能臣虎将,君臣相安无事。嘉靖四十五年(1566年)12月,渴望成仙的世宗死于宫内,其第三子裕王朱载垕继位,第二年为隆庆元年(1567年),他便是穆宗。穆宗在位6年,即生急病驾崩。10岁的太子朱翊钧即位,改元万历(1573年),这便是在位48年,明代在位时间最长的神宗皇帝。

明神宗与张居正

神宗初年,张居正以帝师身份登上首辅之位,力图恢复明初的行政效率。张居正痛恨官府腐败之风,实施考试法。各衙门各项公务按轻重缓急及道里远近定有期限,层层考核,办事拖拉者将受到处罚。他裁撤无能多余的官员,奖励勤政能干的官员,赋税被克扣、中饱私囊的现象减少了。万历九年(1581年),张居正在全国推行一条鞭法。此法是将以往名目繁多的各种差役及土贡方物合并,一律征银,役银按丁数和亩数摊派,取消力役,由政府雇人。这使国家财政大为好转,太仓积粟可支用十年,国库的银子多达400余万两。

张居正通过考察深入了解各方面的人才,然后量才录用,委以重任。塞外的蒙古骑兵一直是明王朝的最大威胁,为便于管理边防,明朝廷将长城分为九镇,即辽东镇、蓟镇、宣府镇、大同镇、太原镇、延绥镇、宁夏镇、固原镇、甘肃镇,各镇设总兵进行统辖,分区防守,分段管理和修筑长城。蓟镇因为直接关系京师的安全,工程非常坚固,为现存长城中保存最完整的一段。当时,张居正特命戚继光为总理练兵事兼镇守。戚继光为蓟镇总兵期间,花了10年时间在长城上增筑了1 200多座空心敌台。敌台筑好后,由浙江来的戚家军驻守。戚家军镇守蓟州(今北京一带)15年,北部边防得以安宁无事。

万历十年(1582年)6月,张居正病逝,终年57岁。张居正死后,家被查抄,其长子自杀,家人死去数十口,他所提倡的改革方案也相继被推翻。戚继光也受到排斥,不久在贫病交迫中死去。从此,朝政又陷于无止的纷争与腐败之中。

张居正死后,神宗才真正亲政。神宗无心于政事,纵情于声色,放手挥霍。为了皇长子和诸王子的册封、冠婚,神宗用掉了940万两银子,而当年的田赋收入才400万两。神宗20多年不接见大臣,听任宦官专权。万历二十四年(1596年)开始,神宗陆续派出大批宦官作为税使矿监,遍及160多个州县。这实际是将国家税收直接放入私人腰包。这些宦官无法无天,伙同地痞流氓,敲诈勒索,闹得商贩断绝,百姓家破,逼得万民揭竿而起。云南指挥贺世勋领导乡民暴动,杀死税使杨荣等200多人,

159

神宗听说后几天都吃不下饭。

神宗晚年，郑贵妃得宠，郑贵妃欲立其子常洵为太子，未果，乃遣人挟杖闯入太子常洛居住的慈庆宫，但击杀未成。郑贵妃只好极力奉承太子，看出常洛是个贪财好色之徒，便不时赠以钱财，又挑了8名宫女送给他。于是，太子对贵妃的怨恨烟消云散。万历四十八年(1620年)，神宗病逝，8月，太子常洛登基，是为光宗。这时，光宗已病弱不支，勉强支撑才完成登基大典。一天，宫中设宴，群姬歌舞，光宗又连夜纵欲，第二天就起不来了。郑贵妃令内侍崔文升来诊治，光宗服了鸿胪寺寺丞李可灼献上的红色药丸，第二天早上便驾崩了。在明朝历史上，神宗是在位时间最长的皇帝，其子光宗是在位时间最短的皇帝，只有29天，连年号都没来得及改。光宗一死，得宠的李选侍便把皇长子朱由校藏在宫中，想借机与大臣讨价还价。朝臣抢出皇子，册立为太子，并要求李选侍搬出乾清宫。由于搬迁匆忙，内侍乘机偷盗，丢失无数金银财宝。此即明末宫廷倾轧中有名的"庭击"、"红丸"、"移宫"三大案。

在皇位继承问题上，大臣中有的主张立太子常洛，有的主张立郑贵妃所生的常洵。吏部郎中顾宪成主张拥立常洛，被斥。万历二十二年(1594年)，顾宪成因推举阁臣之事罢官回家。顾宪成与弟允诚等人在无锡城东修复东林书院旧址，招来志同道合者在此讲学，一时慕名远来的士大夫多得学舍也容纳不下。书院挂着一副对联，上书："风声雨声读书声，声声入耳；家事国事天下事，事事关心。"这便是东林书院的宗旨。这些对现实不满的士人聚在一起，借讲学讽刺朝政，评论人物，无所顾忌，成为舆论的中心。这些人便被称为东林党。东林党人的骨干分子重名节，以为民请命相号召，具有一定的正义感和政治改革要求。但他们受到权贵的忌恨和排挤，引发了党派斗争，加剧了政治上的不安。

明熹宗与魏忠贤

光宗长子朱由校继位，改元天启(1621年)，是为明熹宗。朱由校虽为皇长子，但由于父亲常洛的地位长期未定，母亲王氏不得宠，后来甚至被打死，所以他未能得到很好的教育，从小由乳母客氏带着，常独自关在深宫，喜欢舞刀弄斧，做点木器工艺品以自娱。朱由校在木材产品的加工制造上很有造诣，他发明了新式床。这种床的床板可以折叠，从而改善了床的便携移动性，并且床架上刻有精美的镂空花纹，美轮美奂。然而，朱由校的一双巧手却不会治理国家，而把朝政大权交给了阉党头目魏忠贤。

魏忠贤自幼是个浪荡子，常和市井流氓鬼混，一次赌博输了，便自行阉割进了宫，改名李进忠,后复姓,皇帝赐名忠贤。熹宗乳母客氏喜欢魏忠贤,魏忠贤很快爬到了司礼秉笔太监的要职,后又兼管东厂,取得了实权。魏忠贤权倾一朝,出门随从甚至达数万人,所至之处士大夫伏道叩拜,一些官员称他为"九千岁"。魏忠贤将其爪牙遍置朝廷,有五虎、五彪、十狗、十孩儿、四十孙等名目。五虎是专门出坏主意的文臣,五彪是在锦衣卫、东厂任职的武臣。他们大肆诬捕杀害魏忠贤的反对者。天启五年(1625年),他们诬陷清廉之士,逮捕了杨涟、左光斗、周朝瑞、袁化中、魏大中、顾大章6人,杨涟等5人死于狱中,顾大章自杀。史称"六君子"。天启六年(1626年),魏忠贤又逮捕东林党人高攀龙、周起元、周顺昌、缪昌期、周宗建、黄尊素、李应升等七人,史称"七君子狱"。高攀龙得知消息后,写下遗书"义不容辱"后便投水自杀了,其他6人皆被拷打致死。东林党人较为正直,在民众中有一定威望,周顺昌被捕时,苏州市民颜佩韦、马杰、沈杨、杨念如、周文元5人站了出来,质问道:"圣旨不出朝廷,却出于东厂么?"捕人的缇骑答道:"不出东厂还从哪里出?"5人奋臂呼道:"杀伪造圣旨者!"大家一哄而上,当场打死两名缇骑,其他缇骑跳墙逃走了。后来,颜佩韦等5义士被害,死后葬于虎丘旁,题曰"五人之墓"。张溥撰写了《五人墓碑记》,这块碑石至今尚在。魏忠贤的权势达到炙手可热的地步,臣下奏书要称"厂臣",内阁拟旨时,竟然写"朕与厂臣"。魏忠贤俨然与皇帝并列了。各地纷纷为他建生祠,每建一祠,费银几十万两。阉党逼官民遵奉魏阉,若入祠不拜就要处死。天启七年(1627年)秋8月,熹宗纵欲过度,23岁便病死。熹宗无嗣子由弟朱由检即位,改元崇祯(1628年),是为明思宗。崇祯帝是一个聪明机警的青年,深知魏忠贤的罪恶。即位两个月后,便将魏忠贤贬往凤阳,未到谪所,逮捕令又下来了,魏忠贤自知不能赦免,自杀身亡。其后,许多阉党成员也被诛杀。

明思宗

崇祯和历代的亡国之君不同,他是一位相当负责的皇帝。为了挽救朱明王朝,他的确尽了最大的努力,其勤勉可与开国的太祖相比。他常常召见群臣,商讨国事,晚上批阅奏章直到深夜,旨令往往在半夜下达。他深知国难深重,提倡节俭,并从自己做起。以往皇帝每天要换一套服饰,他改为每月换一次;宫中金银用品改为陶器;下令群臣服饰袖长不得过一尺,不得乱用金银;中止选民女入后宫。

但崇祯接手的明王朝是一个烂摊子,经万历、天启两代糟蹋,财政捉襟见肘,军队不堪一击,外有清兵压境,内有农民起义。更可怕的是,整个政府机构及士大夫阶层都彻底腐败了,党争不止,贿赂盛行,文官无谋,武官无勇,上下内外,统统扯谎,事事皆坏。励精图治的皇帝看到这个局面,又愤然又失望,便用重刑处罚臣下,结果使君臣更为离心。皇帝不相信文武群臣,不得不用宦官监视群臣,因而政治局面更为混乱,崇祯的宝座如安放在火山口上一样。

政治的腐败更加剧了国家经济的破产。土地兼并已无法遏制,北京周围遍布皇庄,豪强、太监和官僚地主疯狂地掠夺土地。他们霸占土地,享有不纳税的特权,国家税收得不到保障,财政更为困难。崇祯朝廷为了镇压农民起义,在"辽饷"(万历与东北新兴满族的战争费用)上又加征"剿饷"、"练饷",三饷合计比正赋还多出 200 万两,民不聊生。由于政府无能,水利失修,各地灾荒频仍,特别是北方地区,饥荒十分严重。陕北地区出现吃泥土和石粉的饥民,山东饥民竟发生吃人的惨剧。农民走投无路,只好铤而走险,爆发起义。

七、明末农民大起义

天启七年(1627 年),陕西大旱,饥民遍野,澄城县知县仍催逼赋税,被逼到死亡线上的饥民群众以王二为首,集结众人,攻入县城,杀死知县张斗耀,揭开了明末大起义的序幕。

王二起义不久即成燎原之势。崇祯元年(1628 年),王嘉胤在府谷起义,王二率队北上,与之会合,众至五六千人,西北各地农民纷纷起义响应。高迎祥于安塞起义,张献忠在延安起义。李自成,陕西米脂人,世为自耕农,后破产,少时读过几年书,学过武艺,当过驿卒,也曾替地主家牧羊。这些经历孕育了他对官僚地主统治阶级的反抗斗争性格。崇祯二年(1629 年),李自成率众起义,投奔闯王高迎祥,自称"闯将"。张献忠,延安肤施县人,幼年也读过点儿书,因家庭破产投延绥镇为兵,被诬下狱,几至丧命。崇祯三年(1630 年),张献忠领导米脂十八寨起义。

各起义军初起时,无统一领导,组织散漫,各自为战。其中以王嘉胤部最强,高迎祥、张献忠均属之。自陕西渡河入山西后,王嘉胤为叛徒所害,高迎祥继起领导,自山西渡河入河南,河南农民到处响应,声势更盛。明廷命洪承畴为五省总督,调大军进行围攻。

崇祯八年(1635 年),高迎祥聚义军首领在河南荥阳召开大会,商讨作战方略。大家接受了李自成的建议,分兵突围。荥阳大会以后,起义军由"流寇"式的作战,转变为大规模的联合作战,这在以往中国农民革命战争中,还是第一次。因而,荥阳大会把明末农民革命战争推入新的阶段。

荥阳大会后,李自成、张献忠部迅速东下,攻克朱明王朝发祥地凤阳,焚毁了朱元璋的祖坟及龙兴寺,打击了明王朝用以统治人民的迷信势力。消息传到北京,崇祯帝急得大哭,叫百官都穿上丧服。义军分兵两路:高迎祥、李自成西走河南入陕;张献忠则南下攻安徽、入陕攻甘肃。起义军的势力扩大到北起黄河、南抵长江、东自安徽、西至陕甘的广大地区。明统治者集中全力镇压起义军主力高迎祥部队。崇祯九年7月,高迎祥从汉中北进,谋攻西安,中伏被执,遇害。李自成继而称"闯王",与洪承畴战于四川。崇祯十一年(1638年)11月,李自成在潼关中了埋伏,妻女俱失,仅与刘宗敏等十八骑突围逃出。官军以为李自成已死,实际上李自成率残部潜伏在陕西商洛山中,暂避官军锋芒,等候再起。张献忠部被迫据鄂北谷城伪降于明,据地屯守,以事修养,整顿内部,待机而起。

李自成避伏商洛山中时,昼则习射练武,夜则读书思过,酝酿建政立国大业。同时,一批失意的士大夫分子如李岩、牛金星等投靠了李自成。在李岩等的帮助下,李自成制订并推行了一系列有远见的政策,如"均田免粮"、"平买平卖"等。李岩把义军的政策变成通俗易懂的歌谣,教儿童唱道:"吃他娘,着他娘,吃着不尽有闯王,不当差,不纳粮,杀牛羊,备酒浆,开了城门迎闯王,闯王来了不纳粮。"这些政策对起义军的发展起了很大作用。李自成还制定了严格的军纪,提出"杀一人如杀我父,淫一人如淫我母"的口号,所至秋毫无犯,战斗力大大增加。崇祯十四年(1641年)正月,李自成攻下洛阳,杀了恶贯满盈的福王朱常洵,将王府财物赈济饥民,百姓如流水般归附义军,义军发展为百万之众。崇祯十六年(1643年)10月,李自成乘胜进兵,很快攻下潼关,陕西官军督师孙传庭战死。义军攻克西安后,活捉了秦王朱存枢,然后分兵攻取各地,占领了关中地区。李自成回到陕北故里,修复了被明政府挖坏了的李氏祖坟。崇祯十七年(1644年)正月,李自成在西安建立政权,国号大顺,年号永昌。11月,张献忠在成都称帝,建国号大西,年号大顺。大西政权后来失去民心,走向了反面。清军入川,顺治三年(1646年),大西军遭到清军袭击,张献忠中箭身亡,其部不战而溃。

李自成建立大顺后,便迅速东征,渡河入晋,大同、宣化不战而下,遂由居庸关进迫北京。3月18日,北京外城被义军攻破,皇帝鸣钟召集百官,竟无人前来,内官张殷跑来说有良策,皇帝忙问何策,答道:"贼若入城,直须投降便无事矣。"崇祯大怒,一剑把他砍死。崇祯召来太子,要他换衣躲入民间,伺机逃走,然后逼皇后自缢,并伤心地对公主哭喊:"汝何故生我家?"砍断长公主一手臂,幼公主被砍死。最后,崇祯爬上宫后的煤山,遥望着满城的烟火,吊死在槐树下,衣襟上写着:"朕死无面目见祖宗于地下,自去冠冕,以发覆面。"

3月17日天明,李自成头戴白色毡笠,身穿蓝色箭衣,在整齐的军队簇拥下进入北京,受到百姓夹道欢迎。在皇城的承天门下,他停住了脚步,拿出弓箭,"嗖"的一声,箭正中"奉天承运"的门匾。朱元璋靠农民起义夺得天下,如今朱明王朝又在农民起义中灭亡了。

当时,江南有50万明军,关外有清军虎视眈眈,形势十分严峻。但由于起义军进展顺利,被胜利冲昏了头脑,因而滋长了骄傲轻敌情绪。镇守山海关的是明总兵吴三桂,李自成认为可以政治解决山海关问题,便捉住吴三桂父亲吴襄,令吴襄写信劝其子投降。吴三桂率部进京朝见新主,行到半路,听说父亲被大顺将军刘宗敏抓去拷打,爱妾陈圆圆被农民军掠走,遂杀大顺使者,回师山海关,向清投降,请求清摄政王多尔衮派兵入关。李自成得知吴三桂拒绝投降后,遂亲率军6万出师山海关,将吴三桂打得大败。但李自成对清军与吴三桂勾结的严重性估计不足,没想到多尔衮会率清军参战,因而猝不及防,战败退回北京。

此时,清军前锋已逼至北京郊外,城内反对农民军的势力散布流言,张贴反动标语,秘密策划内应,加上缺乏粮饷,城内物价腾贵。李自成只好于4月29日在武英殿匆匆即位,30日就撤离北京,退走西安,投入抗清斗争。

1644年5月2日,清军占领北京,5月3日,多尔衮由朝阳门进紫禁城登武英殿,接受朝贺。这标志着清王朝取代了明王朝,成了全国的最高统治者。

八、明朝文化

哲学

明初,程朱理学便作为正统儒学加以提倡,科举考试以"四书五经"为内容,以朱熹的传注为准则,否则便被视为离经叛道,其结果是造成了思想的僵化。到明朝中期,出现了著名哲学家王守仁。王守仁生于明宪宗成化八年(1472年),浙江余姚人,因曾在浙江绍兴阳明洞里读书写作,故称阳明先生。他曾任兵部主事,得罪当道的宦官刘瑾，被谪到人迹罕至的贵州龙场驿当驿丞。在这里，他日夜静坐，苦思冥想，一天夜里，他大叫顿悟，即一切道理尽在自己心中，不必外求。这便是"龙场悟道"。他认为，人心是宇宙的本体，心外无物，心外无理。王守仁的心学与程朱的理学都属于主观唯心主义，但王守仁的学说以反程朱理学的姿态出现，在当时影响很大。他的著作被后人辑成《阳明全书》。

哲学家李贽，生于嘉靖六年(1527年)，福建泉州人，曾任知府等职，晚年著书讲学，言论惊世骇俗。他声称孔子是人不是神，也有私心；反对"咸以孔子之是非为是非"，指出儒家经典不是"万世之至论"；揭露理学家以满口的仁义道德来掩盖其卑鄙和贪欲，指斥理学家离开人们的物质生活空谈"天理"是虚假的说教，反映了当时市民阶级的观点。他受王守仁"心学"的影响，强调要以己心的是非为是非，否认有客观的是非标准，把真理的相对性绝对化。明代社会终容不下这个异端，将其逮捕入狱，李贽乘人不备，用剃刀自刎。他的著作有《焚书》、《藏书》等，明清两代都被列为禁书。

黄宗羲，明末清初浙江余姚人，少年时跟随父黄尊素在北京读书，父为东林党名士，被魏忠贤陷害。黄宗羲曾参加复社，反对宦官专横，以铁锥刺伤陷害其父的仇人。清兵南下，他招募义兵，进行武装抵抗。明亡，隐居著述，拒清廷征召。在哲学上，他反对宋儒"理在气先"之说。他认为，天地间只有一个气，人和物都是由气产生的。但他又受王守仁"心学"的影响，认为"盈天地皆心也"，人不必去向外界追求客观事物的真理，只求自己的心就可以了。在政治思想上，他认为天下是主，国君是客，反对无条件的忠君，做官应该是"为天下，非为君也；为万民，非为一姓也"，"天下之治乱，不在一姓之兴亡，而在万民之忧乐"。他认为，封建社会的法是一家之法而非天下之法，指出"天子之所是未必是，天子之所非未必非"。他还驳斥轻视工商的传统思想，指出农和工商"皆本也"，表现了市民要求发展工商业的思想。黄宗羲是明末杰出思想家，其代表作有《明儒学案》、《明夷待访录》、《南雷文案》等。

顾炎武，号亭林，明末清初江苏昆山人，少年好学，遍览二十一史、明十三朝实录等，著有《天下郡国利病书》、《肇域志》、《日知录》等书。清军南下，他纠合同志于吴江起兵，失败后幸得逃脱。他四处结交豪杰，以图光复，晚年定居陕西华阴，一直到死不仕清。在哲学上，他提出"盈天地之间者，气也"，承认宇宙由物质构成，又认为"非器则道无所寓"，规律存在于事物之中。在政治思想上，他反对君主专制，主张限制军权，扩大地方权力。他认为亡国只是易姓改名，亡天下则是民族、文化的沦亡，一般人可不必参加保国，但保天下人人都有责，所谓"天下兴亡，匹夫有责"。一个学者要"博学于文"、"行己有耻"，他认为"士之无耻，是谓国耻"。

王夫之,明末清初湖南衡阳人,明末唯物主义哲学家,因晚年隐居衡阳的石船山,世称船山先生。清军到湖南,他在衡山举义反抗,失败后誓不剃发,隐居苗瑶山洞中,艰苦备尝,以著书为业。他的著作达百种,后人辑为《船山遗书》等。王夫之继承了宋代张载的唯物主义思想,对宋明以来唯心主义进行批判,建立了超越前人的唯物主义体系。他认为,宇宙万物是由物质性的"气"构成,"阴阳二气充满太虚,此外更无他物",在"理"、"气"关系上,他提出"理在气中",批判了宋明理学家"理在气先"、"心外无物"的谬说。在"道"、"器"关系问题上,他认为"天下唯器而已","无其器则无其道",规律离不开客观事物而存在,所以,认识离不开客观事物。他批判朱熹的"知先行后"和王守仁的"知行合一"学说,提出了"行先知后"的知行论。他认为"静即含动,动不舍静"。

文学

明代文学的主要成就还属小说。经过宋元两代的孕育,随着明代城市经济的发展、市民阶层的壮大,符合市民口味的白话小说迅速发展起来,在思想和艺术上都成熟了,产生一批经典作品。中国四大古典小说就有三部诞生于明代,即《三国演义》、《水浒传》和《西游记》。

三大古典小说

《三国演义》是我国最早的一部章回体长篇历史小说。作者罗贯中,生活于元末明初,相传他当过张士诚的幕客,生活漂泊不定。早在唐宋时,说书艺人便讲唱三国故事,元朝杂剧中已有大量三国戏,还流传有话本《全相三国志平话》。罗贯中根据这些民间传说及历史资料进行再创造,把头绪纷繁的三国历史有机地组织起来,撰成丰富多彩、引人入胜的历史小说。罗贯中同情蜀汉,因此极写曹操的奸诈,以反衬刘备的仁厚,并把诸葛亮当做士人的理想人物,忠仁智勇集于一身,各种人物塑造得非常生动形象。这部小说也是中国古代谋略的集中表现,以至后人往往把它当做军事或商战的教科书,其影响也已远远超出了国界,超出了文学领域。

《水浒传》是与《三国演义》几乎同时出现的一部描写农民起义的长篇小说。作者施耐庵,生平不详,仅知他生长在淮北,时代略早于罗贯中,亲身经历过元末轰轰烈烈的农民起义。《水浒传》讲述的是北宋末年宋江起义的故事。宋江原是一真实人物,宋代就有说人讲唱其故事,宋末元初的《大宋宣和遗事》便记载了宋江故事的轮廓。施耐庵就根据民间传说、戏曲和话本创作了百回本《水浒传》,以后文人和艺人不断加工增改,万历年间出现了 120 回本,即今通行本。《水浒传》热情歌颂了敢于"犯上作乱"的草莽英雄,塑造了一系列起义英雄的动人形象。《水浒传》的思想影响已在人民群众中深深扎根,历代统治阶级竭力诋毁,污蔑它为"海盗"之书。清道光年间,御用文人俞万春写了一部《荡寇志》,书中将梁山英雄杀戮殆尽,妄图抵消和冲淡《水浒传》的影响。

《西游记》也是由历代民间艺人创作,到明末由吴承恩最后写定的长篇小说。吴承恩,淮安山阳(今江苏淮安)人,出身于破落的书香门第,有非凡的文才,却在科举试场上屡战屡败,40 岁左右才补得一个贡生。他曾做过小官,但一两年就"拂袖而去",晚年过着卖文自给的清苦生活。他一生的创作相当丰富,但大多散佚,现存除《西游记》外,还有后人所辑的《射阳先生存稿》4 卷。吴承恩对《西游记》的再创造,主要表现为三个方面:(1) 冲淡了唐僧取经故事固有的宗教色彩,丰富了作品的现实主义内容,使这一流传很久的取经故事变成一部具有鲜明的民主倾向和时代特征的神话小说。(2) 唐僧退居次要地位,突出了带有浓厚理想色彩的孙悟空形象。(3) 内容更加丰富,神话传说和人物性格在书中被赋予了新的生命和意义。《西游记》是吴承恩将神话描写和现实批判结合在一起的艺术作品。

历史演义小说

《列国志传》,余邵鱼撰,刊于明代嘉靖、隆庆时期。《新列国志》是冯梦龙在《列国志传》基础上写成的,较细致、生动,流传广泛。清乾隆年间,蔡元放在《新列国志》基础上再作润饰,加上评点,改名为《东周列国志》。蔡改本文字朴实生动,情节曲折有致,人物描写也趋于细致,形象也较鲜明。

英雄传奇小说

英雄传奇小说有无名氏的《杨家府演义》,熊大木的《北宋志传》、《东汉志传》、《唐书志传》等。熊大木是英雄传奇小说较早的作者,对英雄传奇小说的发展起过重要作用。《北宋志传》不但渲染了杨家一门忠勇的爱国主义英雄气概,还突出描写了杨门女将的英雄群像,在人民群众中影响广泛,为后世戏曲、小说的再创造提供了丰富的素材、故事。吉衣主人的《隋史遗文》,以乱世英雄秦叔宝为中心人物,标志说唐故事进入新阶段。无名氏的《英烈传》,写了朱元璋及其臣僚开国前的豪侠行为,较有意义。

神魔小说

除《西游记》外，《封神演义》也是影响较大的一部神魔小说。《封神演义》作者许仲琳，一说为陆西星，以宋元讲史话本《武王伐纣平话》为基础，博采民间传说，又加上自己的虚构，演绎成长篇神魔小说。作品宣扬儒家的"仁政"、宿命论和"三教合一"，思想内容相当复杂。此外还有《四游记》、《三宝太监下西洋》和《西游补》等作品，其中董说的《西游补》较有新意。

世情小说

《金瓶梅》是中国小说史上第一部由文人独立创作的长篇世情小说。它大约产生于明隆庆、万历年间，作者署名兰陵笑笑生。兰陵即山东峄县，证以书中大量运用山东口语，知作者为山东人。《金瓶梅》的题材由《水浒传》中"武松杀嫂"一段演化而来，通过对西门庆罪恶生活历史的描写，揭露明代后期社会的黑暗和腐朽。西门庆原是清和县一个破落财主，经营一家生药铺，因善于投机钻营，结交党羽，串通官吏，行贿送礼，攀附权贵，包揽诉讼，巧取豪夺，而为地方一霸。他本有一妻二妾，又先后谋取孟玉楼、潘金莲、李瓶儿为妾，并包占了婢女春梅。他贿结宰相蔡京为义父，与太尉、巡抚打得火热，肆无忌惮，谋财害命，霸占妇女，恣意纵欲，直至暴死。书名《金瓶梅》乃指潘金莲、李瓶儿和春梅。《金瓶梅》是一部生动形象的明代社会史，它的出现推动了现实主义创作方法的发展。但此书对各种丑恶现象往往作客观描述，因而有大量色情描写。

短篇小说

明天启年间，冯梦龙在广泛搜集宋元话本和明人拟话本的基础上，加工编成了《喻世明言》(即《古今小说》)、《警世通言》、《醒世恒言》三部短篇白话小说集，简称"三言"。"三言"的内容很复杂，有记载手工业者发家的史迹，有描写市民百姓之间的友好情谊，有叙述一段奇案巧祸，更多的作品则反映普通人的爱情婚姻，因此尤为妇女喜爱。其中《杜十娘怒沉百宝箱》为佳作之一，说的是明代京城名姬杜十娘立志从良，而意中人李甲却将她卖给盐商，爱情终于不能战胜金钱，深刻地反映了社会现实。明末崇祯年间，凌蒙初受"三言"直接影响和书商的怂恿，又写成《初刻拍案惊奇》和《二刻拍案惊奇》，文学史将其与冯梦龙的小说合称"三言二拍"。抱瓮老人从"三言二拍"中选编了《今古奇观》一书，影响也很大，它对拟话本小说的广泛流传起了不小的作用。

作品

明中叶以后,戏曲无论形式和内容都有了变化和发展。

杂剧方面,出现了最负盛名的杂剧作家徐渭。徐渭,字文长,浙江山阴(今绍兴)人,有多方面的艺术才能。徐渭的杂剧《四声猿》包括《渔阳弄》、《雌木兰》、《女状元》、《翠生梦》四个单剧。《渔阳弄》借曹操的故事揭露权臣狠毒虚伪,以别人的血肉换取自己的安乐。《雌木兰》、《女状元》写两个女子改扮男装,或代父从军,或考取状元,表现了惊人的才能。是对重男轻女的封建思想的批判。

昆腔,即昆山腔,又称昆曲,始于元末。明初戏曲音乐家硕坚对昆腔音乐进行了加工提高,后又经昆山魏良辅的改革,吸取其他声腔的长处,遂使昆腔逐渐成熟起来。首先用昆腔演唱的传奇剧本是梁辰鱼的《浣纱记》。《浣纱记》通过范蠡和西施的悲欢离合写吴越兴亡,又称《吴越春秋》,剧中范蠡、西施定情之物为浣纱,故名《浣纱记》。作品歌颂越国君臣团结一致,艰苦复国,批判吴国君臣骄横腐化,终于亡国。在当时倭寇屡扰东南沿海的情况下,作品所表现的思想有着现实的教育意义。

明传奇是戏曲史上继元杂剧之后出现的又一高潮,汤显祖是这个新的发展阶段最杰出的作家。汤显祖,江西临川人,出身书香人家,早年即有文名,由于不肯趋附权贵,直到 34 岁才中进士。做官以后,他因上疏抨击执政大臣被贬被调,于是弃官归家。他的《紫钗记》、《牡丹亭》、《邯郸记》、《南柯记》,合称"临川四梦"或"玉茗堂四梦"。《牡丹亭》又称《还魂记》,是汤显祖的代表作,也是我国戏曲史上的杰作。作品通过杜丽娘和柳梦梅生死离合的爱情故事,热情歌颂了反对封建礼教、追求自由幸福的爱情和强烈要求个性解放的精神。

孙仁孺的《东郭记》,尖锐地嘲讽了当时"贿赂兴行,廉耻丧尽"的社会相。周朝俊的《红梅记》,写南宋末年裴禹与李慧娘、卢昭容的爱情故事,揭露了奸相贾似道的罪恶。高濂的《玉簪记》写得非常出色。孟称舜的《红娇记》,写王娇娘和申纯的爱情故事。王娇娘与申纯不顾一切世俗成见,双双殉难,以死来抗议封建社会礼教对青年人美好愿望的扼杀。《红娇记》体现了《牡丹亭》以后爱情戏的一个新的转折——向现实主义方向发展。

诗文

明初诗文作家以宋濂、刘基和高启为代表。

宋濂,浙江金华人,明开国后官至翰林学士,朱元璋称其为"开国文臣之首";后因长孙犯罪,被贬四川茂州,病死途中;著有《宋学士文集》。宋濂擅长写散文,尤其长于写传记文,如《秦士录》、《王冕传》、《记李歌》等。他刻画人物栩栩如生,笔墨简洁精粹,行文善于变化,成就较为突出,被同时人推为"当今文章第一"。

刘基,字伯温,浙江青田人,明代开国功臣,后因受丞相胡惟庸诬陷,忧愤而终。刘基是诗文兼长的作家。他的散文洗练明畅,风格灵动,尤长于寓言。著名的寓言散文《卖柑者言》,通过卖柑者的议论,揭露了封建官僚"金玉其外,败絮其中"的虚伪和腐朽。刘基的诗歌,元末所作和明初所作在内容和风格技巧上都有很大差别。元末所作比较注重反映社会现实,同情人民疾苦,如《田家》、《古戍》等。入明以后的诗作,成就远不及元末时的作品。

高启,江苏苏州人,因召坚辞不就,被腰斩于南京。高启才华横溢、清新超拔,诗歌成就不仅在明初最高,在整个明代也是首屈一指的。他的乐府诗中有不少作品接触到农村现实生活,极富朴素真淳的风土气息,如《养蚕词》、《猛虎行》、《田家行》、《采茶词》等。最能表现其个性和才华的作品,是抒情写景类的七言歌行和七言律师。如《清明呈馆中诸公》中的名句"白下有山皆绕郭,清明无客不思家",对仗工稳,笔势自然洒脱,风格近于李白。

从明成祖到英宗正统年间,统治秩序比较稳定,社会经济日趋繁荣,雍容典雅的歌功颂德之文便统治了文坛,其代表作家是台阁重臣杨士奇、杨荣、杨溥等人,故称之为"台阁体",其诗文散发着"富贵福泽之气",以至于千篇一律,毫无生气。为振兴文风,明中期出现了文学复古思潮。弘治、正德年间,以李梦阳、何景明为首,包括徐桢卿、边贡、康海、王九思、王廷相在内的"前七子"崛起,他们提出"文必秦汉,诗必盛唐",此唱彼和,形成了声势浩大的文学运动,取代了台阁体对文坛的统治。到嘉靖年间,又有李攀龙、王世贞为首,包括谢榛、宗臣、梁有誉、徐中行、吴国伦在内的"后七子"继起,把复古主义文学运动推向高潮。然而,他们刻意模仿汉唐诗文的形式,缺乏个性和时代精神,走向另一种新的形式主义。

前后七子的复古主义使文学走向歧途,当时就遭到一些有见识的作家反对,尤其是以王慎中、唐顺之、茅坤和归有光为代表的一派,尖锐地批评前后七子,主张作文应以唐宋为典范,故称"唐宋派"。茅坤在唐顺之《文编》基础之上,进一步将唐宋散文家定为八大家(唐代的韩愈、柳宗元,宋代的欧阳修、曾巩、王安石和苏洵、苏轼、苏辙父子),编选了《唐宋八大家文钞》,于是始有"唐宋八大家"之称。八大家均为唐宋古文运动的倡导者,反对骈俪,提倡古文,对后世影响很大。至清代的储欣,又将韩愈弟子李翱和三传弟子孙樵与八大家合称为"唐宋十大家",并辑有《唐宋十大家全集录》。

"唐宋派"中最有成就的是归有光。归有光,昆山人,人称震川先生,著有《震川先生集》。他最有价值和影响的作品是叙事、抒情散文,如《项脊轩志》、《寒花葬志》、《先妣事略》、《思子亭记》等。这些散文叙事、抒情相结合,以平淡自然的笔调来叙述平常之事,艺术效果相当强烈。这在古代散文发展史上,可说是一大创造。

万历年间,继起反前后七子的还有"公安派"。"公安派"的代表人物是袁宗道、袁宏道、袁中道三兄弟,因为他们是湖北公安人,故称"公安派"。公安派提出"性灵说",强调写自己所想,主张用平易的语言写作,不用典故。三袁在小品文方面取得很高成就,以袁宏道最著名,小品文佳作尤多,如《满井游记》。公安派的小品文,对我国古代散文发展是一个贡献。

受公安派小品文影响,明末出现了一批小品文作家,其中成就最高的是张岱。张岱,浙江绍兴人,小品文集有《陶庵梦忆》、《西湖寻梦》,写于清兵入关之后,寄托了怀念故国的情思,抒发了国破家亡的感慨,艺术结构精巧,文笔简净,写景抒情,感人至深。《湖心亭看雪》、《西湖七月半》等都是脍炙人口的名篇。

明末爱国诗文作家还有张溥、陈子龙、夏完淳、瞿式耜和张煌言等。张溥,江苏太仓人,主张诗文应为现实斗争服务,以散文著名。《五人墓碑记》歌颂苏州市民与阉党的斗争,文字朴实、雄健,充满政治激情,是一篇政治性很强的散文。夏完淳,上海松江人,张溥、陈子龙的学生。他参加抗清武装斗争,牺牲时只有 17 岁。他的诗文悲慨激昂,充满爱国激情,长诗《细林夜哭》和散文《狱中上母书》,是明末爱国主义诗文中的杰作。

史学

明朝政府对修史不太热心,官修史书很少。洪武初年,宋濂等奉令修《元史》,草草成书,因此荒杂缺略,错误百出。《明会典》是研究明代典章制度的原始材料。《明实录》是明朝历代官修编年体史书,内容非常丰富,是研究明代历史最基本的史籍。万历以后,《明实录》逐渐传抄至民间,文人学者以此为据并结合其他史料,写下不少记述当代史的史著,其中以谈迁的《国榷》最负盛名。谈迁,原名以训,明亡后改名迁,浙江海宁人。谈迁早年读了许多书,立志写一部史实可靠的编年体国史。为此,他努力搜集资料,多方借阅,随手摘录,历经千辛万苦,六次修订,完成初稿。入清以后,他继续撰完崇祯、弘光两朝史事,成为首尾俱全的编年体明史。清顺治四年,手稿全部被盗,这对作者来说,真是灭顶之灾。但谈迁意志坚强,竟以超人的毅力发奋重写,又经 5 个寒暑,才完成第二稿。《国榷》全书 108 卷,卷首 4 卷,约 500 余万字,其有重要的史料价值。《国榷》长期遭到清廷查禁,一直没有刊刻,直到 1958 年才由中华书局整理出版。

茅元仪的《武备志》是一部资料丰富的军事学史。陈子龙的《皇朝经世文编》,是有关明代政治经济的资料汇编。

科学技术及其他

徐光启,上海人,万历年间进士,后任翰林院庶吉士,全家迁居北京。他痛切地感到儒士轻视实学十分有害,便积极介绍西方的科学知识,成为学习西方的第一人。他和意大利传教士利玛窦合作,翻译了欧几里得的《几何原本》前 6 卷、《测量法义》等几何学著作,他所创造的许多数学名词,如几何、点、线、面等沿用至今。他还翻译水利科学著作《泰西水法》;组织修订历法,编成 100 多卷的《崇祯历》。其巨著《农政全书》,总结了我国历代农学著作及当代农学经验,并吸取了西方科学技术,全书 60 多卷,约 50 多万字,是世界闻名的农业科学著作。

宋应星,江西奉新人,28 岁中举,但不热衷于仕宦,当知府不久明亡,便弃官还乡,终老于山林。宋应星博学多能,著作颇多,现存著作中影响最大的还属《天工开物》,被誉为 17 世纪中国科技的百科全书。书分三编,共 18 卷,记载了农业生产技术、农副产品加工、手工业生产技术等内容。关于手工业方面的记载,历来很少,因而此书便更显珍贵。

徐霞客,地理学家,江苏江阴人。从小接受正统的封建教育,饱览古今典籍,尤其喜欢历史、地理类书籍。青年时代,徐霞客曾参加过科举考试,稍受挫折,便绝意仕宦,决心酣游天下。在母亲的支持下,他坚持游历了 39 年,足迹遍及 16 个省,对所到之处的地貌、地质、水文、气候、植物等,都作了深入调查研究,并用日记的体裁将调查结果写成书,即著名的《徐霞客游记》。此书最早记载了石灰岩地区地貌,水系源流的考察纠正了史书的错误,同时还考察了气候、地形对动植物的影响等,有很高的科学价值;又因其文字真挚优美,也是古典文学的精品之一。

李时珍,湖北蕲春县人,著名医药学家。他继承祖业,30 岁左右就成为知名的医生。李时珍升迁太医院,当时明神宗热衷于烧香炼丹,进仙丹、长生药的方士飞黄腾达,太医院乌烟瘴气。李时珍不肯与之同流合污,不到一年便辞离还乡。在长期的行医中,他认真读书,注重实地调查,常带领儿子、学生去深山密林考察,虚心请教劳动人民,用了将近 30 年的心血编写《本草纲目》52 卷。这是 16 世纪以前中国药物学和医学的总结,具有重大的科学价值。全书共收 1 892 种药物,附药方 11 000 多则,插

图1 160幅,被誉为"东方医学巨典"。

陈实功,江苏南通人,著有《外科正宗》,是一本关于外科医疗的总结性著作。另外,明代医生首先发明了用人痘接种法预防天花的方法。

明代的园林艺术取得了超越前代的成就,江南园林星罗棋布,南京、上海、绍兴,尤其是苏州,建有许多名园。苏州三大名园:拙政园、留园与狮子林,都始建于明代,为江南古典园林的代表作。拙政园建于明武宗正德初年,御史王献臣官场失意,辞官回乡造成。王献臣表面上自谦为笨拙,实际以隐居为高雅,骨子里讽刺追求升官发财的"聪明人",故将此园命名为"拙政"。拙政园疏朗开阔,具有江南水乡的情调。留园本称东园,至清代才改称留园。留园分为四大景区,形成富于变化的景色。

书画艺术领域出现了书法家董其昌和四大名画家(沈周、文征明、唐寅、仇英)即"吴门四家"。唐寅、祝枝山、周文彬、文征明并称为"四大书画才子"。

音律学家朱载堉著有《乐律全书》。

景泰蓝工艺术品广泛流行于明代宗景泰年间(1450年—1457年),以铜胎制成,当时以蓝釉为最出色,习惯称为"景泰蓝",也叫"铜胎掐丝珐琅",品种有瓶、碗、盘、烟具、台灯、糖罐、奖杯等,是北京著名的特种工艺品之一。清代以后,远销国外。

第十章　清朝时期（鸦片战争前）

（1636 年—1840 年）

一、满族崛起与人民的抗清斗争

满族的崛起

满族的前身是女真族。宋时，女真族建金国，蒙古灭金后设府统治女真故地。明时，分称女真诸部为海西女真、建州女真和野人女真。其中建州女真文明程度最高，常与汉族交往，吸取了先进的文化，其生产和社会很快发展起来。努尔哈赤，姓爱新觉罗，其先祖曾是显赫的贵族，到父亲一代家世中落。其母早死，常受继母虐待，很早就独立生活。他常到抚顺去赶"马市"，学会了汉语、蒙语，认识了汉字，喜欢看《三国演义》、《水浒传》等汉书，深受汉族文化的熏陶。明万历十一年（1583年），努尔哈赤领导建州各部击溃女真各部，日益强大。明万历四十四年（1616 年），努尔哈赤建国，号大金，史称后金，正式称汗（即清太祖），建都赫图阿拉（后改名兴京），把部落军事组织改建为正规的"八旗"（即正黄、镶黄、正白、镶白、正红、镶

努尔哈赤像

174

红、正蓝、镶蓝八旗）军制。努尔哈赤是八旗的最高统帅。明熹宗天启元年（1621年），努尔哈赤率军攻下沈阳、辽阳，并迁都沈阳。天启六年（1626年），努尔哈赤以大兵13万进攻宁远。明将袁崇焕坚守宁远，大败后金，努尔哈赤受伤回沈阳，不治而死。其子皇太极继承汗位，天启七年（1627年）率大军攻明，至锦州城下，苦攻14天不下，又至宁远，均为袁崇焕军队击败。此役史称"宁锦大捷"。

崇祯二年（1629年）10月，皇太极率大军10万，绕过宁锦防线，从蒙古绕道入关，进逼北京。袁崇焕急率兵入援，与后金力战于北京广渠门外，皇太极败退。皇太极利用明廷昏愦腐败和崇祯帝的猜忌轻躁，纵使反间计。崇祯帝认为袁崇焕与金有约，引敌入关，旋即将其杀害。

崇祯九年（1636年），皇太极在盛京（今沈阳）称帝（清太祖），改族名为满洲，改国号为清，年号为崇德。崇祯十五年（1642年），清兵攻陷锦州、松山，明蓟辽总督洪承畴降清。崇祯十六年（1643年）秋，皇太极死，次年子福临继位，即清世祖，年号顺治。顺治年幼，叔父多尔衮摄政。

崇祯十七年（1644年），李自成进入北京，明朝覆灭。此后，清军入主中原，将首都迁到北京，开始了清朝在中国的统治。

清军入关

镇守山海关的吴三桂投降清军，引清兵入关，并至清营拜见多尔衮，薙（同"剃"）发称臣，受封为"平西王"，引兵追击农民的起义军。

李自成率众退出北京，准备回到关中，继续以陕西为根据地坚持抗清斗争。在撤退途中，领导集团内部发生了不团结，李岩自请领兵二万，往河南镇压地主武装叛乱，反遭李自成怀疑，牛金星等乘机挑拨是非，向李自成进谗言，使李自成错误地杀害了李岩及其弟李牟，等于自毁长城。顺治二年（1645年）2月，清将英亲王阿济格和豫亲王多铎分率吴三桂、尚可喜、孔有德等从两路夹攻西安，李自成率部队退出关中，清军跟踪追击。9月退至通山县（今湖北通城县），不幸在九宫山下为地主党羽所杀害，年仅39岁。在李自成侄儿李锦（即李过）与李自成部将郝摇旗等率领下，其余起义军与南明抗清将领湖广总督何腾蛟联合，继续抗清斗争。

李自成退出北京，而闯王旗帜仍飘扬在山东各地。各地农民抗清队伍达数十支，他们建营寨，攻城池，旗帜上大书"闯"字，官兵望风而走。他们以苍山、花盘山一带为抗清基地，坚持抗清达八九年之久。

顺治三年（1646年）夏，大西王张献忠从成都北上，谋攻西安，再求发展。临行前尽焚成都宫殿,以示义无反顾之心。大西军五六十万人,沿途旌旗蔽野,浩浩荡荡,进抵四川西充的凤凰山。叛徒刘进忠带领一支队伍投降了清军,并为清军带路,袭击大西军。张献忠头部中矢,坠下战马,被清军捉住斩首。张献忠死后,清军四出追击,大西军损失达 30 万人。张献忠部将李定国、孙可望等率余部南下,据有贵州、云南,继续抗清斗争。

弘光小朝廷的腐溃

崇祯皇帝自缢的消息传到南京,一时人心惶惶。凤阳总督马士英一心想当宰相,遂逼参赞机务兵部尚书史可法誓师江北,自己便拥兵入南京,拥福王朱由崧于 1644 年 5 月 15 日在南京即帝位,年号弘光,史称弘光政权。自此以后,鲁王朱以海在绍兴建立鲁王政权,唐王朱聿键在福州建立隆武政权,桂王朱由榔在广东肇庆建立桂王政权……这些小朝廷持续了 18 年(1644 年—1662 年),史称南明。南京弘光小朝廷是北京明王朝的继续,但福王昏庸不堪,终日沉湎于酒色之中。弘光小朝廷既仇视农民起义军,又不可能抗清,因而他们的抗清斗争也就必然失败。

史可法死守扬州

史可法,河南开封人,崇祯年间进士,初任地方官,因堵截农民起义军而升任南京兵部尚书。福王在南京建立弘光政权,史可法兼东阁大学士,称"史阁部"。他受宰相马士英的排挤,以督师为名,出守江北重镇扬州。顺治二年(1645 年)4 月,多尔衮命豫亲王多铎统兵南下,欲摧毁南京弘光政权。这时的弘光小朝廷只顾内斗,争夺权力,所以多铎如入无人之境,于 5 月 13 日包围了扬州。史可法檄各镇来援,却仅总兵刘肇基以兵 4 000 来助。

史可法在孤立无援的情况下,英勇守城,终因清军炮

史可法墓

火猛烈,难以抵挡,5 月 20 日城陷被俘。多铎劝他投降,史可法慷慨回答说:"城存与存,城亡与亡,我头可断,而志不可屈。"英勇就义,为国死节。次年,史可法衣冠被葬于扬州城外梅花岭,永为纪念。史可法部属,总兵刘肇基、骁将马应魁、幕僚何刚等全部遇难,无一降者。清军痛恨人民的反抗,下令屠城十日,扬州人民被杀达 80 余万。

清兵在扬州屠城后,与南岸的镇江隔水相望。南明镇江总兵郑鸿逵以水师据江而守。清兵在大雾的掩护下,偷渡镇江,郑鸿逵逃往福建。清兵既下镇江,直奔南京,弘光小朝廷吓得鸡飞狗逃。福王跨马奔芜湖,马士英携帝母妃子逃浙江。后马士英被清军捉住杀死,阮大铖等官僚投降清军,不久也死于阵中。清兵顺顺当当占领了南京,在降将刘良佐的引导下,向芜湖进攻。守卫芜湖的明将黄得功,护驾福王,奋力抗击。叛将刘良佐招降,黄得功怒斥叛徒。这时,一支飞箭射中黄得功左喉,他知大势已难挽回,拔下箭,自刺而死。另一将领田雄,挟持福王投降了清军,清兵押福王回到南京。百姓见到福王,"夹道唾骂,甚有投瓦砾者"。短命的弘光小朝廷灭亡了。

多铎进入南京,弘光政权降臣长跪道旁迎接。南京改称江宁府,由八旗兵镇守。从此,清兵以南京为中心继续向南推进,扫荡各地抗清武装和明朝残余势力。

反剃发斗争

顺治二年(1645 年),多尔衮下令剃发,限 10 日内剃发,"留头不留发,留发不留头",从精神上奴役人民,遂激起了人民的反抗。

剃发令下后,江阴人民以"头可断,发决不可剃"的口号展开反清斗争。他们杀掉清朝派的知县方亨,推本县典史陈明遇和前任典史阎应元为将领,组织指挥抗清斗争。四乡农民进城参战,城内市民捐钱捐物,徽商程璧捐献全部财产,几十万人团结一心,守城抗清。从闰 6 月初一到 8 月 21 的两个多月中,江阴人民屡次粉碎了诱降的阴谋,打退了大批清兵的进攻,击毙清军数万人,打死 3 王、18 将,给清统治者以沉重的打击。汉奸刘良佐来劝降,阎应元义正词严地回答说:"有降将军,无降典史!"最后,清兵 200 余尊大炮集中轰城,江阴陷落,阎应元率众巷战,守军全部壮烈牺牲。江阴人民被屠杀者达 172 000 余人。

在江阴人民守城抗清的同时,今上海郊区的嘉定人民,也爆发了反剃发的英勇斗争。新任知县张维熙一到任就坚决执行剃发令,因而激起了全县人民的反抗。城乡人民公推素有声望的黄淳耀、侯峒曾为领导,赶走了张维熙,烧毁了前来镇压的清军船只,打败了清军。

降清将领李成栋带兵前来攻城,人民群众坚守孤城达半月有余。后连降大雨,城墙被冲毁,李成栋乘机攻入城内,对全城人民进行了三次血腥的屠杀,共计两万余人。

在杭、嘉、湖一带,还有很多抗清义军同清军进行殊死斗争。顾炎武等人在昆山起兵,力抗强敌,失败后,昆山被屠城,顾炎武只身去北方,继续谋划反清斗争。

二、郑成功"背父救国",收复台湾

郑芝龙,福建南安县人,明末入海为盗,与倭寇联合,娶日本田川氏为妻,生子成功,居于台湾。后来,荷兰殖民者驱逐了日本人,郑芝龙率部众活动于福建沿海一带的岛屿间,成为福建首富。弘光政权建立后,福王晋封郑芝龙为安南伯,不久改为总镇,镇守福建。清初,郑芝龙成为东南沿海最有实力的地方军阀。

弘光政权覆灭后,郑芝龙等拥立唐王朱聿键于福州称帝,建立隆武政权。郑芝龙立唐王为帝,主要为了自己的利益,他面对大江南北的反清斗争,却按兵不动。顺治三年(1646年),清兵攻占福州,唐王被杀,郑芝龙剃发降清,被送往北京。郑芝龙降清时,郑成功曾苦劝,无果后率部拒降,"背父救国",坚持抗清斗争。郑成功以金门、厦门为根据地,陆续克复福建大部地区。清军屡次诱降,均遭其拒绝,后又以囚杀其父相要挟,郑成功还仍未动摇。顺治十六年(1659年),郑成功为招讨大元帅,张煌言为监军,率17万水陆大军在崇明岛登陆,攻克镇江,进迫南京,震惊了北京的清王朝。但却不幸失利,与张煌言退回厦门。顺治十八年(1661年),清发布"迁界令",令山东到广东沿海居民内迁30里,以防郑成功。郑成功暂避清军,去台湾积蓄力量。

顺治十八年(1661年),郑成功率军25 000人由金门出发,29日到达台湾,在当地高山族人民的帮助下,从海陆两方面打击荷兰殖民者。12月,摧毁了殖民者的老巢——台湾城,城内殖民军饿死、战死1 600余人,余下600人不得不投降。1662年,荷兰总督被迫签字投降,台湾回到了祖国的怀抱。

郑成功在台湾实行开放政策,大力发展海外贸易,派士兵四处屯田,帮助高山族人民发展经济,对台湾的开发和社会发展作出了重大贡献。郑成功收复台湾,给荷兰殖民者以沉重打击,对亚洲其他国家也间接起到保护作用。郑成功是中国历史上杰出的民族英雄,他为祖国的主权独立和领土完整所作出的辉煌贡献永记史册。

郑成功死后,其子郑经继立。郑经死,子郑克塽继立。清康熙二十二年(1683年),清兵在施琅带领下攻下台湾。1684年,清设立台湾府,隶属福建省,但台湾人民仍不断起义。

　　台湾是中国最大的岛屿,自古就与大陆有着密切的联系。据考古发现,台湾最早的居民来自大陆,其原始文化也是从大陆传过去的。台湾在中国古代文献中有许多名称,如三国时称"夷洲",隋代称"流求",唐宋元时也称"流求"或"琉球",明朝称"小琉球"、"东蕃"等,明末正式称台湾。三国时吴国曾派将军卫温率船队到过台湾,隋朝也派人出使台湾,元代设立澎湖巡检司管辖澎湖和台湾。明末,荷兰殖民者曾占据台湾达 38 年之久,直到被郑成功打败。这就是宝岛台湾的历史沿革,台湾是中国神圣领土的一部分,是与大陆不可分割的中国领土。

三、清朝的统治

经济发展的阻滞

　　清朝统治者在勾结汉奸大官僚地主征服中原、镇压人民反抗的过程中,采取了空前野蛮的烧杀、劫掠手段。所到之处,人民被屠杀,房屋被焚毁,财物被洗劫,田地荒芜,城市破坏。"江西广信(上饶)一府,县无完村,村无完家,家无完人,人无完妇。"人口大量减少,劳动力大量丧失,严重地摧残了中国社会生产的发展,也使清王朝赋税入不敷出,财政困难。

　　在这种困窘逼迫之下,同时也迫于人民不断反抗斗争的压力,清朝统治者不得不采取一些缓和阶级矛盾、安定社会、恢复生产的措施。顺治、康熙年间,曾招集流民,鼓励垦荒;官府贷给耕牛、种子,免征赋税三年;减免明末的"三饷"(辽饷、练饷、剿饷)等。雍正时,实行了"摊丁入亩"。这一办法是把康熙五十年间固定下来的丁银335万余两摊入田亩中,丁银、田赋合并征收,称"地丁制"。以后"滋生人丁,永不加赋"。这一政策简化了税种和稽征的手续,取消了历史上长期实行的按人头和地亩两个标准征税的制度,在一定程度上减轻了贫苦人民的负担。这些措施使遭受严重破坏的农业生产在清康熙到乾隆年间才得到恢复发展,国力空前强盛,史称"康乾盛世"。同时,城市工商业也逐渐恢复和发展起来。纺织手工业在清代占有重要地位,南京、苏州、广州等地丝织业都非常发达。南京织机,乾隆、嘉庆时期达三万多家,丝织品畅销全国。当时官员如不穿宁绸贡缎,就会被看不起。无锡盛产棉布,乾隆时贩运到北方的棉布,一岁不下数千万匹,无锡亦被称为"布马头"。

景德镇仍是全国最大的制瓷业中心。乾隆、嘉庆时期,景德镇陶瓷业工人将近20万,分工更为细密。此外,佛山铸锅不仅销行全国,还大量输出国外。

但由于清统治者以天朝大国自居,一向认为自己地大物博,应有尽有,无需同外国贸易,再加上害怕民众与外国接触,对统治不利,因而实行"闭关自守"政策。清政府屡次下达各种禁止海外贸易的条令,严厉防范和限制外国商人来华贸易。这种落后的政策大大打击了工商业,阻滞了中国民族资本主义生产的发展。

但是,清闭关政策的限制并未能完全阻止对外贸易的发展。纺织品、瓷器和茶叶等物资大量出口西方,形成巨大贸易顺差(贸易的出口值超过进口值),世界市场上一半的白银流入中国。这一时期的商业也很发达,如安徽、山西等地商人资本雄厚,形成商帮。工商业的繁荣使城市人口增加。19世纪初,全世界有10个拥有50万以上居民的城市,中国就有北京、江宁(今南京)、扬州、苏州、杭州、广州6个。其余4个城市分别是伦敦、巴黎、东京和马德拉斯。

政治、文化统治

清朝的统治权力机构继承了明朝的极端君主专制制度,其基本政策是勾结汉族官僚地主,共同压迫人民;满汉之间防范甚严,歧视汉官,满官职高权重,汉官并无实权。雍正时,始设军机处为最高权力机构,处理军国要务,内阁六部只是执行命令的机关。军机大臣几乎全由满人担任。清廷规定汉官不得在本籍任职,称为"迴避",以防止汉官与当地人发生联系。掌管财政的是专职满族官员。

清朝军事建制主要分八旗和绿营两种。绿营兵是入关后收编的明降军和各省改编部队,用绿色军旗,受八旗兵控制。八旗兵重点驻防京城和各省城镇重地,以镇压人民反抗。

《大清律》基本承袭《明律》,其中"五刑"(笞、杖、徒、流、死)、"十恶"(谋反、谋大逆、谋叛、恶逆、不道、大不敬、不孝、不睦、不义、内乱)、"八议"(议亲、议故、议功、议贤、议能、议勤、议贵、议宾)为其主要内容。《大清律》明确规定:满人犯罪入特设的监狱,待遇较优;满人有由"换刑"而获得减刑的特权。清统治者所使用的刑罚是中国历史上各朝中最野蛮最残酷的刑罚,如灭族、凌迟、枭首、戮尸、刺字等。《大清律》是中国历史上最后一部封建法典,其实质就是镇压人民的反抗,维护地主阶级的封建统治。

清统治者在文化思想统治上,首先提倡尊崇孔子,大肆宣扬程朱理学的唯心主义和封建伦理思想,查禁社会上流行的反映现实生活的笔记小说、野史、诗文等,企图以此来麻痹人民的反抗意识,加强对人民思想的统治。清廷绝对禁止集会、结社和言论思想自由,继续发展桎梏青年士子思想的八股取士制,严重地窒息了当时进步思想的发展和交流。在康熙、雍正、乾隆三朝,清统治者曾屡兴文字狱以钳制士子思想,摧残汉人的民族思想意识和自尊心,以巩固其统治。康熙二年(1663年),浙江湖州富商庄廷钺请人增编《明书》,如实地写了明末天启、崇祯两朝历史,便被指控为意在反清,所有庄氏家族及与《明书》有关的人员被杀者达70余人,还有几百人被充军边疆。庄廷钺已死,也被剖棺戮尸。康熙五十年(1711年),又兴戴名世《南山集》案,被杀者100余人,流放者数百人。

雍正四年(1726年),查嗣庭为江西考官,出题"维民所止",清朝廷认为"维止"二字暗含雍正去头之意,以大不敬之罪将查嗣庭下狱,后查嗣庭死于狱中,仍被戮尸,其亲属被杀或流放。雍正六年(1728年),浙江吕留良所著诗文和日记中有激烈的"夷之防"等言论,吕留良早死,清廷便将吕留良家属、师徒及其他相关人员一律治罪,死者戮尸,活者斩首,被杀、流放、发配为奴者甚多。

乾隆时,文字狱更加苛细。胡中藻因"一把心肠论浊清"诗句,徐骏因"清风不识字,何故乱翻书"诗句,被处死。徐述夔因"大明天子重相见,且把壶儿搁一边"诗句,沈德潜因"夺朱非正色,异种也称王"诗句,遭剖棺戮尸。据统计,清三朝所兴文字狱有83起,可见清统治者血腥镇压、强化思想统治已达何种程度!

清统治者为消灭汉族反清思想意识和达到笼络汉人知识分子的双重目的,康、乾两朝除编修《明史》外,还编纂了许多大部类书。如康熙朝的《康熙字典》,由张玉书、陈廷敬负责编纂,是我国最早最完备的字典;还有乾隆朝的《通鉴辑览》、《续通志》、《皇朝通志》、《皇朝通典》等。在纂修这些类书时,凡不利于清政府统治、触犯其忌讳的,有关种族关系的文字,不是删去就是伪造、歪曲、窜改,甚至销毁。但同时,对于中国文化的理想和保存起到了一定的积极作用。

乾隆三十七年(1772年),清政府下令搜集天下图书,次年正式命纪昀(纪晓岚)等为总纂官,集中大批学者进行编撰工作,历10年之功,纂成《四库全书》。该书收录图书3 457种、79 070卷,书的来源以内廷藏书为主,其次是各地采进的私人藏书,再次是从《永乐大典》辑出的古书,依经、史、子、集四部44类编录。《四库全书》是中国历史上编修规模最大的丛书。编成后,缮写七部,分别藏于北京故宫文渊阁、圆明园文源阁、盛京(今沈阳市)文溯阁、热河(今河北承德)文津阁、杭州西湖行宫文澜阁、扬州大观堂文汇阁和镇江金山文宗阁,另有底本一部藏于翰林院。但宗汇二阁本毁于太平天国战争,文澜阁本在太平天国时损失过半,翰林院本毁于八国联军进京,只文渊、文津、文溯三阁本基本完好。

纪昀在编修过程中,作《四库全书总目》200卷,对《四库全书》所收书籍渊源版本和内容作了介绍与评论。《四库全书》的编修对保存古代文化典籍起了重要作用,是清朝一大文化建设成就。但清朝统治者借此对全国图书进行了一次大规模的禁毁和删改,被清统治者以"违碍"、"悖谬"借口而加禁毁的图书达3 000余种,几乎与《四库全书》收书数量相当。可以说,清统治者编修《四库全书》也是另一种形式的文字狱。

反清斗争的继续

康熙二十二年(1683年),清政府统治台湾以后,台湾人民不断暴动起义。康熙六十年(1721年)4月19日,朱一贵领导台湾人民大起义。朱一贵是明朝后裔,被奉为大元帅,起义军以农具为兵器,与杜君英领导的起义军联合大败清军,清兵纷纷逃归福建。5月1日,起义军攻下台湾府,不日克复全台。朱一贵称中兴王,建元永和。不久,清廷派大军进攻,朱一贵、杜君英等兵败被杀,但反清斗争仍持续着。

在反清失败后,某些义士感到敌我形势悬殊,必须转换斗争方式,与清政府统治者作有效的斗争。因此,在群众中产生了"反满复明"的秘密会社,"三合会"(或称"天地会")、"哥老会"、"白莲教"是其中最有名的会社。

"三合会"("天地会")成立于康熙十三年(1674年),相传为福建莆田少林寺和尚蔡忠德所创。其宗旨是"反清复明";组织原则是"同心一体,讨灭仇敌,恢复明朝";组织纪律是"三点暗藏革命宗(意为反清),入我洪门(意为复明门徒)莫通风,养成锐气复仇日,誓灭清朝一扫空"。会众团结一致,相顾相扶,"三合会"很快在南方群众和海外华侨中发展起来。

乾隆五十一年(1786年),台湾彰化县天地会首领林爽文率众起义,11月27日夜攻歼官兵,次日攻陷彰化城,又攻下诸罗(嘉义),建立政权。林爽文被推为顺天盟主大元帅,杨国根为副元帅。凤山县天地会首领庄大田起义响应,攻下凤山(高雄),声威大震。高山族人民也积极参加起义斗争,高山族妇女金娘参加了庄大田在凤山的起义,被推为女军师。乾隆五十二年(1787年)正月,林爽文、庄大田两路起义军合攻台湾府城(台南市),台湾府总兵柴大纪死守府城,义军失利,退回凤山县城。8月,清廷命福康安为将军、海兰察为参赞大臣,驰赴台湾镇压。起义军终因寡不敌众,再加上内部不团结而失败,林爽文亦被杀。

"哥老会"大约成立于乾隆年间,有志反清复明的汉人都可入会,只有身家不清白

(血统不纯粹)及剃头匠(清廷剃发令的执行者)等不得入会。哥老会盛行于湖南、浙江及长江沿岸各省。

"白莲教"是最老的秘密会社,远在反抗元朝统治者的压迫斗争中便已产生,到清乾隆时又积极活动起来。它的支派有天理教,参加者主要是贫苦农民。嘉庆元年(1796年),白莲教各地首领纷纷起义。刘之协起义于襄阳,徐天德起义于四川,张汉潮起义于陕西。刘之协的势力在河南活动,嘉庆五年(1800年),刘之协在河南叶县被捕,牺牲于北京。徐天德在湖北均县战斗中牺牲。嘉庆十八年(1813年),天理教首领李文成在河南滑县密造兵器,被捕下狱。为营救李文成,滑县教民在李文成妻张氏和宋元成领导下起义,3 000多教民一举攻破滑县县衙,砸开监狱,救出李文成。起义军奉李文成为大明天顺李真主,指挥直隶、山东天理教徒起义。清军进围滑县,城中义军和人民死守不屈。清军以火药炸毁滑县城西南角,突破入城,劝李文成妻张氏伪装逃走,张氏说"城亡与亡,不死者非英雄",乃挥刀巷战,杀清兵数人,归家自缢死。李文成为清兵所追,亦兵败自杀。

嘉庆以后,民间结社活动和起义斗争仍很活跃。

蒙古族在明朝分为三大部,漠南蒙古(内蒙古)早在皇太极时就被征服;漠北喀尔喀蒙古是成吉思汗的后裔;漠西厄鲁特蒙古是也先瓦剌的后裔,大部牧于天山北路。康熙十七年(1678年),漠西厄鲁特蒙古封建领主噶尔丹率兵南下,征服天山南路回部维吾尔族,势力渐盛,欲并漠北喀尔喀蒙古,遂徙帐阿尔泰山。康熙二十七年(1688年),噶尔丹率劲骑三万攻喀尔喀蒙古,喀尔喀数十万人分路投漠南蒙古,向清请降。为此,康熙皇帝三次亲征。第一次是康熙二十九年(1690年)秋,在乌兰布通展开激战,大败噶尔丹,喀尔喀诸部就成了清廷的藩属。第二次是康熙三十五年(1696年),康熙率军进至克鲁伦河,噶尔丹不战而遁。第三次是康熙三十六年(1697年),康熙率军渡河至宁爱,噶尔丹之子被哈密回族擒献清廷,噶尔丹被清兵堵截得无路可走,在日暮途穷情况下,饮药自尽。漠北蒙古被清统治。

雍正二年(1724年),抚远大将军年羹尧、参赞岳钟琪率兵进攻漠西蒙古,平定青海地方首领罗卜藏丹津叛乱,得到雍正皇帝嘉奖。自此,青海各部统属于清。雍正皇帝既使用汉官,又猜忌汉官。雍正三年(1725年),令年羹尧自尽,家属发往广西、云南充军。雍正十年(1732年),岳钟琪被削职,交兵部拘禁。

乾隆二十二年(1757年),清军乘准噶尔部内乱进占伊犁,占领了天山北路。乾隆二十五年(1760年),清军大举向喀什噶尔(新疆疏勒)等地进攻,维吾尔族越葱岭西走,清军占领了天山南路。从此,天山南北路通称为新疆,归入中国版图。

西藏在唐时称吐蕃,藏族首领松赞干布与唐通婚。西藏盛行喇嘛教,喇嘛戴红帽(红教),元时,元世祖(忽必烈)封大喇嘛教首领八思巴为帝师大宝法王兼藏王,统辖西藏政教大权。明时,称西藏为乌斯藏,宗喀巴另创黄教(喇嘛戴黄帽),势力逐渐大于红教。宗喀巴死后,其弟子达赖和班禅并居拉萨,为黄教宗主。黄教禁娶妻,声称达赖与班禅永远不死,世世以化身转生,因而出现了达赖、班禅两大活佛系统。清朝,西藏与中央政府的联系更加紧密。西藏喇嘛教首领五世达赖于清初到北京,受到顺治皇帝接见,被正式赐予"达赖喇嘛"(意思是海上师)封号。后来,康熙皇帝赐予另一位喇嘛教首领五世班禅"班禅额尔德尼"(意思是大师珍宝)封号。此后,历代达赖和班禅都经过中央政府册封。达赖、班禅分掌前后藏的政教。

雍正五年(1727年),清朝开始设立驻藏大臣作为中央政府的代表长驻西藏,同达赖、班禅共同管理西藏。后来,驻藏大臣的地位和职权进一步加强,凡西藏的官吏任免,行政、财政、军事及涉外事务等权力均归驻藏大臣。乾隆皇帝还制定"金瓶掣签"制度,规定喇嘛教活佛转世的人选必须用中央颁发的金奔巴瓶抽签决定,由驻藏大臣监督。乾隆五十七年(1792年)颁发两金瓶,分别供奉于北京雍和宫和拉萨大昭寺,内装象牙签数支。遇有活佛转世,将备选灵童的出生年月日及姓名,用满、汉、藏三种文字写于签上,放入瓶内,焚香诵经7日,由驻藏大臣会同大喇嘛等当众抽签选定,经中央政府批准生效。

这些措施稳定了西藏政局,密切了西藏同中央的联系,有利于西藏地区的经济发展,也进一步证明西藏是中国不可分割的领土。

长期居住在贵州、湖南、广西与黔、滇毗连地带的苗、瑶、彝等少数民族,长期和北方各族进行斗争,被迫分散离析,形成居住地区不相连接、经济状况颇有差异、风俗习惯和方言都有区别的状态。元、明时对西南少数民族施行"怀柔"政策,通过土司(即被笼络的少数民族酋长)制度间接加以统治。清初因袭明制,对西南少数民族继续施行土司制度。雍正四年到九年(1726年—1731年),清政府在少数民族众多的西南地区,实行了"改土归流"政策,即废除世袭的土司,设立州县,由清政府的地方官(流官)管理。在这5年期间,云、贵、广三省由土司改称流官的地区共有309处之多。乾隆时,清政府又在四川西北部大小金川地区,在平叛的基础上,施行了"改土归流"。

"改土归流"是政治制度史上的一项重大改革措施,以前各朝在少数民族地区设州笼络土司,以怀柔的办法进行统治,土司头人都是土皇帝。"改土归流"客观上对各族之间的经济、文化联系,对中央朝廷与各地方关系的密切,都起了一定的积极作用,从而有利于统一的多民族国家的巩固与发展。

清朝前期,经过顺、康、雍、乾几代,已奠定了今天中国的疆域。当时,中国疆域西达葱岭和巴尔喀什湖,北接西伯利亚,东到太平洋,南面包括南沙群岛,是世界上的大国之一。

当时生活在这个疆域辽阔的、统一封建中央集权制国家的民族成员有:汉、满、蒙、回、藏、维吾尔、壮、苗、彝、布依、黎、畲、高山、纳西、侗、土家、白、哈尼、傈僳、佤、东乡、拉祜、水、景颇、柯尔克孜、土、达斡尔、仫老、羌、布朗、瑶、哈萨克、傣、撒拉、仡佬、锡伯、毛南、阿昌、塔吉克、乌孜别克、怒、塔塔尔、鄂温克、保安、京、裕固、崩龙、独龙、鄂伦春、赫哲、朝鲜、基诺等 50 几个民族。各族人民在长期的共同斗争、劳动和相互交往中,在政治、经济、文化等方面都形成了一个不可分割的整体。清朝所形成的辽阔疆域,为各民族的经济、文化的发展创造了有利的条件。

四、鸦片战争前的中外关系

闭关政策

清朝怕郑成功与大陆汉族人民联系,于顺治十三年(1656 年)厉行海禁,下令严禁商民下海交易,犯禁者,一律处斩,货物入官。同时,对西洋商船的限制亦严,只许驶泊澳门,与澳门商人进行贸易,害怕外国人助长人民的反清情绪。随着社会经济的恢复和发展,清统治者渴求西洋的奢侈品,同时关税收入渐为清王朝财政收入的重要来源。统治台湾后(1683 年),清廷下令开放海禁,置定海关,于康熙五十九年(1720 年)指定广东商人组织"公行"("十三行"),专营对外贸易。乾隆二十二年(1757 年),下令封锁其他海港,专限广州一处与外国贸易。清王朝对外采取闭关自守政策,既反映了中国封建社会的落后性,也是怕天主教传入中国,破坏中国人的信仰和生活习惯,成为干涉中国内部事务的一种自卫手段。从明神宗万历十一年到清乾隆四十年,将近 200 年中,来中国的传教士约 70 人,其中除利玛窦外,艾儒略、毕方济、金尼阁、汤若望、南怀仁(比利时人,著《康熙永年历法》)等最为著名。

资本主义国家对中国侵略的尝试

沙俄入侵黑龙江

外兴安岭以南、黑龙江以北、乌苏里江以东,原为中国领土,自唐朝始,历代中国政府都在这一地区行使主权。明末清初,沙俄开始对黑龙江地区进行侵略活动。明崇祯十六年(1643年),沙俄雅库次克的统领戈洛文派其文书波雅科夫带领"远征队"进入黑龙江北岸,被当地的达斡尔族人民打败。清顺治六年(1649年)春,沙俄又派出以哈巴罗夫为首的侵略军,侵入黑龙江沿岸地方,攻占了达斡尔族领袖阿尔巴西的住地——雅克萨城寨。中国政府在攻打雅克萨之前,曾照会沙俄,希望和平解决,不但遭到沙俄政府拒绝,而且对方反而加紧筑工事、造战船。康熙二十四年(1685年),都统彭春、副都统郎谈、黑龙江将军萨布素统军3 000人,分水陆进攻雅克萨,经过一年多的战斗,于次年7月18日击毙沙俄统领托尔布津。沙俄政府被迫接受清政府关于边界的和谈条件,清政府下令解除对雅克萨的包围。

康熙二十八年(1689年)8月,中俄双方在尼布楚进行边界谈判。中方首席代表是领侍卫内大臣索额图,俄方首席代表是全权大臣戈洛文。9月9日,签订了《尼布楚条约》,条约共分6项:(1)自黑龙江支流额尔必齐河,沿外兴安岭,以至海,凡岭南诸川注入黑龙江者属中国,岭北属俄国。(2)西以额尔古纳河为界河,河南属中国,河北属俄国。(3)毁雅克萨城,居民及物用,迁往俄境。(4)两国猎户人等,毋许擅越国界,违者送所司惩罚。(5)两国不得容留对方逃人。(6)行旅有官许文票者,得贸易不禁。《尼布楚条约》是中俄双方签订的第一个边界条约,从法律上肯定了中俄两国的东段边界,维持了100多年,鸦片战争后才为帝俄所破坏。

清初以来,沙俄在向黑龙江发展势力的同时,也加紧对外蒙古所属的贝加尔湖以东地区进行侵略扩张。中国政府加强了蒙古北边的防御,沙俄蚕食蒙古北疆不能得逞,便要求谈判。雍正六年(1728年)6月25日,中俄正式签订了《恰克图条约》。沙俄从这一条约中得到了巨大利益,如俄国商人到北京贸易,不征关税;在北京建俄罗斯使馆,听俄国传教士读经、礼拜等。但这一条约也起到了遏止沙俄进一步侵略中国北部边境的野心。

欧美诸国的侵略

清朝初年,葡萄牙、西班牙、荷兰诸国在中国的贸易地位已渐衰落,继起充当侵略中国主角的是英国,其次是美、法诸国。

英国资本主义经济最发达,更需要加紧寻找海外市场。垄断东方贸易的英国东印度公司,是英国侵略东方的重要组织。东印度公司一方面为适应清朝官僚地主腐朽没落的生活需要,另一方面为便于贿赂腐朽贪污的满清官吏,因而进行非法贸易,把鸦片输入中国。中国白银大量外流,英国商人和东印度公司获得了巨额利润。英国资产阶级、东印度公司要求鸦片贸易合法化,取消"公行"并多开辟一些通商港口。乾隆五十七年(1792年),英政府派马戛尔尼大使到中国,提出如下一些条件:(1)许英国派员驻京。(2)许英商在宁波、舟山、天津通商。(3)英商在京设一商馆。(4)以舟山一小岛为租借处。(5)在广东亦租借一处。(6)于澳门、广州间内河运输免减税额。(7)许英人在通商地传教。时值乾隆80大寿,清廷以为马戛尔尼为祝寿而来,令其前往承德行宫觐见皇帝,行叩头跪拜礼,并对马戛尔尼提出的一些条件不予理睬,且加以驳斥。马戛尔尼扫兴而归。嘉庆二十一年(1816年),英国又派阿美士德使华,重申前请。嘉庆皇帝未予接见。英国政府企图用外交手段达到扩大经济侵略的目的失败后,遂决定用武力轰开中国大门。因此,战争就不可避免了。

法国于明朝末年开始同中国进行贸易活动。雍正六年(1728年),法国在广州设立商馆。虽然法国在商业上的势力不及英国,但法国的天主教传教士私入中国内地传教者不少。传教是殖民主义侵略活动的又一形式。

美国第一支商船"中国皇后号"于乾隆四十九年(1784年)抵达广州,向中国贩卖鸦片。美国积极鼓励本国商人与英国争夺中国茶叶出口贸易,美国在中国的贸易迅速地扩展。19世纪初,美国在中国的贸易额已超过法国,仅次于英国。

五、清王朝由盛变衰

清王朝前期曾出现"康乾盛世"。

康熙智擒鳌拜与平定"三藩"之乱

康熙即位时年仅8岁,由索尼、遏必隆、苏克萨哈、鳌拜四大臣辅政,其中鳌拜最为专横跋扈。鳌拜凌驾于其他大臣之上,把康熙不放在眼里,一意恢复祖制。康熙于康熙六年(1665年)亲政,鳌拜集团不肯归政,更加专横,许多朝臣感到威胁,迅速集合到皇帝一边。为了夺回政权,康熙决定智除鳌拜,提拔自己的亲信掌握京师的卫戍权,同时又挑选了一批少年侍卫留守宫中。康熙八年(1679年)5月,康熙在一切准备妥当之后,以迅雷不及掩耳之势,在鳌拜入宫时将其逮捕,判以终身监禁,其党羽均被处死。

康熙十二年(1673年),清廷下令撤藩。"三藩"是指吴三桂、耿精忠(祖父耿仲明)、尚可喜,他们都是降清的明将。清入关后,他们为清效力,充当镇压农民军和抗清力量的急先锋。清政府封吴三桂为平西王,留镇云南;封尚可喜为平南王,留镇广东;耿精忠袭爵,封靖南王,留镇福建,这样就形成了"三藩"的割据局面。这一局面不仅威胁清朝的统一,也与人民形成尖锐对立。康熙撤藩令一下,吴三桂便发动叛乱,耿精忠响应,尚可喜之子尚之信也起兵叛乱,清朝统治大受震动。康熙采取剿抚并用的政策,重点打击吴三桂,分化耿精忠和尚之信,于康熙二十年(1681年)攻下昆明。其时,吴三桂已病死,其孙吴世璠继位自杀。延续8年的"三藩"之乱结束。清廷平定"三藩"之乱,适应多民族国家走向统一的趋势,得到人民的拥护。

康熙反腐倡廉与六次南巡

清入关后,其统治阶级内部的贪污腐败严重威胁到清政权的巩固。康熙反腐倡廉,惩治了耿文明、穆尔赛两个贪官,又处斩了山西巡抚温保、布政使甘度两个贪官。同时,对清廉官员实行奖励政策。直隶巡抚于成龙到任后,对所有贿赂一概不取,被康熙称为"天下第一清官",特赐银1 000两,良马一匹,以示鼓励,并提升为江南、江西总督。江苏巡抚张伯行居官清正,另一地方官噶礼向康熙奏本,诬告张伯行。康熙不仅手批不准,反而撤了噶礼的官职。

康熙欲周知全国土俗民情,同时因黄河频繁决口,社会十分动荡,遂决定亲自视河,访察江南。于是,便于康熙二十三年(1684年)9月自北京出发,10月到达济南府、泰安州,登泰山,至郯城。河道总督靳辅陪同康熙皇帝视察黄河北岸,检阅河工及各险要地段,下令于黄河两岸增设堤防,见水势湍急处,下令设闸,以分水势。11月,康熙到达江宁(今南京),登雨花台,拜谒朱元璋陵墓,察看明故宫等遗址。后由江宁返回北京途中,康熙又检查了黄河南岸的险要地段。康熙皇帝六次南巡,往返供应由国库开销,沿途行宫不设彩帐,比较俭朴。

乾隆、嘉庆惩贪

乾隆皇帝继承了祖父康熙皇帝、父亲雍正皇帝的大业,大力开垦荒地,发展农业生产,繁衍人口,整顿吏治。乾隆十分痛恨贪官,告诫群臣不可为贪官开幸生之路。乾隆惩贪次数多,被惩贪官多处死者多,处死督、抚大吏比康、雍二朝为多。贪官一经发现,就实行连坐。乾隆四十六年(1781年),甘肃省折捐冒赈,朋分公款,总督勒尔谨赐自尽,处死拟死官员47人,现任、前任各官员被追究者82人,11名罪犯之子还发往伊犁做苦役。乾隆一生注意惩贪,但他最信任的宰相和珅却是最大的贪污犯。

嘉庆皇帝未即位前即恶其人,即位后因乾隆仍为太上皇,所以暂时忍耐。嘉庆四年(1799年)正月初三,88岁的乾隆皇帝去世,其寿命之长,居中国历代帝王之冠。嘉庆皇帝于18日将和珅以20条罪状宣示天下,赐自尽。和珅家财抄没入官,值银8亿余两。当时法国路易十四的家财闻名于世,不过2 000余万两白银,仅相当于和珅家财的四十分之一。当时有"和珅跌倒,嘉庆吃饱"之语。

乾隆下江南

乾隆为了巩固统治,前后6次南巡,历33年。前5次南巡,最大的任务是视察河工,为修筑黄、淮河堤做了不少有益的决策。其次的任务是督修浙江海塘,保护杭、嘉、湖一带的农业生产。南巡时,他注意农业生产,平抑物价,颁布赦令,安抚百姓,稳定社会秩序。乾隆利用南巡机会,从政治、思想、文化诸方面做了笼络东南士人的工作。乾隆喜欢吟诗作画,又善书法,曾到江南邀名士沈德潜(乾隆年间进士,清朝诗人)与他诗歌唱和。有次游西湖,恰逢天降瑞雪,乾隆诗兴大发,吟道:"一片一片又一片,三片四片五六片,七片八片九十片……"可是到第四句时,文思滞塞,怎么续也续不下去。沈德潜从容为乾隆解了围,他续道:"飞入梅花都不见。"清纯之诗意,跃然纸上。乾隆大喜。

乾隆南巡,兴师动众,耗用人力物力,远不如康熙南巡节俭。乾隆南巡前一年就要开始准备,修桥铺路,修缮行宫。按礼仪规定,30里内地方官员皆穿朝服接驾,排列跪伏;80岁以上老人穿黄外衣,手执高香跪迎。地方官要随时进献山珍海味。用水也不一般,在直隶境内用香山静宜园泉水,到山东用济南珍珠泉水,入江苏用镇江金山泉水,到浙江用杭州虎跑泉水。陆路行走要动用五六千马匹,七八百只骆驼。一路还要听戏看杂耍,无所不用其极。

乾隆一朝,对新疆、云南、四川等边境共发动10次战争。这10次战争对奠定清朝领土规模,巩固边疆,形成今天统一的多民族国家具有重要意义。康熙、乾隆两帝把"康乾盛世"推向顶峰。

从"康乾盛世"到嘉庆、道光年间,国力逐步衰落。道光皇帝骄傲自大,闭塞无知。

清朝军队无能,武器落后,除了扰民劫财外,无力抵抗外来侵略。土地兼并,地租、赋税、徭役繁重,平民百姓饥寒交迫……

中国封建社会在衰落,西方资本主义却迅猛发展。英国资产阶级掌握政权后,完成了工业革命,英国的工业产值占世界总产量的一半,在各国对华贸易额中占压倒优势。为了对外掠夺的需要,英国军事工业和海军船舰得到了高度发展,战争武器日趋精良。这一切决定了英国成为资本主义对华侵略的急先锋,鸦片战争就是在这种背景下发生了。

六、清代文化(鸦片战争前)

哲学

康熙尊崇朱熹理学,命大学士熊锡履、李光地编《朱子全书》、《性理精义》,下诏以朱熹的《四书集注》作为科举考试最基本的教科书。这对巩固统治无疑起到一定作用,但用理学独霸思想界,终究也行不通的。

颜元,河北博野人,一生以教书为业,很少著书,其《四存编》、《四书正误》、《朱子语类评》等书,皆为门人纂录而成。在哲学上,颜元反对"天理"论,反对宋明理学家的"理在气先"说。他认为,天下没有"无理之气",也没有"无气之理"。他提出"气即理之气理即气之理"的理气一元论的唯物主义观点。这对清代统治者推行理学是一种反动,具有重要的思想解放意义,对后世重视实践、强调实践第一性的论识论有重要影响。

戴震,安徽休宁人,考据学大师。但戴震并不为考据而考据,而是通过训诂探讨古书义理,猛烈抨击宋明理学。他肯定世界是"气"的变化过程,而"气化流行,生生不息",就是"道"或"理",从而批判了理学家所谓的"理在气先"的理论。他认为"事物之理,必就事物剖析至微,而后理得",强调了从具体考察事物中认识事物的"理"(规律),这就是说,物质世界是感觉的来源。他指出,程、朱理学是"以理杀人",比酷吏"以法杀人"更可怕,这是他对封建统治者借口"理义"、"名教"而残酷束缚人的正义反抗,表现了鲜明的反封建统治的异端思想。

文学

清代前期和中期,即顺治、康熙、雍正、乾隆、嘉庆 5 朝及道光前期,经济呈发展趋势,对文学的发展有着重要意义。

清代诗歌

清朝之初,一些明代遗民写了大量爱国诗歌,成就较高的有顾炎武、黄宗羲、王夫之、屈大均等。屈大均,广东番禺人,为了抗清,曾削发为僧。屈诗尤长近体,如五律《摄山秋夕》:"秋林无静树,叶落鸟频惊。一夜疑风雨,不知山月生。松门开积翠,潭水入空明。渐觉天鸡晓,披衣念远征。"全诗隽妙圆转,一气相生,在艺术上相当成熟。在遗民诗人中,他的艺术成就较高。

清初诗人宋琬、施闰章皆为顺治进士,号称"南施北宋",风格各异,并重于时。

清代中期,诗坛上出现了不同的理论主张和不同风格的创作,争胜一时。著名人物有沈德潜、郑燮、袁枚、赵翼、黄景仁等。沈德潜,江苏苏州人,著名诗论家。他所编选的《古诗源》、《唐诗别裁集》、《国朝诗别裁集》等,颇为后人推重。

袁枚、蒋士铨、赵翼并称"江右三大家"。袁枚《随园诗话》主张,"作诗不可以无我",各种风格的诗歌应争奇斗妍。这种诗论,在当时具有一定的思想解放的意义。袁枚的诗清新流利,颇有新意,如《马嵬》、《渡江大风》等。赵翼论诗云:"李杜诗篇万口颂,至今已觉不新鲜;江山代有才人出,各领风骚数百年。"有力冲击了盲目崇古的偏见。

清词成就,超过元、明,清初代表人物有朱彝尊、陈维崧、纳兰性德等。朱彝尊曾纂辑唐宋金元词五百余家为《词综》,是词学的重要典籍;曾与陈维崧合刻词稿,名《朱陈村词》,是时并称"朱陈"。纳兰性德,满洲正黄旗人,康熙进士,所做小令极善抒情,近似李煜。清中叶有词人张惠言著《茗柯词》、编《词选》,周济作《介存斋论词杂著》、编《宋四家词选》,对后代影响较大。

康熙年间,由曹寅任校阅刊刻官,刊刻《全唐诗》;乾隆年间,孙洙编选《唐诗三百首》。

清代散文

清初散文家有顾炎武、黄宗羲等。顾炎武的《廉耻》一文,论礼义廉耻,声张大义,正气凛然,可使顽廉懦立。黄宗羲的《原君》,以流利的语言、深刻的论证,激烈抨击封建专制统治,揭露暴君专政的实质,"为天下之大害者,君而已矣"。"今也天下之人,怨恶其君,视之如寇仇,名之为独夫,固其所也。"这是中国思想史和文学史上少有的大胆论断,闪射着民主思想的光辉。

此外,较重要的作家还有侯方域、魏禧等。侯方域的《马伶传》、《李姬传》,成功地描绘了两个社会下层人物,较有影响。魏禧的《大铁椎传》,描写了一个不为世用的江湖英雄,感慨深沉,生动感人。

及至康熙、乾隆年间,产生了清代影响最大的散文流派桐城派。其代表作家方苞、姚鼐等,都是安徽桐城人。方苞,康熙进士,因文字狱戴名世《南山集》案被牵连入狱,作《狱中杂记》,深刻地揭露了当时的社会黑暗。他论文章作法,讲求"雅洁",重视篇章结构、叙事方式和语言醇谨,著有《方望溪先生全集》。姚鼐,乾隆进士,提出义理、考据、文章三者兼备,认为文章有8种要素:"神、理、气、味者,文之精也;格、律、声、色者,文之粗也。"他又把文章风格分为"阳刚"、"阴柔"两大类,使文章学成为一种比较系统的学问。姚鼐编纂的《古文辞类纂》,流传甚广。朱柏庐,明清之际江苏昆山人,清初隐居不仕,在乡教授学生。其《治家格言》世称《朱子家训》,以封建道德观念劝人勤俭治家,安分守己。全文为:

　　黎明即起,洒扫庭除,要内外整洁。既昏便息,关锁门户,必亲自检点。一粥一饭,当思来处不易;半丝半缕,恒念物力维艰。宜未雨而绸缪,勿临渴而掘井。自奉必须俭约,宴客切勿留连。器具质而洁,瓦缶胜金玉。饮食约而精,园蔬愈珍馐。勿营华屋,勿谋良田。三姑六婆,实淫盗之媒,婢美妾娇,非闺房之福。童仆勿用俊美,妻妾切忌艳妆。祖宗虽远,祭祀不可不诚;子孙虽愚,经书不可不读。居身务须俭朴,教子要有义方。勿贪意外之财,勿饮过量之酒。与肩挑贸易,毋占便宜。见贫苦亲邻,须多温恤。刻薄成家,理无久享。伦常乖舛,立见消亡。兄弟叔侄,须分多润寡。长幼内外,宜法肃辞严。听妇言,乖骨肉,岂是丈夫。重赀财,薄父母,不成人子。嫁女择佳婿,毋索重聘;娶媳求淑女,勿计厚奁。见富贵而生谄容者,最可耻;遇贫穷而作骄态者,贱莫甚。居家戒争讼,讼则终凶;处事戒多言,言多必失。毋恃势力而凌逼孤寡,勿贪口腹而恣杀牲禽。乖僻自是,悔悟必多。颓惰自甘,家道难成。狎昵恶少,久必受其累。屈志老成,急则可相倚。轻听发言,安知非人之谮诉,当忍耐三思。因事相争,焉知非我之不是,须平心暗想。施惠勿念,受恩莫忘。凡事当留余地,得意不宜再往。人有喜庆,不可生妒忌心;人有祸福,不可生喜幸心。善欲人见,不是真善;恶恐人知,便是大恶。

见色而起淫心,报在妻女;匿怨而用暗箭,祸延子孙。家门顺和,虽饔飧不
继,亦有余欢。国课早完,即囊橐无余,自得至乐。读书志在圣贤非徒科第;
为官心存君国,岂计身家。守分安命,顺时听天。为人若此,庶乎近焉。

康熙年间,吴楚材、吴调侯所编《古文观止》12 卷,是优秀的散文选集。

清代戏曲

清初戏曲作家有李玉、李渔等人。

李玉,江苏苏州人,生于明末,入清后,"绝意仕进",专心从事戏曲创作。写于明
末的《一笠庵四种曲》包括《一捧雪》、《人兽观》、《永团圆》、《占花魁》,后人简称"一、
人、永、占"。入清以后的名作有《万里圆》、《千锺录》、《清忠谱》等,最成功的是《清忠
谱》。《清忠谱》描写明末苏州人民反抗阉党魏忠贤黑暗统治、声援东林党人周顺昌的
正义斗争。剧本成功地塑造了周顺昌与颜佩韦、杨念如等五义士的形象,充分利用戏
剧艺术善于再现生活场面的特长,成功地再现了人民群众轰轰烈烈声势浩大的斗争
场面。《清忠谱》是集体创作,参与创作的有李鹤(素臣)等几位著名戏剧家。全剧主
题鲜明、线索清晰、结构谨严,是戏剧家共同创造、汰炼的功绩。李鹤,江苏苏州人,李
玉好友,其名作《十五贯》至今犹有演出。

李渔,浙江兰溪人,著有传奇《风筝误》、《比目鱼》等 10 种,合称《笠翁十种曲》,另
有小说《十二楼》、戏曲理论著作《闲情偶寄》等。《闲情偶寄》是一部内容广泛的杂著,
包括戏曲、烹饪、建筑、园艺等许多方面,其中以戏曲最为精彩。李渔提出:结构第一,
词采第二,音律第三,宾白第四,科诨第五,格局第六,同时又具体论述了"立主脑"
(有中心内容,中心人物,中心事件)、"密针线"、"减头绪"、"戒浮泛"、"忌填塞"、"审
虚实"、"语求肖似"、"少用方言"等问题,形成了一整套比较系统的戏曲理论,对发展
戏曲理论和戏曲创作很有价值。

康熙年间,出现了洪昇的《长生殿》和孔尚任的《桃花扇》,两剧轰动一时,世称"南
洪北孔"。

洪昇,浙江杭州人,其戏曲著作现存的只有《长生殿》传奇和《四婵娟》杂剧两种。
《长生殿》先后经过 10 余年的努力,三次修改定稿,共 50 出。洪昇以安史之乱为背
景,描写唐明皇与杨贵妃的爱情故事。演出之后,立即轰动,"一时朱门绮席,酒社歌
楼,非此曲不奏,缠头为之增价"。"爱文者喜其词,知音者赏其律","以是传闻益
远"。不料,盛极生哀,因在佟皇后丧期之内演唱此剧,触犯禁忌,洪昇受御史黄六鸿
弹劾,被革去国子监生,离京返乡。洪昇在政治上受打击,但未影响作品的流传。康

熙四十三年(1704年),洪昇出游江南,道经吴兴浔溪,饮客舟中,醉后失足堕水溺死,时年59岁。

孔尚任,山东曲阜人,孔子64代孙,早年受孔氏家族传统教育,爱好诗文,精通乐律,所学方面甚广。康熙二十四年(1685年),康熙皇帝到曲阜祭孔,孔尚任御前讲经,受到赏识,被任命为国子监博士。到京一年,奉派淮、扬一带参与治水。其间游历扬州、南京一带,搜集野史,凭吊遗迹,结识了一批明代遗老,对南明兴亡有较多感受。康熙二十九年(1690年),孔尚任返京后,淡于仕宦生涯,遂致力于传奇剧本《桃花扇》的创作。经三易其稿,于康熙三十八年(1699年)写成。次年,却遭到与洪昇相似的结局,被罢官免职,归休乡里。《桃花扇》全剧共44出,以复社文人侯方域和秦淮歌妓李香君悲欢离合的爱情故事为主线,反映了明末弘光朝廷覆亡的历史悲剧。文辞流畅,结构严谨,当时北京清宫内廷与著名昆曲金斗班竞相演唱,轰动一时。孔尚任还与顾彩合写剧作《小忽雷》传奇。

乾隆年间,焦循的《花部农谭》是最值得重视的戏曲理论著作。它是焦循与人谈论各种地方戏曲的记录,对打破士大夫阶层轻视地方戏曲的正统思想有积极意义。

清代小说

清代文学成就最突出的是小说。蒲松龄的《聊斋志异》,是文言短篇小说的高峰。吴敬梓的《儒林外史》,是讽刺小说的杰作。曹雪芹的《红楼梦》,是白话长篇小说的典范。它们都对后代小说创作产生了直接影响,继起模仿之作甚多。这种盛况,非前代小说可比。

蒲松龄,山东淄川人,生长在一个世代读书却科名不显的没落地主家庭。青少年时醉心科举,但屡试不第,穷困一生,只能以教书为业。他对清朝黑暗统治感受深刻,在清统治者的文化高压下,只能借妖狐鬼怪的故事发泄对现实的不满,编写了一部短篇文言文小说集——《聊斋志异》。《聊斋志异》全书近500篇作品,大体可分为以下几类:一类描写爱情婚姻,含有强烈地反对封建礼教的精神,如《婴宁》、《小谢》、《连城》、《红玉》、《莲香》、《香玉》等。这类作品数量最多,表现了人间生活和许多人所共有的理想的爱情,富有艺术魅力。第二类揭露科举制度的弊端,有助于读者认识其腐朽性,如《司文郎》、《王子安》、《叶生》等。第三揭露政治黑暗,颂扬反抗精神,如《促织》、《席子平》、《梦狼》等。此外,有些作品包含着一定的人性哲理,对读者颇有启发,如《画皮》、《崂山道士》等。有的作品可以增长读者的知识和智慧,读来生动有趣,如《贾儿》、《偷桃》、《口技》等。《聊斋志异》是一部具有反封建性质的进步小说,但也有不少糟粕。作者揭露封建吏治的腐败,却把希望寄托于皇帝的"圣明"上,看不到人民群众的力量,把惩治贪官劣绅的办法寄托于个人报仇的行动上。同时,书中还宣扬封建宿命论及轮回报应等思想。

吴敬梓,安徽全椒人,出身于没落的官僚地主家庭。自幼聪明,读书过目不忘,23岁考取秀才,36岁时,以病辞应"博学鸿词"科考试,从此不再热衷功名。《儒林外史》约在吴敬梓40岁前动笔,49岁时脱稿。54岁时,吴敬梓病死扬州。《儒林外史》在吴敬梓生前未及刊行,乾隆四十六年(1781年)前后方由其姻亲金兆燕首次刊行问世。当时,作者已去世20余年。《儒林外史》是我国一部优秀的讽刺小说。小说极力反对封建科举制度和腐朽官僚政治,其讽刺对象非常广泛,包括秀才、举人、进士、官吏、劣绅、四方名士、江湖侠客、卜医、星相,等等。在"范进中举"一篇中,刻画了范进醉心于科举做官,下考场几十次,穷困潦倒,受尽侮辱的形象与经历。后来,老而中举,惊喜成疯,做官之后,对人民十分刻薄。此书将儒林们围绕功名富贵而相互勾结、吹捧、敲诈,把礼、义、廉、耻等封建伦理道德的虚伪性充分暴露了出来,作品还通过民间口语,说出了"三年清知府,十万雪花银",衙门里经常是"戥子声、算盘声、板子声"三声并响等真实情况,对封建官府的罪恶作了无情的揭露。作品还描写了地主与农民的两极分化和对立,是对封建官僚宣传的"太平盛世"的绝妙讽刺。塑造的杜少卿、沈琼枝等人物,吴敬梓肯定他们反对封建礼教、要求男女平等、婚姻自由、个性解放精神的同时,对下层市民寄予深切的希望与同情。所有这些,在当时的历史条件下都具有进步意义。但吴敬梓把改变当时社会风气的希望,寄托在知识分子的制作礼乐上,则是一种空想。

曹雪芹,远祖是汉人,明代后期成为满洲贵族家奴,因与皇族关系密切,康熙时成为声势煊赫的贵族世家。祖上几代都世袭江宁织造,康熙皇帝6次南巡,5次以江宁织造署为行宫,曹家权势极盛。雍正初年,因其父曹頫被罢官和抄家,随之迁居北京,家道遂衰。晚期居北京西郊,"举家食粥",贫病而卒,年未及50。曹雪芹亲自经历了大官僚地主家庭的盛衰过程,生活经验丰富,以10年时间创作了文学史上不朽的巨著《红楼梦》。全书120回,曹雪芹只写了前80回,后40回为高鹗(乾隆进士)所续。《红楼梦》初名《石头记》,具体解剖了贾、史、王、薛四大封建家族由盛而衰的历史过程及原因,揭露了封建社会后期的种种黑暗和不可克服的内在矛盾,向人们揭示了封建社会必然灭亡的历史规律。通过对封建家族内部尔虞我诈、钩心斗角及其骄奢淫逸的无耻生活的描述,无情地批判了封建伦理道德和礼制法规的虚伪和反动。对残酷的阶级压迫和剥削,也揭露得十分深刻。《红楼梦》把理想寄托在贾宝玉、林黛玉、尤三姐、晴雯、司棋等人物身上,作者通过贾宝玉反映自己的政治思想,骂科举制八股文是文人"饵名钓禄为阶",把谈论仕途经济骂为"混账话"。贾宝玉被赋予大胆的批判精神,反对道学,轻视儒家经典,轻视封建伦常关系。《红楼梦》的艺术成就达到了我国古典小说的最高峰。

史学

清统治者为笼络汉人知识分子,经顺、康、雍、乾四朝修纂《明史》共 332 卷。康熙年间,王鸿绪任总裁,在万斯同书的基础上,略加删改而成《明史稿》。雍正到乾隆年间,张廷玉为总裁,在万斯同、王鸿绪《明史稿》基础上修成《明史》。清修《明史》,时间之长,规模之大,人数之众,于二十四史中堪称为最,对保存明代史事功不可没。

乾隆年间,《明史》修成,我国古代的二十四部纪传体史书,亦即告成。"二十四史"包括《史记》、《汉书》、《后汉书》、《三国志》、《晋书》、《宋书》、《南齐书》、《梁书》、《陈书》、《魏书》、《北齐书》、《周书》、《隋书》、《南史》、《北史》、《旧唐书》、《新唐书》、《旧五代史》、《新五代史》、《宋史》、《辽史》、《金史》、《元史》、《明史》。它们在不同的历史时期写成,各自独立,但在史事上又相互衔接,完整地记述了自上古到明末的历史。

章学诚,清史学家,浙江绍兴人,乾隆四十三年(1778 年)41 岁始中进士,一生潦倒,未做官。但其著作极富,绝大部分生前均未刊行,缺失极多。所著《文史通义》,为继刘知几《史通》后的又一部史学理论专著。他提出"六经皆史"说,且认为史学是"经世"之学,认为历史是进化的,史学是不断发展的。他提倡通史,贬抑断代史,指出史学应以著述为贵,尤强调"史德"。他致力倡导编修地方志,系统论述了方志理论和方法,对中国方志学的发展有所贡献。

乾嘉史学中,王鸣盛、赵翼、钱大昕是以考史著称的三大家。王鸣盛,江苏嘉定人,乾隆间进士,著《十七史商榷》。赵翼,江苏阳湖人,乾隆间进士,著《二十二史札记》。钱大昕,江苏嘉定人,乾隆间进士,著《二十二史考异》。乾嘉时期,以上述三书为考史名著,影响最大,代表清代考据学的水平。

梅文鼎,安徽宣城人。康熙年间,他以毕生的精力从事学术研究,所著天文、历法、数学方面的书籍达 86 种,在中外科学知识的整理上作出了重要贡献。其所著《古今历法通考》,是我国第一部历学史。他的数学巨著《中西数学通》,几乎总结了当时世界数学的全部知识,达到当时我国数学研究的最高水平。

其他

段玉裁,清文字训诂学家、经学家,江苏金坛人,乾隆举人,曾在贵州、四川等地任知县。46 岁后以父亲老迈,自己有病告归乡里,专事著述,积数十年之精力,著成《说文解字注》。

清代在绘画方面取得了很大成就。清初画坛的代表人物是王时敏、王鉴、王翚、王原祁、恽寿平、吴历,并称"清初六大家"。其中四王的山水画,多是对古典作品的模拟,缺乏自己的特色。恽寿平是花鸟画家,作品富有生气。吴历的山水画重于实景取材,结构严整,讲究明暗远近,显然受西洋画的影响。

清代画坛上成就最大的是清初的朱耷、石涛、萧云从等人和清中朝的扬州画家,他们都具有独创精神。扬州画家的代表是号称"扬州八怪"的金农、郑燮、罗聘、李鱓、黄慎、李方膺、高翔、汪士慎等。他们敢于摆脱清初以来的古风气,不受因循守旧画风的影响。所画山水、人物、花鸟、竹梅,皆辟新径,既不墨守古人成法,又不脱离优秀传统,成为我国绘画史上的一个新流派。

清代园林建筑成就也很大。圆明园是清代最著名的皇家园林。它位于北京海淀,在西直门外 13 华里,周围广达 30 里,拥有 150 多座精美的宫殿、台阁、宝塔等建筑。经康、雍、乾三朝,历时 150 余年才基本建成,道光朝又增修,耗费白银约两亿两。圆明园综合了国内许多名园的特色,如杭州西湖的曲院、苏州的狮子林等,都被仿建在园内。因此说,圆明园是我国名园山水的一个缩影。同时,它还吸收了西欧园林的建筑特色,建有"西洋楼",安装有人工喷泉。园内建筑物上的雕刻、绘画,都是全国名工巧匠的艺术杰作。圆明园内珍藏有历代文物和艺术珍品,可以说是清朝皇宫的博物院。圆明园是我国劳动人民血汗和智慧的结晶,是清代也是世界建筑史上的壮举。咸丰十年(1860 年),英法联军打进北京,放火焚烧圆明园,大批珍藏的文物也被洗劫一空,成为当时世界上最严重的一场文化浩劫。

避暑山庄始建于康熙朝,又名热河行宫、承德离宫,位于今河北省承德市,是清代皇帝避暑和从事各种政治活动的地方。避暑山庄的修建也经历了康、雍、乾三朝,历时 80 余年。山庄分宫殿区和苑景区两大部分,其间苍山起伏,湖光变幻,洲岛错落,殿堂成群,有康熙、乾隆亲自题名的所谓 72 景。山庄外围修建 12 座宏伟的喇嘛庙,因其中 8 座归北京皇宫管辖,又地处京师(北京)之外,故称外八庙。每年,清帝都指定蒙古王公轮流到避暑山庄觐见,陪同皇帝打猎习武,并给予赏赐,以联络感情,达到"合内外之心,成巩固之业"的目的。当时,维吾尔、藏、苗、高山等少数民族首领都曾到避暑山庄朝见皇帝,避暑山庄和外八庙实际上起到了清朝第二政治中心的作用,对于加强中央与边疆少数民族联系发挥了重要作用。避暑山庄和外八庙的建造,展示了我国南北各地建筑布局的特征,表现了我国各民族的建筑风格,是我国古代造园艺术的集大成者。

第十一章　清朝时期(鸦片战争后)
(1840 年—1911 年)

一、鸦片战争(1840 年—1842 年)

虎门销烟

　　鸦片战争是英国资产阶级为维护鸦片贸易而对中国发动的侵略战争。

　　鸦片的输入使中国的白银大量外流,白银外流造成银贵钱贱,又造成百业萧条、市场凋零,从而使本已停滞的封建经济更加衰败。泛滥的鸦片毒害了中国人民,使其心灵和肌体均受到严重摧残,千万个家庭因此而倾家荡产。外国鸦片贩子的武装走私和大量行贿使中国主权尽失,使清王朝的吏治更加糜烂。鸦片侵略成了当时中国严重的社会问题,下层群众愤慨已极,视罂粟为"妖花",斥鸦片为"毒蛇"。

　　鸦片输入造成了深重的社会灾难,人民要求禁烟的呼声日急。在清王朝内部,出现了一场严禁与弛禁的激烈辩论。弛禁派以直隶总督琦善为代表,严禁派以湖广总督林则徐、鸿胪寺卿黄爵滋为代表,展开斗争。1838 年 6 月,黄爵滋向道光皇帝上了著名的《请严塞漏卮以培国本疏》,提出严禁鸦片。黄爵滋的奏疏震动朝野,道光帝谕令各省督抚议奏。直隶总督琦善、云贵总督伊布里等 20 人虽对禁烟不敢公开反对,但不赞成以死刑重治吸食者。湖广总督林则徐等 8 人则赞成,同时奏疏也得到中下级官吏和广大人民的普遍欢迎和支持。

　　1838 年 12 月 31 日,道光皇帝特令林则徐为钦差大臣,赴广州查禁鸦片。1839年 3 月,林则徐到达广州,会同两广总督邓廷桢、广东水师提督关天培,缉拿烟贩,整顿海防,命令外国商人交出鸦片,并写下保证书:以后来船,永不夹带鸦片,如有带来,一经查出,货尽没官,人即正法。林则徐义正词严地表示:鸦片一日未绝,本大臣一日不回,誓与此事相始终,断无中止之理。轰轰烈烈的禁烟运动全面展开。

林则徐在广州坚持打击英国驻华商务监督查理·义律破坏禁烟的活动,下令停止中英贸易,派兵严守英商居住的商馆,撤回中国雇员。义律被迫表示呈缴鸦片。1839年4月至5月间,英、美等国商人被迫缴出鸦片20 283箱,共计237万多斤。从6月3日起到25日,这批鸦片全部在虎门当众销毁。6月3日,广州及香港、澳门人民齐集虎门海滩,观看销烟壮举。海滩高处挖了两个长、宽各15丈的池子,前设涵洞,后通水沟,池周围设以栅栏。林则徐亲临虎门,指挥官兵工役由沟道车水入池,撒盐成卤,将烟土切成四块,投入卤水中,浸泡以后再抛入石灰,烟土不炊自燃,随后用铁锨搅拌,务使化尽,再启拔涵洞,使残渣随浪送入大海。

外国侵略分子满以为没收的鸦片不是私肥就是被盗走,但林则徐做了极其严肃的处理,表现出中华民族高贵而纯洁的品质,表明了中国人民铲除鸦片烟毒、反抗外国侵略的决心和勇气。

林则徐撤职

在铲除鸦片毒害的同时,林则徐在广州积极备战御敌。他首先探访夷情,组织幕僚研究外国史地,收集整理国外动态,广译书报,编撰了《四洲志》、《华事夷言》、《各国律例》等书,其内容涉及政治、经济、军事和先进科学技术诸多方面,故后人称林则徐为中国近代"开眼看世界的第一人"。其次,整顿海防,增修虎门炮台,使虎门炮台的大炮增至300余门。同时,又会同水师提督关天培,切实训练和提高水陆官兵的作战能力。再次,编练水勇,从渔民、盐工中招募水勇5 000余人,以便与水师协同作战。他还号召民间自行组织团练,保卫村庄,宣布"如英夷兵船一进内河,许以人人持刀痛杀"。

1840年2月,英国政府任命好望角舰队总司令乔治·懿律为侵略军总司令和谈判全权代表,查理·义律为副代表。6月,由英国军舰16艘、武装汽船4艘、运输船18艘、大炮540门、武装官兵4 000人组成的"东方远征队",陆续到达我国广东附近海面。6月28日,英国封锁广东珠江口,"旨在维护鸦片贸易而发动和进行的对华战争"正式开始。英国见广州戒备森严,不敢贸然进攻,除留下4艘军舰和一艘武装汽船继续封锁江面外,其余舰只北上骚扰。7月3日,英军转攻厦门,被当时已调任闽浙总督的邓廷桢率军击退。7月5日,英军北犯攻陷浙江定海。8月,英舰到达天津北海口,天津危急。查理·义律提出照会,提出赔偿鸦片价款、赔偿军费、割让岛屿、惩办林则徐等要求。反对禁烟的军机大臣穆彰阿等人乘机攻击林则徐,这使本来对禁烟就决心不大的道光皇帝转向妥协,与英国进行谈判。英国侵略者看到要求有了着落,加之兵力有限,北方海域的冰冻又即将来临,于是同意舰队南迁,继续交涉。

道光皇帝下旨,宣布林则徐、邓廷桢的"罪状",并将其撤职查办。林则徐被充军新疆伊犁(后被召回启用,因病辞职回原籍福州,著有《林文忠公政书》等),直隶总督琦善被改派为钦差大臣,驰往广州办理交涉。

琦善革职

琦善与义律在广州谈判,义律提出了赔款、割让香港、开放通商口岸等一系列无理要求。琦善几乎全部接受,唯有对割让香港一事表示不敢做主,答应向道光皇帝代为"请求"。义律决定进一步施加压力,迫使琦善完全屈服,便于 1841 年 1 月 7 日派兵突然袭击珠江口沙角、大角炮台。守将陈连升率部抵抗,壮烈牺牲。琦善急忙向义律求和,义律提出《穿鼻草约》,并于 1 月 20 日单方面公布。其内容包括割让香港、赔偿烟价款 600 万元、恢复广州通商等条款。1 月 26 日,英军强占香港岛。琦善始终不敢在草约上签字。

道光皇帝震怒,认为割地赔款有损清廷尊严,大骂琦善"辜恩误国"。2 月中旬,琦善被革职,锁拿进京,抄家、查办。战争结束后,才又被启用。

关天培殉国

道光皇帝为了挽回"天朝"的体面,下诏对英军宣战,派遣皇侄、御前大臣奕山为靖逆将军,户部尚书隆文、湖南提督杨芳为参赞大臣,率领川、黔、湘、赣等省绿营兵17 000 人前往广东。义律一知情况有变,便先下手为强,于 2 月 23 日进攻虎门各炮台。水师提督关天培一面沉着应战,一面派总兵李廷钰回广州向琦善哭求增兵。琦善拒绝增兵,却派人向义律乞和。在孤军无援的绝境下,关天培将私人财物发给将士,并给家人寄出一个匣子,内装自己的几颗牙齿和几件旧衣服,表示必死的决心。2 月 26 日,大批英舰围攻,关天培亲燃大炮,从上午 10 时战至下午 7 时,身躯数十处受伤,直至弹尽力竭,壮烈牺牲,时年已 62 岁。虎门炮台失陷。

《广州和约》

虎门炮台失陷不久,湖南提督杨芳率军到广州。杨芳镇压农民起义颇有办法,但对英军却束手无策。他见英舰横行无阻,炮火猛烈,认为其中必有"邪术",便采用"以邪制邪"的办法,令地方保甲遍收民间马桶,载于木筏之上,以马桶炮台御之,结果被英军打得大败。杨芳的这一愚蠢行为,一时被传为笑柄,人们呼其为"马桶将军"。

靖逆将军奕山于1841年4月14日才到达广州。他极端害怕人民,认为"患不在外而在内"、"防民甚于防寇",拒绝加强战备。广州商民怒斥奕山"徒有剿夷之名,反有害民之实"。5月21日,奕山在毫无准备的情况下,指挥清军分三路仓促夜袭英军。英军居高临下,猛烈轰击广州贡院奕山一伙住所。奕山失魂落魄,急忙竖起白旗,派广州知府余保纯向义律乞降。

5月27日,奕山接受义律提出的全部条件,签订了《广州和约》,规定:清军退出广州城,缴纳"赎城费"600万元,赔偿商馆损失30万元。英国勒索巨款后,又提出割让香港,继续扩大侵略战争。

三元里抗英斗争

英军的侵略暴行和清廷的投降卖国激起了广大人民的义愤。

1841年5月29日,一小股英军窜到广州城外三元里进行抢劫并侮辱妇女。菜农韦绍光等人群起抗击,打死英军数人。为了抵抗英军报复,全村男女在村北三元古庙集合,决定以庙中黑底白边的三星旗为"令旗",议决"旗进人进,旗退人退"、"打死无怨"。同时,爱国士绅、举人何玉成等发起并联络附近103乡人民在牛栏岗前聚会,决定以三星旗为总指挥旗,各乡树旗一面,举领队一人,以鸣锣为号,一乡鸣锣,众乡皆出,聚众歼之。

5月30日,三元里和附近各乡义勇5 000人向英军占领的四方炮台挺进,英军司令卧乌克率千余人反扑。义勇诱敌至牛栏岗,击毙英军少校毕霞,英军死伤近50人。下午,雷雨倾盆,英军火药受潮,枪炮失灵,道路泥泞,侵略军寸步难行。义勇以长矛刺杀英军,愈战愈勇。5月31日,番禺、南海、花县、从化等县乡勇也闻讯赶来,围攻英军司令部所在的四方炮台。卧乌克派人向奕山求救。奕山派广州知府余保纯为英军解围,余保纯采取蒙骗和分裂手段,驱散了群众。

三元里人民抗英斗争是近代史上中国人民最早的自发的反侵略运动,是中国人民反帝斗争的第一步,表现了中国人民不可侮辱的深厚的革命力量。

裕谦殉国、陈化成牺牲

1841年8月,璞鼎查接替义律,率领侵华海军司令巴尔克、陆军司令卧乌克以及军舰 26 艘北犯,厦门失陷。9 月 25 日,英军再次进攻定海。定海镇总兵葛云飞坚守阵地,顽强抵抗,负伤 40 余处,冲入敌阵,壮烈牺牲。定海再次失陷。英军乘势进攻镇海。两江总督裕谦和浙江提督余步云同守镇海。裕谦召集守城官兵立誓,表示不能以退守为托词,离城一步,也绝不能以保全民命为词,接受洋人片纸,誓与镇海共存亡。余步云贪生怕死,临阵脱逃。10 月 10 日,镇海城破,镇守总兵谢朝恩战死,裕谦愤慨地投水自尽为亲兵所救,次日至余姚服毒殉职。裕谦是蒙古镶黄旗人,坚决主张抵抗英军侵略,揭露琦善的误国罪行,同情和支持林则徐禁烟抗英,曾上疏挽留林则徐来浙协助抗英,但未获道光皇帝批准。裕谦是鸦片战争期间以身殉国的第一位封疆大吏。10 月 13 日,宁波陷落。英军从宁波府库中抢走价值 12 万多元的现金、纹银以及大批丝绸、瓷器和粮食。

浙江连失定海、镇海、宁波三城,道光皇帝决定第二次出师,急派皇侄奕经为扬威将军,前往浙江指挥作战。奕经从北京出发,一路上游山玩水,勒索供应,1842 年 2 月才进驻浙江绍兴。3 月 10 日,下令兵分三路,企图一举收复三城,遭到英军猛烈夹击,反而败丢了慈溪。6 月,英国从印度派来增援舰队百余艘、陆军士兵万余人。璞鼎查立即北上进犯吴淞。吴淞是长江的门户,筑有炮台,年逾 70 的江南提督陈化成镇守炮台。6 月 16 日,英军炮轰吴淞,接替裕谦出任两江总督的牛鉴主张屈膝求和,炮声一响,牛鉴便混在士兵队伍里逃跑,全军大乱。陈化成手执令旗,指挥猛烈还击,炮战两小时,击沉击伤军舰各两艘,溺毙英军 200 余人。陈化成身负重伤,喷血而死,所部 80 余人壮烈牺牲,炮台失守,上海陷落。7 月 21 日,英军进攻镇江。守城旗兵千余人在副都统海龄指挥下,步步为营,节节抵抗,寸土必争。繁荣的镇江成了一片瓦砾场。恩格斯曾热烈赞扬镇江守军的英雄气概,指出:"驻防旗兵总共只有一千五百人,但却殊死奋战,直到最后一人。"8 月上旬,英军舰船 76 艘进入南京江面。

中英《南京条约》

英国侵略者陈兵南京江面,提出停战议和。道光皇帝立即派耆英作为清王朝的钦差大臣、议和全权代表,与璞鼎查在南京江面英舰皋华丽号上议和谈判。1842 年 8 月 29 日,清政府签订了丧权辱国的中英《南京条约》(即《江宁条约》)。条约规定:割让香港;开放广州、厦门、福州、宁波、上海为通商口岸;赔款 2 100 万银元;英商货物税率必须两国协议。第二年,英国又强迫清廷签订了《五口通商章程》(即《虎门条约》)作为《南京条约》的补充,明文规定英国在中国享有领事裁判和片面的最惠国待遇。

《南京条约》是中国近代史上第一个不平等条约。1844 年 7 月,美国强迫清政府签订了中美《望厦条约》;10 月,法国强迫清政府签订了中法《黄埔条约》,美国与法国同样取得了侵略中国的一切特权,中国社会从而发生了根本变化。鸦片战争后,中国主权受到外国干涉,领土完整遭到破坏,小农业和家庭手工业相结合的自给自足的经济结构受到外国资本主义的入侵而逐渐解体,中国逐步变成了一个半殖民地半封建社会。随着中国社会性质的改变,阶级斗争的形势也发生了变化。中国社会的主要矛盾,除了原有的封建主义和人民大众的矛盾以外,又加上了外国资本主义和中华民族的矛盾,而后者成为最主要的矛盾。从此,中国人民既要反对本国的封建主义,更要反对外国资本主义,承担起反帝反封建的双重任务。

二、太平天国前期的斗争(1851 年—1856 年)

拜上帝会

鸦片战争以后,社会矛盾日趋激化,农民起义更加频繁。从 1842 年至 1850 年,全国反清武装起义达 90 余次。1851 年爆发的洪秀全领导的太平天国运动,把中国旧式农民起义推向了最高峰。

洪秀全,广东花县人,农民家庭出身的农村知识分子,做过村塾教师,几次考秀才都未考取。鸦片战争的失败,清廷的腐败,农民生活的贫困,人民反清斗争的高涨,激发了洪秀全的反抗思想。1843 年,他熟读了基督教的传道书《劝世良言》,深受书中宣传的"但一神教"和"平等"思想的影响,认定"上帝"是万能的,是世界的最高主宰,便与同学冯云山、族弟洪仁玕一道创立了"拜上帝会"组织。为了宣传"拜上帝会"的教义,洪秀全写了《原道救世歌》、《原道醒世训》、《原道觉世训》三本小册子,经过一番改造和宣传,"拜上帝会"变成了中国农民能够接受的、组织革命力量的工具和旗帜。

紫荆山位于广西桂平县金田村西北,这里的居民大多以"种山烧炭"为业,生活极为贫苦,有反剥削反压迫的斗争传统,且这里的封建统治力量相对较薄弱,是组织和积蓄革命力量的好地方。冯云山于 1844 年 11 月深入紫荆山地区,接近群众,宣传"拜上帝会"的宗旨,吸收成员,物色骨干力量。经过两年多的努力,"拜上帝会"的成员已达 2 000 多人,大多是农民、烧炭工人、矿工、运输工人,还有少数地主和士绅。

在这些成员中，涌现出杨秀清、萧朝贵、韦昌辉、石达开以及秦日纲、胡以晃等核心人物，后来成为起义的骨干。

金田起义

洪秀全、杨秀清、萧朝贵等人在金田积极组织准备起义，清政府从各地调兵遣将前往广西进行镇压。1850年底，先后调入广西的清军已逾万人，武装起义已刻不容缓。1851年1月11日（道光三十年十二月初十）是洪秀全38岁的生日，各地到达金田的"拜上帝会"会众，拿起武器，齐集金田村西边的犀牛岭古营盘。洪秀全宣布起义，建国号太平天国，起义军称太平军，并规定了太平军的5条纪律：遵条命；别男行、女行；秋毫莫犯；公心和傩（nuó方言，同心和睦），各遵头目约束；同心合力，不得临阵退缩。冯云山宣读了秉承天父旨意，合力诛妖灭清，实行天下太平的讲词，动员太平军全体将士英勇杀敌。震惊中外的太平天国运动正式爆发了。

永安封王

太平军从金田村出发，直指武宣。3月23日，洪秀全在武宣正式称"天王"，并由杨秀清、萧朝贵、冯云山、韦昌辉、石达开分领中军、前军、后军、右军、左军主将。这就是太平天国前期的五军主将制度。9月25日，太平军攻下广西永安州，这是太平军第一次占领城市，太平军在永安初步开展建国工作。首先，封王建制。洪秀全发布封王诏令：杨秀清为东王、萧朝贵为西王、冯云山为南王、韦昌辉为北王、石达开为翼王，西王以下各王受东王节制。秦日纲、胡以晃为丞相，罗大纲为总制。太平天国的官制基本确立。其次，整顿军纪。刊印《太平条规》，具体规定了服从指挥、爱护群众、保护武器等纪律、制度。第三，补充给养。完善圣库制度，迫令地主、富户捐献钱粮，发动群众抢收地主田禾，一半分给农民，一半归太平军。第四，抓舆论宣传，发动组织群众参加太平军。第五，颁行《太平天历》，定一年为366天，分12个月，单月31天，双月30天，全年24个节气。这是对清朝"正朔"的公开否定，具有重要的政治意义。

1852年4月5日，太平军从永安突围，北上围攻桂林，6月3日，一举攻克全州。在蓑衣渡战斗中，南王冯云山受伤牺牲，这无疑是太平军的重大损失。8月17日，攻克湘南重镇郴州。

郴州得手后，西王萧朝贵率领李开芳、林凤祥进攻长沙，勇敢善战的萧朝贵在长沙天心阁外中弹阵亡，太平军损失了第二个重要将领。长沙久攻不克，太平军便撤围北上,于12月克岳州、益阳。岳州、益阳数千条民船和数万群众加入太平军,组成"水营"。从此,太平军开始建立强大的水师,增强了向长江水域发展的能力。

1853年1月12日,太平军攻克湖北重镇武昌,太平军总数已发展到50余万人,有船只上万条,水陆两路,声势浩大。2月,以翼王石达开为先锋,太平军水陆并进,帆樯如云,蔽江东下,向南京挺进。3月19日,在林凤祥等指挥下,太平军轰塌仪凤门,攻克南京,斩两江总督陆建瀛、江宁将军祥厚等人。

定都天京

从金田起义到攻克南京,太平军历时26个月,纵横广西、湖南、湖北、江西、安徽、江苏等省。洪秀全改南京为天京,作为太平天国的首都,正式建立了与清政府对峙的农民政权。

太平天国定都天京后,制定并颁布了《天朝田亩制度》,这是我国农民第一次提出的比较系统、比较完整的土地纲领。太平天国想通过实施这一制度,建立"有田同耕,有饭同吃,有衣同穿,有钱同使,无处不均匀,无人不饱暖"的理想社会。然而,《天朝田亩制度》包含许多绝对平均主义和"乌托邦"的成分,由于战争的频繁,这些理想无法实现,也不可能实现。《天朝田亩制度》作为封建土地私有制的对立物存在了10余年,给予后来的革命者以重要启发——必须重视农民的土地问题,因而具有重要的历史意义。

太平天国还规定了尊重妇女的政策:妇女与男子一样同样分田;废除买卖婚姻;禁止娼妓和买卖奴婢等封建恶习。同时,还建立了女军,设有女官,妇女可以参加社会生产劳动,享有参加考试的权利。在对外关系方面,太平天国反对不平等条约,禁止鸦片输入,坚决反对外国的侵略。

北伐与西征

太平军为了巩固天京、扩大革命区域,遂决定北伐和西征。

1853年5月,天官副丞相林凤祥、地官正丞相李开芳、春官副丞相吉文元统帅3万余人,北上远征。北伐军从扬州出发,经苏、皖、豫、晋等省,进入直隶省,10月逼近天津。这时,清咸丰皇帝调派胜保、僧格林沁率领10万清军防堵。北伐军因粮尽援绝,未下天津,南撤山东阜城,吉文元战死。后北伐军在山东临清溃败,林凤祥退守连镇,李开芳率军南下。林李分兵后,势益孤单。1855年3月,林凤祥及将士全部遇害。5月,李开芳退守山东冯官屯,僧格林沁引运河水淹,北伐军全军覆亡。

北伐的同时,春官正丞相胡以晃、夏官副丞相赖汉英统帅5万人开始了西征。西征军沿长江打到汉口、汉阳、武昌。进入湖南后,在湘潭遭到了湘军的顽抗。曾国藩,湖南湘乡人,道光进士,为镇压太平天国在湖南帮办团练,后又编练湘军。4月,曾国藩亲率湘军水师和800余名陆勇,在湘潭与西征军激战,太平军伤亡1万多人,200余只战船亦被焚毁。这是太平军起义以来,所受损失最严重的一次战斗。

在西征战局十分危急之时,石达开、罗大纲率军增援,陈玉成也从江北增援,湖口之战随即展开。

1855年1月,太平军佯撤江西湖口,引诱湘军水师120余只舢板快船冲入鄱阳湖内,然后立即封锁湖口,把湘军水师截成内湖、外江两段,首尾不能相顾。2月11日深夜,太平军驾小船百余只进行突袭,焚湘军水师大船100余艘。曾国藩被围,改乘小船上岸逃走,鄱阳湖湘军水师仓皇逃往南昌。湖口之战给湘军以沉重打击,扭转了太平军在西线的危局,并重新夺得了武汉。1855年底,石达开率军入赣,连克江西50余县,曾国藩困守南昌孤城。1856年冬,太平军又先后击破天京城外的江南大营(由钦差大臣向荣的绿营兵)和江北大营(由钦差大臣琦善的八旗兵,驻扎在扬州附近),解除了清军对天京的威胁。这样,太平天国控制了上自武汉、下至镇江的长江沿岸各战略要地及皖、赣、鄂、苏的大片土地,军事上达到了全盛。

捻军和小刀会

在太平天国胜利发展的鼓舞下,各族人民的反清起义蓬勃开展。

捻军的前身叫"捻子"或"捻党",是清乾隆、嘉庆年间出现于皖、鲁、豫、鄂4省边界地区的反对豪强地主的民间集团。1853年,太平军北伐途经皖、豫,捻党纷起响应。1855年8月,各地捻军首领会集于安徽涡阳,推张乐行为盟主,建号"大汉"。从此,分散的捻军走向统一,拥众数十万,战斗在鲁、豫、皖广大地区,成为与太平军并肩战斗的友军,给清朝以沉重打击。1863年3月,僧格林沁率军进攻安徽涡阳,捻军失败,张乐行被俘遇害,捻军自此转入后期斗争。

上海及附近几县的秘密会党互相联络,共推刘丽川为首领,以"小刀会"作为统一的组织名称,积极准备起义,以响应太平天国革命。1853年9月7日,刘丽川领导上海小刀会起义,杀死上海知县袁祖德,活捉苏松太道台吴健彰,建立"大明国",相继占领了宝山、南汇、川沙、青浦等县城。刘丽川宣布接受太平天国领导,上奏洪秀全,请求"差官莅任",但因道路梗阻,与太平天国的联系未能成功。小刀会在上海坚持斗争

17个月,终至弹尽粮绝。1855年2月,在清军和英法侵略武装的联合镇压下,刘丽川等相继牺牲,只有一小部分战士突围出城,在潘启亮率领下辗转到达天京,加入了太平军的行列。

1854年6月,广东东莞天地会首领何禄率众起义,攻占县城。7月,佛山天地会首领陈开竖旗起义,占领佛山。粤剧艺人李文茂、陈显良等在广州率众起义。三路起义军围攻广州达10个月之久。两广总督叶名琛勾结英、美、法等国在广州的侵略势力,对天地会起义进行镇压。广州突围以后,李文茂、陈开同往肇庆,会同当地义军进入广西。1855年9月,起义军攻克广西桂平,改名秀京,建立"大成国",改元"洪德",陈开称平浔王、李文茂称平靖王,坚持斗争达7年之久。1861年,大成国为清军所败,大批天地会众涌入湖南、江西,与太平军会合。

在西南地区,还有1855年张秀眉领导的贵州苗民起义,1856年李文学、王泰阶等领导的云南哀牢山彝族人民起义。同年,杜文秀领导云南回民起义,攻克大理,建立"平南国"。他们一直坚持斗争到1876年。

各族人民的反清起义以太平天国为中心形成了一个波澜壮阔的人民反清斗争的高潮,沉重地打击了清政府的统治,在不同程度上支持了太平天国的斗争。

三、第二次鸦片战争与辛酉政变
(1857年—1861年)

"亚罗"号事件

当太平天国运动达到高潮时,英、法、俄、美等国企图利用中国内战的机会胁迫清廷全面修改条约,扩大鸦片战争中所取得的侵略利益。1856年10月,英国制造了"亚罗"号事件,发动了新的侵华战争。因这次战争是第一次鸦片战争的继续,历史上称为第二次鸦片战争。

1856年10月8日,广东水师拘捕了中国船只"亚罗"号上的海盗及走私嫌疑犯12人。广州英领事巴夏礼借口该船曾在香港领过英籍登记证,硬说这是英国船只。他还捏造事实,说中国水师曾扯下船上的英国国旗,侮辱了英国,因而向两广总督叶名琛提出照会,要求释放全部人犯,向英国赔礼道歉,赔偿损失。10月23日,英国海军悍然向广州开炮,29 日,英军进攻广州城,大肆焚掠,遭到广州人民的抵抗,被迫撤走。

1857 年 12 月,英法联军 5 600 人在俄、美支持下向广州进攻。广州陷落,叶名琛被捉,广州将军穆克德纳和广东巡抚柏贵屈膝投降。英、法联军在广东渡过寒冬以后,于 1858 年 4 月陆续北上,俄、美公使伪装成"调停人",也随军北上。

《天津条约》

1858 年 5 月 20 日,英法联军攻陷大沽炮台,进逼天津城下,扬言进攻北京。咸丰皇帝惊慌失措,即派大学士桂良、吏部尚书花沙纳为全权大臣到天津乞求和谈。6 月,清廷与英、法、美、俄 4 国签订了中俄、中美、中英、中法《天津条约》、《通商章程善后条约》。这些不平等条约规定:外国公使驻北京;增开营口、烟台、台南、淡水、汕头、琼州、汉口、九江、南京、镇江为通商口岸;外国军舰和商船可在长江各口岸自由航行;外国人可往内地游历、通商、传教;鸦片贸易合法化;中国海关由外国人帮办税务;进口货物一律按时价抽百分之五的关税,外货入内地加征 2.5% 的子口税;赔偿英国白银 400 万两,法国 200 万两。

焚掠圆明园

《天津条约》签订后,英法侵略者仍不满足,准备再次挑衅。1859 年 6 月,英法公使借口到北京与清廷交换《天津条约》批准书,带领 20 艘军舰到大沽口。清廷要求其从北塘登陆进京,但英法存心寻衅,置之不理,炮轰大沽炮台。这时的大沽防务经过了整顿,战斗力有所加强。清军奋勇还击,民众纷纷助战。经过一昼夜的战斗,到次日凌晨,英法联军惨败。英舰 5 艘被击沉,2 艘被俘,6 艘受伤。英军死伤 464 人,英舰队司令何伯负重伤。法军死 14 人,舰队司令也负伤。

大沽之战后,英法再次扩组联军,对中国进行报复。1860 年 7 月,英法联军16 000 多人、军舰 200 多艘,抵达大沽口外。8 月,从北塘登陆,攻占大沽、天津,9 月进逼北京。咸丰皇帝带领官员逃往热河行宫(今河北承德市郊),令其弟恭亲王奕䜣为钦差大臣,留守北京,主持议和。10 月 6 日至 18 日,英法联军得到俄国公使提供的军事情报,顺利闯进安定门,控制了北京城,焚掠了圆明园。

圆明园坐落在北京西北郊,由圆明园、长春园、万春园三园组成,是清廷长期经营修成的壮丽宫殿和博物馆,收藏了许多精致艺术品和珍贵图书文物。英法两军官兵蜂拥而入圆明园,把能搬动的金银珠宝、金石字画、精美丝绸、珍贵文物洗劫一空,带不走的则撕毁、打碎、践踏、破坏。为了掩盖侵略者的罪责,10月16日联军总部下达焚园的命令,由米契尔骑兵团执行。顷刻间,遮天蔽日,浓烟翻滚,雄伟壮观的皇家宫苑成了一片废墟。参与焚掠的英国殖民主义者戈登承认:"我们以最野蛮的方式摧毁了世界上最宝贵的财富。"这是英法侵略者对人类文明犯下的最可耻、最野蛮的罪行。

《北京条约》

英法联军攻陷北京后,奕䜣秉承旨意全部接受侵略者提出的条件,于10月24日、25日与英法签订了《北京条约》。其主要内容是:(1)承认《天津条约》完全有效;(2)开放天津为商埠;(3)准许华民赴英、法属地或外洋别地做工(即贩卖华工的合法化);(4)割九龙给英国;(5)准许法国传教士在各省租买田地,建造自便;(6)赔偿英、法军费白银各800万两,恤金英国50万两、法国20万两。

沙俄侵占中国领土

沙俄侵华以领土侵占为基本特征,中国成了沙俄领土扩张政策的主要受害者。1858年5月底,乘英法联军攻陷大沽之机,沙俄用武力强迫黑龙江将军奕山与穆拉维约夫签订了中俄《瑷珲条约》。根据这一条约,俄国割占了外兴安岭以南、黑龙江以北60多万平方公里的领土。1860年11月,俄国又乘英法联军攻占北京之机,逼迫清廷签订了中俄《北京条约》,又把乌苏里江以东约40万平方公里的中国领土割占了去。1864年10月,沙俄强迫清廷签订了《中俄勘分西北界约记》,又割占了巴尔喀什湖以东、以南44万多平方公里的中国领土。

《北京条约》签订,第二次鸦片战争结束,英法联军退出北京。在这次战争中,中国丧失了100多万平方公里的领土,中国的领海权、内河主权、海关和外贸主权、司法主权进一步丧失,外国侵略者的势力深入到内地,中国半殖民地化程度进一步加深。

辛酉政变

1861年5月11日,经咸丰皇帝批准,清廷在京师设立了总理各国事务衙门,由恭亲王奕䜣、桂良、文祥负责管理。总理衙门总揽全部洋务事宜,成了清政府的中枢机构。总理衙门刚成立,就任命英国人李泰国为总税务司,掌管海关用人等实权。英、法、俄等国在北京建立使馆,使馆官员成为各国的代理人,不断对奕䜣施加压力。

1861 年 8 月 21 日,咸丰皇帝因虚痨病死于承德避暑山庄。临终前,他下了一道谕旨,确定那拉氏所生独生子载淳(即同治皇帝)继位,并指定怡亲王载垣、郑亲王端华、户部尚书肃顺等 8 人为"赞襄政务"的辅政大臣。载淳当时只有 6 岁,生母那拉氏被尊为慈禧太后,又因在避暑山庄期间,慈禧与慈安太后分住烟波致爽殿东西暖阁,故慈禧也被称为西太后。

早具野心的那拉氏便勾结恭亲王奕䜣发动宫廷政变。1861 年为农历辛酉年,所以史称"辛酉政变"。

10 月 26 日,咸丰帝灵柩启运回京。11 月 1 日,那拉氏携小皇帝在兵部侍郎胜保派亲兵接应下刚回到北京,即与奕䜣会晤,商议政变行动。11 月 2 日黎明,载垣、端华、肃顺等刚入宫门,就被预先埋伏的侍卫逮捕。那拉氏定其"欺君罔上"、"朋比为奸"等 10 条不赦之罪,分别将他们处死、革职或充军。随后,任命奕䜣为议政王大臣,桂良、文祥等为军机大臣,将皇帝年号"祺祥"改为"同治",表示太后与皇帝一同治理国家。从此,那拉氏便"垂帘听政",成为清朝政府腐败、软弱、无能、残暴的代表。慈禧太后成为清同治至光绪年间的实际统治者,是我国古代最有权力的女人之一。

对于慈禧太后、奕䜣等人的上台,英、法等外国侵略者非常满意。中外反动势力开始走上相互勾结的道路,共同镇压太平天国运动。

慈禧太后像

四、太平天国后期的斗争(1856 年—1862 年)

杨韦事变

1856 年 9 月,正当太平天国在军事上达到全盛的时候,天京领导集团内部发生了严重分裂事件。东王九千岁杨秀清被胜利冲昏了头脑,权势欲急剧膨胀,遂逼天王洪秀全封他为"万岁"。洪秀全密诏北王韦昌辉从江西前线回京图杨。9月1日深夜,韦昌辉带兵回到天京,在秦日纲的配合下,包围东王府。9月2日凌晨,韦昌辉、秦日纲带着随从冲入东王府,杀死杨秀清及其部属、文武官员、家属达二三万人。9月中旬,翼王石达开从湖北回到天京,责备韦昌辉滥杀无辜。韦昌辉又起歹心,企图杀害石达开。石达开当夜逃出天京,韦昌辉将其留京家属全部杀害。石达开在安庆召集4万大军,宣布讨伐韦昌辉,并要求天王洪秀全诛杀韦昌辉以平民愤。韦昌辉的举动激怒了天京将士,11月,"合朝同心,将北王杀之"。洪秀全以韦昌辉首级送安庆,后秦日纲也被处死,天京变乱结束。

1856年11月底,石达开回到天京。这时,除洪秀全外,石达开已是首义诸王中唯一的幸存者了。石达开不满26岁,极富才干,"合朝同举翼王主持政务"。天王封其为"电师通军主将义王"。但是,洪秀全鉴于杨秀清、韦昌辉的专横,对外姓重臣心存猜忌,便封长兄洪仁发为安王、次兄洪仁达为福王,名为参与政事,实则监视石达开,从而引起石达开的强烈不满。1857年5月底,石达开负气离开天京,率兵远征。1863年6月,石达开在四川大渡河被清军和当地土司兵包围,全军覆灭。一代天国英雄给后人留下了沉痛的历史教训。

从"杨韦事变"到翼王离京西去,太平天国的军事力量大为削弱。当时,太平军战士中流行着"天王杀天兄,江山打不通,回转故乡仍旧做长工"的歌谣。咸丰皇帝得到消息后,急忙下谕:"乘其内乱,次第削平。"杨韦事变成为太平天国由盛变衰的转折点。数万身经百战的太平军战士,不是牺牲在与清军鏖战的沙场上,而是倒在天军自相残杀的血泊中。这是一场历史的大悲剧。

天王扭转危局

石达开出走之后,洪秀全采取措施,重振朝纲,扭转危局。1857年10月,洪秀全提拔一批青年将领担负军事重任,任命陈玉成为前军主将,李秀成为后军主将,李世贤为左军主将,韦俊为右军主将,蒙得恩为中军主将。蒙得恩主持朝政,洪秀全自己亲掌军政。这样,太平天国又重新建立了新的领导核心。

1858年9月,陈玉成、李秀成联合作战,击破清军江北大营,歼灭1万余人,恢复了天京与江北各地的交通。11月,在安徽舒城三河镇,陈玉成与李秀成先攻后应,歼灭湘军精锐6000多人,击毙湘军悍将李续宾、曾国华(曾国藩胞弟),使湘军元气大伤。三河大捷解除了安庆受围困的战局,振奋了太平军的士气,稳定了天京的战局。

　　洪仁玕是洪秀全的族弟,也是"拜上帝会"的最早成员之一。金田起义时,他在广东清远执教,后在香港研究西方的宗教、文化及其政治、经济制度。1858 年夏,他化装成商人,经过长途跋涉,于 1859 年 4 月下旬到达天京。5 月,天王封他为干王,总理朝政,洪仁玕成为太平天国后期重要领袖人物之一。

　　洪仁玕提出了统筹全局的政纲《资政新篇》,经洪秀全批准颁行,但《资政新篇》避开了土地问题,因而,农民不感兴趣,加之战事又十分频繁,所以未取得实际效果。在经济方面,《资政新篇》提出要兴办近代工矿、交通企业,制造火车、轮船,鼓励民间开矿,兴办"器皿拔艺"工业,开办银行,设立邮局、报馆,建立地方财政机构和税局等。

　　《资政新篇》反映了鸦片战争以后一部分先进的中国人发展资本主义,建成一个独立富强的国家的愿望,在近代思想史上占有重要地位。

安庆失陷

　　安庆位居长江北岸,是天京的西部屏障,为天京提供大量的粮食,同时又是太平军与捻军联络的重要据点。1860 年 8 月,清政府任命曾国藩为钦差大臣、两江总督,督办江南军务,节制大江南北水陆各军。曾国藩总共投入 8 万人围攻安庆,派其弟曾国荃率 15 000 人担任主攻。曾国荃用深沟高垒、步步为营的办法困住安庆,围城之敌增至 4 万多。当时太平天国的部署是:英王陈玉成在长江以北,忠王李秀成在长江以南,两路大军同时西进,约定于 1861 年 4 月会攻武昌,迫使湘军从安庆撤围驰援。陈玉成于 3 月逼近武昌城下,李秀成却迟在 6 月才到武昌附近。"武昌会剿"未能实现。8 月上旬,陈玉成会同各路将领分三路进援安庆,亲冒矢石,厮杀 10 余昼夜,城内守军也奋勇杀出,但终为敌人的深沟高垒所阻,不得会师。这时,安庆城内已弹尽粮绝,9 月 5 日终于失陷。守将叶芸来、吴定彩与太平军战士万余人壮烈牺牲。安庆失陷以后,英王陈玉成退守庐州(今安徽省合肥市),准备反攻。1862 年 4 月庐州失守,陈玉成北走寿州(今安徽省寿县),由于奸细苗沛霖的出卖,被俘就义,年仅 26 岁。

天京陷落

　　1862 年初,清政府决定向英、法、美等国"借师助剿",中外反动势力勾结起来,共同镇压太平天国运动。苏松太道吴煦和候补道杨坊,勾结美国人华尔,招募流亡之徒,在上海成立"洋枪队",华尔自任统领。3 月,清政府命名洋枪队为"常胜军"。9 月,"常胜军"进攻浙江慈溪,华尔被太平军击毙。英国军官戈登接任"常胜军"统领,配合清军进攻太平军。

安庆失守后,曾国藩坐镇安庆,策应三路大军围攻太平军:一路由曾国荃率湘军主力从安庆进攻天京;一路由李鸿章的淮军(即曾国藩保荐李鸿章在家乡合肥编练的反革命武装)伙同英国人戈登的"洋枪队"进攻苏州、常州;一路由左宗棠率湘军从江西进攻浙江。

1862 年 6 月,曾国荃率湘军水陆主力进逼天京城下,洪秀全严诏李秀成从上海班师回救。李秀成率 10 万大军赶回天京,与湘军激战一个多月,仍未击破敌人。1863 年 11 月,清军已攻陷天京外围和长江以北所有城镇、要塞。1864 年 3 月杭州失守。5 月,苏州、常州失守,天京危急。6 月 3 日,洪秀全病死,享年 52 岁。天王长子洪福瑱继位,时年 16 岁。这时,5 万湘军围困天京城内数千太平军。6 月 19 日中午,湘军用炸药轰塌太平门东侧城墙,蜂拥而入。守城军民高呼"弗留半片烂布与妖使用",与敌展开肉搏,直到流尽最后一滴血。黄昏时,天京陷落。李秀成突围被俘,为曾国藩所杀。洪仁玕、幼天王在江西被俘就义。李世贤、汪海洋所率太平军余部进入福建,一直奋战到 1868 年。

太平天国运动因为历史条件的限制,不能完成反封建反侵略的任务。太平天国虽然失败了,但它建立了政权,提出了鲜明的反封建纲领;坚持斗争 14 年,沉重打击了清朝封建统治者和外国侵略势力。

五、洋务运动(19 世纪 60—70 年代)

外国经济侵略

两次鸦片战争结束后,西方资本主义国家便把中国当做商品的销售市场和榨取原料的基地。他们把面纱、煤油、燃料等运销到中国,把中国的茶、丝、棉花、大豆等运卖到国外。中国成了资本主义世界市场的一部分,这是中国经济半殖民地化的一种表现。其结果是中国农业、手工业日益破产,农民与手工业生产者日益贫困化。外国还在中国设立银行和工厂。英国的汇丰银行、德国的德华银行、日本的横滨正金银行等,在中国吸收存款、发行纸币、经营国内外汇兑,并贷款给清廷,成为资本主义各国对中国进行经济侵略的重要机构。外国在中国设立的工厂,成为压迫和阻碍中国民族工业发展的另一种势力。外国侵略者在中国输出资本,设立银行,开办工厂等,是中国经济半殖民地化的又一种表现。

兴办"洋务"

从 19 世纪 60 年代开始,清朝政府内部一部分当权官僚,面临外国经济侵略的变局,企图探索新的出路,开始着手向外国购买大量坚船利炮,开厂制造新式军火,采取新法操练新式军队,进而办厂矿、铁路、航运、邮电等民用企业。统治阶级将这些活动称为"自强新政"。由于这些活动是"师夷长技",取法于外洋,故称为"洋务运动",从事这些活动的官员被称为"洋务派"。其代表人物有奕䜣、曾国藩、李鸿章、左宗棠、张之洞等。

建立军事工业:1861 年,曾国藩在安庆创办军械所,任用中国工匠制造枪炮。1865 年,李鸿章在上海虹口创立江南制造总局,制造枪炮、弹药、轮船,这是近代第一个军火工厂。1866 年,闽浙总督左宗棠在福州设立福建船政局,制造军用船舰,这是近代第一个制船厂。1867 年,通商大臣崇厚在天津设立机械制造局,后由李鸿章接办,这是仅次于江南制造总局的大型兵工厂。然而,这些军事工业都是封建的官办工业,它们从创办到管理都严重依赖外国,受外国人的操纵控制。

创办工矿、交通、运输等企业:1872 年,李鸿章在上海创立轮船招商局,这是洋务派创办的第一个大型民用企业,从列强手中夺回了部分航运权益。1878 年,李鸿章在直隶成立开平矿务局,这是中国最早用机器采掘的大型煤矿,矿区在河北开平镇。同年,陕甘总督左宗棠在甘肃筹建兰州机器织呢局,制作军用品和普通衣料。1881年,在李鸿章的支持下,开平矿务局修成了从唐山到胥各庄的铁路,总长 11 公里,解决了运煤的困难,这是中国自有铁路之始。同年,李鸿章在天津设立电报总局,成为近代最早设立的通讯机构。1890 年湖广总督张之洞在汉阳设炼铁厂,1898 又在江西萍乡创办煤矿,1908 年将炼铁厂、铁矿、煤矿合并,正式成立汉冶萍煤铁厂矿公司。这些企业采取官督商办、官商合办等形式,但实权都掌握在官员手里。

建立北洋海军:清政府谕令沈葆桢、李鸿章分别督办南、北洋海防事宜,建成南洋、北洋海军。沈葆桢着力经营,所辖各省海军发展比较迅速,东南沿海各省的防御力量有所加强。1880 年沈葆桢去世后,南洋大臣频繁易人,海军建设军费无着落。在 1884 年的中法战争中,福建水师 11 艘船舰只被击沉,官兵伤亡 700 余人,南洋海军从此一蹶不振。北洋海军建设起步较晚,由李鸿章一手经办。1885 年海军衙门成立,1888 年北洋舰队建成,海军提督丁汝昌出任统领,实权操纵在直隶总督、北洋大臣李鸿章手里。北洋舰队拥有大沽、旅顺、威海卫三个基地,是晚清时期先进的舰队。

中国无产阶级和民族资产阶级的产生

鸦片战争后,英、美、法等国在沿海通商口岸非法设立船坞、工厂,破产的农民和手工业工人成为船坞、工厂的工人。洋务派举办的军事工业、民用工业和民族资本企业中的产业工人,到 1894 年约 10 万人。这是生长在半殖民地半封建社会的中国无产阶级,他们身受外国资本主义和本国资本主义、封建主义的三重压迫和剥削,过着十分艰苦的生活,同时他们还与农民有着天然的联系。这就决定中国无产阶级具有革命的彻底性。

洋务运动中,一部分官员、地主、商人投资开办了资本主义近代企业。盛宣怀,江苏武进县人,出身于官宦家庭,1870 年入李鸿章幕后,深得器重。他自 1872 年开始,陆续创造了中国洋务史上的 11 项"第一":第一个民用航运企业、第一家银行、第一家电报公司、第一家钢铁联合企业等。因而,盛宣怀被后人誉为"中国近代企业的开拓者"、"中国早期工业之父"……这些民族资本的近代企业标志着中国民族资本主义的出现,民族资产阶级随之产生了。

在半殖民地半封建社会里,中国民族资本主义发展很困难。一方面受到外国资本吞并的威胁;另一方面,清廷不但不予扶植,而且加重征收税捐,从各方面来束缚其发展。同时,中国民族工业在机器、技术等方面都依赖外国,有的还依靠外国势力的"保护"。因为民族资产阶级中的多数人是从官员、地主、商人转化来的,有的人还拥有土地,因而中国民族工业也需要封建势力的支持,民族资产阶级同样剥削农民。这样,中国民族资产阶级和外国资本主义、本国封建主义之间,既有矛盾,又有联系。因此,中国民族资产阶级既具有反对外国资本主义和本国封建主义的一面,又有与外国资本主义和本国封建主义相妥协的一面,是一个带有革命和反动两重性的阶级。

六、边疆地区的危机

19 世纪 70 年代以后,世界各主要资本主义国家先后向帝国主义阶段过渡,为了争夺商品市场、原料产地和资本输出场所,它们之间夺取殖民地、分割世界领土的斗争日益尖锐起来,远东地区成了争夺的对象。它们都把侵略黑手伸向了中国广大边疆地区,中国边疆地区出现了严重的危机。

日本入侵台湾

1871 年,琉球居民派遣两艘船只向清朝进贡,途中被暴风雨扰乱航向,漂到台湾琅峤(今恒春),与当地高山族同胞发生冲突,琉球居民有 54 人殒命。这本是中国的内部事务,日本却借机发难。

1874 年 5 月,日本海军中将西乡从道率领 4 艘军舰和陆海军官兵 3 000 多人,进攻台湾。高山族和汉族人民顽强抵抗,先后打死打伤日军五六百人。日本侵略军陷入进退维谷的境地。但是,腐败的清廷在美、英的"调停"下,于 1874 年 10 月派奕䜣与日本政府参议大久保利通签订了《中日北京专条》,清政府承认日本侵台是"保民义举",赔偿日军白银 50 万两。日本军国主义者初试锋芒,就尝到了侵略中国的甜头。

英国势力侵入西藏

1875 年同治皇帝病死,无子。慈禧太后以咸丰皇帝弟之子载湉继位,年号光绪,即光绪皇帝。光绪是慈禧的侄子,而光绪的母亲是慈禧的妹妹,因此,光绪又是慈禧的外甥。光绪年幼,慈禧垂帘听政,操纵清政府一切大权。

1874 年,英国组成一支叫"探路队"的武装,共 193 人,由上校军官柏郎带队,从缅甸北上,探测滇缅交通。英国驻华使馆特从上海领事馆调马嘉理前往云南当翻译,接应这支武装部队。1875 年 2 月,马嘉理进入云南的蛮允地区,与当地百姓发生争执,马嘉理横蛮地开枪威胁。当地人民激于义愤,打死了马嘉理。柏郎率领的部队退回缅甸。这就是"马嘉理事件"。

"马嘉理事件"发生后,英国驻华公使威妥玛对清政府进行恫吓、讹诈,扬言派兵来华。在英国的威胁面前,慈禧太后一再退让,并于 1876 年 9 月派李鸿章与威妥玛签订中英《烟台条约》。条约规定,英国可派人由中国内地经西藏到印度,或由印度进入西藏等。西藏人民和官员,坚决拒绝英国侵略者入藏。1888 年,英国悍然发动对西藏的侵略战争。腐败的清政府没有领导和支援西藏爱国军民的正义斗争,反而命令驻藏帮办大臣升泰赴印度,与英印总督兰士顿举行谈判。1890 年 3 月,谈判双方签订了《藏印条约》。1893 年 12 月,又签订了中英《藏印条款》。通过这两个条约,英国取得了进一步侵略西藏的有利条件。

俄国侵入新疆地区

19世纪60年代,中亚地区浩罕汗国军事头目阿古柏率兵入侵新疆,占据天山南北许多地方。1871年,俄国出兵侵占伊犁。1875年,清政府派陕甘总督左宗棠为钦差大臣,率兵进军新疆,讨伐阿古柏。阿古柏被歼灭后,沙俄仍然盘踞在伊犁。左宗棠上奏朝廷,提出先通过外交途径解决收复伊犁的问题,如果达不到目的,再采用军事手段。清政府派外交官曾纪泽出使俄国,进行交涉。谈判中,沙俄代表态度蛮横,公然叫嚣:不管签什么条约,总之是俄国要钱。1880年,左宗棠不顾年老体衰,决心率大军收复伊犁。进军途中,他让士兵抬着棺材同行,表明誓死抗击俄国、收复伊犁的决心。左宗棠的举动有力支援了曾纪泽的外交斗争。胡雪岩,安徽绩溪人,清末巨商富贾,有"商圣"之称。他供给左宗棠军费讨伐阿古柏,收复新疆,阻遏了英俄对新疆的侵略。左宗棠曾再三地与慈禧讲,如果没有胡雪岩,这个仗打不下来,胡雪岩的功劳不输于任何冲锋陷阵的将领。胡雪岩一生最大的功绩,就是帮助左宗棠收复了新疆,保证了我国领土的完整。慈禧赐予胡雪岩黄袍马褂,官封极品,胡雪岩被称为"红顶商人"。

1881年2月,中俄签订了《伊犁条约》,中国收回了伊犁。但《伊犁条约》仍然是一个不平等条约,俄国侵占了霍尔果斯河以西大片的中国领土。

法国打开中国西南门户

19世纪60年代,法国强占越南南部作为侵略中国的基地。1873年,法国侵略军攻入河内。越南请求清政府派兵援助,并招当时驻在保胜(今老街)的刘永福的黑旗军南下,抗击法国侵略者。

刘永福,广西上思人,1857年参加广西天地会起义,1865年与部将吴凤典、黄守忠等组织部队,采用七星黑旗为军旗,所以称"黑旗军"。黑旗军应越王之请共同抗法,在河内近郊击毙法将安邺,被任命为三宣副提督。光绪九年(1883年),黑旗军在纸桥又击毙法军大帅李威利,刘永福被越王加封为义良男爵。法国侵略者闻刘永福之名,"心胆俱裂"。黑旗军的英勇抗法,为越南人民

刘永福像

作出了杰出贡献。

黑旗军在越南大败法军后，1884年4月，法国舰队进犯中国东南沿海，7月闯进福建闽江口，对中国进行挑衅。8月22日，法国舰队司令孤拔接到进攻福州的命令，停留在马江的法国铁甲舰8艘、水雷艇2艘，突然袭击福建水师。马江海战，福建水师11艘军舰被击沉，阵亡官兵860多人，这是法国侵略者欠下中国人民的一笔血债。

光绪十一年（1885年）春，法军分三路侵犯我国镇南关（今友谊关），年近七旬的老将冯子材以帮办广西军务的名义，率部奔赴镇南关，被推举为"前敌主帅"。在法军以优势炮火猛攻的危急时刻，冯子材手执长矛，带领两个儿子和大刀队千余人杀入敌阵，左冲右突，纵横决荡，法军全线溃退。接着，冯子材亲率主力向谅山进军，当场击伤法军前线司令尼格里，取得镇南关—谅山大捷，法军死伤287人，缴获大量武器弹药和军用物资。

正当冯子材准备与越南爱国军民同心协力光复越南大好河山之际，清政府却命令冯子材停战撤兵。冯子材不得不挥泪班师，将军队撤回中国边境。1885年6月9日，李鸿章与法国驻华公使巴德诺在天津签订《中法会订越南条约》，即《中法新约》，同意法国在云南、广西两省中越边界开埠通商；而中国修建铁路时，应聘用法国工程师。从此，法国势力侵入我国云南、广西地区，还首次取得了在中国修筑铁路的特权。中法战争的结局是中国不败而败，法国不胜而胜。

七、中日甲午战争（1894年—1895年）

平壤战役

日本明治维新以后，随着资本主义经济的发展，逐步走上了帝国主义道路。日本吞并朝鲜、侵略中国，蓄谋已久。1894年春，朝鲜爆发了东学党领导的农民起义。朝鲜国王请求清政府派兵协助镇压。在清政府派直隶提督叶志超率清军1500人抵达朝鲜牙山之前，日本已经以"保护公使馆及日本国民"为名，侵入朝鲜。7月，日军闯进朝鲜王宫，俘虏朝鲜国王，扶植傀儡政权，强迫其"邀请"日军驱逐进驻牙山的清军。1894年中日战争全面爆发。这一年是光绪二十年，农历甲午年，故称中日甲午战争。

平壤之战前，日本在牙山口外的丰岛海上击沉运送中国士兵的商船一艘，致使

850 余士兵死亡。同时,日军又在牙山附近进犯清军聂士成所部。8 月 1 日,清政府被迫对日宣战,退守平壤。9 月 15 日,日军分四路猛攻平壤。清军在朝鲜人民配合下与日军激战。总兵左宝贵登城指挥,力战阵亡。统帅叶志超执行李鸿章不抵抗的命令,率军仓皇逃出平壤,渡过鸭绿江,退回中国境内。

黄海战役

平壤战役失利后,海军提督丁汝昌统帅北洋舰队与日本舰队在黄海海面发生了一场激烈的大规模海战。中国海军在战斗中表现出英勇无畏的精神,坚决反击来犯之敌。"致远"号受重伤后,管带邓世昌下令开足马力猛冲,意图撞毁日舰"吉野"号,不幸中鱼雷沉没。邓世昌和全舰 200 多人壮烈牺牲。"经远"号管带林永升,力战牺牲,全舰官兵坚持战斗到最后一分钟。黄海战役,北洋舰队损失 5 艘兵舰,死伤 1 000 余人。黄海战役结束后,李鸿章命令北洋舰队躲在威海卫港内,不准出击,造成坐以待毙的局面。

威海卫之战

黄海战役以后,10 月下旬,日军分水、陆两军进攻中国东北。陆军渡鸭绿江,攻陷九连城、安东等地;海路军队从辽东半岛登陆,占领金州,攻陷大连和旅顺。1895 年 1 月,日军 2 万人在山东荣成湾登陆,抄袭威海卫后路,日本舰队则在海上封锁威海卫。躲在威海卫港内的北洋舰队,有兵舰 15 艘、鱼雷艇 13 艘,已腹背受敌,形成易守难攻之势。在这危急关头,丧失民族气节的清军将领,煽动兵勇、水手哗变,逼迫提督丁汝昌投降。丁汝昌拒绝投降,下令突围,但将领们违抗命令,并派人持刀威吓丁汝昌。丁汝昌彻底绝望,2 月 11 日服毒自杀。余将向日军投降,日军占据了刘公岛,掠走了军舰、枪炮。李鸿章苦心经营 16 年的北洋海军,就这样全军覆灭了。

中日《马关条约》

1895 年 3 月,李鸿章同日本首相伊藤博文、外务大臣陆奥宗光,在日本马关(今下关)进行谈判。李鸿章遭到日本暴徒小山丰太郎的枪击,伤左眼下角,但仍签订了结束中日甲午战争的《马关条约》。条约内容有:割让辽东半岛、台湾和澎湖列岛;赔款二亿两白银;开放沙市、重庆、苏州、杭州为通商口岸;允许日本在通商口岸设立工厂等。

5月,日本侵略军在台湾基隆登陆,台湾人民在徐骧等人的领导下,组成义军,与驻守台湾的刘永福所部黑旗军共同战斗,使日军深受重创。10月间,日本海军配合陆军进攻台湾,台南守军孤立作战,终于失陷。日本霸占台湾以后,台湾各族人民从未停止过反抗斗争。

《马关条约》使中国丧失了大片神圣领土,中国沦为日本的殖民地。条约允许日本来华投资设厂,西方列强便援引"利益均沾"的特权,争先恐后来华投资,设立工厂,掠夺资源,倾销产品,从而使中国民族工业进一步破产,进而加深了中国经济的半殖民地化。《马关条约》是继《南京条约》以来最严重的不平等条约,它大大加深了中国的民族危机。

八、帝国主义瓜分中国的狂潮

东北沦为俄国势力范围

中日甲午战争之后,中国面临被瓜分的危局。瓜分危局的最早表现,就是"三国干涉还辽"。《马关条约》刚一签订,俄、德、法三国驻日本公使便向日本政府递交照会,要求日本退还辽东半岛,并通知清政府,暂缓批准《马关条约》。此时,日本军队疲惫不堪,财政又十分困难,不得不向三国申明,放弃对辽东半岛的永久占有,但清政府必须交给日本一笔"偿金"。中日双方通过谈判,签订了《交收辽东条约》,中国再赔偿3 000万两白银,日军撤出辽东半岛。由于俄国领头进行干涉,辽东半岛得以赎还,清廷内外亲俄、联俄的倾向有所加强。1896年5月,沙皇尼古拉二世继承皇位,举行加冕礼。清政府派李鸿章为特使赴俄祝贺。6月3日,李鸿章与俄外交大臣罗拔诺夫秘密谈判,签订了《中俄密约》。《中俄密约》使俄国势力侵入我国东北,加剧了帝国主义列强争夺中国的矛盾。德、英、法、美、日本等国,出乘机向清政府进行勒索,在中国划界、租地,争夺势力范围,掀起了瓜分中国的狂潮。1898年3月,中俄签订《旅大租地条约》,5月又签订《续订旅大租地条约》,1899年,俄国擅自把旅顺、大连租借地改为"关东省",宣布开放大连为商埠,从此东北沦为俄国的势力范围。

山东成为德国势力范围

1897年11月1日,两名德国传教士在山东巨野被杀。德国乘机派兵强占胶州湾。1898年3月,德国迫使清政府签订《胶州租借条约》,取得在山东境内修筑铁路、开矿等权利。山东成为德国的势力范围。

英、法、日的势力范围

英国租借了九龙半岛和山东威海卫军港,长江流域诸省成为英国的势力范围。

法国租借了广州湾,取得了自越南至昆明的铁路修筑权,并提出云南、广西、广东不得割让给其他国家的要求,云、桂、粤等地区成为法国的势力范围。

日本除霸占台湾外,又划定福建为其势力范围。

美国提出"门户开放"政策

列强掀起瓜分中国的狂潮时,美国正忙于与西班牙进行争夺菲律宾的战争,没来得及在中国取得势力范围。美西战争之后,美国为了分享帝国主义的侵华权益,于1899年9月至11月,由美国国务卿海约翰分别向各国政府提出"开放中国门户"的照会。"门户开放政策"又叫"海约翰政策",是19世纪末帝国主义激烈争夺中国的产物。

"门户开发"政策承认各国在华的势力范围和它们取得的特权,同时要求各国开放租借地及势力范围,使美国享有均等的权益和机会。从此,美国在中国的侵略势力日益扩大。

九、资产阶级改良派的维新运动

"公车上书"

中日甲午战争后,中国民族资本主义有了初步发展,民族资产阶级的势力逐步成长起来,他们要求发展资本主义,以挽救民族危机,于是选择了变法维新的改良道路。

以康有为、梁启超、严复、谭嗣同为代表的资产阶级改良派,提出了变法维新的主张,史称维新派。1895 年春,康有为以举人身份入京会试。日本逼签《马关条约》的消息传到北京,康有为立即发动各省应试举人 1 300 多人,在《上清帝第二书》上签名呈递。这就是历史上著名的"公车上书"。(汉代取士主要通过征召和察举,被征召举荐的士子,乘公家车辆赴都,后来沿用"公车"作为举人入京应试的代称,故称"公车上书"。)

康有为像

康有为在"公车上书"中,反对签订《马关条约》,要求立即变法。他概括变法的要目为"富国"、"养民"、"教民"。"富国"之法为行钞法、筑铁路、造机器、兴矿务、铸钱币、设邮局;"养民"之法为务农、劝工、惠商、恤穷;"教民"之法为立学堂、设报馆、尊孔教,以及汰冗官、办外交、派游学等。在政治方面,则实行君主立宪制度。"公车上书",是资产阶级维新派最初提出的政治纲领。康有为的上书遭到以慈禧太后为首的顽固派的阻挠,但很快被传抄印刷,在社会上广泛传播,产生了很大影响,康有为成为著名的维新派领袖人物。

"公车上书"是资产阶级改良思想转变为变法维新运动的重要标志。"公车上书"后的第二天,北京会试发榜,康有为中了进士,授为工部主事。但他没有就职,而是滞留北京,相继写成《上清帝第三书》和《上清帝第四书》,进一步阐述变法维新的思想。光绪皇帝读到康有为的上书,感到变法符合巩固清王朝的需要,立即命令抄送慈禧太后、军机处和各省督抚。维新派的活动,开始取得光绪皇帝的支持。

1895 年 8 月,康有为、梁启超在北京创办《中外纪闻》,这是由维新派创办的第一份报纸。《中外纪闻》由梁启超、麦孟华负责编辑,报道时事,鼓吹变法,逐步引起官僚士大夫们的注意。

1895 年 8 月,由帝党官僚文廷式出面,组织"强学会",户部主事陈炽为会长,梁启超任书记。强学会是维新派创立的第一个政治团体,是传播变法思想、积蓄维新力量的组织。11 月,康有为在上海成立强学会分会,出版《强学报》。光绪帝师、户部尚书翁同和,地方大吏张之洞等都支持强学会。强学会在京师内外的影响日益扩大。1896 年 1 月,慈禧太后周围的顽固势力群起而攻之,强学会、《强学报》、《中外纪闻》一起被查禁。

维新变法的潮流在发展,顽固派想阻止也阻止不了。全国先后设立学会、学堂、报馆,达 300 多所。其中影响较大的有上海梁启超任主笔的《时务报》,谭嗣同在湖南长沙设立南学会,创办时务学堂,严复在天津创办《国闻报》。他们宣传变法的必要性,鼓吹民权学说,批判封建君权,要求实行君主立宪。

"百日维新"

光绪皇帝为了摆脱慈禧太后的束缚而夺取实权,要康有为筹划变法。1898 年 1 月,康有为写成《上清帝第六书》,即《应诏统筹全局折》,成为维新派的变法纲领。康有为希望依靠光绪帝的权力在全国推行变法,让维新派参与中央和地方各级政权,在全国上下壮大维新派的声势,进而全面改革政权机构。这一变法纲领鲜明地反映了中国民族资产阶级基本的政治要求。4 月,康有为、梁启超等联合各省学会,在北京成立保国会,提出"保国、保种、保教(孔教)"宗旨。保国会是近代资产阶级政党的雏形,在社会上造成了一定的反响。保国会受到封建顽固派的攻击,不少会员纷纷退出。在变法维新的呼声越发高涨下,慈禧太后为形势所迫,在加以严格限制的前提下,同意光绪皇帝试行变法。

1898 年(光绪二十四年)6 月 11 日,光绪皇帝颁布"明定国是"诏书,宣布变法。光绪皇帝变法革新的坚定信念,使慈禧太后为首的保守势力感到极大的震惊。慈禧太后立即强迫光绪撤去翁同和军机大臣的职务,派亲信荣禄为直隶总督,统领北洋军队,控制京、津,伺机扑灭维新运动。光绪下诏以后,大发革新诏书。许多守旧大臣,对维新措施拒不执行,还扣压诏令,不往下传,或扣住奏章,不予上达。光绪皇帝下令将阻挠上书的慈禧宠臣、吏部尚书怀塔布和许应骙等 6 人革职,造成了轰动一时的"罢黜六堂官"事件,还把李鸿章从总理衙门赶走。这时,顽固派再也按捺不住对新政的仇视,加快了政变步伐。

慈禧太后让掌握军权的荣禄,调派军队包围北京,还派亲信重兵护卫颐和园。光绪授予了谭嗣同、刘光第、杨锐、林旭等 4 人四品官位,在军机处做文书工作,人称"军机四卿"。"军机四卿"和康有为、梁启超没有军政实权,光绪对慈禧的阴谋也一无所知。

9 月 16 日,光绪皇帝召见掌握新军兵权的袁世凯。光绪认为袁世凯对维新变法较为积极,想争取袁世凯,以军队来挽回败局。18 日深夜,谭嗣同探访袁世凯,希望其在天津阅兵时保护光绪帝,逮捕荣禄。袁世凯佯装答应,但当晚即回天津向荣禄告密。荣禄当晚就回北京颐和园,向慈禧报告。9 月 19 日,慈禧太后从颐和园突然返回清宫,把光绪帝置于她的直接监视下。9 月 21 日凌晨,慈禧太后发动政变,将光绪帝囚禁于中南海瀛台涵元殿,又以光绪帝的名义颁布"上谕",宣布光绪退位,仍由慈禧太后"训政"。同时,谕令将工部主事康有为"革职",捉拿维新派人士。9月28日,谭嗣同、康广仁、杨深秀、刘光第、杨锐、林旭,被杀于在北京菜市口,这就是"戊戌六君子"。谭嗣同,湖南浏阳人。他在变法失败时表示:"各国变法,无不从流血而成,今中国未闻有因变法而流血者,此国之所以不昌也。有之,请自嗣同始!"他在刑场上悲愤地吟诵了自己的绝命诗:"有心杀贼,无力回天。死得其所,快哉快哉!"然后慷慨就义。康有为、梁启超逃往海外。光绪皇帝宣布变法是农历戊戌年,因此这场变法又称戊戌变法。戊戌变法持续 103 天,最终失败,因此又称"百日维新"。

资产阶级改良派希望通过变法改革现状,挽救民族危亡,使中国走上资本主义道路,在当时的历史条件下是有进步意义的。但是,改良派脱离人民群众,抵制人民革命运动,认为只要依靠皇帝,自上而下进行改革,就可使中国变成资本主义强国,幻想以学习西方资本主义来消弭帝国主义的侵略阴谋,这注定了改良变法的必然失败。

戊戌政变后,一部分资产阶级知识分子逐渐抛弃改良主义的幻想,投入资产阶级革命派队伍,资产阶级革命运动逐步高涨起来。

十、义和团运动

义和团运动

义和团原名"义和拳",清乾隆以来,就是山东、河南、直隶(今河北)一带的民间秘密组织。义和拳设立神坛拳厂,以传授拳棒,练习武术。参加义和拳的主要是贫苦农民、手工业者,也有城市贫民等。中日甲午战争之后,民族危机空前严重,义和拳秘密结社,逐步转变为群众性的反帝斗争组织。

1899 年秋,各地义和拳正式改称"义和团"。山东义和团首先提出了"扶清灭洋"的口号。9 月,山东平原县教民李金榜依恃教会势力,欺压义和团民李长水,激起众怒。10 月,茌平义和团首领朱红灯(朱逢明)率团民千余人赶到平原。平原县令蒋楷调来清军进行镇压。朱红灯率众退到森罗殿扎营。清军迫近森罗殿,双方展开激战。义和团用大刀、长矛英勇抗击,打败袁世敦(袁世凯之兄)率领的清军,取得胜利。森罗殿之战,是义和团运动初期的重要战斗,影响及于附近各州县。12 月,义和团首领朱红灯、心诚和尚(杨照顺)被诱捕,英勇牺牲。

1900 年 5 月,山东义和团分成东西两路,向京、津前进,与当地团民联合在一起,毁铁路、焚教堂。法国天主教主教樊国梁要求直隶总督裕禄派兵镇压,也被义和团击败。义和团运动迅速向北京城郊发展。

1900 年 6 月,义和团运动进入高潮时期,各帝国主义国家坚持派兵入京保护使馆,京津形势紧张,战争一触即发。慈禧感到自己的统治地位岌岌可危,需要利用义和团以自保,决定招抚义和团,把义和团变成自己手中的工具,但实践的结果是,许多地方的义和团拒不接受清政府的招抚。

八国联军入侵津、京

义和团运动严重威胁着帝国主义在华的侵略权益,帝国主义国家联合发动侵华战争,镇压义和团。1900 年 6 月,英、俄、日、美、德、法、意、奥八国组成侵略军,以"保护"使馆为名,由英国海军上将西摩尔指挥,从天津向北京进发。慈禧太后下诏向各国宣战,同时,下令围攻东交民巷各国公使馆。不久,清政府对使馆区采取"明攻暗保"政策,围攻使馆区近两个月,始终无大的进展。

6 月 17 日,八国联军攻陷大沽炮台,悲壮的天津保卫战开始。义和团首领曹福田、张德成率众与清军聂士诚部配合,多次攻打敌军的大本营紫竹林租界,摧毁租界内的建筑物 50 余座,毙伤大量侵略军。6 月 18 日,为争夺老龙头火车站(今天津东站),义和团张德成牵来几十头牛,在牛尾上扎上油絮,点燃后把牛赶进布雷区,扫除了地雷阵,乘势攻击,大获全胜。在八里台战斗中,聂士诚指挥部队与侵略军鏖战两小时,身中数弹,为保卫天津流尽最后一滴血。7 月 14 日,天津陷落。

天津陷落以后,八国联军集结两万多人,向北京推进。8 月 14 日,俄、日两军抢先破城而入,北京陷落。慈禧太后命令太监把光绪帝宠爱的珍妃投入井内。然后,慈禧带着光绪皇帝仓皇逃往西安。在西逃途中,慈禧命令李鸿章速向侵略者乞和,并要求各地官兵剿灭义和团。

侵略军在北京进行了史无前例的烧杀掳掠。德国人瓦德西为联军统帅,他在《拳乱笔记》一书中坦白承认侵略军"占领北京后,公开抢劫三日(8 月 16—18 日),其后更继以私人抢劫"。元明以来之历史文物,被抢劫一空。如康熙年间所制之古铜天文台仪器及喇嘛庙内的古铜佛像,均被盗走;包括《永乐大典》在内的历代珍贵图书文献被劫 46 000 余册,"其详细数目将永远不能查出"。

侵略军的兽行,更令人发指。他们强入民宅,奸淫妇女,即使清王朝的皇亲国戚也难逃劫运。八国联军的罪行,罄竹难书。

《辛丑条约》

八国联军侵占北京后,各国之间为攫取在中国的利益,矛盾重重,争夺激烈,甚至发生武装冲突。在这种情况下,各国接受美国提出的第二次"门户开放"政策,继续维持以慈禧太后为首的清廷统治,形式上是保持中国的"领土与行政完整",实质上是要建立对中国的共管。在帝国主义列强各方利益得到基本满足后,1901 年 9 月 7 日,李鸿章与庆亲王奕劻代表清政府与英、法、日、俄、德、美、意、奥及西、比、荷 11 国政府代表,在最后议定书上签字。这一年是农历辛丑年,所以议定书称为《辛丑条约》。

《辛丑条约》规定:赔款四亿五千万两,永远禁止中国人民反对外国侵略者的行为,文武官员应负镇压之责,拆毁大沽炮台,北京成立使馆区,外国派兵驻守由北京到山海关铁路沿线的重要地区等,共 12 款。《辛丑条约》是中国近代最为丧权辱国的不平等条约,是帝国主义强加在中国人民身上的沉重枷锁,进一步加强了帝国主义势力对中国的统治,中国半殖民地化的程度又大大地加深了一步。从此,清政府完全成为帝国主义统治中国的工具,成为名副其实的"洋人朝廷",慈禧成为帝国主义势力统治中国的忠实代言人。

9 月,西太后带着 3 000 辆行李车回北京,路过开封时还办了一次万寿大典,勒索了无数贡品,正是"天子万年,百姓花钱,万寿无疆,百姓遭殃"。她经过的道路,不许黄土中有一粒小石子,大路两旁,张灯结彩,设立香案,陈列糖果细饼,供官员们任意取食。回到北京后,则"大修颐和园,奢侈不减昔,日费四万两,歌舞无休日",过着穷奢极欲的腐朽生活。1901 年 11 月 7 日,李鸿章肝疾大发,吐血而死。临死时,向西太后保荐袁世凯继任直隶总督,兼北洋大臣。袁世凯成为西太后的新帮凶。

十一、清后期文化

学习西方、改革图强的思想家

魏源,湖南邵阳人。鸦片战争中,他投身抗英斗争,还根据英军俘虏的口供编写了

《英吉利小志》。他受林则徐嘱托,以林则徐主持编译的《四洲志》为基础,广泛搜集资料,编写成《海国图志》50 卷。《海国图志》系统介绍了世界各国地理、历史和科技发展状况,提出了"师夷长技以制夷"的主张。师夷就是向外国学习,制夷就是抵抗外国侵略,使中国富强兴盛。魏源的"师夷"、"制夷"思想,是对闭关自守的传统观念的挑战。

冯桂芬,江苏吴县人。他是继魏源"师夷长技"之后又一个主张向西方学习的地主阶级改革家。他在《校邠庐抗议》一书中提出改革建议,如整顿吏治、减轻赋税、兴修水利、发展农桑等。他不仅主张学西方以"自强",而且第一次明确地把整个西方文明概括为"西学",建议采集吸收。他企图以资本主义的生产技术维护封建王朝的统治,其思想对洋务派有很大影响,后来又被资产阶级改良派所引用,作为变法图强的思想武器。

郭嵩焘,湖南湘阴人。他是近代中国派出的第一位外交使节,1876 年首任驻英公使,后兼任驻法公使。他在出使英、法的过程中,记述了沿途的见闻,备述了英国的政权、法律、技艺、文化和民俗,写成《使西纪程》一书,向国人详加介绍,开阔人们的眼界。郭嵩焘在《使西纪程》中高度评价了西方的物质文明和精神文明,尖锐批评了顽固派不明时势、不晓外情、盲目反对洋务的落后观点,也批评了某些洋务官僚只学西方科技、不许改变专制政体的错误言行。郭嵩焘受到顽固派的攻击,死后 10 年,慈禧太后还准戮其尸"以谢天下",这是郭嵩焘未曾料及的。

薛福成,江苏无锡人,1889 年出使英、法、比、意四国,成为清朝的外交大吏。他在《筹洋刍议》一书中,阐发了抵制西方列强侵略、变法图强的主张,特别强调"工商立国"。他认为中国要自强,必须振兴商务,中国商务之兴,主要是要发展近代轮船运输业、传统的丝茶业和新兴的机器制造业。"三业既得,而中国之富可期。中国富而后诸务可次第修举。如是而犹受制于邻敌者,未之有也。"

陈炽,江西瑞金人。他主张学习西学、御侮自强、变法维新,他在《庸书》和《续富国策》中,提出了发展国民经济较完整的方案,包括"务农"、"劝工"、"通商"、"殖货"、"治道"多方面的内容。陈炽在政治上主张设立议院,发扬民权。戊戌变法失败后,陈炽陷入消沉苦闷之中,不久逝世。

王韬,江苏昆山人,是早期宣传资产阶级改良思想的重要人物之一。1874 年,王韬在香港创办《循环日报》,自任主笔达 10 年之久,宣传变法自强,评论时政。他在政治上主张"君主共和",在经济上宣传"恃商国本",在教育方面要求改革科举制度,"储才"、"造就多士"。这些主张具有鲜明的进步性。

容闳,广东香山县(今中山市)人。他是我国最早的留美学者、爱国华侨。他生前用英文写了一本《我在中国和美国的生活》,后由徐凤石、恽铁樵节译为中文本,改名为《西学东渐记》,1915 年由商务印书馆出版。容闳一生热爱祖国、追求进步,他晚年支持康梁变法,支持孙中山领导革命。1900 年在上海参加"中国国会",任会长,被清政府通缉,逃往香港,1912 年客死美国。

马建忠,江苏丹徒(今镇江市)人。1876 年,受李鸿章资助到法国留学,并兼任驻英、法公使的翻译,1879 年获得博士学位回国。他是中国近代最早提出引进外资的人。他在《适可斋纪言纪行》一书中主张用债票向国外借款修筑铁路,建立中国富强的基础。他还主张国家应重视和改善对外贸易,"重征进口货而轻征出口货",保护民族工商业的发展,反映出他的资产阶级改良主义思想。马建忠是清末语言文字学家,精通英语、法语及希腊文、拉丁文,国学造诣亦深。他的《马氏文通》是我国第一部较为全面系统的语法著作,为后世汉语语法研究奠定了基础。

郑观应,广东香山(今中山市)人。1880 年,受李鸿章委派,历任上海电报局总办、轮船招商局总办、汉阳铁厂总办。他是中国早期民族资本家,一生经历了由洋行买办到洋务派,再到资产阶级改良派的发展轨迹。他在《盛世危言》中明确提出了在中国发展资本主义的纲领性意见。他的"立议院"、"达民情"、"强国势"、"御外侮"的爱国思想,曾对戊戌维新运动起过积极的推动作用。

严复,福建福州人。留学英国学习海军,回国后担任北洋水师学堂总教习。甲午战争以后,在天津《直报》上发表论文,宣传维新,鼓吹改制。后来,严复与人在天津创办《国闻报》,与上海《时务报》南北呼应,对维新运动起了很大的推动作用。严复最负盛名的是在光绪二十四年(1898 年)出版的译著《天演论》。《天演论》原名《进化论与伦理学》,是英国生物学家赫胥黎的著作。《天演论》前半部分是达尔文的生物进化论,是唯物的;后半部是斯宾塞的社会达尔文主义,则是唯心的。严复用"物竞天择"的进化观点和"世道必进,后胜于今"的社会理论,激励中国人"自强保种",救亡图存,"与天争胜","使存亡生死之权仍操于我"。"物竞天择,适者生存"的观念深入人心,成为维新变法的理论基础。

文学

诗文

在诗文方面,这一时期的代表作家有龚自珍、黄遵宪、梁启超、章太炎、秋瑾以及柳亚子等南社诗人。

　　龚自珍,浙江杭州人。出身名门,外祖父段玉裁,父龚丽正,均为当时著名学者。从小受到良好的文化教育,精通经学、史学等,工诗文、善写词,有多方面的才能和修养。他是首开近代文学风气的杰出作家。他的《己亥杂诗》共315首,都是七言绝句,写于道光十九年己亥(1839年),是大型组诗。《己亥杂诗》是中国诗歌史上的奇作,其中有许多名篇名句。如第125首:"九州生气恃风雷,万马齐喑终可哀。我劝天公重抖擞,不拘一格降人才。"抨击官僚制度给整个社会带来的危害,呼吁重用人才,图谋变革。

　　与龚自珍同一时期的著名诗人有魏源、林则徐、张维屏、何绍基、林昌彝等。

　　黄遵宪,广东梅县人。戊戌变法时期,参加了康、梁的"强学会",创办了《时务报》,积极参加变法运动。运动失败后,被清廷革职,放归乡里,以诗人终。黄遵宪是近代自龚自珍之后最杰出的诗人之一。他的诗歌题材多样,境界阔大,有意使用散文化的手法,并较多地引入"流俗语",给人以清新流宕之感。梁启超称他"于诗界辟一新国土",是诗界的"哥伦布"。他曾写出"人人效死誓死拒,万众一心谁敢侮"的雄壮诗句,著有《人间庐诗草》等。

　　梁启超,广东新会人,号饮冰室主人。他是康有为的弟子,维新派的领袖人物之一,当时康梁并称。他在文学方面的主要成就是倡导"诗界革命"、"小说界革命",开创"新文体",所作文章,务为平易畅达、条理明晰,带有感情,对于读者别具一种魔力。他的代表作《少年中国说》,当时的一切旧文体都无法与之抗衡。梁启超在中国文体革新方面有不朽的功绩,其著作编为《饮冰室合集》。

　　辛亥革命时期的诗文作家有章炳麟、秋瑾、邹容、陈天华等,此外还有南社一大批诗人。

　　章炳麟,号太炎,浙江余杭人。他是近代著名思想家、革命家、著名学者,他宣传革命主张的诗文,在当时影响很大。

　　秋瑾,号鉴湖女侠,浙江绍兴人。她是中国近代最早的女革命家。秋瑾的作品,现有后人辑的《秋瑾集》。她的诗歌豪俊康爽,有浪漫主义色彩。如《黄海舟中日人索句并见日俄战争地图》:"万里乘风去复来,只身东海挟春雷。忍看图画移颜色,肯使江山付劫灰。浊酒不消忧国泪,救时应仗出群才。拼将十万头颅血,须把乾坤力挽回。"

　　邹容的《革命军》,文极犀利,语极沉痛,引起极大的轰动。

　　陈天华是辛亥革命前最著名的革命宣传家之一,他的《猛回头》是用民间说唱形式写成的革命文学作品。其著作还有《警世钟》。

南社是资产阶级的革命文学团体,宣统元年(1909 年)成立于苏州,发起人为陈去病、高旭、柳亚子。定名"南社",就是"南者,对北而言,寓不向满清之意",即反清廷之意。南社主要诗人有陈去病、高旭、柳亚子及苏曼殊、马君武等。

小说

近代小说,大体上可以分为 5 类:狭邪小说、侠义小说、政治小说、言情小说和谴责小说。

狭邪小说,代表作有《品花宝鉴》、《花月痕》、《海上花列传》等。

侠义小说,代表作有《荡寇志》、《儿女英雄传》、《施公案》、《三侠五义》等。

政治小说,代表作有梁启超的《新中国未来记》、陈天华的《狮子吼》等。

言情小说,代表作有吴沃尧的《恨海》、苏曼殊的《断鸿零雁记》等。

谴责小说,价值最高,其代表作有以下 4 部。

《官场现形记》,60 回。作者李宝嘉,江苏武进人。书中揭露了各式各样的贪官污吏,对他们的种种丑态刻画得淋漓尽致。

《二十年目睹之怪现状》,共 108 回。作者吴沃尧,广东佛山人。书中反映了近代时期中国官场、商场和洋场的种种怪现状,给读者留下深刻印象。

《老残游记》,20 回。作者刘鹗,字铁云,江苏丹徒(今镇江市)人。书中揭露了社会黑暗,成功地塑造了"清官"的酷吏形象。在晚清小说中,《老残游记》的艺术性比较高。鲁迅称它"叙景状物,时有可观"。胡适说它的最大贡献"在于作者描写风景人物的能力","无论写人写景,作者都不肯用套语滥调,总想熔铸新词,作实地的描写"。

《孽海花》,35 回。始作者为金天翮,后由曾朴续写。曾朴,江苏常熟人。《孽海花》以状元金雯青和妓女傅彩云(即赛金花)的婚姻故事为主线,通过一批高级士子们的活动,描写了从清同治初年起到甲午战争失败为止约 30 年间"文化的推移"和"政治的变动"。全书写了 200 多个人物,从慈禧、光绪,到官场的达官名士,下至社会底层的妓女、小厮等,反映的社会生活面相当广泛。在近代小说中,《孽海花》是思想水平和艺术成就都比较高的一部。鲁迅称它"结构工巧,文采斐然"。但由于作者思想的局限,对女主人公赛金花的一些风流艳事常在细加描写时流露出艳赏之情,因而《孽海花》在流传过程中有消极的影响。

教育与科学技术

数学家李善兰,浙江海宁人。自幼爱好数学,攻读《九章算术》,后在上海学习、研究中国古代算经及西方传入的微积分学。咸丰、同治年间，他和英国人伟烈亚力、艾约瑟等合作，翻译了欧几里得的《几何原本》后9卷，以补足明末科学家徐光启的译本，又翻译了罗密士的《代微积拾级》18卷、侯天的《谈天》18卷等著作。1864年（同治三年），李善兰独立完成《方圆阐幽》一书。在这部数学论著里，他依据自己的独立见解，对微积分的概念进行了阐述，为近代数学的传播起了积极的推动作用。

化学家徐寿，江苏无锡人，从青年时候起，专攻物理、化学。同治年间，他在曾国藩创设的安庆内军械所，和同乡、著名数学家华蘅芳合作，研制成我国第一台蒸汽机、第一艘木质轮船"黄鹄"号。后来，徐寿在江南机器制造总局主持翻译馆，先后翻译了《化学鉴原》、《化学考质》、《化学求数》、《化学材料中西名目表》、《物体遇热改易记》等书。这些书系统地介绍了17至18世纪先进的化学知识。徐寿是中国近代科技知识的重要启蒙者，他与英国人傅兰雅在上海创办了"格致书院"，为我国培养了一批早期的科技人才。

数学家、翻译家华蘅芳，江苏无锡人。从少年时候起，就热心学习中国数学。同治年间，在安庆内军械所和徐寿一起设计制造了"黄鹄"号木壳轮船。在美国人玛高温、英国人傅兰雅的支持下，先后翻译了《代数术》、《微积溯源》、《三角数理》、《合数术》等西方近代数学著作，并潜心著述，写下《行素轩算稿》等专著6种，共计23卷。其中，《学算笔谈》风靡一时，戊戌变法前后数十年间，成为学习自然科学的必读书。华蘅芳一生传播西学，致力于教育事业。光绪年间，他和徐寿在上海创办了"格致书院"，讲授西方科学技术。后来，他又在湖北自强学堂、两湖书院和天津武备学堂等处讲学多年，培养了大批人才。

平民教育家武训（1838—1896年），原名武七，山东堂邑县（今属冠县）柳林镇武庄人。清咸丰年间，武训开始了他以乞积兴学之资的历程。一年四季，风餐露宿，沿街乞讨。到49岁那年，武训已置田230亩，积银380两。光绪十四年（1888年），武训在家乡建立一所义学，取名"崇贤义塾"（今冠县柳林镇武训小学）。光绪十六年，在馆陶县杨二庄兴办第二所义学。光绪二十三年，在临清县御史巷办起第三所义学（今临清实验小学）。武训实现了"不顾亲、不顾故，义学我修好几处"、"人生七十古来稀，五十三岁不娶妻。亲戚朋友断个净，临死落个义学症"的理想。就在第三所义学落成那一年（1896年），武训积劳成疾，卧于义塾屋檐下，含笑而逝。出殡之日，各县乡民自动参加葬礼者达万人以上，沿途观者人山人海，师生哭声震天，乡民纷纷流泪。现代教育家陶行知先生的短诗《武训传》，对其一生作了概括："朝朝暮暮，快快乐乐。一生到老，四处奔波。为了苦孩，甘为骆驼。与人有益，牛马也做。公无靠背，朋友无多。未受教育,状元盖过。当众跪求,顽石转舵。不置家产,不娶老婆。为著一件大事,兴学兴学兴学。"武训被收入《世界教育词典》中,被称为"无声教育家"、"平民教育家"。

北京大学的前身京师大学堂,创办于光绪二十四年(1898年),是戊戌变法的产物,也是我国近代最早的大学。光绪帝下诏"明定国是",正式宣布变法,强调"京师大学堂为各行省之倡,尤应首先举办"。7月4日,光绪帝下令,批准设立京师大学堂。京师大学堂的办学方针,在梁启超起草的第一个办学章程中有明确规定:"中西并用,观其会,无得偏废。"初设学科,其性质仍与书院相同。八国联军侵占北京,被迫停办。光绪二十七年复校。光绪二十九年,清政府采纳张之洞奏议,改定学堂章程,颁布管理通则,设大学总监督,京师大学堂的第一任管学大臣为孙家鼐。1912年5月,改为北京大学。

1872年,英国商人美查创办《申报》。《申报》注重报道社会新闻,发表关于当时社会情况的言论,并派记者到各地直接采访,及时发回报道。1873年,浙江余杭发生杨乃武与小白菜冤案。《申报》对这起冤案的昭雪起了很大促进作用。1907年,《申报》由上海的一位金融家接办,其产权及管理权归中国人。《申报》是中国近代第一份商业性报纸,它的办报形式大都为后来的报纸所继承,是中国大众传播媒体的先驱。

1895年,法国人发明了电影。1896年,电影传入中国,首先在上海徐园"又一村"放映"西洋影戏",这是中国近代第一次放映电影。1905年,中国人自己拍摄了第一部影片《定军山》。这是一部京剧艺术纪录片,它揭开了中国电影事业的序幕。

商务印书馆是中国近代成立最早、影响最大的出版机构,成立于光绪二十三年(1897年)。创办人为夏瑞芳、鲍咸思、鲍咸昌、高凤池。他们都是从事印刷业的平民。夏瑞芳,上海青浦人,担任过商务印书馆的第一任总经理。1901年,商务印书馆出版了第一本报刊——《外交报》(月刊)。1902年出版了第一本小学教科书——《最新教科书》,第一部图书——严复所译的《社会通诠》。从此,商务印书馆发展为集编辑、印刷、发行力量于一体的出版企业,为科学知识的传播和普及作出了杰出的贡献。

爱国工程师詹天佑,生于广东南海。清同治十一年(1872年),以幼童官费留学美国,入美国耶鲁大学土木工程专业学习,毕业后回国。1904年,清政府决定修建京(北京)张(张家口)铁路,派詹天佑为总工程师。当时,英国工程师金达曾散布说:"会修这条铁路的中国工程师还没有出世。"詹天佑自己勘测、设计、施工,仅用18个月,就打通了八达岭隧道。1909年10月,京张铁路建成通车。这是中国人自己设计和修筑的第一条铁路干线。它的建成,振奋了民族精神,为中国工程界赢得了荣誉。

飞机设计师冯如,广东恩平人。他是近代中国第一个飞机设计师和飞行员。幼年上过私塾,不久因家贫辍学,被迫赴美国当华工。在美期间,他白天做工,夜晚苦学科技。10年内,他掌握了36种机器制造方法,出色地研制出无线电发报机、抽水机和打桩机等多种机器。旅美华侨筹集资金,热情地支持他钻研飞机设计和制造技术。1910年制成一架正式飞机。1910年10月,冯如参加国际飞行协会举行的飞行竞赛。他驾着自己设计、制造的飞机,飞了310米高,时速为104公里,荣获第一名,轰动了世界,为中国人争得了荣誉。冯如拒绝了美国的重金聘用,于1911年带着自制的两架飞机回国。1912年8月25日,冯如在广州附近的燕塘进行飞行表演,因飞机失事而不幸牺牲,时年30岁。

状元实业家张謇,江苏南通人。光绪二十年(1894年),张謇到礼部殿试,成为第一甲第一名进士,即为状元,并授翰林院修撰。甲午战争失败后,他痛劾李鸿章"主和误国"。后因父逝,回乡奔丧,开始走上"实业救国"的道路。1899年张謇在南通建成大生纱厂。1907年在崇明久隆镇建成大生二厂。大生纱厂经受住了与洋商、洋货的竞争,成为"欧战以前华资纱厂中唯一成功的厂"。张謇还为首组织创办了吕四盐业公司、吕四渔业公司、大隆油皂厂、阜新蚕桑公司、通海垦牧公司等10余家企业。他还兴办教育,创办了通州师范学堂、南通大学,发展了文化事业。

中国第一个会计师谢霖,江苏常州人。光绪三十年(1904年),从日本明治大学毕业回国。他在国内推行借贷复式簿记,撰《簿记学》,被清政府任为户部银行总司账。户部银行在辛亥革命以后改为中国银行,同时,交通银行成立。谢霖对中国银行、交通银行会计制度进行改革,影响了全国的工商企业。1918年(民国七年),农商部便委托谢霖起草拟定章程,当年9月就公布了《会计所暂行条例》;同时颁发谢霖"京一号"会计师证书。谢霖成为中国的第一个会计师。不久,北大校长蔡元培聘谢霖去北大任教。

服饰是社会生活的一种反映。辛亥革命后,孙中山在上海荣昌祥呢绒西装店定做服装,以西服为模本,加以改进,设计中山装。它因孙中山创制而得名。中山装的造型被赋予了革命及建国的含义:前襟的四个口袋代表礼、义、廉、耻;袋盖为倒笔架形,寓意以文治国;前襟的扣子改为5个,寓意国民党五权分立,即行政、立法、司法、考试、监察,这有别于西方国家的三权分立;袖口的三个扣子代表三民主义,即民族、民权、民主;衣领为封闭竖领,表示"三省吾身"严谨治身的理念。

女式高领服装是对满族旗袍的改良。后来,人们又将高领服装改造成为现代旗袍。

第十二章 民国时期

(1912 年—1949 年)

一、资产阶级民主革命运动

孙中山创立兴中会

　　义和团运动失败后,旧式的农民革命退出了历史舞台,中国资产阶级领导的民主革命勃兴。

　　孙中山,名文,字逸仙,生于广东香山县(今中山市)翠亨村,从事革命活动时曾化名中山樵,后来人们都叫他孙中山。孙中山少年时代曾随哥哥孙眉在檀香山生活,接受西方资本主义教育。1883 年回国后,在广州、香港学医,1892 年毕业于香港西医书院,在广州、澳门行医。中日甲午战争后,孙中山认识到,要救国必须推翻腐败的清政府,走革命的道路。1894 年 11 月,孙中山在檀香山联合华侨,建立了中国资产阶级第一个革命团体"兴中会",明确规定"驱除鞑虏,恢复中华,创立合众政府"为兴中会的宗旨。

孙中山像

孙中山伦敦蒙难

　　兴中会成立后,立即筹备武装起义。孙中山与陆皓东、陈少白等在香港开会,决定于 1895 年 10 月 26 日(农历乙未年九月初九重阳节)在广州发动起义。后因起义计划被泄,两广总督谭钟麟加以镇压,陆皓东壮烈牺牲。乙未广州起义失败以后,孙中山被迫逃往日本,断发改装,转赴美国、英国,在华侨中宣传革命。1896 年 10 月 1 日,孙中山到伦敦探望他在香港学医时的老师詹姆士·康德黎。康德黎夫妇安排他在附近的葛兰旅社住宿。10 月 11 日,孙中山从葛兰旅社出来,被中国驻英公使馆的暗探逮捕,中国驻英公使准备把孙中山装在箱内,秘密运回中国处死。

在这千钧一发之际,孙中山通过清洁工人柯尔将自己被捕的消息告诉了康德黎夫妇,康德黎又约孙中山的另一位老师孟生医生同去英国外交部报告中国使馆的幽禁孙中山一事。同时,他们又约见英国记者,详细揭露中国使馆这一事件的始末,并雇请两名私人侦探监视中国使馆的一举一动。这一事件广泛传开,舆论大哗,许多同情中国革命的市民包围了中国使馆。10 月 23 日下午,孙中山获释。从此,孙中山的名字传遍世界。

中国同盟会

20 世纪初,许多民族资产阶级知识分子在上海和日本东京进行革命活动。章炳麟,号太炎,浙江余杭人,戊戌政变后被通缉,逃亡日本。1903 年章炳麟在上海爱国学社执教,在《苏报》上发表了《驳康有为论革命书》,痛斥康有为"中国只可立宪,不能革命"的谬论,表述了资产阶级民主革命的观点。邹容,四川巴县人。留学日本回国后,寄居在上海爱国学社,与章太炎同寓,因政治思想接近,两人成为莫逆之交。1903 年,上海大同书局出版了邹容的名著《革命军》。《革命军》被誉为近代中国的《人权宣言》。公开号召"建立中华共和国",大声疾呼"革命独立万岁!"清廷十分恐惧仇视,勾结上海的帝国主义势力,查封《苏报》,逮捕章太炎、邹容。邹容于 1905 年 4 月病死狱中,年仅 20 岁。章太炎刑满出狱,1906 年 6 月被孙中山接往日本。陈天华,湖南新化人,曾同邹容在日本留学,被时人誉为"革命党之大文豪"。他的《警世钟》、《猛回头》两书,于 1904 年公开出版。两书揭露帝国主义的侵略罪行,号召大家与帝国主义战斗,指出清廷是"洋人的朝廷"、"要想拒洋人,只有讲革命独立",在社会上引起了强烈的反响。1905 年 12 月 8 日,陈天华希望以牺牲自己来唤起国人和留学生的觉悟,同时抗议日本政府对我留学生的诋毁,毅然在东京湾投海自杀,年仅30 岁。

资产阶级革命团体相继成立。1904 年 2 月,黄兴、宋教仁、陈天华等在长沙成立了华兴会;1904 年 11 月,蔡元培、章太炎、陶成章等在上海组织光复会;湖北革命青年在武昌成立科学补习所……革命形势的发展,需要有一个全国性的统一政党来领导革命运动。于是孙中山和黄兴等联合兴中会、华兴会、光复会和科学补习所等革命团体的部分成员,于 1905 年 8 月 20 日在日本东京成立了中国同盟会,这是中国资产阶级民主革命史上的一个里程碑。中国同盟会选孙中山为总理,黄兴为执行部庶务,协助总理主持工作。同盟会是中国第一个全国性的资产阶级革命政党。1905 年 11 月,同盟会的机关报——《民报》在东京创刊,孙中山在《〈民报〉发刊词》中把同盟会的革命宗旨"驱除鞑虏,恢复中华,建立民国,平均地权"16 个字概括成"民族"、"民权"、"民生"三大主义。同盟会员冯自由在香港《中国日报》作介绍时,又把这三大主义简称为"三民主义"。从此,三民主义便为国内外所公认。

民族主义的目标是要推翻清朝贵族的政府。民权主义是推翻君主专制制度,建立国民的政府。民生主义是核定地价,把革命后而增涨的地价归国所有,并逐步由国家向地主收买土地。三民主义是中国资产阶级希望建立资产阶级共和国和发展资本主义的政治纲领,对当时资产阶级革命发挥了巨大的号召和推动作用,标志着中国资产阶级民主革命运动进入了新的阶段。但是,三民主义纲领没有明确提出反帝反封建的战斗口号,没有提出彻底的土地纲领,是一个不彻底的民族民主革命的纲领,这反映了中国民族资产阶级的软弱性和妥协性。

同盟会的革命活动

同盟会的革命活动主要有两个方面:一是在政治思想上,对以康梁为首的改良派的维护君主政体和反对革命的实质,进行揭露,取得思想领导权,促使革命形势蓬勃发展;二是发动了一系列武装起义。

1906 年,同盟会派刘道一、蔡绍南回国领导江西萍乡和湖南浏阳、醴陵一带的农民、矿工起义。这次起义得到贫苦农民和安源煤矿工人的积极拥护,不数日集众数万人,占据三四个县,声势之大,前所未有。清军 5 万余人对起义进行围剿,奋战近一月,起义失败,刘道一被捕牺牲。萍浏醴起义是同盟会领导的第一次大规模的武装起义。

1907 年至 1908 年,同盟会在广东、广西、云南接连发动了潮州黄冈起义、惠州七女湖起义、钦廉防城起义、镇南关起义、钦廉上思起义、河口起义等。这些起义因准备不足、力量分散,都先后失败了。1907 年安徽、浙江也发动了起义。

女革命家秋瑾,浙江绍兴人,号鉴湖女侠,依父母之命嫁给湘潭富商子弟王廷钧,1904 年冲破封建家庭束缚,自己筹资留学日本,加入同盟会。1907 年,秋瑾在上海创办《中国女报》，提倡妇女解放。同年回绍兴，与徐锡麟分头准备皖浙两省起义。7月6日，徐锡麟在安庆枪杀巡抚恩铭，与清军激战失败，被捕遇害。安庆起义失败牵连到绍兴秋瑾，浙江巡抚张曾敫立即派兵往绍兴缉捕秋瑾。秋瑾得知徐锡麟牺牲的消息后，决计以身殉国，用鲜血和生命来唤起民众。她从容指挥大通学堂学生掩埋枪弹，焚毁名册，立即走避，而自己坚持不走。7月13日，因内奸胡道南密报，秋瑾被捕，7月15日凌晨壮烈牺牲于绍兴轩亭口。

1911年4月27日(宣统三年农历三月二十九日)，孙中山和黄兴等发动了震惊全国的广州起义，赵声任总指挥。黄兴率敢死队130人进攻两广督署，擒杀管带金振邦。总督张鸣岐挖墙洞逃走。起义军奋战一昼夜，终因孤军力薄而失败。黄兴、朱执信等负伤后化装逃走，林觉民、喻培伦、方声洞等100余人牺牲。事后，搜集烈士遗骸72具，葬于黄花岗，史称"黄花岗七十二烈士"。这次广州起义(又称黄花岗之役)，震动全国以至海外，为武昌起义准备了条件。

1911年初，清政府宣布将民办的川汉、粤汉铁路收归"国有"，与美、英、法、德签订了借款合同，出卖铁路修筑权，换取借款600万英镑。川、鄂、湘、粤4省掀起了有广大群众参加的保路运动，又称"铁路风潮"。6月，川汉铁路股东代表张澜等集会成都，成立四川保路同志会，推举蒲殿俊、罗伦为正副会长，入会者达数十万人。同盟会员龙鸣剑、王天杰等组织保路同志军，准备武装起义。8月，成都举行几万人的保路大会，号召罢市、罢课和抗粮抗捐。9月，四川总督赵尔丰诱捕保路同志会领导人蒲殿俊、罗伦、张澜等9人，并枪杀请愿群众数十人。10月，同盟会员吴玉章、王天杰等在荣县起义，建立革命政权。保路运动发展为武装起义，冲击了清廷在四川的统治，是推翻清王朝的武昌起义的前奏。

武昌起义

四川保路运动发展到高潮，清政府从两湖地区调集兵力前往四川进行镇压。两湖兵力空虚，起义时机已经到来，与同盟会有联系的文学社和共进会决定发动武昌起义。武昌起义爆发于1911年，即宣统三年(辛亥年)，故称辛亥革命。

1911年9月24日，文学社和共进会组织了统一的领导机构，文学社领导人蒋翊武为革命总指挥，共进会领导人孙武为参谋长，预定10月11日举行武装起义。10月9日，孙武在汉口租界制造炸弹，不慎爆炸，起义指挥机关被破坏，起义计划暴露。湖广总督瑞澂大肆捕杀革命党人。新军里的革命党人熊秉坤等见事态紧急，决定提前起义。10月10日晚7时，熊秉坤、金兆龙等革命党人率军首先发难。士兵们血战通宵,占领了总督衙门。总督瑞澂从后墙开洞逃走,新军统制张彪率残部逃出武昌。经过一夜战斗,革命军占领了武昌,起义取得了胜利。

武昌起义

10 月 11 日,革命党即筹组政府,推举清新军军官黎元洪为湖北政府都督,立宪派的汤化龙为民政厅长。宣布废除清朝"宣统"年号,改国号为"中华民国"。

历史上"中国"的含义是"中央之城"或"中央之国"的代名词,通常指京师、内地、中原地区,或指中原王朝,都不是国名。辛亥革命之前的文献中提到的"中国"并不等于今天的"中国"概念,而仅是历史上中国的一部分。以"中国"作为正式国名的简称,是从辛亥革命后建立的中华民国开始的。

武昌起义胜利后,清内阁总理大臣奕劻和徐世昌等上奏朝廷,立即起用袁世凯。帝国主义各国也竭力

黎元洪像

催促清政府起用袁世凯。摄政王载沣不得不于 10 月 14 日颁布谕旨,任命袁世凯为钦差大臣,拨白银 100 万两作为军费,任命冯国璋、段祺瑞分统北洋一、二军,受袁世凯节制。袁世凯率北洋新军南下,镇压革命。

　　湖北革命军奋起保卫武汉。11 月 1 日,汉口失陷,起义军退守汉阳。汉阳保卫战前后进行 10 天,死伤军民 3 300 余人。11 月 27 日汉阳失守。起义军却赢得了 40 余天时间,促成各省继起响应。全国有湖北、湖南、江西、陕西、广西、贵州、安徽等 13 省和上海市等宣布脱离清政府独立,资产阶级民主革命的巨大洪流冲垮了清王朝的封建统治。

中华民国临时政府的成立

　　武昌起义爆发时,孙中山正在美国筹募革命经费。12 月 25 日,孙中山回到上海。12 月 29 日,17 省代表在南京举行会议,孙中山以 16 票的绝对多数当选为中华民国临时大总统。

　　1912 年 1 月 1 日,孙中山在南京宣誓就职,宣告中华民国临时政府成立。1912 年为民国元年,改用公历。3 日,选举黎元洪为副总统。南京临时政府的成立,标志着中国历史上资产阶级共和国胜利诞生。这个政府中,旧军人、旧官僚如黎元洪、程德金(内政总长)和立宪党人张謇(实业总长)、汤寿潜(交通总长)等,都充当重要角色。作为政府立法机关的参议院,也大都是军僚政客和立宪党人。旧人物掌握新政权,因而大大削弱了政权的战斗性。

袁世凯窃取政权

　　1911 年 11 月,清廷被迫任命袁世凯为内阁总理,迫令载沣辞职,清廷军政大权全部落到了袁世凯手里。12 月,袁世凯的全权代表唐绍仪与南方各省的全权代表伍廷芳,在上海英租界开始南北议和。在立宪派张謇的撮合下,唐绍仪和南方革命党人约定,只要袁世凯逼迫清帝退位,即推举他为共和国第一任大总统。南京临时政府的成立和公举孙中山为临时大总统,使袁世凯大为恼怒。袁世凯唆使段祺瑞、冯国璋等人发表通电,主张君主立宪。各国帝国主义国家也站在袁世凯这边,向革命党施加压力。孙中山表示:"如果清帝实行退位,宣布共和,则临时政府决不食言,吾即可正式宣布解职,以功以能,首推袁氏。"

　　袁世凯得到孙中山的保证后,便转手利用革命的威势进行"逼宫"。1912 年 2 月

12 日,隆裕太后接受"不废帝号,仍居宫禁等优待条件",颁发退位诏书,宣布清帝宣统退位。清王朝灭亡了,统治中国两千多年的封建君主制度结束了。

　　在清帝宣布退位的第二天,孙中山向南京参议院提出辞职,要求新总统到南京就职。2 月 15 日,南京参议院选举袁世凯为第二任临时大总统。2 月 18 日,孙中山派蔡元培为专使,汪精卫、宋教仁等为欢迎员,前往北京迎接袁世凯南下就职。袁世凯为了迷惑孙中山及革命党人,事先布置北洋军在北京发动兵变,在东城和前门一带肆行焚掠,抢劫商店,并冲入迎袁专使蔡元培的住处,把行李、文件等掳掠一空。各帝国主义国家驻华公使以保护使馆为名,先后调兵入京。因此,袁世凯便推说南下就职"暂难办到"。蔡元培识不破袁世凯的阴谋,电请迁就袁世凯,孙中山只好同意袁世凯在北京就职。

　　3 月 10 日,袁世凯在北京就任中华民国临时大总统。13 日,袁世凯任命唐绍仪为国务总理。30 日,公布了内阁人选:外交陆徵祥,内务赵秉钧,财政熊希龄,陆军段祺瑞,海军刘冠雄,司法王宠惠,教育蔡元培,农林宋教仁,工商陈其美,交通由唐绍仪兼任。10 个阁员中,同盟会员占多数,当时称为"同盟会中心内阁"。但袁世凯的党羽赵秉钧、段祺瑞、刘冠雄掌握了三个实权部门。

　　4 月 5 日,参议院决议临时政府迁往北京,南京临时政府宣告结束,辛亥革命的胜利成果被帝国主义势力的走狗袁世凯窃取了。从此,北洋军阀开始了对中国的黑暗统治。

辛亥革命的意义

　　辛亥革命推翻了最后一个封建王朝,结束了 2 000 多年的封建专制制度。从此,民主共和国的观念深入人心,使人们公认,任何违反这一观念的言行都是非法的。这是辛亥革命最大的功绩。

　　辛亥革命是资产阶级的民主革命,反帝反封建是中国民主革命的两大任务。但是,辛亥革命仅推翻了满清皇朝,帝国主义和封建势力这两座大山依然压在中国人民的头上,没有实现资产阶级民主革命的任务。

　　辛亥革命失败给中国人民带来了深刻的教训。人们觉悟到帝国主义帮助反动势力压制革命,是中国革命最大的敌人,必须坚决地反对帝国主义。同时,革命证明了软弱的资产阶级不可能领导中国革命获得成功。

二、北洋军阀的黑暗统治

"二次革命"的失败

由于袁世凯的独断专行,第一届内阁一事无成,唐绍仪于 1912 年 6 月宣布辞职,袁世凯逐步建立独裁统治。同盟会中以宋教仁为首的部分人士,幻想与袁世凯进行议会斗争,以实现资产阶级民主政治。8 月 25 日,同盟会在北京改组,成立国民党。孙中山被选为理事长,不久,委任宋教仁代理理事长,主持党务。宋教仁积极从事内阁总理竞选活动。1913 年初,国民党在参、众两院 870 个议席中,独得 392 席,占议席总数的 45%,取得了压倒性的优势。这使袁世凯坐卧不安,便暗萌杀意,密令心腹赵秉钧加以谋划。3 月 20 日夜 10 时,宋教仁在上海车站被刺杀,凶手武士英逃走。

宋案发生以后,孙中山立即从日本返回。在孙中山、黄兴的强烈要求下,4 月 26 日宋案证据公布。事实证明,刺杀宋教仁的主谋人便是袁世凯。全国人心鼎沸,"国贼"之声震动寰宇。袁世凯欲用武力消灭国民党在南方几省的实力,并得到英、美、法、德、日帝国主义的支持。6 月,袁世凯下令撤免国民党人李烈钧江西都督职、柏文蔚安徽都督职和胡汉民广东都督职,孙中山、黄兴等国民党领导人被迫应战,发动讨袁的"二次革命"。7 月,李烈钧在江西湖口召集旧部举行起义,发表檄文,声讨袁世凯的罪行。黄兴在南京迫使程德全宣布江苏独立,组织讨袁军,黄兴任司令,兴师讨袁。安徽、上海、广东、湖南、福建、四川相继独立。由于革命党人缺乏坚强统一的领导核心,因而反袁力量薄弱,不到两个月,南昌失守,南京被占,"二次革命"失败了。因为这次战争的主要地区是江西和南京,所以历史上又称为"赣宁之役"。

袁世凯复辟帝制

1913 年 10 月,袁世凯派人包围国会会场,强迫议员选举他为总统,黎元洪为副总统。袁世凯当选总统后,下令解散国民党和国会。1914 年 5 月,袁世凯废除《临时约法》(南京政府成立后,在孙中山亲自主持下,临时参议院制定《中华民国临时约法》,是一部具有资产阶级共和国性质的根本大法,能限制临时大总统的权力),公布反动的《中华民国约法》，改责任内阁制为总统制，实行专制独裁统治。1914 年 8 月，欧洲爆发了第一次世界大战。9 月，日本对德国宣战，乘机出兵德国山东，强占胶济铁路和青岛，攫取德国在中国的权益。当时，袁世凯一心想做皇帝，急于取得日本的支持，对日本的侵略不作任何反抗。日本得寸进尺，1915 年 1 月，日本驻中国公使日置益公开对外交部次长曹汝霖说，如袁世凯接受 21 个条件，日本就支持、赞助他做皇帝。《二十一条》是一个涉及内容十分广泛、旨在灭亡中国的可耻条款。

袁世凯像

日本提出《二十一条》的消息一透露，立即激起全国各阶层人民的无比愤怒。上海商界学界数万人，集会抗议日本的侵华罪行，反对《二十一条》。各大城市纷纷成立反日爱国组织，掀起抵制日货的斗争。

中日关于《二十一条》的谈判秘密举行。谈判期间，日本增兵沈阳、天津、青岛，进行武力威胁。5 月 9 日，袁世凯派外交总长陆徵祥、次长曹汝霖前往日本使馆递交复文，接受《二十一条》。随后，全国各地掀起更大规模的反日怒潮，《二十一条》实际宣告无效。从此，5 月 9 日被定为国耻纪念日。

袁世凯的御用工具参议院决定召开"国民代表大会"，议决改行"君主立宪"问题。在袁世凯的统一指挥下，各省相继选出"国民代表"，赴京进行"国体投票"，"代表"1993 人都赞成"君主立宪"。各省"推戴书"如出一辙地写着："恭戴今大总统袁世凯为中华帝国皇帝。"12 月 12 日，袁世凯在"尊重民意"的旗号下接受帝位。13 日，袁世凯在居仁堂受文武百官朝贺，改国号为"中华帝国"，以 1916 年为"洪宪"元年，并定元旦举行登基大典，自称"中华民国皇帝"。梁启超揭露袁世凯复辟帝制说："此次皇帝之出产，不外右手挟利刃，左手持金钱，啸聚国中最下贱无耻之少数人，如演傀儡戏者然。"

蔡锷护国讨袁

袁世凯宣布称帝后，孙中山在日本发表宣言，号召讨伐袁世凯。

蔡锷，字松坡，湖南邵阳人，中国近代史上杰出的爱国民主主义者。武昌起义爆发后,云南同盟会会员朱德(时任新军连长)等人积极活动,准备响应武昌,在云南发动起义。革命党人一致推举具有强烈爱国之心的,当时是新军第十九镇三十七协协统(旅长)的蔡锷担任起义的临时总指挥。蔡锷领导云南起义成功后,被推举为云南军政府都督,名闻全国。袁世凯担心蔡锷的力量过分强大,便写信"邀"他到北京任职,便于自己掌控。1913 年 10 月,蔡锷从云南调往北京,任陆军部编译处副总裁的闲职。蔡锷与梁启超商定讨袁计划。为了麻痹袁世凯,蔡锷邀集袁世凯的心腹孙武、唐在礼等人举行赞成帝制的签名活动,并率先签了名。同时,暗中通知云南、贵州等地旧僚,速作准备,起兵反袁,并请黄兴等革命人予以协助。一天,蔡锷的喉病发作了,连话

蔡锷像

也说不出,病势十分严重。蔡锷向袁世凯告假请求赴津治疗,袁世凯见他确实病重,加上对其戒心已松,就同意了。1915 年 11 月,蔡锷以治病为名,乘运煤船"山东丸"号经日本、香港和越南,于 12 月回到昆明。

蔡锷回到昆明,由于咽喉结核的折磨,身体极其虚弱,但他的革命意志十分坚定。1915 年 12 月 25 日,蔡锷联合唐继尧、李烈钧通电全国,宣布云南独立,第二天成立"护国军",亲任第一军总司令,出兵讨伐袁世凯。

蔡锷率领护国军先后攻克四川南部各地,李烈钧率领护国军第二军,挺进广西,全歼粤军龙觐光部。1916 年 3 月、4 月间,广西、广东宣布独立。这时,袁世凯的亲信冯国璋、段祺瑞、张勋等也联名致电,逼其取消帝制,日、美帝国主义看到袁世凯孤立,亦放弃对他的支持,另找新的走狗。袁世凯内外交困,于 1916 年 3 月 22 日被迫宣布取消帝制,仍改为民国五年,自称大总统,以徐世昌为国务卿,将政事堂改为国务院。洪宪帝制前后共 83 天,掐头去尾袁世凯只做了 81 天皇帝梦,就在全国唾骂中破灭了。袁世凯于 1916 年 6 月 6 日忧惧而死,虚年 58 岁。

蔡锷讨袁后,病情加剧,日夜高烧不退,被迫前往日本东京就医,但终因病入膏肓,无法救治,1916 年 11 月 8 日在东京福冈大学医院与世长辞,年仅 34 岁。孙中山先生在挽联中这样颂扬他:"平生慷慨班都护,万里间关马伏波。"蔡锷将军的爱国精神与英雄行为将永远铭记在人们心中。

军阀割据局面的形成

袁世凯死后,各派军阀在帝国主义国家分别扶植下,争权夺利,在中国形成割据局面。北洋军阀分化为直、皖、奉三系。

直系首领冯国璋,直隶(今河北省)河间人。直系受英、美帝国主义控制,主要势力在江苏、江西、湖北及直隶等省,经常联合其他派系,与皖系对抗。

皖系首领段祺瑞,安徽合肥人。受日本帝国主义控制,占据安徽、陕西、山东、浙江、福建等省,并控制了北京政府实权,势力最大。

奉系首领张作霖,奉天(今辽宁省)海城人。支持袁世凯称帝,控制东三省,受日本帝国主义控制。

另外,北方还有阎锡山为首的山西军阀集团;张勋为首的徐州"辫子军"。

西南军阀主要是滇、桂两系。以唐继尧为首的滇系,占据云南、贵州,向四川扩展;以陆荣廷为首的桂系,占据广西、广东,并进军湖南。滇、桂两系都投靠英、美帝国主义。

南北军阀,争地夺利,割据称雄,混战不息。

张勋复辟

袁世凯死后,黎元洪继任大总统,段祺瑞为国务总理。1917 年,黎段发生"府院之争"(总统府与国务院之争)。黎元洪在英、美的支持下,免去段祺瑞国务总理职务。段祺瑞跑到天津,指使皖系军阀控制的 8 省独立,并声称要进兵北京。黎元洪一筹莫展,邀请张勋进京进行调停。张勋,原属袁世凯部下。辛亥革命后,为了表示忠于清室,他和自己率领的"定武军",每人都蓄着一条长辫子,人们戏称其为"辫子军"。

1917 年 6 月,张勋率"辫子军"3 000 人从徐州北上,进入北京,胁迫黎元洪下令解散国会,辞去总统职位。这时,复辟势力密集北京。1917 年 7 月 1 日,张勋与康有为策划,从故宫中扶出废帝溥仪,在紫禁城"登基",演出了民国以来的第二场复辟丑剧。废帝上台,改民国六年为宣统九年,各省督军一律改为巡抚。

张勋的复辟激起全国人民的愤怒声讨。北京报纸停刊,表示抗议;湖南长沙万人集会,呼吁讨伐;孙中山在上海与章炳麟、唐绍仪等发表《讨逆宣言》,痛斥张勋复辟行径。段祺瑞见驱逐黎元洪的目的已达到,立即见风使舵,反对复辟,与冯国璋联合宣布张勋罪状,组织"讨逆军",任总司令,在天津誓师,宣布讨伐张勋。7 月 12 日,"讨逆军"攻入北京,张勋"辫子军"一触即溃,缴械投降。张勋仓皇逃入荷兰使馆,康有为在美国使馆避难,溥仪再次宣布退位。复辟丑剧上演了12天,以彻底失败而告终。

护法运动

张勋复辟失败后,北京政府的政权又重新落到北洋军阀的手中,直系首领冯国璋占据了大总统职位,皖系首领段祺瑞复位国务总理。孙中山致电劝段祺瑞恢复《临时约法》,召集国会。段祺瑞主张成立临时参议院,抛弃国会和《临时约法》,实行专制统治。

1917年7月,孙中山在广州举起了护法的旗帜。前北京政府海军总长程璧光发表宣言,拥护护法,并宣告海军独立,率海军第一舰队开赴广东。滇桂军阀也表示反对段祺瑞。8月,非常国会在广州召开,通过《中华民国军政府组织大纲》,选举孙中山为大元帅,负责行使军政府职权。孙中山下令讨伐段祺瑞。

护法战争首先在湖南开始,护法军占领长沙。随后,川、鄂、豫、鲁等省相继响应。北京政府内部发生分裂,冯国璋企图利用西南军阀压制段祺瑞,提出南北议和。而同时,护法军政府内部也产生尖锐矛盾。孙中山依靠西南军阀陆荣廷、唐继尧的实力讨伐段祺瑞,但陆、唐不是真心拥护孙中山护法。他们排斥孙中山,操纵国会,于1918年5月改组军政府,取消大元帅,设立政务总裁7人。孙中山仅为七总裁之一,实权掌握在西南军阀手中。孙中山拒绝就职,于5月21日离开广州。这次运动是孙中山以维护《临时约法》为号召来反对段祺瑞的,所以称为"护法运动",又称"护法战争"。护法运动的失败使孙中山认识到,不可能依靠军阀进行革命。

三、新文化运动

新文化运动是"五四"前后文化运动的统称。1915年9月15日,陈独秀在上海创办并主编《青年杂志》,后改名为《新青年》,标志着新文化运动的兴起。1917年初,陈独秀应聘为北京大学文科学长,《新青年》编辑部亦由上海迁来北京。从1918年初起,《新青年》由李大钊、胡适、钱玄同、刘半农、鲁迅等共同编辑。《新青年》高举"民主"和"科学"两面大旗,发起新文化运动。新文化运动提倡民主,反对专制;提倡科学,反对愚昧;提倡新道德,反对旧道德;提倡新文学,反对旧文学。新文化运动的倡导者们向封建礼教发动猛烈攻击,斗争锋芒直指封建儒家思想,提出了"打倒孔家店"的口号,激发了人们冲破封建思想的罗网、探索救国救民的新思路。

1918 年,任北京大学图书馆主任兼教授的李大钊发表《庶民的胜利》、《布尔什维主义的胜利》,这是马列主义在中国传播的重要标志。原来一些宣传新文化的报刊逐渐转变为介绍俄国十月革命和宣传马克思主义。新文化运动已经属于新民主主义文化思想的范畴了。

新文化运动是中国近现代史上一次深刻的思想解放运动。它打破了封建文化的束缚,给思想界开创了百家争鸣的局面,为人们选择和吸收外来文化思想创造了条件,也为接受俄国十月革命影响和马克思主义在中国传播开辟了道路。没有新文化运动,就不会有民主思想的新觉醒。经过新文化运动的洗礼,一大批知识分子向共产主义思想转变。新文化运动是"五四"爱国运动爆发和中国共产党成立的思想条件。

四、"五四"爱国运动

第一次世界大战以德奥方面的失败而结束。1919 年 1 月,战胜国在巴黎召开"和平会议",实际上是英、美、法三国操纵的帝国主义分赃会议。中国由于在大战时参加了英、美、法方面,也派代表出席这次会议。中国代表提出收回山东主权、取消"二十一条"、废除列强在华特权三项提案,遭到无理否决。消息传来,中国人民无比愤怒。

1919 年 5 月 4 日,北京大学等高校 3 000 多学生举行了大规模的爱国示威运动。他们集会在天安门前,高呼"外争国权,内惩国贼"、"废除二十一条"、"拒绝和约签字"等口号,声讨帝国主义罪行,痛诉北洋卖国政府,要求惩办亲日卖国官员曹汝霖、章宗祥、陆宗舆。会后,游行队伍来到赵家楼胡同,曹汝霖避而不见,愤怒的学生放火烧了曹贼的住所。军警赶到现场,捕走学生 30 余人。5 日,北京学生总罢课,并通电全国。6 月 3 日至 4 日,又有 800 多学生被抓。反动政府的高压政策,引起了全国人民的抗议。天津、上海、济南、武汉、长沙、广州等地学生和各界人士纷纷声援被捕学生,上海工人罢工、店员罢市、学生罢课的"三罢"斗争迅速扩展到全国 22 省 300 多座城市。工人阶级成了主力,运动中心由北京移到上海。

在全国人民的反对下,北洋军阀政府被迫释放被捕学生,罢免曹、章、陆的职务,出席巴黎和会的中国代表没有在"和约"上签字。"五四"爱国运动获得了重大胜利。

"五四"运动是彻底的反帝反封建的爱国运动,推动了马克思主义在中国的传播,是中国新民主主义革命的开端。

五、中国共产党的成立

在新文化运动中,最早接受和宣传马克思列宁主义的是李大钊。从 1918 年到 1919 年两年内,李大钊在《新青年》上刊载了许多关于马克思列宁主义、苏俄问题和中国工人运动的论文,初步介绍了马克思主义的唯物史观和马克思主义的经济学说。许多革命知识分子和工人群众在马克思列宁主义光芒照耀下,觉醒起来。他们在各大城市发起和组织共产主义小组。1920 年 8 月,上海最先成立共产主义小组,参加者有李汉俊、陈望道、李达等,陈独秀任书记。10 月,李大钊、邓中夏、张国焘等在北京成立了共产主义小组,李大钊为书记。1920 年秋、冬,董必武、陈潭秋、包惠僧在武汉;毛泽东、何叔衡在长沙;王尽美、邓恩铭在济南;谭平山、陈公博在广州相继成立共产主义小组。1921 年初,在日本、法国的中国留学生中也成立了共产主义小组,旅日共产主义小组成员有施存统、周佛海,旅法共产主义小组成员有周恩来、赵世炎、刘清扬等。各地共产主义小组成立后,有计划、有组织地传播马克思主义,到工人中开展组织和宣传工作,促进了马克思主义和中国工人运动结合。

毛泽东生于 1893 年,出身于湖南湘潭韶山的农民家庭。1911 年辛亥革命时,毛泽东在长沙参加了革命军,1913 年肄业于湖南省第一师范。1917 年,毛泽东在长沙成立新民学会,由进步的学术团体转变成反帝反封建的革命组织。学会组织了留法勤工俭学;领导开展驱逐张敬尧军阀的运动;创办《湘江评论》,对青年选择马列主义和十月革命的道路,起了极大的推动作用。1920 年初,毛泽东在北京钻研了陈望道翻译的《共产党宣言》,成为坚强的马克思主义者。1920 年秋,他回到长沙成立了马克思主义研究会,新民学会会员大部分加入了社会主义青年团和共产主义小组,为中国共产党成立作了思想上、组织上的准备。

1921 年 7 月 23 日至 31 日,中国共产党第一次全国代表大会在上海法租界望志路 106 号(今兴亚路 76 号)举行。来自 7 个地方 57 名党员中的 12 名代表出席了会议。他们是李达、李汉俊、张国焘、刘仁静、毛泽东、何叔衡、董必武、陈潭秋、王尽美、邓恩铭、陈公博和周佛海。包惠僧受当时在广州的陈独秀指派也参加了会议。共产国际代表马林和尼科尔斯基列席会议。因会场被法租界巡捕发现,最后一天会议转移到浙江嘉兴南湖的游船上举行。大会通过了《中国共产党纲领》和《关于党的任务的决议》。陈独秀和李大钊在创建党的过程中,对组织工作进行了分工。南方的建党活动主要由陈独秀负责,北方则由李大钊指导进行。"南陈北李"由此而得名。陈独秀和李大钊虽因故没有参加党的第一次全国代表大会,但他们是世所公认的党的主要创建人。大会选出了党的领导机构——中央局,陈独秀为书记,李达为宣传主任,张国焘为组织主任。从此,一个以马列主义为理论基础,以实现共产主义为目标的无产阶级革命政党宣告成立。中国共产党的成立,标志着中国革命进入了新民主主义革命时期,中国革命的面目焕然一新!

六、中国工人运动的高潮

中国共产党成立后,把领导工人运动当做党的中心工作,成立了"中国劳动组合书记部"作为领导工人运动的总机关,同时创办了机关报《劳动周刊》,指导工人运动。1922 年 1 月到 1923 年 2 月,出现中国工人运动的第一次高潮。

香港海员大罢工

1922 年 1 月 12 日,香港海员工人 6 000 余人在香港"中华海员工会"苏兆征、林伟民等领导下,举行反抗英国资本家的剥削和压迫、要求改善待遇、增加工资的罢工。1 月底,罢工海员和运输工人超过 3 万人。港英当局不但不答应工人要求,还于 2 月 1 日强行封闭了海员工会,并设计谈判骗局企图破坏罢工。3 月 1 日,香港全市工人举行了总同盟罢工,参加者逾 10 万人。罢工工人纷纷离港回广州,港英当局极为惊恐。4 日,步行回省的工人队伍行至九龙附近的沙田时,英国军警开枪射击,打死 6 人,伤数百人。"沙田惨案"发生后,罢工继续扩大。党号召全国工人大力支援,罢工坚持 56 天,香港航运、交通、生产全部陷入瘫痪,香港成了"死港"、"臭港"。3 月 6 日,香港当局被迫取消封闭海员工会的命令;答应为海员增加15%~30%的工资,优恤沙田死难者;释放被捕工人。罢工取得了胜利。香港海员罢工是中国工人阶级第一次直接同帝国主义势力进行的有组织的较量,它的胜利增强了工人阶级斗争的勇气和信心,推动了全国工人运动的发展。1922 年 8 月,京汉铁路长辛店铁路工人罢工。9月,刘少奇领导江西安源煤矿工人罢工。10月,开滦五矿工人罢工。12月,毛泽东领导湖南水口山铅矿工人罢工。

京汉铁路工人大罢工

工人运动的最高潮是1923年2月7日京汉铁路工人反对军阀高压政策的大流血事件。

1923年2月1日,京汉铁路16个工会组织在张国焘、罗章龙等领导下,派代表在郑州举行京汉铁路总工会的成立大会。直系军阀吴佩孚下令禁止,派兵占据总工会会址,宣布全城戒严。工人代表冲破封锁,涌入会场,宣告总工会成立,高呼:"京汉铁路总工会万岁!"但军警捣毁会场,会议无法进行。于是,总工会号召"为争自由而战,为争人权而战",实行全路罢工。2月4日,京汉线上3万多工人举行总同盟罢工。2月7日,吴佩孚在帝国主义支持下,调集2万多兵力,对江岸、郑州、长辛店等沿路各站罢工工人进行血腥镇压。直系军阀萧耀南参谋张厚生带领军队包围湖北江岸总工会,开枪射击,工人死32人,伤200余人。江岸分会委员长共产党员林祥谦被捕,张厚生逼他下令复工,林祥谦严词拒绝:"头可断,血可流,工不能上!"敌人恼羞成怒,连砍林祥谦数刀,鲜血四溅。这位钳工出身的共产党员,惨死在敌人的乱刀之下,年仅31岁,表现出中国工人阶级先进战士的伟大的忠贞气节。武汉工团联合会律师共产党员施洋也被捕,15日在武昌牺牲。"二七惨案"中,被杀52人,伤300余人,被捕40多人,开除1000多人,鲜血染红了京汉铁路。为保存革命力量,2月9日,总工会下令复工。工人运动暂时转入低潮。这次罢工显示了工人阶级的伟大力量和牺牲精神。共产国际曾为中国京汉铁路工人大罢工斗争发表宣言,指出中国工人阶级已经登上了世界政治舞台。

七、第一次国内革命战争(1924年—1927年)

第一次国内革命战争,又称"大革命"。1924年至1927年,中国人民在中国共产党领导下,与中国国民党合作领导进行了反帝反封建的革命斗争。

中共二大、三大

中国共产党第二次全国代表大会于 1922 年 7 月 16 日至 23 日在上海举行。党的二大初步确立中国革命必须分两步走,第一次明确提出了彻底的反帝反封建的民族民主革命纲领,为中国人民指明了现阶段革命斗争的任务和方向。但大会没有明确提出武装夺取政权和土地革命纲领,是其不足之处。1923 年 6 月 12 日至 20 日,中共第三次全国代表大会在广州召开。会议接受了共产国际《关于中国共产党和国民党关系的决议》。在讨论共产党和国民党合作的政策时,大会展开了激烈的斗争,批评了党内的两种机会主义倾向。一种是以陈独秀为代表的投降主义倾向。他们认为目前既然是资产阶级民主革命,就应当由资产阶级来领导,"一切工作归国民党"。等资产阶级共和国成立后,再来推翻资产阶级共和国,建立无产阶级专政,实现社会主义。这就是"二次革命论"。另一种是以张国焘为代表的关门主义倾向。他们认为国民党是不革命的,反对国共合作,反对共产党员、工人和农民加入国民党。中共三大正确制定了革命统一战线的方针和政策,对国共合作统一战线的形成、国民党的改组、国民党的发展和共产党的壮大,都起着极为重要的作用。然而,大会对无产阶级革命领导权、农民的土地问题以及革命军队的问题,都没有提出。这反映了党还处在缺乏经验的幼年时期。

国民党一大

孙中山在中国共产党的支持和苏联的帮助下,于 1923 年 3 月在广州成立了大元帅府。

1924 年 1 月,国民党在广州召开了第一次全国代表大会。共产党员李大钊、谭平山、林伯渠、瞿秋白、毛泽东等 20 多人参加了会议,孙中山以总理身份担任大会主席。大会正式承认共产党员、社会主义青年团员以个人资格加入国民党,通过了新的党纲、党章和改组国民党的各种具体办法,重新解释了三民主义。这就是以联俄、联共、扶助农工的三大政策为基础的三民主义,即新三民主义。新三民主义成了国共两党合作的政治基础。大会改组了国民党中央党部,组织部长为谭平山,农民部长为林伯渠,工人部长为廖仲恺,毛泽东代理宣传部长。改组后的国民党,由单纯的资产阶级政党转变成工人、农民、小资产阶级和民族资产阶级反帝反封建的政治联盟。因此,国民党一大的成功,标志着国共合作的正式形成。这也是中国人民在中国共产领导下进行的国共合作反帝反封建的革命战争,即 1924 年至 1927 年的第一次国内革命战争(习称"大革命")的起点。

黄埔军校

1924 年 5 月 31 日,苏联代表来到北京,与北京政府谈判,签订了《中俄解决悬案大纲协定》。在协定中,苏联宣布无条件废除沙俄和中国所签订的一切不平等条约,放弃在中国的一切特权。这是中国外交史上第一个平等友好的条约。

苏联和中国共产党帮助孙中山建立了革命武装。1924 年 6 月 16 日在广州附近的黄埔岛上,中国国民党陆军军官学校,通常称为黄埔军校成立。孙中山推荐蒋介石任校长,李济深任副校长,廖仲恺为国民党代表。共产党人周恩来任政治部主任,叶剑英任教授部副主任,恽代英、萧楚女、聂荣臻等任政治教官。黄埔军校从成立至 1926 年 7 月北伐出师前,共招生 5 届约 7 400 人。徐向前、陈赓、左权等均是黄埔一期学生。黄埔军校实行政治教育和军事训练并重的方针,尤其注重培养学生的爱国思想和革命精神。这是它同一切旧式军校根本不同之处。黄埔军校培养出了一大批优秀的政治和军事人才,为国民革命军的建立和北伐战争的胜利进行奠定了基础。

农民运动讲习所

1924 年 6 月 30 日,国民党中央执行委员会决定建立中国国民党农民运动讲习所,简称广州农运讲习所,是第一次国内革命战争时期培养农民运动干部的学校。农民运动讲习所是国共合作的产物,实际上由共产党领导创办。广州农讲所从 1924 年 7 月创办到 1926 年 9 月结束,共举办 6 届。第六届由主任制改所长制,毛泽东任所长。共产党人彭湃、周恩来、萧楚女、恽代英、瞿秋白、林伯渠、陈延年、邓中夏等先后在此所授课或作报告。广州农讲所共计培养学员 770 余人,大都是勤敏忠实、身体强壮、文武兼备的农运人才。他们在组织发动农民、建立农民政权和农民武装、铲除贪官污吏、反对土豪劣绅、维持农村治安等方面的斗争中,为革命作出了巨大的成绩。

北京政变

1920 年 7 月,直、奉军阀联合反皖,直皖战争结束,北京政权落到直、奉军阀手中,皖系势力衰落下去。1922 年 5 月,第一次直奉战争结束,直系首领曹锟"贿选总统",爬山了总统宝座。张作霖不甘心失败,于 1924 年 9 月发动了第二次直奉战争。

直系将领冯玉祥具有爱国民主思想,反对军阀"武力统一"政策,仰慕孙中山的思想主张,与广东革命政府已有联系。冯玉祥乘直奉两军在山海关一线激战中直军处于不利之机,从热河前线回师北京,发动政变。10 月 22 日,冯玉祥部队进入北京,包围总统府,软禁了曹锟。11 月,吴佩孚率领残军南遁。第二次直奉战争结束。

曹锟下台,直系瓦解,北京政府成为张作霖、段祺瑞、冯玉祥三派的联合政府,由段祺瑞掌权,号称"临时执政"。冯玉祥将参加北京政变的各军,组成统一的中华民国国民军。国民军在共产党人和苏联政治顾问帮助下,初步接受了孙中山的新三民主义,成为中国北方一支倾向革命的军队。冯玉祥为加强自己的地位,邀请孙中山北上,共商和平统一大业。张作霖、段祺瑞企图收买人心,借口共商国是,也邀请孙中山北上。

孙中山北京逝世

孙中山为争取国家的独立和统一,结束军阀混战的分裂局面,于 1924 年 11 月 10 日发表了《北上宣言》,提出共商和平统一的主张,指出必须废除一切不平等条约,废除军阀统治,召开国民会议,实行政治民主,发展经济文化和改善人民生活。《北上宣言》是孙中山同北洋军阀进行斗争的纲领。11 月 13 日,孙中山在宋庆龄等陪同下,从广州出发,经香港、上海,取道日本到天津,于 12 月 31 日抵达北京。

孙中山到北京后,发觉段祺瑞没有召集国民会议的诚意,反以召开善后会议相抵制。为了反对段祺瑞的御用会议,孙中山于 1925 年 3 月 1 日在北京召开了一个声势浩大的国民会议促成会全国代表大会。大会揭露了段祺瑞企图用善后会议巩固军阀独裁统治的阴谋,提出了反对军阀独裁统治、实行民主政治的主张。段祺瑞拒绝各界人民的要求,派出军警查封了国民会议促成会联合总会。国民会议没有达到预期目的,但它使国共两党的政治主张成了全国各界人民的行动口号,对推动人民群众投入反帝反军阀的政治斗争、促进民族民主运动的高涨具有重大意义。

孙中山在北上途中和北上后,同帝国主义、北洋军阀进行了艰苦顽强的斗争,积劳成疾,肝病复发,于 1925 年 3 月 12 日与世长辞。孙中山政治遗嘱全文是:"余致力国民革命,凡四十年,其目的在求中国之自由平等。积四十年之经验,深知欲达到此目的,必须唤起民众,及联合世界上以平等待我之民族,共同奋斗。现在革命尚未成功。凡我同志,务须依照余所著《建国方略》、《建国大纲》、《三民主义》及《第一次全国代表大会宣言》,继续努力,以求贯彻。最近主张召开国民会议及废除不平等条约,尤须于最短期间,促其实现,是所至嘱!"

苏共中央以斯大林名义致电哀悼孙中山的逝世,并鼓励国民党民主派高举孙中山的旗帜一直到民主革命的完全胜利。

国民党右派

孙中山逝世后,国民党内右派分子的反苏反共分裂活动猖獗起来。戴季陶,又名传贤,四川广汉人,早年留学日本,加入同盟会,做过孙中山的秘书和大元帅府的秘书长。1925年6月至7月,戴季陶先后发表《孙文主义之哲学基础》、《国民革命与中国国民党》等小册子,打着"建立纯三民主义"旗号,歪曲和窜改孙中山的新三民主义,反对马克思主义,反对联俄,反对共产党加入国民党,排斥中共对国民革命的领导。他的这套反动理论和主张,为资产阶级右翼以及国民党右派反共和篡夺革命领导权的活动,做了思想和舆论的准备,人们称之为"戴季陶主义"。8月间,陈独秀、瞿秋白、毛泽东等在《向导》、《政治周报》、《中国青年》上发表多篇文章,批判戴季陶主义,戳穿"纯三民主义"的反动实质,捍卫孙中山的新三民主义,在思想理论上打击了国民党右派。

1925年11月23日,邹鲁、谢持、林森、居正、戴季陶、叶楚伧等10余人在北京西山碧云寺孙中山灵前召开所谓国民党一届四中全会。因会议在西山举行,故名西山会议,参加该会的国民党右派称为西山会议派。会议在政治上背叛了孙中山的联俄联共政策,在组织上另立中央,分裂和破坏国民党的统一。为捍卫孙中山的新三民主义,维护国共合作的统一战线,推进国民革命,共产党人与国民党左派同西山会议派进行了不懈斗争。1926年1月召开,国民党第二次全国代表大会,对西山会议派进行制裁,处分了邹鲁、谢持等人。后来西山会议派与蒋介石集团合流,继续反共反人民。

"五卅"反帝运动和省港大罢工

1925年5月1日,中国共产党第二次全国劳动大会在广州召开。大会的成就是成立了中华全国总工会,并选举了总工会领导机关——执行委员会。大会之后不到20天,就爆发了"五卅"运动。

1925年5月15日,上海日本纱厂资本家向罢工工人开枪,当场枪杀了中国工人、共产党员顾正红,逮捕7人,打伤10余人。这一暴行激起了上海工人、学生和广大人民的愤怒,这成为"五卅"运动的导火线。上海日本纱厂2万多工人罢工,各大学学生罢课,募捐援助工人,却遭到逮捕。5月28日,中共中央在上海召开紧急会议,决定把工人的经济斗争发展成反帝的政治斗争。5 月 30 日,上海工人、学生 2 000 多人举行反帝示威游行。下午 3 时许,工人、学生、群众 1 万多人的示威游行队伍行至南京路老闸巡捕房门前时,英国巡捕开枪射击,当场打死 13 人,打伤数十人,逮捕 40 多人,这就是震惊中外的"五卅"惨案。

惨案发生的当夜,中共中央召开了紧急会议,号召上海人民罢工、罢课、罢市,反对帝国主义的大屠杀。6 月 1 日,在上海总工会负责人李立三、刘少奇、刘华的领导下,上海实现了"三罢"斗争。消息传遍全国,北京、武汉、长沙、天津、广州等城市约 1 200 万群众参加了"五卅"反帝运动。群众坚持斗争到 9 月,终于迫使日本资方"承认工会"、"增加工资",罢工工人才先后复工。"五卅"运动显示了中国工人阶级的领导力量和革命统一战线的作用,揭开了大革命高潮的序幕。

在声援上海"五卅"运动的全国各地罢工中,规模最大、时间最长的要数广东爆发的省港大罢工。

中国共产党派苏兆征、邓中夏到香港组织罢工。1925 年 6 月 19 日,香港工人反帝罢工开始,不到半月就实现了 25 万工人总罢工,13 万工人离港回广州。6 月 23 日,香港工人、广州工人、市郊农民、学生和革命士兵在广州举行示威游行,路经沙基时,对岸租界的英、法军队向游行群众开枪射击,当场打死 52 人,重伤 170 余人,轻伤者更多。"沙基惨案"后,群众的反帝情绪更加高涨。党为加强对罢工的领导,在广州成立了罢工委员会,苏兆征任委员长,邓中夏、廖仲恺为顾问,组织工人武装纠察队,对香港实行封锁,香港变成了"饿港"、"臭港"和"死港"。英国在经济上遭受了极大损失,在政治上完全丧失了威信。1926 年 10 月,北伐军占领武汉后,罢工委员会决定宣布结束罢工,停止封锁。省港大罢工坚持了 1 年零 4 个月,时间之长在中国工人运动史上空前未有,在世界罢工史上也是罕见的。

广东革命根据地的巩固

1925 年初,盘踞东江的陈炯明乘孙中山北上卧病北京之机,进攻广州。广东革命政府组成东征联军,分三路讨伐陈逆。滇军杨希闵部为左路,桂军刘震寰部为中路,黄埔学生军和粤军许崇智部为右路。右路军为东征主力,由黄埔军校校长蒋介石统领。2 月 1 日,第一次东征开始,27 日占领陈炯明的家乡海丰县城,陈炯明逃往香港。3 月,打败叛军主力林虎部,林虎率残部逃往江西。4 月 20 日,第一次东征胜利结束。9 月,陈炯明重祸东江,广东革命政府不得不举行第二次东征,蒋介石为东征军总指挥,周恩来为总政治部主任。10 月东征开始,11 月攻克惠州,占领梅县、汕头,陈炯明部队被全歼,第二次东征告捷。

在第一次东征胜利之时,滇、桂军阀杨希闵、刘震寰在帝国主义支持下,策划推翻广东革命政府。6月3日,杨、刘指挥叛军攻占省长公署、财政部等政府机关,发布"命令",就任"广州卫戍司令"和"广东省长",气焰十分嚣张。6月5日,大元帅府下令免除杨、刘的滇、桂总司令职,公布其罪状,并调集东征回师之粤军、黄埔学生军和湘军,对杨、刘叛军形成包围。6月10日发起总攻,杨、刘不堪一击,先后驱车逃往沙面租界,托庇外国人转赴香港。广东革命政府清除了肘腋之患,为国民政府的建立创造了条件。

1925年7月1日,大元帅府改组,成立广州国民政府,选举汪精卫、谭延闿、许崇智、胡汉民、林森为常委,推汪精卫为主席。广州国民政府设外交、军事、财务各部,分别由胡汉民、许崇智、廖仲恺等任部长。广州国民政府成立后,即致力于军政、行政、财政的统一,至1926年底,广东、广西、湖南、江西、湖北等省都属广州国民政府的管辖范围。

1925年4月,国民党中央执行委员会决定以黄埔军校教导团为基础,建立国民革命军。国民革命军学习苏联红军建军经验,在军队中设置党代表和建立政治部。国民革命军总代表由军委主席汪精卫兼任。第一军军长蒋介石,党代表周恩来;第二军军长谭延闿,党代表李富春;第三军军长朱培德,党代表朱克靖;第四军军长李济深,党代表罗汉;第五军军长李福林,党代表李朗如;第六军军长程潜,党代表林伯渠;第七军军长李宗仁,党代表黄绍竑;第八军军长唐生智,党代表刘文岛。国民政府聘请了一大批苏联军事干部担任国民革命军的军事、政治顾问,苏联政府还多次给予国民革命军以武器支援。国民革命军是一支有革命理论、有纪律和战斗力的较强的武装,它是北伐战争的主力。

蒋介石垄断党政军大权

廖仲恺是孙中山的忠实战友之一,时任国民党中央常委、工人部长、黄埔军校党代表、国民政府财政部长,是著名的国民党左派领袖。1925年8月20日上午9时,廖仲恺偕夫人何香凝乘车去参加国民党中央常务会议,车到中央党部门口,几名刺客突然向廖仲恺连开数枪。廖仲恺中弹重伤去世。这次暗杀是由广东的军阀、官僚、国民党右派策划的。国民党中央执行委员会、国民政府委员会和军事委员会召开联席会议,决定成立由汪精卫、许崇智、蒋介石三人组成的特别委员会,处理廖案。据当场捕获的一名凶手供认,刺杀廖仲恺的主谋是胡汉民部下或是许崇智部现役军人,胡、许因此受嫌。8 月 24 日,蒋介石就任广州卫戍司令,25 日拘留了胡汉民,包围了许崇智粤军总部。不久,胡汉民离开广州去了苏联,许崇智赴上海养病。廖案处理的结果是:逼走了胡汉民,解除了部分粤军军官的军权,打击了右派势力,使蒋介石成了掌握政府实权的显要人物。

在处理廖案过程中,蒋介石进入国民党高级领导层。他要猎取国民党的最高权力和地位,最大的障碍是中国共产党和国民党左派。为此,他蓄意制造了一起"中山舰"事件。1926 年 3 月 18 日,蒋介石和他的爪牙密谋,以黄埔军校驻省办事处名义,下达给海军代理局长兼中山舰舰长李之龙(共产党员)一个命令:要李之龙调中山舰来黄埔候用。当中山舰开到黄埔时,阴谋分子却说共产党要暴动、倒蒋和推翻广东革命政府。20 日,蒋介石擅自宣布广州戒严,派兵占领海军局和中山舰,逮捕李之龙,拘留黄埔军校和国民革命军第一军中的共产党员,接着强迫周恩来等 50 多名共产党人退出第一军。"中山舰"事件,又称"三二〇"事件。军事委员会主席汪精卫因被蒋介石蒙蔽,一气之下弃官出走,去了欧洲。于是,蒋介石控制了第一军,并取代汪精卫爬上了军事主席的宝座。"中山舰"事件既打击了共产党,又打击了国民党左派。毛泽东、陈延年等主张给蒋介石以坚决回击,揭露其反共、破坏国共合作的真相。国民党左派和部分将领也表示不满和反对:何香凝要求立即释放被拘人员;邓演达说"三二〇"事件"近于反革命行动";柳亚子怒斥蒋介石是"新军阀";谭延闿、李济深等也主张反蒋。但陈独秀、张国焘仍主张妥协退让,从而致使蒋介石阴谋得逞。

蒋介石制造"中山舰"事件篡夺军权得逞后,又向共产党发动了新的进攻,以夺取国民党的党权。1926 年 5 月 15 日至 22 日,国民党在广州召开二届二中全会。会上,蒋介石以改善国共两党关系为名,抛出"整理党务案",目的是限制共产党,控制国民党。规定共产党员在国民党中央及省市党部中任执行委员的人数不得超过委员总数的三分之一,共产党员不得任国民党中央机构部长,等等。由于陈独秀的右倾投降主义的让步政策,提案被通过。于是,担任国民党中央部长的共产党员全部离职;国民党右派分子张静江做了国民党中央主席。不久,蒋介石当上了国民党中央常务委员会主席,从而垄断了国民党的党、政、军大权。

北伐战争

1924 年北京政变后,奉系军阀张作霖成为日本帝国主义最有力的工具,全国形成广泛的反奉运动。英、日帝国主义鉴于反奉运动会危害自己的利益,便促成直系军阀吴佩孚与奉系军阀合作,联合进攻中国革命。1926 年 3 月 12 日,日本军舰驶进大沽口,打死打伤国民军10余人。国民军被迫还击,将日舰驱逐出大沽口。这就是日本帝国主义蓄谋侵犯中国海疆主权的大沽口事件。16日,日本联合英、美、德、意等8国公使,向北京段祺瑞政府发出最后通牒,要求中国撤除津、沽间的一切军事防务,同时,各国军舰20余艘集中大沽口,进行武力威胁。帝国主义者的野蛮行径激起了中国人民的愤怒。3月18日,北京140多个团体与北大、清华等80余校师生共3万多人,在中共北方区委、国民党北京特别党部负责人李大钊、赵世炎等组织领导下,集会天安门。会后赴段祺瑞政府国务院请愿,被政府卫队开枪射击,当场打死46人,其中学生26人,重伤155人,轻伤更多,这就是"三一八"惨案。3月20日,中共中央发表《为段祺瑞屠杀人民告全国民众书》,全国迅速掀起声讨帝国主义及其走狗段祺瑞的群众运动。奉、直两派军阀联合进攻革命,直系吴佩孚进攻南方革命势力,奉系张作霖进攻北方革命势力,广东革命根据地处在被进攻的状态中。

广东国民政府在军事上处于被包围的不利地位,出师北伐是冲破这一包围形势的唯一出路。1926年7月1日,国民政府发布北伐的动员令。国民革命军共8个军,约10万人,蒋介石为总司令,李济深为总参谋长,邓演达为总政治部正主任。北伐军在广州誓师,分三路出师,与北洋军阀进行战斗。

第一路战场是湖南湖北战场,也是北伐战争的主要战场。叶挺率领的国民革命军第四军独立团,是中国共产党直接领导的革命武装,连队以上干部大都为共产党员和黄埔军校毕业生。独立团成立了党支部,受中共广东区委和周恩来的指导。叶挺独立团是一支政治素质好、战斗力强、训练严格的新型革命武装,是北伐的开路先锋和国民革命军的楷模,为北伐战争作出了巨大贡献和牺牲。独立团首先攻入湖南,很快攻占长沙,挫败了吴佩孚的气焰,动摇了吴军的军心。吴军据险坚守鄂省境内粤汉铁路的汀泗桥、贺胜桥,独立团冲锋陷阵,消灭吴军主力,屡建奇功。在攻克武昌的战斗中,独立团付出了极大的代价和牺牲,官兵牺牲191人。叶挺获得"北伐名将"的赞誉,独立团被称为"铁军"。1926年底,湖南湖北战事结束。

第二路战场是福建浙江战场,由蒋介石嫡系第一军部队何应钦、白崇禧率领。从直系分化出来另树一帜的军阀孙传芳的主力不在这里,何、白没有遇到重大抵抗,12月中旬便进入浙江,占领了福建。

第三路战场是江西安徽江苏战场,国民革命军第二军、第六军依靠共产党人李富春、林伯渠的政治工作,很快取得胜利,占领九江、南昌,消灭了孙传芳的主力。蒋介石嫡系国民革命军第一军在安徽方面由九江沿长江东下,先后占领杭州、上海和南京。1927年初,北伐军出师不足10个月,就消灭了吴佩孚、孙传芳的主力,革命势力从珠江流域推进到长江流域,席卷了半个中国,形成了广东革命政府同奉系军阀的南北对峙局面。

北伐战争的胜利推动了农民运动的发展,形成了以湖南为中心的全国农村大革命。1926 年 12 月,毛泽东在长沙召开了湖南省第一次农代会,组织农会开展了一场扭转乾坤的农村大革命。惩办封建恶势力,打倒土豪劣绅;减租减息,打击地主;建立农民自卫武装;猛烈冲击迷信恶习。湖南农村发生翻天覆地的变化。1927 年 1 月 1 日至 2 月 5 日,毛泽东写的《湖南农民运动考察报告》肯定了农民的举动。全国农会会员 1 000 多万人,湖南农会会员就有 600 万人,占总数的一半以上。

上海工人武装起义

上海工人为了配合北伐军夺取上海,先后举行了三次武装起义。第一次是 1926 年 10 月 23 日至 24 日,但因准备不足、举事匆忙而失败。第二次为 1927 年 2 月 22 日,此时,北伐军进占嘉兴,孙传芳准备退出上海,由直鲁联军张宗昌部来接防,上海政局混乱。中共江浙区委决定举行第二次起义。19 日,30 多万工人大罢工。22 日,罢工转为武装起义。蒋介石却下令北伐军停止攻打上海,让直鲁联军和起义工人搏斗,造成起义工人孤立无援,终因寡不敌众,再次失败。

不久,周恩来来到上海,以中共中央军委书记兼江浙军委书记身份组织和领导第三次武装起义。周恩来、罗亦农、赵世炎等总结前两次起义失败的经验教训,作了充分的准备工作,制订统一的指挥和分区作战的起义计划。

1927 年 3 月 21 日中午,上海 80 万工人开始总罢工,随即转为武装起义,向直鲁联军发起进攻。南京区工人 4 小时就占领了警察局、邮电局、兵工厂和南火车站。其时,进抵上海近郊龙华的北伐军白崇禧部按兵不动,借北洋军阀之力削弱工人的力量。上海工人经过一天一夜的激战,歼灭北洋反动警察 5 000 多人,缴获敌人长短枪、机枪 4 000 多支。起义取得胜利后,立即成立了上海市特别临时政府委员会,中国最大的工商城市上海回到了人民手里。这是中国工人运动史上的壮举。

国民政府收回汉口、九江英租界

1927 年 1 月 3 日,武汉人民为庆祝北伐战争胜利和国民政府迁都武汉,在汉口江汉关前广场开会,却遭到英国水兵的袭击,打死 1 人,伤 300 余人,制造了"一三"惨案。5 日,武汉人民举行了"三罢"斗争。30 多万市民在共产党人李立三指挥下冲向租界,赶跑巡捕。7日,英租界由国民政府接管。

1月6日,英帝国主义又在九江制造了"一六"惨案。英国水兵开枪打死工人纠察队员一人,重伤数人。愤怒的工人潮水般涌进英租界。邓演达召集九江军、政界和群众团体负责人开会,处理九江租界事务。10日,国民政府接管了九江英租界。汉口、九江英租界的收回,是中国人民反帝斗争的胜利,也是中国外交史上的光辉篇章。

英美炮轰南京

中国收回汉口、九江英租界后,帝国主义列强为保护自身在华殖民地权益,防止汉、浔事件重演,决定用武力干涉中国革命。1927年3月23日夜至24日,北伐军进攻南京城。帝国主义者借口"保护侨民",进行武装干涉。24日下午,英舰"翡翠"号、美舰"诺亚"号,一齐向南京城内开炮,长达一个多小时,发炮百余枚,打死北伐军官兵、市民43人,重伤26人,轻伤无法统计,南京人民的生命财产蒙受巨大损失。惨案发生后,全国兴起抗议英、美侵略者暴行的活动。共产国际也发表宣言,指出南京事件是帝国主义对世界民族革命的干涉。武汉国民政府坚决反对帝国主义的侵略政策,向英美提出严重抗议。然而,蒋介石对英美帝国主义炮轰南京却丝毫未加谴责,反而适应列强"怂蒋反共"的需要,从革命阵线分裂出去,抓紧进行反革命政变的准备。

"四一二"反共政变

南京事件后,蒋介石急由安庆经南京于3月26日到达上海,积极准备反共政变。首先,将倾向革命的军队调离上海,让反共色彩鲜明的反动军队驻防上海及其外围城市,包围和孤立上海革命力量,指使国民党右派吴稚晖、张静江等以国民党中央监委名义提出《检举共产党呈文》,制造反共舆论,在政治上打击共产党。勾结上海帮会头目黄金荣、杜月笙、张啸林等,纠集一批流氓,成立所谓"中华共进会",阴谋捣毁工会,屠杀工人;组织流氓、兵痞,拼凑所谓"上海工界联合总会",对抗共产党领导的上海总工会;成立淞沪戒严司令部,以白崇禧、周凤岐为司令,禁止集会、罢工、游行,限制工人的革命活动。与此同时,蒋介石亲自向上海总工会纠察队赠送"共同奋斗"锦旗,以示"敬意",麻痹和欺骗上海工人,蒋介石布置就绪后,于4月9日离沪赴宁,由心腹杨虎执行其阴谋计划。4月12日,蒋介石下达大屠杀命令,青洪帮流氓杀手从租界冲出,在闸北、南市、沪西等地与反动军队配合向工人纠察队进攻,打死打伤工人

300 余人。13 日,20 多万工人罢工抗议,6 万多人示威游行。游行队伍行至宝山路时,反动军队竟向群众开枪射击,打死百余人,伤者不可胜计。宝山路上尸横满街,血流成河。接着,上海总工会被取消,临时市政府被查封,革命团体被解散,大批工人和共产党员被捕杀。据不完全统计,政变三天内被杀害者 300 余人,被关押者 500 余人,流亡失踪者 5 000 余人,上海笼罩在白色恐怖之中。

蒋介石政变后,立即筹建南京国民政府,非法成立了南京国民党中央政治委员会和军事委员会。4 月 18 日南京政府成立"大典"在南京丁家桥前江苏省议会举行,由蔡元培授印,胡汉民代表政府委员受印。蒋介石、胡汉民、张静江、吴稚晖、李石曾、蔡元培、李宗仁、白崇禧等为国民政府委员,胡汉民任国民政府主席。南京国民政府的成立,标志着国民党反动统治的开始。其第一件事就是发出"清党"令,在全国各地大肆逮捕、屠杀共产党人和革命群众。中国大地陷入一片血雨腥风之中。许多优秀共产党人、工农运动领袖被军阀杀害。4 月 28 日,李大钊在北京被张作霖绞杀,时年 38 岁。陈独秀之子陈延年 6 月在上海被国民党反动派逮捕,在龙华英勇牺牲。恽代英 1931 年在南京被杀害。蔡和森 1931 年被广东军阀陈济棠杀害。这表明,南京政府从成立的第一天起就与人民为敌,其与北洋军阀政府本质差别不大,也是代表地主买办阶级利益的政府。当时中国政治舞台上出现了三个不同性质的政权:国共合作的武汉国民政府、南京蒋介石新军阀政权、北方的北洋军阀政权。

蒋介石集团为了颠覆武汉国民政府,策动武汉国民政府管辖内部的反动军官叛变。蒋介石密令驻武昌的夏斗寅部会同杨森的川军进攻武汉。1927 年 5 月 9 日,夏、杨发表拥蒋、反共和讨伐武汉政府的通电。夏、杨两部叛军齐头并进,直趋武汉。18 日,武汉国民政府发布讨伐夏、杨令。武汉卫戍司令、第 24 师师长叶挺率部击溃夏军;程潜任总指挥,组成西征军,击退杨军。在平定夏、杨的战斗中,工农群众的支援是取得胜利的重要原因。

1927 年 5 月 21 日,反动军官团长许克祥在长沙叛变,围攻革命组织,捕杀共产党员和革命群众。因 21 日的电报代日韵目是"马"字,故称"马日事变"。马日事变后,毛泽东和柳直荀等省委负责人决定组织湖南工农义勇军,平定许克祥叛乱。但当时的中共中央即刻下达命令,停止进攻。许克祥叛军更加嚣张,半个月内,长沙及周围各县被杀害的共产党员、工人、农民和学生共达 2 万多人。

郑州会议和徐州会议

1927 年 6 月 10 日至 11 日,汪精卫、冯玉祥在郑州举行会议。汪精卫企图通过郑州会议拉拢冯玉祥一道反共倒蒋。会上,汪精卫把豫、陕、甘三省的党务大权以及河南军事交冯玉祥全权负责,换取冯玉祥支持他的反共。郑州会议是武汉汪精卫集团联冯反共、叛变革命的重要步骤。6月20日至21日,蒋介石邀请冯玉祥参加徐州会议。蒋介石若拉拢了冯玉祥,则北可合力对付奉系军阀,南可制约武汉汪精卫集团。而冯蒋合作,则可解决冯军的庞大军费给养。会上,蒋冯达成清党反共共识。徐州会议后,冯玉祥致电武汉,要求汪精卫集团早日清党分共,从而也加快了汪精卫叛变的进程。

汪精卫"七一五"分共事件

郑州会议后,汪精卫返回武汉,策划驱逐共产党的具体计划。1927年7月15日,汪精卫控制的国民党中央常委会举行扩大会议,史称"七一五"分共会议。16日,汪精卫向武汉党、政、军发出全面取缔共产党的动员令。于是,大规模逮捕、监禁、屠杀共产党人、进步人士和革命群众的白色恐怖,从武汉蔓延全国。至此,蒋汪反革命合流,第一次国民革命战争失败。

八、第二次国内革命战争(1927年—1937年)

1927年至1937年,中国人民在中国共产党领导下,进行了反对帝国主义、封建主义支持下的蒋介石反动统治的革命战争,即第二次国内革命战争,亦称"十年内战"或"土地革命战争"。

第二次北伐

1927年大革命失败后,各帝国主义国家在中国的矛盾和冲突,集中表现为国民党新军阀间的混战。

1927年6月,张作霖在北京就任"中华民国陆海军大元帅",组织"安国军政府",充当北洋军阀的末代统治者。张作霖发动对阎锡山、冯玉祥的征讨,阎、冯呼吁南京国民政府讨奉。蒋介石把国民党军队编成4个集团:何应钦的军队为第一集团军,蒋介石兼总司令;冯玉祥的国民军联军为第二集团军,冯玉祥任总司令;阎锡山的国民革命军为第三集团军,阎锡山为总司令;湖北、湖南各军编为第四集团军,李宗仁为总司令。

1928 年 4 月,蒋介石在徐州誓师,第二次北伐开始。张作霖见大势已去,决定放弃北京,6 月率奉军出关。蒋介石为联阎制冯,任命阎锡山为京津卫戍司令。晋系商震部进入北京,晋系傅作义部进入天津。南京政府决定改直隶省为河北省,改北京为北平。第二次北伐宣告结束。

济南惨案

第二次北伐直接打击了日本帝国主义支持的奉系军阀。日军为阻止亲英、美的国民党南京政府的势力向中国北方发展,于 1928 年 5 月 3 日侵占山东济南,向北伐军驻地大举进攻,还缴了 7 000 余名北伐军的武器,并将南京政府新任驻山东外交特派交涉员蔡公时等 17 人全部杀害。济南惨案又称"五三"惨案。蒋介石在所谓"忍辱负重"、"勿以一朝之愤而乱大谋"的借口下,一再妥协退让,下令北伐军撤出济南,绕道北上。11 日,日军将济南全部占领,奸淫掳掠,杀人放火,无所不为。蒋介石与日军进行了长期谈判,直到 1929 年 3 月签订《议定书》,日军才撤出济南。

东北易帜

当北伐军进逼京津,奉系军阀张作霖政权岌岌可危时,日本关东军司令官村冈和高级参谋河本,决定乘机谋杀张作霖,制造东北政局混乱,然后借口"维持治安",出兵占领东北。1928 年 6 月 4 日晨,当张作霖乘坐的专列行至沈阳西北郊皇姑屯车站时,被日本关东军预先埋下的爆炸物炸死。7 月 4 日,张作霖之子张学良被举为奉天督办,正式就任东三省保安司令。年仅 27 岁的少帅张学良认识到:御外侮、报家仇,要谋全国统一,一致对外。他愿意与南京政府和平解决东北问题。1928 年 12 月 29 日,张学良通电全国,宣布"遵守三民主义,服从国民政府",换下北洋政府的五色旗,换上国民党的青天白日旗。南京政府任命张学良为东北边防长官。奉系军队改编为东北边防军,即东北军。东北易帜,南京政府"统一"了全国。

新军阀混战

二次北伐期间,桂系军阀势力发展迅速,对蒋介石构成严重威胁。1929 年 3 月 26 日,蒋介石用中央名义下令讨桂,自任总司令,以朱培德、刘峙、韩复榘为一、二、三路军,总攻武汉,5月,李宗仁等桂系军阀失败。蒋桂战争是国民党新军阀混战的序幕。

蒋介石与冯玉祥的冲突,由来已久。1929年5月,冯玉祥在陕西华阴召开军事会议,自任"护党救国军西北路"总司令。蒋介石先发制人,收买冯玉祥部将杨虎城、马鸿逵等,开除冯玉祥的国民党党籍,革除冯玉祥的一切职务。冯玉祥不敢贸然兴兵,第一次反蒋失败。阎锡山转过来连冯反蒋,10月10日,冯系将领宋哲元、孙良诚等通电反蒋,进攻河南,蒋介石亲赴河南督战。蒋介石五路大军云集讨伐,冯玉祥处劣势,阎锡山背信弃义,投靠了蒋介石。冯玉祥的西北军第二次反蒋失败,只得退守潼关。

1930年2月,阎锡山谴责蒋介石武力统一政策和个人独裁统治,要其下野。阎锡山反蒋大旗一拉开,便得到反蒋各派的支持和响应。4月1日,反蒋各军整编成"中华民国军",共70万人。5月4日,阎、冯召开郑州会议,命令西北军、晋军进攻蒋军。蒋介石发表声讨阎、冯誓师词,坐镇徐州指挥。5月11日,蒋介石下达总攻击令。中原战场上,100万军阀部队进行了规模空前的大厮杀。起初,蒋军失利。6月底,广东粤军拥蒋,击退桂军。9月,东北张学良通电拥蒋,派兵入关参战,蒋军连克中原重镇开封、郑州、洛阳,俘虏冯、阎官兵10余万人。10月15日,阎、冯通电下野,反蒋联军彻底失败。蒋介石获得全胜,扩大了实力,巩固了国民党中的地位。此后,新军阀中谁也无力问鼎南京。

三年国民党新军阀的战争中,蒋介石在美帝国主义的帮助下,战胜了对手,成为帝国主义、封建主义和买办资产阶级利益的集中代表。蒋介石新军阀对全国人民进行军事的、特务的恐怖统治,工农群众被残杀的就有10万人,城乡工农运动被打散,中国革命暂时转入低潮。

"八一"南昌起义

1927年7月中旬,中共中央临时政治局常委在武汉开会,决定在南昌举行武装起义,反击蒋、汪反动派的屠杀政策。27日,中央常委周恩来抵达南昌,成立了党的前敌委员会,确定贺龙为起义军总指挥、叶挺任前敌指挥、刘伯承任参谋长、周恩来任前敌委员会书记。参加起义的武装有贺龙、叶挺、朱德等领导的部队,共2万余人。8月1日清晨,南昌起义爆发。起义军以颈系红领带、左臂缠白毛巾为标志,以"山河统一"为起义口令,向守城敌军发动进攻。经过4个多小时的激战,歼敌3 000余人,占领了南昌城。8月1日上午9时,起义领导人在原江西省府西花厅召开了包括各省市及海外华侨代表等 40 余人参加的联席会议,选举产生了宋庆龄、周恩来、何香凝、邓演达等 25 人为委员的革命委员会,推谭平山为主席、吴玉章为秘书长。起义部队进行整编,仍沿用"国民革命军第二方面军"番号,贺龙任总指挥兼二十军军长,叶挺任前敌总指挥兼第十一军军长,朱德为第九军副军长,刘伯承为参谋长,郭沫若任政治部主任,全军 3 万余人。南昌起义震惊了国民党反动统治,蒋、汪急从武汉、南京、广东等地调重兵扑来。8 月 3 日,起义军陆续撤离南昌。由于缺乏经验,起义军未能与江西等省农民运动结合,而是南下广东,沿途遭到优势敌人堵截围攻,在汕头地区损失惨重。保存下来的部队,一部入海陆丰与澎湃领导的农军会合,一部在朱德、陈毅领导下入闽粤赣边区打游击。南昌起义是中共独立领导革命战争、创建人民军队和武装夺取政权的开始,从此,中国出现了由党领导的全心全意为人民革命事业而战斗的军队。

"八七"会议和秋收、广州起义

1927 年 8 月 7 日,中共中央临时政治局在汉口召开紧急会议,以决定挽救革命的对策。参加会议的有在汉中央委员瞿秋白、李维汉、张太雷、邓中夏、任弼时、蔡和森和候补中央委员毛泽东等。中央秘书处负责人邓希贤(邓小平)也参加了会议。会议进行了一天,由瞿秋白、李维汉主持。"八七"会议批判了陈独秀右倾投降主义的错误路线,撤换了陈独秀的领导权;确定了土地革命和武装起义的方针,并决定在湖南、湖北、江西、广东四省发动农民,举行"秋收暴动"。会议选举产生了新的临时中央政治局,瞿秋白、李维汉、苏兆征当选为常委,向忠发、罗亦农、顾顺章、澎湃、任弼时当选为委员,由瞿秋白主持中央工作。这次会议开始了中国共产党开始领导人民进行武装斗争和土地革命的新时期,即第二次国内革命战争。这次会议的不足之处是,在反对右倾错误的时候没有防止已经滋长的"左"倾情绪。

"八七"会议后,毛泽东以中共中央特派员身份来到湖南,根据中央秋收暴动计划,组织和领导了湘赣边界的秋收起义。毛泽东在安源召开军事会议,将安源煤矿工人纠察队和醴陵、萍乡、浏阳等地农民自卫军组成工农革命军,共 5 000 余人,确定以进攻长沙为总目标。9 月 9 日,秋收起义爆发,各地起义武装取得了胜利,占领了醴陵、浏阳县城。后因长沙强敌反扑,起义军作战失利。毛泽东召开前敌委员会会议,放弃攻打长沙计划,率领部队向罗霄山脉中段进军。9 月 29 日,起义部队 1 000 多人来到江西永新三湾村,毛泽东在此进行了有名的三湾改编。部队缩编成一个团,党支部建在连上,建立士兵委员会,实行民主制度,从此奠定了党领导的新型人民军队的基础。三湾整编后,毛泽东率领起义部队向湘赣边界的罗霄山脉中段井冈山进发。井冈山地势险要,易守难攻。这里的9个县都建立过党组织和农民协会,群众基础好,且又远离国民党控制的大城市,敌人的统治力量比较薄弱,适宜建立革命根据地。

1927年12月,中共广东省委决定在广州举行起义。省委书记张太雷任总指挥,参加起义的部队有叶剑英领导的第四军教导团、警卫团,周文雍指挥的广州工人赤卫队等6 000人。12月11日凌晨,起义爆发,经过两个多小时的激战,占领了大部分市区。广州起义惊吓到了中外反动派,各派军阀在英、美、日等帝国主义军舰和陆战队的支持下,以5万之众进攻广州。起义军经过浴血奋战,终因众寡悬殊而失败。张太雷在作战中牺牲,革命群众七八千人遭残杀。广州起义的失败,表明中国革命通过城市武装起义夺取政权是困难的。

农村革命根据地的创建

1927年10月,毛泽东率领秋收起义后三湾改编的部队抵达井冈山茨坪,建立了中国第一块农村革命根据地。1928年4月,朱德、陈毅率领南昌起义保留下来的部队和湖南农民起义军,在砻市与毛泽东领导的部队会合,即著名的井冈山会师。5月4日,会师部队组建成中国工农革命军(后改称工农红军)第四军,朱德任军长,毛泽东任党代表,王尔琢任参谋长,陈毅任政治部主任。1928年底,根据地扩大到宁冈、永新、莲花、吉安等七八个县。毛泽东创建井冈山革命根据地,为中国革命开辟了由农村包围城市并最后夺取城市的正确道路。

1928年7月,共产党员彭德怀率领原国民党湖南独立第五师第一团官兵,在平江县城誓师起义,摧毁了平江县城反动的军政机关,活捉了反动县长,释放了被监禁的数百名政治犯,占领了平江县城。这就是有名的平江起义。起义军仿效井冈山红四军,成立了中国工农红军第五军,彭德怀任军长,滕代远任党代表。国民党反动派以6个团的兵力反扑平江县城。为保存革命力量,彭、滕率领红五军撤出平江,在湘赣边界开展游击战争。到1929年底,割据区域扩大到十余县,为湘鄂赣革命根据地巩固和发展奠定了基础。

1927年11月,共产党人吴光浩等领导湖北黄安、麻城起义,开创了鄂豫边根据地;1929年5月,共产党人徐子荣等领导了河南商城起义,建立了豫东南根据地;1929年11月,共产党人舒传贤领导安徽霍山农民起义,创建了皖西革命根据地。1930年4月,鄂豫边、豫东南、皖西三块革命根据地连成一片,组成鄂豫皖革命根据地。1931年5月,中共中央决定成立中共鄂豫皖中央分局,张国焘任书记。同年11

月,成立中国工农红军第四方面军,徐向前任总指挥。

1928年1月,方志敏与邵式平领导江西弋阳、横峰农民起义,创建江西红军独立第五团,开辟了赣东北革命根据地。1932年,根据地扩大到福建、浙江、江西三省交界等县,形成闽浙赣根据地,建立中国工农红军第十军,方志敏为军长。

1927年底,贺龙、周逸群来到湘西桑植洪家关,联络旧部,发动群众,成立工农革命军。1928年4月,发动了桑植武装起义,占领了县城,成立了工农革命军第四军,开辟了湘鄂边根据地。桑植暴动后,周逸群转至洪湖地区,成立红六军,开辟了洪湖根据地与湘鄂边根据地,纵横三百里,地跨十几个县。红四、红六两军组成中国工农红军第二方面军,贺龙任总指挥,关向应任政治委员。

1929年6月,中共中央派邓斌(邓小平)、张云逸等到广西,创建革命根据地。12月,邓小平、张云逸领导了百色起义,建立了红七军,张云逸任军长,邓小平为政委,开创了右江革命根据地。1930年2月,邓小平等又领导了龙州起义,成立了红八军,俞作豫为军长,邓小平为政委,开创了左江革命根据地。根据中共中央、中央军委指示,成立红七军、红八军总前委,邓小平任总政治委员,李明瑞任红七、红八军总指挥,管辖左右江革命根据地20余县。

1929年1月,毛泽东、朱德从井冈山根据地率领红四军主力向赣南、闽西进军,开辟新的根据地。1930年3月,以曾山为主席的赣南苏维埃政府和以邓子恢为主席的闽西苏维埃政府相继成立,标准着赣南、闽西两块革命根据地的形成。6月,红四军与赣南、闽西红军合编为红一军团。8月,红一军团与彭德怀组成的红三军团在湖南浏阳会师,组成中国工农红军第一方面军。朱德任总司令,毛泽东任总前委书记和总政治委员。第一方面军又叫中央红军。1931年9月,在毛泽东、朱德率领中央红军粉碎国民党反动派第三次"围剿"后,赣南、闽西两块根据地连成一片。11月,中华苏维埃共和国临时中央政府在江西瑞金成立,毛泽东当选主席,项英、张国焘任副主席,朱德为中央革命军事委员会主席。这标志着以瑞金为中心的中央革命根据地,亦称中央苏区的正式形成。1933年,中共临时中央也由上海迁入中央苏区。

这时农村革命根据地的范围,包括江西、福建、湖南、湖北、安徽、河南、广东、广西、浙江等省。中国工农红军发展为一、二、四方面红军,即三大主力红军,约30万人。中央成立中国工农红军总部,朱德任总司令,周恩来任总政委。蒋介石对农村红色政权的发展感到极度恐慌,多次集结兵力进攻中央根据地。

中央根据地的三次反"围剿"斗争

1930 年 10 月,蒋介石调集 10 万兵力,以鲁涤平为总司令、张辉瓒为前敌总指挥,向中央根据地发动了第一次"围剿"。红一、三两军团在毛泽东、朱德指挥下,诱敌深入,仅龙冈一役就歼敌 9 000 人,活捉张辉瓒。此次反"围剿"共歼敌 15 000 人。

1931 年 4 月,蒋介石调兵 20 万,以何应钦为总司令,分兵 7 路,步步为营,筑成一道 800 里长的战线,向中央根据地进行第二次"围剿"。毛泽东、朱德用集中优势兵力,在运动中各个歼敌的作战方针,历时 15 天,横扫 800 里战线,歼敌 3 万余人。

1931 年 7 月,不甘心失败的蒋介石调兵 30 万,自任总司令,分兵三路,长驱直入,对中央根据地进行第三次"围剿"。毛泽东等率领 3 万红军,用避敌主力、打其虚弱的作战方针,四战四捷,毙俘敌人近 4 万。三次反围攻战胜利后,中央根据地红军发展到 7 万人,赣南、闽西两根据地连成了一片,形成了以江西瑞金为中心的中央根据地,促使中国革命走向了高潮。

国民党的文化"围剿"

国民党反动派对革命根据地进行军事"围剿"的同时,又对国统区的进步文化进行"围剿"。广大革命文艺工作者在党的领导和支持下,于 1930 年 3 月 2 日成立了在上海以鲁迅为"盟主"的中国左翼作家联盟(简称"左联")。"左联"相继主办了《萌芽》、《拓荒者》、《现代小说》、《北斗》等刊物。潘汉年、冯乃超、阳翰笙、冯雪峰、丁玲、周扬等人先后担任"左联"党团书记。同年 5 月 20 日,在上海成立了中国社会科学家联盟(简称"社联")。邓初民为首届社联主席,负责人还有李一氓、钱杏邨、艾思奇等,上海复旦大学、交通大学、光华大学等是社联的主要活动基地。凡左联、社联出版的书刊,均在国民党政府查禁之列。同时,国民政府强行封闭现代、北新、群众、江南等书店;恫吓各书店不得刊行鲁迅、茅盾等"赤色"作家的作品;警告各电影公司不得放映田汉、夏衍、金焰等人编导和主演的影片。1930 年秋,进步演员宗晖在南京被杀害。1931 年 1 月,上海大批共产党员被公共租界巡捕房逮捕,移解龙华国民党淞沪警备司令部。内有中华总工会执行委员兼秘书长林育南、中共江苏省委书记何孟雄、中共南京市委书记恽雨棠,还有中国左翼作家联盟干部胡也频、柔石、殷夫、冯铿等 24 人。他们受尽酷刑,忠贞不屈,于 2 月 7 日在龙华被杀害,被称为龙华二十四烈士。1933 年,国民党特务枪杀作家应修人,逮捕丁玲、潘梓年;左联领导人之一的洪灵菲在北平被捕,杨杏佛、史量才也在这时惨遭杀害。国民党反动派在对左翼进步文化实行暴力"围剿"的同时,又实行精神"围剿",这就是用封建法西斯主义禁锢人们的思想,用反动文艺取代进步文艺,指使特务以文化人面目出现,争夺和占领文化阵地。但是,左翼文化在党的领导下,在艰苦卓绝的斗争中不断壮大,国民党文化"围剿"终归失败。

"九一八"事变

1929 年末,世界资本主义国家爆发了空前的世界经济危机。日本国内市场狭小,受经济危机的打击更为严重。日本统治阶级就把对外战争看做逃出经济危机的出路。日本军国主义首先发动了对中国的战争,要从中国赶走欧美列强势力,使中国变成其独占殖民地。1931 年 9 月 18 日晚,日本关东军炸毁沈阳北郊柳条湖附近南满铁路一段路轨,反诬中国军队破坏,随即炮轰东北军驻地北大营,并攻占沈阳城。这就是震惊中外的"九一八事变"。蒋介石"力避冲突,以免事态扩大",命令 20 万东北军撤退到山海关以南,坐视日本侵略军在东北杀人放火。由于蒋介石实行不抵抗主义,大片国土很快沦丧。1932 年 2 月 5 日,日本占领哈尔滨。至此,东北三省沦为日本的殖民地。

伪满洲国

日本帝国主义欲使东北脱离中国而成为置于日本控制之下的"独立国",具体确定其名为"满洲国",国家"元首"称"执政","国旗"为红、蓝、黑、白、满地黄的五色旗,定都长春,改名"新京",年号"大同"。1932 年 3 月 1 日,日本侵略者宣布伪满洲国成立。清朝废帝溥仪身着西装式大礼服,正式就任伪满洲国执政,郑孝胥为国务总理。1934 年 3 月,"满洲国"更名为"满洲帝国",溥仪由"执政"当上"皇帝",改"大同"年号为"康德"。满洲国的一切大权均操纵在日本关东军手里,名曰"独立"国家,实则是日本帝国主义军刀指挥下统治中国人的傀儡。

"一·二八"事变

日本侵占东北后,为取得进攻中国内地的基地,又故伎重演,制造侵略口实,发动对上海的进攻。1932 年 1 月 20 日,日本特务机关策动数千名日本浪人放火烧毁了上海三友实业社,枪杀中国警察,捣毁商店,拦击汽车、电车。日方颠倒是非,反而向中国政府"抗议"。28日夜,日军向中国驻沪守军发动武装进攻,这就是"一·二八"事变。十九路军在总指挥蒋光鼐、军长蔡廷锴指挥下,奋起抵抗。张治中率第五军请缨赴援。侵沪日军增到 10 万,蔡、张两军不足 4 万。抗战坚持一个多月,杀、伤日军万余人。蒋介石对十九路军的英勇抗战不予支持,反而扣发军饷,截留物资。3 月初,日军在太仓、浏河登陆,十九路军腹背受敌,被迫撤离上海。3 月 3 日,在英、美、法、意等国"调停"下,中日双方宣布停战。十九路军则受"抗命处分",调到福建"剿共"。5 月 5 日,蒋介石和日寇签订了卖国的《淞沪停战协定》,规定上海为非武装区,中国不得在上海至苏州、昆山一带驻军,日本则可以在上海地区驻扎军队。

中国民权保障同盟

蒋介石南京政府建立后,实行白色恐怖统治。中统、军统两大特务组织的建立,是国民党政权法西斯化的重要标志。中统是国民党中央执行委员会调查统计局的简称,是蒋介石授意陈果夫、陈立夫兄弟把"浙江同志会"扩大改组为"中央俱乐部"(亦称 CC),以二陈为核心的特务组织。军统,即国民党政府军事委员会调查统计局的简称。其前身是戴笠为头目的力行社。据统计,1932 年以前,被国民党杀害的共产党员和革命者在 100 万以上。为保卫人民正当权益,营救被捕的革命者,宋庆龄决定"联合全国进步力量建立营救组织",专以保护及营救所有"政治犯"。1932 年 12 月 19 日,中国民权保障同盟在上海宣告成立,宋庆龄为主席,蔡元培为副主席,杨杏佛为总干事。民权保障同盟是一个反对国民党政府独裁法西斯统治、争取人民民主权利的进步政治团体。1932 年 12 月,北平特务机关逮捕北大教授侯外庐、许德珩等数十人。民权同盟抗议这一非法逮捕,许德珩等旋被释放。1933 年 3 月,共产党人陈赓、廖承志等在上海被捕。民权同盟又积极营救,陈、廖遂被释放。民权同盟还营救过丁玲、潘梓年等进步人士。由于营救政治犯、揭露国民党统治的黑暗,同盟最终被宣布为"非法团体",宋、蔡受"警告",杨杏佛于 1933 年 6 月被国民党特务暗杀,民权同盟的活动被迫停止。

长城沿线抗战

日军占领东北后,气焰嚣张,向关内入侵,在长城沿线却遭到宋哲元指挥的第二十九军等部的英勇抗击。第 29 军是冯玉祥原西北军改编而成的,下辖 37、38 等三个师,防守着长达 300 余里的长城各隘口。1933 年 1 月 10 日,日军两个旅团在喜峰附近与张自忠 37 师激战两天,这是敌人入侵中国以来遭受的最大一次砍杀,伤亡 3 000 多人。距喜峰口 110 里的罗文峪,由刘汝明师防守。3 月 16 日,敌军向罗文峪袭击,师长刘汝明亲临一线指挥,击毙敌少佐指挥官一名,日军伤亡惨重,撤到罗文峪北 10 里以外。喜峰口、罗文峪抗战的胜利,振奋全国人心,显示出中国军民守土保国的力量和决心。然而,当长城抗战正酣之际,蒋介石却下令撤去长城守军。4 月,日本关东军进入华北,直逼天津。5 月 31 日,国民党政府与日寇签订《塘沽协定》,承认日本占有东北和热河,丢掉了绥东、察北、冀北的统治权。从此,华北大门洞开,平津危机加剧。

抗日同盟军

1933 年春,原西北军将领、共产党员吉鸿昌与冯玉祥、方振武等合作,联络西北军旧部,共同发起成立察哈尔抗日同盟军,又称察绥抗日同盟军。5 月 16 日,冯玉祥在张家口就任同盟军总司令,吉鸿昌任前敌总指挥。抗日同盟军的成立,深得全国人民的支持和拥护。北京、天津、太原等地的学生、工人,成群结队来张家口参加同盟军,中共领导的蒙古人民抗日武装,也加入抗日同盟军。抗日同盟军由几千人迅速发展到 10 多万人。蒋介石对冯玉祥揭旗抗日恨之入骨,决心加以破坏和消灭。同盟军在日蒋联合夹击和特务的破坏下,处境日益艰难。8 月上旬,冯玉祥通电撤销同盟军总部,辞去总司令职务。不久,方振武、吉鸿昌宣布改抗日同盟军为抗日讨贼军,在热河、长城一带坚持抗战,终因寡不敌众、孤立无援而失败。方振武流亡国外。吉鸿昌1934 年到天津继续进行抗日活动,11 月被国民党蓝衣社特务刺伤,不幸被捕,24 日在北平天桥英勇就义。

福建事变

"一·二八"事变后,十九路军被蒋介石调往闽西南参加反共内战。具有抗日爱国传统的十九路军官兵认识到,"剿共"没有出路,因而反对蒋介石的内战政策,发动了抗日反蒋的福建事变。1933 年 11 月 20 日,十九路军将领蒋光鼐、蔡廷锴联合李济深、陈铭枢、黄琪翔等,在福州成立中华共和国人民革命政府,推举李济深为主席,公开宣布反蒋抗日,并与红军签订抗日反蒋协定。但红军由于王明"左"倾教条主义的错误领导,丧失战机。12 月,蒋介石派蒋鼎文率中央军 15 万人向福建发起进攻。1934 年 1 月,福建人民革命政府在蒋介石优势兵力进攻下失败。李济深、蒋光鼐、蔡廷锴等相继亡命香港,十九路军被蒋介石收编。福建事变说明,国民党内部分军政领导人在严重民族危机刺激下,不满蒋介石政府对日妥协卖国和对内反共的政策,从而推动了全国抗日反蒋斗争的发展。

中央根据地的第五次反"围剿"斗争

1927年"八七"会议后,"左"倾路线第一次在党的中央领导机关内取得了统治地位。党的主要负责人瞿秋白等,错误地否认第一次国内革命战争的失败,反对退却,要求继续进攻,命令少数党员和革命群众进行军事冒险,使革命力量受到许多损失。这次"左"倾错误于1928年初基本结束。

1930年6月,以李立三为代表的"左"倾路线第二次统治党的领导机关。他们认为,革命在全国各地一样,只有在中心城市起义,才能取得一省或数省的胜利;认为毛泽东以农村包围城市,以根据地来推动全国革命高潮的思想是"极端错误的"。李立三的第二次"左"倾路线很快就被纠正了。

1931年1月,在"左"倾教条主义者陈绍禹(王明)、秦邦宪(博古)的领导下,召开了第六届中央委员会第四次全体会议,会议接受了新的"左"倾路线,开始了第三次"左"倾路线统治党的时期。中共中央从上海迁入江西中央苏区,在红色区域里实行了地主不分田、富农分坏田的过"左"政策,否定毛泽东的正确土地政策。他们对福建人民革命政府采取了错误政策,使其很快被蒋介石攻败。更严重的危害是,导致了红军第五次反"围剿"的失败。

1932年6月到1933年2月,前后8个月,蒋介石以50万军队,对中央苏区进行第四次围攻。由于第三次"左"倾路线还没有完全贯彻到红军,因而红军的第四次反"围剿"仍然取得了胜利。

1933年10月,蒋介石调集了100万军队,对革命根据地进行第五次"围剿",并以50万兵力,直接进攻中央根据地,企图一举消灭红军。这时,王明"左"倾冒险主义已完全统治红军,全盘否定毛泽东的正确战略战术原则,错误地用阵地战代替游击战和运动战,用所谓"正规"的战争代替人民战争。毛泽东建议红军主力应突进到苏浙皖赣地区和湖南中部去,以打破敌人"围剿",但为"左"倾冒险主义者所拒绝。红军经过一年苦战,终于未能打破"围剿"。1934年10月,兴国、宁都相继失陷,博古等又实行逃跑主义。1934年10月21日,中共中央机关和红军主力8万余人,退出根据地,开始长征。

红军长征

为了突破蒋介石的围攻,争取新的胜利,战略大转移开始了。1934 年 10 月,中共中央机关和中央红军 8 万余人,分别从福建长汀和江西瑞金等地出发,进行长征。

中国工农红军举行长征,并非一开始就决定前往陕北,而是在行军途中不得不 4 次放弃原来的打算后,才最终把落脚点放在陕北的。

第一次是放弃去湘西建立根据地。长征之初,博古等"左"倾领导人要求红军转移到湘西去建立新的根据地,但 8 万红军在通过湘江防线时损失惨重,红军已从出发时的 8 万多人锐减到 3 万余人。蒋介石已在湘西集结 40 万军队,如果继续北进湘西,势必钻进敌人布置的口袋,可能全军覆灭。毛泽东等人力主放弃湘西,而改向敌人兵力薄弱的贵州前进,去川黔边区建立根据地的打算。1935 年 1 月初,红军渡过乌江天堑,占领了遵义城。15 日至 17 日,党中央召开著名的遵义会议——中央政治局扩大会议。与会的政治局委员有毛泽东、张闻天、周恩来、朱德、陈云、博古,政治局候补委员王稼祥、刘少奇、邓发、何克全,中国工农红军总参谋长刘伯承、总政治部代主任李富春,红一团团长林彪、政委聂荣臻,红三军团团长彭德怀、政委杨尚昆,党中央秘书长邓小平以及共产党国际驻中国军事顾问李德和翻译伍修权等。会议通过了《中共中央关于反对敌人五次"围剿"的总结决议》,指出红军第五次反"围剿"失败和退出苏区时的严重损失,主要原因是博古和李德在军事指挥上的一系列错误,肯定了毛泽东等关于红军作战的基本原则是正确的。会议对中央领导机构作了人事调整:增选毛泽东为政治局常委,取消博古、李德的最高军事指挥权,决定仍由中央军委主要负责人朱德、周恩来指挥军事,张闻天代博古负总责。长征途中,成立了由毛泽东、王稼祥、周恩来组成的三人军事指挥小组,统一指挥红军。遵义会议结束了王明"左"倾冒险主义在党中央的统治,确立了以毛泽东为代表的党中央的正确领导,使党的路线重新回到马克思主义的正确轨道上来,在极端危急关头挽救了红军,挽救了党,挽救了中国革命。遵义会议是中国共产党独立自主运用马克思主义解决中国问题的重要会议,是党从幼年走上成熟的标志,是中共历史上一个生死攸关的转折点。

遵义会议后,鉴于敌人的围追堵截,中央采纳了刘伯承和聂荣臻的建议,放弃去川黔边区,决定中央红军第一方面军打过长江去,会合第四方面军,到川西北去建立根据地。红军打算过长江后,协同第四方面军,从川西北开始实行总反攻。由于国民党川军在长江有重点防守,这一计划受阻,于是第三次放弃原有的打算。红军以高度灵活的运动战,四渡赤水,乘虚进入云南,巧渡金沙江,跳出了几十万敌军的围追堵截,取得了长征的主动权。通过川西大凉山彝族地区后,又以无比英雄的气概,抢渡大渡河,飞夺泸定桥,越过终年积雪、空气稀薄的夹金山。1935 年 6 月,第一、四方面军会师于四川懋功。7 月,两军在雪山地区整修一个月,党中央举行两次重要会议——懋功会议和毛儿盖会议,反对在红军第四方面军工作的张国焘的逃跑主义路线。修整后的红军一、四方面军混合编队,组成由毛泽东、周恩来、徐向前率领的右路军和由朱德、刘伯承、张国焘率领的左路军,分两路前进。8 月,两路军穿过荒无人烟的松潘草地后,张国焘擅自率领左路军南下,并自立伪中央,破坏党和红军的统一。1935 年 9 月 12 日,党中央召开政治局扩大会议,认为红军目前应通过游击战争打到苏联边界去建立根据地。9 月 19 日,红军战士在甘肃南部的哈达铺得到一份国民党的《山西日报》,赶紧送给毛泽东。毛泽东在报上看到了关于阎锡山部队进攻陕北刘志丹红军的消息。9 月 22 日,在哈达铺召开团以上干部会议,毛泽东郑重宣布:"目前日本帝国主义正侵略中国,我们就是要北上抗日! 首先到陕北去,那里有刘志丹的红军。"于是,红军第四次放弃了去中苏边界建立根据地的打算,率红军向陕北前进。红军以超常的毅力,通过渭水封锁线,翻越六盘山高峰,于 10 月 19 日到达陕北保安县吴起镇,与刘志丹的红军会合。红军第四方面军大部分为张国焘的错误路线所断送,只剩下一小部分回到中央正确的领导方向来。红军到达陕北,总共不到 3 万人,这是红军和党的最宝贵的精华,是中国人民最宝贵的财富。

红军长征的胜利,是历史上的新纪录。长征是宣言书,因为它证明了红军是不可战胜的力量,宣告了帝国主义和蒋介石围攻的破产。长征是宣传队,因为它在中国广大地区内宣布了红军的道路,就是人民解放的道路。长征是播种机,因为它在闽、赣、粤、湘、桂、黔、川、滇、康、甘、陕等 11 个省内散播了许多革命的种子。长征以中国人民的胜利和帝国主义、国民党反动派的失败而告终,后人留下了伟大的长征精神。这种精神,就是把中华民族的根本利益看得高于一切,坚定革命的理想和信念,坚信正义事业必然胜利的精神;就是为了救国救民,不怕任何艰难险阻,不惜付出一切牺牲的精神;就是坚持实事求是,一切从实际出发的精神;就是顾全大局、紧密团结,同人民群众生死相依、患难与共、艰苦奋斗的精神。长征精神是中华民族百折不挠、自强不息的民族精神的集中体现。

四大家族官僚资本集团

四大家族是以蒋介石、宋子文、孔祥熙和陈立夫、陈果夫为代表的官僚资本集团。它在南京政府统治下的社会经济中居于支配地位,是国民党政府独裁专政统治的经济基础。四大家族靠内战起家,利用国家权力操纵中央、中国、交通、农民四大银行,垄断中国金融业,掠夺全国人民的财富,成为全国最大的吸血鬼。日本侵略中国,由东北到华北,不但危害了中国民族工商业的生存,也威胁到四大家族在中国的统治基础。因而中日矛盾,成为抗日民族统一战线实现的基础。

华北事变

1935 年 5 月 29 日,日本天津驻军参谋长酒井借口所谓中国援助东北义勇军问题,提出种种无理要求,调集大军侵入关内,进行军事讹诈。7 月,国民党华北军分会代理委员长何应钦和日本华北驻屯军司令官梅津美治郎签订《何梅协定》,满足了日本提出的停止河北境内国民党的活动,撤走驻河北的中国军队,撤换河北省主席、天津市长、北京市长等要求。日本帝国主义横暴地干涉中国的内政。11 月,日寇唆使汉奸殷汝耕成立所谓"冀东防共自治政府"的傀儡政权。12 月,蒋介石指派宋哲元、王克敏等成立"冀察政务委员会",冀察两省成为变相的第二个"满洲国",华北危机已达极点。

"一二·九"运动

华北事变后,1935 年 8 月 1 日,中共中央发表了《为抗日救国告全体同胞书》(即《八一宣言》),提出"停止内战,一致抗日"、"集中一切国力(人力、物力、财力、武力等)为抗日救国的神圣事业而奋斗"。《八一宣言》得到了各界群众的拥护。12 月 9 日,北平 6 000 多名大中学生,在中共北平市委领导下,冲破国民党军警的层层封锁,在新华门举行了抗日救国请愿大游行。高呼"停止内战,一致对外"、"打倒日本帝国主义"、"反对华北自治",要求国民党政府抗日。游行队伍行至王府大街南口时,遭到反动军警镇压。100 多名学生受伤,30 多人被捕。次日,北平全市学生总罢课,抗议国民党政府的暴行。12 月 16 日,北平学生、市民 3 万余人举行更大规模的抗议集会和示威运动。北平学生的爱国行动,迅速得到上海、天津、武汉、广州、长沙、南京、杭州等地的响应。"一二·九"运动冲破了国民党的黑暗统治,揭露了日本帝国主义侵华的新阴谋,使中共"停止内战,一致抗日"的主张深入人心,促进了中华民族的新觉醒,成为全国抗日救亡运动新高潮的起点。

瓦窑堡会议

为了加强对抗日救亡运动的领导,1935 年 12 月 17 日至 25 日,中共中央在陕北安定县瓦窑堡召开政治局扩大会议。出席会议的有毛泽东、周恩来、张闻天、王稼祥、刘少奇、彭德怀、李维汉、杨尚昆等 10 余人。会议的中心议题是讨论国内外政治形势和建立抗日民族统一战线,通过了《关于目前政治形势和党的任务决议》。决议全面分析了当前国内外形势和阶级关系的变化,指出中国各阶级、阶层、政党和武装势力之间的相互关系有所改变,规定了党的策略路线是发动、团结与组织全民族一切革命力量,团结、建立最广泛的抗日民族统一战线,才能战胜日本帝国主义;决议批评了党内长期存在的"左"倾关门主义错误,认为党应该大胆建立广泛的统一战线,以争取党的领导权。会后,12 月 27 日,毛泽东发表了《论反对日本帝国主义的策略》的报告,从理论和实践的结合上,对建立抗日民族统一战线作了深刻的说明。瓦窑堡会议是遵义会议后的又一次重要会议。它制定了抗日民族统一战线的策略方针,解决了遵义会议未来得及解决的政治策略问题,为中共领导人民迎接抗日战争奠定了政治基础。

七君子事件

1936 年 5 月 31 日,著名爱国人士沈钧儒、邹韬奋等响应中国共产党建立抗日民族统一战线的号召,在上海发起建立全国各界救国联合会,并发表声明要求国民党政府停止内战,释放政治犯,与红军谈判建立统一的抗日政权。11 月 23 日,国民党反动派以救国会援助上海日商纱厂工人罢工为借口,野蛮逮捕了救国会领导人沈钧儒、王造时、李公朴、沙千里、章乃器、邹韬奋、史良 7 人,制造了震惊全国的"七君子事件"。七君子被捕入狱后,社会各界愤愤不平,强烈抗议国民党反动派的暴行,一致要求释放他们。然而,国民党当局顽固地执行"攘外必先安内"的反动政策,七君子未能获释。1937 年 6 月 25 日,宋庆龄、何香凝等 16 人发起"救国入狱运动",以期尽快使七君子出狱。抗战全面爆发后的 7 月 31 日,国民党政府释放了七君子。

西安事变

张学良领导的东北军和杨虎城率领的西北军被调往西北"剿共",连遭失败,张、杨深感"剿共"内战毫无前途;另一方面,张、杨在抗日救亡运动的影响下,对蒋介石"攘外必先安内"的反动政策甚为不满。1936 年 4 月,张学良邀周恩来到西安秘密谈判。8 月,红军与东北军、西北军停止敌对行动,实现了联合。蒋介石却一意孤行,于 12 月赶到西安,逼迫张、杨"剿共"。张、杨连续几天力劝蒋介石停止内战、一致抗日,都遭到蒋介石的严厉训斥。12月7日,张学良再次到蒋介石住的华清池,向他痛陈利害。两人争论了两三个小时,张学良声泪俱下,蒋介石却把桌子一拍,厉声说:"你现在就是拿枪把我打死了,我的'剿共'政策也不能改变!"张、杨感到除发动"兵谏"外,别无他路可走。12月12日凌晨,东北军冲进华清池,从寒风瑟瑟的山坡上,抓住了只穿睡衣并摔伤了腰的蒋介石。西北军则包围了新城饭店,扣留了陈诚等10多名蒋介石的陪同要员,并随即通电全国,提出改组南京政府、停止一切内战等8项抗日救国主张。这就是震惊中外的"西安事变",又称"双十二事变"。

张学良与杨虎城

西安事变发生后,国内外舆论纷纭。国民党内亲日派汪精卫、何应钦等策动"讨伐",轰炸西安,企图取蒋介石而代之;亲英美派宋子文等主张和平解决以营救蒋介石。日本帝国主义也趁机活动,准备扩大中国的内战。中共中央从全民族的利益出发,坚决击破日本帝国主义和亲日派的阴谋,制定了和平解决西安事变的方针,派周恩来、秦邦宪、叶剑英等赴西安谈判,争取蒋介石抗日。通过谈判,迫使蒋介石于12月24日接受停止内战、联共抗日等条件。25日下午3点,张学良和杨虎城陪蒋介石夫妇直奔机场。在机场上,蒋介石信誓旦旦地对张、杨说:"今天以前发生内战,你们负责;今天以后发生内战,我负责。今后我绝不'剿共'。"张学良冒险护送蒋介石回南京,没想到一下飞机就被蒋介石扣留,最终被囚禁长达半个多世纪。杨虎城将军后来被蒋介石逼令辞职"出洋考察"。抗战爆发后回国,杨虎城将军要求参加抗战,被蒋介石长期囚禁于贵州息烽、重庆中美合作所等地。1949年9月,重庆解放前夕,杨虎城将军惨遭国民党特务杀害。西安事变得到和平解决,粉碎了日本侵略者和国民党亲日派扩大中国内战的阴谋,推动国共两党再度合作,延续10年之久的内战暂时结束,抗日民族统一战线初步形成。

九、抗日战争(1937 年—1945 年)

抗日战争是中国人民在中国共产党领导下,为抗击日本帝国主义侵略而进行的伟大的民族革命战争。

卢沟桥事变

1937 年 7 月 7 日,驻丰台日军在宛平县境内卢沟桥附近举行军事演习。夜 11 时左右,日军诡称一日本士兵失踪,硬要闯入宛平县城搜索,遭驻城守军拒绝后,日军当即调集大军趁夜色包围宛平县。宛平守军吉文星团长传达了师长冯治安的命令:"为维护国家主权和领土完整,寸土都不许退,可采取武力自卫。"8 日凌晨,日军炮轰宛平,中国守军英勇还击。这就是举世震惊的"卢沟桥事变",又称"七七事变"。

卢沟桥事变揭开了日军全面侵华和中国全面抗战的序幕。7 月 8 日,中共中央发表抗战宣言,号召全民族实行抗战。7 月 9 号,朱德、彭德怀等红军将领致电南京政府,将红军改名为"国民革命军",作"抗日先锋,与日寇决一死战"。8 月 17 日,蒋介石在庐山发表谈话,表示了中国政府抗战的决心。

淞沪会战

日军占领平津后,决定开辟东战场,进攻上海。1937 年 8 月 13 日,上海租界内日军对中国驻军发动突然进攻,上海军民奋起抵抗。这就是"八一三事变",又称"上海事变"。驻上海第九集团军司令张治中率领军队坚持抵抗达三月之久,粉碎了日军"速战速决"、"三个月灭亡中国"的梦想。

平型关大捷

由于党实行了全面抗战的人民路线,坚持独立自主的游击战争,在敌后建立了许多抗日根据地,狠狠打击了敌人。

1937 年 8 月,日军想夺取晋北交通要道的平型关,直攻太原。八路军 115 师侦悉敌坂垣师团要通过平型关,决定利用平型关有利地形打伏击战。9 月 25 日,4 000

多骄横的日本兵,驾着汽车、大车,用骡马驮着枪炮辎重,大摇大摆地走进了十里长沟的伏击圈。在林彪、聂荣臻的指挥下,115师官兵利用居高临下的地形,以排山倒海之势猛烈而迅速地攻击敌人。八路军挥舞大刀,冲向敌阵,手榴弹飞向敌人,炸得敌人血肉横飞,车毁人亡。经过一天的激战,歼敌3 000余人,百余部汽车,200多辆大车全部被击毁,缴获大炮、机枪、步枪千余支。平型关大捷,是全国抗日战争中第一次对敌歼灭战,破灭了"皇军"不可战胜的神话,打击了侵略者的嚣张气焰,提高了中国军民抗战的热情和必胜信心。此后,日军不敢无所顾忌的长驱直入了。

抗日民族统一战线的成立

中共为了团结御侮,共同抗日,与国民党经过多次谈判,南京政府同意将红军改编为国民革命军第八路军,简称八路军。1937年8月22日,国民政府发布命令:任命朱德、彭德怀为正副总指挥,叶剑英、左权为正副参谋长,任弼时、邓小平为政治部正副主任。八路军下辖三个师:115师,林彪、聂荣臻为正副师长,罗荣桓为政训处主任;120师,贺龙、萧克为正副师长,关向应为政训处主任;129师,刘伯承、徐向前为正副师长,张浩为政训处主任(1938年1月由邓小平接任)。全军4万余人。八路军开赴华北,深入敌后,进行独立自主的游击战,开辟华北敌后战场。同年10月2日,国民政府宣布:将湘、粤、闽、赣、浙、鄂、豫、皖8省红军游击队,改编为国民革命军陆军新编第四军,简称新四军。叶挺为军长,项英任副军长兼政治委员,张云逸、周子昆任正副参谋长,袁国平、邓子恢任政治部正副主任。新四军下辖4个支队:第一支队正副司令员陈毅、傅秋涛;第二支队正副司令员张鼎丞、粟裕;第三支队正副司令员张云逸、谭震林;第四支队司令员高敬亭。全军1万余人。新四军向大江南北敌后挺进,建立抗日根据地。

1937年9月23日,国民党正式公布国共合作宣言,蒋介石发表承认中共合法地位的谈话,中国共产党所倡导的抗日民族统一战线正式宣告成立。

苏联与世界人民援助抗日

苏联是最可靠、最有力、最能帮助中国抗日的国际友邦。1937年8月21日,苏联政府与南京政府签订了《中苏互不侵犯条约》,苏联援助中国的武器、汽油、汽车从西北源源不断地运来。苏联派遣了以崔可夫将军为首的大批军事顾问援华。苏联志愿航空队100多名英雄们,为了支援中国的神圣抗战事业,血洒长空,献出了年轻而宝贵的生命。他们崇高的国际主义精神,中国人民永远不会忘怀。

抗日战争开始后,没有一个帝国主义国家的政府真正援助抗日。英美政府采取"坐山观虎斗"的政策:借日寇来扑灭中国民族解放运动的火焰,又借中国人民的力量来消灭日本帝国主义,希望日本和中国两败俱伤。这就是英美在中日战争开始后,采取不干涉政策的实质。但世界各国人民对中国的抗日是同情和支持的。有两位外国朋友永远为中国人民所怀念。一位是加拿大著名医生白求恩。白求恩受加拿大共产党和美国共产党的派遣,不远万里,来到中国,援华抗日,救治伤员。1939 年 11 月 12 日,因医治伤员中毒,不幸以身殉职。一位是美国著名女作家赛珍珠。赛珍珠支持中国人民抗击日本侵略军,可以说是奋不顾身、不遗余力。她不仅出版抗日题材的小说,宣传支持中国抗战,而且身体力行,将自己的稿酬、版税等一并支援中国抗日,并介绍中国艺术家王莹(中共秘密党员)进入白宫演出,收到了轰动效果。她在促成建立世界反日侵华同盟方面所作的积极努力和巨大贡献,体现了她对中国人民的一片深情。中国人民也对她永不忘怀。

徐州会战

由于全国人民的压力,也由于日寇的大肆侵略影响了四大家族的利益,蒋介石被迫抗战。蒋介石惧怕救亡运动,实行片面抗战,出现了战场上节节败退而沦陷国土的局面。

徐州历来是兵家必争之地,台儿庄战役便是徐州会战的序幕。1938 年 3 月中旬,日军矶谷师团直扑台儿庄,意图一举攻下徐州,打通津浦路。第五战区司令官李宗仁为确保台儿庄以拱卫徐州,一面命令孙连仲第二集团军坚守台儿庄,一面严令汤恩伯第二十军团迅速南下,以夹击敌军。当第二十军团向台儿庄一线的日军施行围击之时,从临沂方面开来了坂本日军。第二十军团采取紧急应变措施,决定先歼灭坂本,对坂本形成围歼态势。坂本敌军牵制了第二十军团兵力,日矶谷军团全力进攻台儿庄,台儿庄战斗极其艰苦。4 月 5 日,李宗仁严令孙连仲不惜任何代价都要坚守到第二日拂晓,又下令汤恩伯在明天拂晓之前必须赶到台儿庄支援城内守军,否则以军法处置。4 月 6 日,李宗仁也赶到台儿庄附近,亲自指挥各参战部队向敌军发起全线进攻。4 月 7 日,台儿庄日军被消灭。台儿庄战役的胜利,是国民党抗战以来最大的一次胜利,打破了日军迅速灭亡中国的美梦,鼓舞和坚定了中国人民抗战胜利的信心。

日军在台儿庄的失败并没有改变其夺取徐州的战略目标。相反,从台儿庄战役中日军发现中国军队在徐州地区大量集结,认为这是与中国主力决战的大好机会。

日军坂垣、矶谷两师团重新集结、休整和补充，又增调 13 个师团，共计 30 万人对徐州形成大包围。蒋介石从各战区调来大批军队，与第五战区的兵力共约 45 万人。当时李宗仁认为在徐州与敌决战不妥当，但他的意见被否决。1938 年 5 月初，日军进攻徐州，国民党军队无法阻挡日军新的侵略攻势，徐州渐渐处于敌军四面合围的险恶环境中。为了保存有生力量，国民政府军事委员会只好决定放弃徐州。5 月 19 日，日军占领了徐州。

南京陷落

1937 年 11 月 5 日，日军三个师团从杭州湾登陆，上海守军腹背受敌，被迫全线撤退，12 日，上海失守。11 月 20 日，国民政府宣布迁都重庆，继续抗日。12 月 5 日，南京陷入日军三面包围之中。12 日，南京卫戍司令唐生智接到蒋介石命令，宣布放弃南京。13 日，南京陷落。日本侵略军谷寿夫第六师团在司令官松井石根率领下，开进南京城。野蛮的松井命令部队"发扬日本武威，慑服中国"，妄想用灭绝人性的大屠杀手段来征服中国。入城的日本官兵兽性大发，见到中国男子就杀，看到中国妇女就奸，遇有房屋店铺就烧，见有金银财物就抢。大街小巷遗尸枕藉，全城上下烈焰冲天，六朝豪华古都成了强盗行凶作恶的地狱。12 月 27 日，谷寿夫第六师团准尉富冈和野田作杀人比赛：他们从下关杀到夫子庙，一个杀了 105 人，另一个杀了 106 人，然后登上紫金山，对日本天皇行"遥拜礼"。日本司令官松井非但不加以制止，反而认为是"耀扬国威"的"光荣"举动。雨花台成了兽兵杀人的屠场，每天都有成千上万的中国人在这里惨遭杀戮。从 12 月 13 日南京陷落以来，这种无休无止的血腥大屠杀持续了 6 个星期，35 万中国军民倒在血泊之中，这一场史无前例的大屠杀，举世震惊。

黄河决堤

1938 年 2 月，日军土肥原师团发动对豫北的进攻。豫北守军宋哲元军团 10 万人，一触即溃。5 月 13 日，日军主力渡过黄河。25 日，国民党集中 15 万人与土肥原师团在开封以东的兰封会战，然而 15 万国民党军队打不赢两万日军，在战史上遗为千古笑柄。国民党军委会撤职查办了兰封作战不力的军长桂永清、黄杰，枪毙了擅自退出的师长龙慕韩。6 月 6 日，开封沦陷，国民党几十万大军狼奔豕突，无法摆脱敌人的追击。此时，蒋介石决定炸毁黄河大堤。第一战区司令长官程潜认为这样做牺牲太大，蒋介石说："国难当头，一切以国家利益为重。"于是，调集约 5 个团的军队，于

6月12日在花园口等黄河大堤上炸开5个大缺口。黄河水势骤猛,纵横400余里,流经豫、皖、苏三省44县,90万人葬身洪水,610多万人挣扎在汪洋泽国。炸毁黄河虽然暂时延缓了日军的进攻,但却给三省人民制造了灾荒连年的黄泛区。

武汉会战

日军侵占南京后,国民政府虽西迁重庆,但政府机关大部和军事统帅部却在武汉,武汉实际上成为当时全国军事、政治、经济的中心。1937年12月13日,国民政府军事委员会拟定保卫武汉作战计划。在徐州失守后,即调整部署,先后调集约50个军130个师和各型飞机200余架、各型舰艇及布雷小轮40余艘,共100万余人,利用大别山、鄱阳湖和长江两岸地区有利地形,组织防御,保卫武汉。由第五战区司令长官李宗仁(7月中旬~9月中旬由白崇禧代理)指挥23个军所部负责江北防务;第九战区司令长官陈诚指挥27个军负责江南防务。另以第一战区在平汉铁路(今北京一汉口)的郑州至信阳段以西地区,防备华北日军南下;第三战区在安徽芜湖、安庆间的长江南岸和江西南昌以东地区,防备日军经浙赣铁路(杭州一株洲)向粤汉铁路(广州一武昌)迂回。

1938年6月12日,日军波田支队在安庆登陆,很快占领安庆,武汉会战正式开始。9月6日,广济失陷。29日,日军攻陷长江要塞田家镇。至10月下旬,武汉三镇全部沦于敌手,武汉会战结束。

武汉会战,战场横跨安徽省、河南省、浙江省及湖北省,历时4个半月,是整个抗日战争中时间最长、规模最庞大和最出名的战役,不仅使日军又遭到一次战略性的失败,而且成为日本由战略进攻走向战略保守的转折点。

长沙大火

武汉失守后,蒋介石来到长沙,暗示湖南省主席张治中在长沙实行"焦土抗战"。11月12日,张治中接到蒋介石的紧急电报:"长沙如失陷,务必全城焚毁。"立即开会布置:指示长沙警备司令部酆悌负责筹划焚城计划,长沙警备司令部第二团团长徐昆担任放火总指挥。徐昆将士兵按三人一组,共编100个放火小组,配备汽油和放火工具。12日晚,放火队逐家挨户,逐街逐巷,大放其火。13日凌晨,居民从睡梦中惊醒,看到全城浓烟滚滚,火光冲天,以为是日军进城了,于是你呼我喊,扶老携幼,你挤我撞,争相逃命。大火持续了两天两夜,烧死居民3 000多人,焚毁房屋6万余栋,古城长沙成了焦土废墟,财产损失无法计算。如此滔天罪行,人们无不愤怒满腔。蒋介石推卸罪责,一面命国民政府拨款救济灾民以缓和民情,一面下令"彻查肇事祸首"。11月20日,高等军事法庭判决酆悌、徐昆等死刑,张治中革职留任。而火烧长沙的真正主谋却无人敢究其责。

国民党军队从北京、天津、上海、南京、广州、武汉,一直退到四川,重庆成了国民党的陪都。

冀中平原怒火

1937年秋,八路军115师部队由聂荣臻率领,成立了以五台山为中心的晋察冀军区;在冀中,吕正操创建了冀中平原抗日根据地。这是八路军华北平原敌后抗战的堡垒之一。日军为"确保华北",决意摧毁冀中抗日根据地。1938年11月至1939年4月,日军集中数万优势兵力,对冀中根据地连续5次"扫荡",企图将抗日力量逐出冀中。冀中军民在反围攻反扫荡战中作战322次,毙伤日伪军4 440人,俘敌1 320余人,缴获枪支1 200余支,冀中抗日武装发展到63 000多人。马本斋领导的冀中回民支队2 000余人,英勇善战,纪律严明,战绩卓著。冀中军区授予其"无攻不克,无坚不摧,打不垮,拖不烂的铁军"锦旗。从1942年5月1日起,在日本华北方面军司令官冈村宁次指挥下,对冀中抗日根据地实行空前残酷的"大扫荡"。冀中军民利用人民战争,以主力军、游击队和民兵三结合,袭击与伏击结合,地道战与地雷战结合,在战斗中大显神威。击毙敌团长坂本,毙伤敌伪军10 500人,粉碎了敌人的"五一扫荡"。

百团大战

1940年8月至12月,八路军为了切断敌人交通运输线,打破敌人对抗日根据地的"囚笼政策",争取时局好转,决定向华北日军占领的交通线和据点,发动大规模的破击战。八路军共投入105个团30万人,由八路军副总司令彭德怀直接指挥,在大约5 000余里的战线上作战,这些地区驻有日伪军36万余人,这就是著名的"百团大战"。100多天的百团大战,毙、伤日伪军25 000千余

百团大战中的彭德怀

人,俘敌军 18 000 多人,破坏铁路 470 多公里、公路 1 500 余公里,缴获各种枪支 5 800 多支和大量其他军用物资。百团大战是抗战期间中国军队主动出击日军的一次最大规模的战役,它提高了中国共产党和八路军的威望,坚定了全国人民抗战胜利的信心。

狼牙山五壮士

1941 年 8 月,日军对晋察冀抗日根据地进行"大扫荡"。9 月 25 日,日军 3 500 疯狂进攻河北易北县八路军和后方机关。晋察冀军区一分区一团六连七班班长共产党员马宝玉,副班长葛振林,战士胡德林、宋学义、胡福才,一共 5 人。为了掩护部队转移到外线作战,使后方机关和群众安全转移,他们主动地把敌人引到狼牙山的悬崖绝壁,据险抗击敌人。六班战士为了引敌人上山,边打边退,子弹、手榴弹打光了,就用石头砸。一天的战斗,打死打伤几百敌人。最后,5 人退到山顶,战士们宁死不屈,毅然砸坏枪支,纵身跳下山崖。敌人惊呆了!马宝林、胡德林、胡福才壮烈牺牲,葛振林、宋学义却奇迹般挂在山崖树枝上,幸存下来。狼牙山五壮士的英勇事迹,鼓舞着军民们奋勇抗敌。如今棋盘陀山峰上矗立狼牙山三烈士纪念塔,永为人民瞻仰!

东北抗日联军与华南游击队

东北各地区的抗日部队,在党的领导下成立了东北抗日联军:第一路军由杨靖宇任总指挥,活动于辽宁东部山地;第二路军由周保中任总指挥,活动于吉林东部山地;第三路军由李兆麟任总指挥,活动于黑龙江的山地和平原上。朝鲜人民在金日成将军领导下,也建立了抗日游击队,中朝人民并肩作战,反对共同敌人日本帝国主义。

1938 年秋,日军侵入广州。广东人民在中国共产党领导下,相继成立了东江纵队、琼崖纵队、珠江纵队、韩江纵队、南路(雷州半岛)抗日游击队、粤中抗日游击队等,统称华南抗日游击队。他们在广东和南海广大地区进行游击战争,抗击日寇,成为敌后三大战场(华北、华中、华南)之一。

海外华侨赤子情

中华民族的神圣抗战,震动了海外赤子的心。旅美爱国华侨领袖司徒美堂、纽约华昌公司总经理李国钦等人,纷纷捐款献物,支援祖国抗战。1938 年 10 月,东南亚80 余个华侨团体在新加坡成立了"南洋华侨筹赈祖国难民总会",推举著名爱国侨领陈嘉庚为主席,号召侨胞们捐献钱物,帮助国家抗敌。缅甸侨胞曾一次捐献汽车 100 辆,足够装备一个师;旅美华侨创办了航空学校,为祖国抗战培养急需的空军人才;南洋华侨青年成立了"新加坡队"、"越南回国服务队"等,回国参加抗战,为祖国抗日救亡贡献力量。

毛泽东粉碎"亡国论"、"速胜论"

抗战开始后,国民党副总裁、亲日派首领汪精卫等叫嚷"求和是生路,抗战是亡国"的谬论。抗战后,由于国民党军队的大溃败在一部分人民中也产生了悲观失望的情绪,同时也出现了毫无根据的乐观的"速胜论"的叫嚣,以为中国抗战很快就能胜利。为驳斥"亡国论"和"速胜论"的错误,并向全国人民指出抗日战争发展的正确道路,毛泽东在 1938 年 5 月发表了《论持久战》,对抗战的整个发展趋势及其前途作出科学的结论。抗日战争是持久战,其过程有三个阶段,即战略防御阶段、战略相持阶段和战略反攻阶段,最后的胜利是中国的。《论持久战》彻底粉碎了"亡国论"和"速胜论",极大地鼓舞和坚定了抗日人民的胜利信心,使抗日战争获得了科学理论的指导。

汪伪政权

抗战进入相持阶段以后,抗日根据地成为抗战的中心,八路军、新四军成为抗战的主力。敌人把主要压力放在敌后战场,对国民党以政治诱惑为主,以军事打击为辅。1939 年 3 月,日本近卫内阁倒台后,日本首相平沼发表声明,如果蒋介石和日本合作,中日可以谈判,以引诱蒋介石投降。

1939 年 9 月,英法对德宣战,第二次世界大战爆发后,美、英、法三国急忙在东方寻找与日本妥协的道路,以便集中力量对付德国,因而压迫中国政府向日本投降。1938 年 7 月,汪精卫背着蒋介石派高宗武去东京与日本晤谈,决定"扶汪倒蒋",加快了叛国投敌步伐。12 月 19 日,汪精卫率领周佛海、曾仲鸣、陈璧君等由重庆叛逃到河内。对于汪精卫的叛逃,蒋介石十分恼恨。军统头子戴笠派余乐醒(留法学校,谙法语,曾在河内居住过,熟悉当地情况)跟踪暗杀汪精卫。1939 年 3 月 20 日深夜,余乐醒等人越墙而入,潜至汪精卫的寝室,瞄准目标放数枪后便仓皇出逃。岂料击毙的不是汪精卫,而是其随身秘书长曾仲鸣。那天晚上,恰巧曾仲鸣之妻方君璧从香港来到河内,汪精卫便把自己住的那间大寝室让与曾方夫妇,自己搬到另一寝室。1939 年 8 月,汪伪国民党"六大"在上海秘密举行,确定了"和平反共建国"的总方针,汪精卫当选为主席。1940 年 3 月 30 日,伪国民政府在南京成立,汪精卫任国民政府代主席兼行政院长,陈公博任立法院长,梁鸿志任监察院长,王克敏任华北政务委员长。汪伪傀儡政权组织伪军配合日军,残酷镇压沦陷区人民,进攻抗日根据地。汪精卫成为遗臭万年的大汉奸!

《新民主主义论》

1939 年 1 月,国民党五届五中全会确定了"溶共、防共、反共"方针。此后,国民党军政当局在各地挑起事端,制造一连串的摩擦事件,袭击抗日军民,杀害共产党人。1939 年 6 月 12 日,驻湘赣边国民党第 27 集团军司令杨森奉命派兵包围湖南新四军平江嘉义通讯处,枪杀新四军上校参议涂正坤、秘书主任吴渊。当晚,又将通讯处工作人员曾金声、吴贺泉、赵绿吟等秘密活埋。11 月,河南确山县与毗邻数县反动军队和特务 2 000 人,围攻新四军竹沟留守处,杀害新四军伤员及家属 200 余人。12 月,国民党当局密令胡宗南部队武装进攻陕甘宁边区。中国共产党从国共合作、共赴国难的大局出发,对国民党顽固派制造的反共摩擦和军事进攻采取了"有团结又斗争,以斗争求团结"的方针和"有理、有利、有节"的斗争策略,予以还击,各地反共军队土崩瓦解。于是,怎样继续进行抗战,抗战胜利后要建立一个什么国家的问题,党需要向全国人民解答。毛泽东在 1940 年 1 月发表了《新民主主义论》,指出革命的第一阶段绝不是也不能建立中国资产阶级专政的资本主义社会,而是要建立以中国无产阶级领导的中国各个革命阶级的联合专政的新民主主义社会,以完结第一阶段。然后,再使之发展到第二阶段,以建立中国社会主义社会。毛泽东驳斥了"一次革命论"等各种反动理论,帮助党内和全国人民统一了思想,维护了抗日民族统一战线,使抗日战争能够坚持到胜利。

皖南事变

德国法西斯在欧洲横行,日寇企图早日结束中日战争,以便与德、意互相呼应,北攻苏联,南取南洋。因此,日本对蒋介石集团的诱降活动加紧起来。这时,蒋介石认为大规模反共时机已到,于是准备发动全面反共战争以达到与日本妥协的目的。

1940 年 10 月 19 日,蒋介石指使何应钦、白崇禧以正副总参谋长名义,向朱德、彭德怀、叶挺、项英等发出"皓电",污蔑在大江南北坚持抗日的八路军、新四军"不守战区范围,自由行动",强令其开赴黄河以北。11 月 9 日,朱、彭、叶等致何、白"佳电"，驳斥"皓电"造谣污蔑，拒绝华中部队北移要求，但为了顾全抗战大局，同意皖南新四军北调。12月10日，蒋介石密令第三战区司令长官顾祝同：该军如"不遵令北渡，应立将其解决"。1941年1月4日，新四军驻皖南部队9 000余人在叶挺、项英率领下，从安徽泾县云岭出发，开始北移。6日，当部队到达泾县茂林时，遭到预伏的8万多国民党军队的围击。新四军仓促应战。8日夜，上官云相奉蒋介石"一网打尽，生擒叶项"密令，发起了总攻。新四军浴血奋战8昼夜，弹尽粮绝，伤亡惨重，除傅秋涛、黄火星等2 000多人突围外，3 000余人壮烈牺牲，3 000多人被俘。军长叶挺与上官云相谈判时被非法拘捕。副军

叶挺将军

长项英、副参谋长周子昆、政治部主任袁国平被杀害。这就是震惊中外的"皖南事变"。

　　1941年1月18日，中共中央向全国人民揭露真相：国民党顽固派制造"皖南事变"是反共投降大阴谋的第一步，接着他们将要进攻江北新四军，在全国范围内破坏共产党的组织，以便日寇从华中、华南撤退，集中力量去进攻华北八路军，破坏抗战的罪行。周恩来满腔悲愤在重庆《新华日报》上题词："为江南死国难者致哀！""千古奇冤，江南一叶；同室操戈，相煎何急?!"1月20日，党中央革命军事委员会宣布重建新四军军部，命令陈毅代军长、张云逸为副军长、刘少奇代政委、赖传珠为参谋长、邓子恢为政治部主任，领导新四军继续坚持大江南北抗战。

　　"皖南事变"后，党内一部分"左"倾分子认为国共分裂了，全面内战开始了。毛泽东领导全党坚持统一战线中又团结又斗争和以斗争求团结的方针，坚持了与顽固派斗争中的"有理、有利、有节"的原则，克服了党内"左"倾偏向，打退了国民党顽固派的反共高潮，继续打击日本帝国主义。

抗日战争最困难时期(1941年—1942年)

　　1941年6月，德国进攻苏联，12月，日本袭击珍珠港，太平洋战争爆发。日寇为了把中国变成它在太平洋战争中的后方基地，加紧实行所谓"治安强化运动"。在敌占区，以"清乡"为主，强化保甲制度，组织"自卫团"，建立情报网，实施奴化教育，进行严密的殖民统治，达到肃清抗日分子和封锁抗日根据地的目的；在游击区，以蚕食为主，武装和特务结合，恐怖与怀柔兼施，建立伪政权，平毁村庄，制造"无人区"，对

抗日游击区实行分割;在解放区,以"扫荡"为主,实行"杀光、烧光、抢光"的"三光"政策,以摧毁抗日根据地。1941 年 8 月,冈村宁次率领 10 万日军,分 13 路对晋察冀根据地进行"扫荡",烧毁房屋 15 万多间,抢走粮食 5 800 万斤,杀害群众 51 000 人。日寇对国民党顽固派继续采取诱降和威迫相辅而行的方针。蒋介石一方面用大军包围陕甘宁边区及其他地区,另一方面指使其部队投降日寇,协同日军进攻解放区。这些投敌的国民党军队,乘机占领为日寇所占领的城市和交通要道,攫取胜利果实。蒋介石将这一阴谋称为"曲线救国"。当时,在"曲线救国"的名义下,先后葬送了国民党的 25 个中央要员、58 个高级将领以及 50 万军队。投敌的军队变为伪军,跟随日军对抗日根据地实行"扫荡"。因此,抗日根据地在日军、伪军和国民党反共军的进攻和夹击下,处于极端困难的时期。抗日根据地军民在党的领导下,进行一系列革命措施,战胜困难。

中国远征军

中国远征军是抗日战争期间中华民国政府为支援英国军队在缅甸殖民地对抗日本帝国陆军以及保卫中国西南大后方补给线安全而组建的出国作战部队。是中国与盟国直接进行军事合作的典型代表,也是甲午战争以来中国军队首次出国作战并立下赫赫战功。

为了保卫缅甸,中英早在 1941 年初就酝酿成立军事同盟。中国积极准备并提出中国军队及早进入缅甸布防。太平洋战争爆发后,1941 年 12 月 23 日,中英双方在重庆签署了《中英共同防御滇缅路协定》,中英军事同盟形成。但是,由于英军轻视中国军队的力量,过于高估自己,又不愿外国军队深入自己的殖民地,一再拖延阻挠中国远征军入缅。1942 年 1 月初日本展开进攻后,英缅军一路溃败,这才急忙请中国军队入缅参战。中国成立远征军第 1 路司令长官部开赴缅甸战场。中国远征军做出了让英美盟国盟军钦佩的战绩,并达到了一定的战略目的。中国远征军浴血奋战,屡挫敌锋,使日军遭到太平洋战争以来少有的沉重打击,多次给英缅军有力的支援,取得了同古保卫战、斯瓦阻击战、仁安羌解围战、东枝收复战等胜利。

中国驻印军和中国远征军的反攻胜利,重新打通了国际交通线,使得国际援华物资源源不断地运入中国;把日军赶出了中国西南大门,揭开了正面战场对日反攻的序幕;钳制和重创了缅北、滇西日军,为盟军收复全缅甸创造了有利条件。从中国军队入缅算起,中缅印大战历时 3 年零 3 个月,中国投入兵力总计 40 万人,伤亡接近 20 万人。中国远征军用鲜血和生命书写了抗日战争史上极为悲壮的一笔。

抗日民主政权的建立

在抗日民主政权中实行了"三三制"，即共产党员(代表工人阶级、平民)、左派进步分子(代表小资产阶级)、中间分子(代表中产阶级和开明绅士)和其他分子，在民意机关和政府机关中各占三分之一。抗日民主政权的土地政策是减租减息和交租交息。地主必须减租减息，土地权、财产权属于地主所有；农民必须交租交息。劳动政策是适当改良工人生活，规定劳动时间，工人必须遵守劳动纪律，使资本家有利可图。经济政策是积极发展工业、农业和商品流通，达到经济自给。发展公营经济和合作经济，奖励民营企业，并吸收外资本家来解放区开办实业。税收政策是一切有收入的人，除最贫苦者免征外，都要负担国家赋税，纳税人口应占 80％以上。关于政治权利，则规定抗日的资本家、地主都有和工人、农民一样的人权、政权、财权，同时要防止他们可能的反革命活动。抗日民主政权充分调动了人民，首先是广大农民的抗日和生产的积极性，对团结各阶层人民，对促使大多数地主参加抗日，争取抗战胜利，起着积极的作用。

精兵简政

1941 年 11 月，米脂县参议会议长、开明绅士李鼎铭，在陕甘宁边区第二届参议会上向中共中央提出了精兵简政的主张。党中央立即采纳，向各抗日根据地发出了关于精兵简政的指示。1942 年开始，各根据地开始整编部队，整缩行政机构，精简脱产人员。精兵简政提高了主力部队的战斗力，增强了政府机关效能。一部分非生产力人员转到了生产部门，不仅减轻了人民的负担，而且促进了生产的发展。精兵简政对克服根据地严重的财政经济困难，对坚持长期抗战起到了重要作用。

大生产运动

为了战胜难关，保障军民物资供给，减轻人民负担，中共中央发出了"自己动手，丰衣足食"的号召，领导各根据地军民开展了前所未有的大生产运动。1941 年 3 月，陕甘宁边区八路军一二〇师三五九旅在王震率领下，开进了南泥湾。他们一手拿锄，一手持枪；一边战斗，一边生产；披荆斩棘，垦山造田。南泥湾"到处是庄稼，遍地是牛羊"，被誉为"陕北的好江南"。根据地的军民按照中央"劳力与武力相结合"，"战斗与生产相结合"的方针，因地制宜开展大生产。轰轰烈烈的大生产运动，培养了抗日军民自力更生、艰苦奋斗的精神,为战胜日本帝国主义提供了物质基础。

整风运动

为了纯洁党的组织,提高全党马列主义水平,争取抗战胜利,中共中央于1941年5月在全党开展整风运动。毛泽东先后作了《改造我们的学习》、《整顿党的作风》和《反对党八股》的报告,标志着全党整风运动的开始。其主要内容是:反对主观主义以整顿学风,从思想上清算机会主义错误,使理论和实践相结合;反对宗派主义以整顿党风,从组织上加强党的团结和统一,加强党和人民的团结;反对党八股以整顿文风,树立马克思主义的文风。采取"惩前毖后,治病救人"的整风方针,也就是通过团结——批评——团结,达到既弄清思想,又团结同志的目的。1944年5月,中共中央举行六届七中全会,通过了著名的《关于若干历史问题的决议》,标志延安整风运动的结束。延安整风运动是一次伟大的思想解放运动,它使全党在思想上、组织上达到巩固的马克思列宁主义的统一,保证了党中央的政治路线在各个方面贯彻下去,能够战胜抗日时期的极端困难,并为党的七大召开准备了条件,也为抗日战争和解放战争的胜利奠定了思想基础。

中共七大

1945年4月23日至6月11日,中国共产党在延安召开了第七次全国代表大会。当时,中国共产党正面临着如何解决夺取抗日战争的最后胜利,以及胜利后中国何处去等关键问题。毛泽东主持了这次大会,并作了《两个中国之命运》的闭幕词、《论联合政府》的政治报告和《愚公移山》的闭幕词。大会听取了朱德《论解放区战场》的军事报告和刘少奇《关于修改党章的报告》。

毛泽东《论联合政府》的报告详细地制定了党在新民主主义革命时期的一般纲领和具体纲领。一般纲领是打败日本侵略者之后,建立一个新民主主义社会。具体纲领是消灭日本侵略者,建立民主的联合政府,保障人民的自由,实现人民的统一,建立人民的军队,实行土地制度的改革,发展现代的工业,发展人民的文化,实现民主平等,实行独立自主和平外交政策,等等。实现这些纲领的关键是废除国民党一党专政,建立民主联合政府。大会决定了党的政治路线,即"放手发动群众,壮大人民力量,打败日本侵略者,解放全国人民,建立一个独立、自由、民主、统一、富强的新中国"。

七届一中全会选举了毛泽东、朱德、刘少奇、周恩来等13人为政治局委员,毛泽东、朱德、刘少奇、周恩来、任弼时为中央书记处书记。毛泽东为中央委员会主席,兼中央政治局、中央书记处主席。七大通过的新党章明确规定,以马克思主义理论与中国革命实践相结合的毛泽东思想作为全党一切工作的指针。因此,中共七大是团结的大会、胜利的大会,为夺取抗日战争的最后胜利和民主革命的彻底胜利奠定了基础。

国民党六大

1945年5月5日至21日,国民党在重庆召开第六次全国代表大会。蒋介石致开幕词,吴铁城作党务报告,吴鼎昌作政治报告,翁文灏、程潜分别作经济和军事报告,潘公展作了特种问题(中共问题)的报告。这次大会的主题是坚持一党独裁,拒绝联合政府,准备发动内战,抢夺抗战胜利果实。蒋介石在会上一再强调:今天的中心工作,就是中共问题。会议拒绝了中共中央关于建立民主联合政府的建议,并污蔑中共"一贯坚持武装割据,借以破坏抗战"。大会宣称:"与中共之斗争,无法妥协,今日之急务在于团结本党,建立对中共斗争之体系",为"创造斗争的优势条件和环境,故必须在政治上、军事上强固党的力量"。大会通过了新的国民党党章,最后用全体起立的方式推举蒋介石为国民党中央总裁。国民党六大是一次坚持独裁、坚持反共、准备发动内战的大会。

日本无条件投降

1945年4月,墨索里尼被意大利游击队抓获,人民法庭判处其死刑。5月2日,苏联红军攻克柏林,德国无条件投降。8月6日,美国空军机组人员蒂贝茨等14人驾驶一架B-29轰炸机,在日本广岛、长崎投下了人类战争中首枚原子弹,导致日本14万人伤亡,成为结束二战的关键事件。8月8日,苏联对日宣战。174万苏军在中国军队配合下,经过20余天的战斗,将在中国东北、朝鲜北部盘踞已久的70万日本关东军和30万伪军全部摧毁。8月15日,日本天皇裕仁宣布无条件投降。8月18日,"满洲国""傀儡皇帝"溥仪在日本人的安排下,抛下"皇后"婉容等人,从长春乘飞机到沈阳,准备换乘飞机逃亡日本。但溥仪万万没想到,苏军早已占领沈阳机场,当他和随从走出机舱时,便成了苏军的俘虏。末代皇帝溥仪在苏联过了5年的特殊俘虏生活,直到1950年7月30日被送回新中国。

1945 年 9 月 2 日,二战盟国在停泊于东京湾的美国战列舰"密苏里"号上举行日本投降签字仪式,日本外相重光葵代表日本天皇和日本政府,日本陆军参谋总长梅津美治郎代表日本帝国大本营,在投降书上签字。中国代表徐永昌参加签字仪式。9 月 3 日成为中国抗日战争胜利的纪念日。9 月 9 日,国民政府在南京举行中国战区日本投降签字仪式,仪式由何应钦主持,冈村宁次代表日本大本营在投降书上签字。穷凶极恶、不可一世、在中国神州大地上横行了 11 年之久的日本侵略者,终于遭到可耻的失败,受到正义的裁决。至此,中国抗日战争胜利结束,第二次世界反法西斯战争也宣告结束。

抗日战争是 100 多年来中国人民反对帝国主义侵略第一次取得完全胜利的民族解放战争。抗日战争的胜利,雪洗了近代以来的民族耻辱,成为中华民族由衰败到重新振兴的转折点。

十、第三次国内革命战争(1945 年—1949 年)

1945 年至 1949 年,中国人民在中国共产党的领导下,为推翻美帝国主义直接支持的国民党反动统治、解放全中国而进行的革命战争,称为第三次国内革命战争,亦称"中国人民解放战争"。

美蒋勾结

为了抢夺人民抗战胜利果实,在日本投降后,国民党政府派出大批军政官员到沦陷区去接收敌伪财产。在北平,天津,上海,广州等大城市,国民政府借接收之机疯狂抢洋房、汽车、黄金、美钞。他们竟将接收过来的物资、设备大肆拍卖,中饱私囊,大发"胜利财"。沦陷区的老百姓深恶痛绝,大骂他们为"劫收大员",讥笑他们为"捧西洋,爱东洋,要现洋"的"三洋开泰",讽刺他们是"金子、房子、女子、车子、票子"样样都要的"五子登科"。这些国民党的军政官员们与日寇、伪军、汉奸一样,欺压、鱼肉百姓。平、津、京、沪一带流传着"等中央,盼中央,中央来了活遭殃"的民谣。国民党的腐败和国民政府的胡作非为丧尽了民心。

蒋介石为了准备发动内战,在日本宣布无条件投降后,命令人民军队"就地驻防待命",并将延安总部发出的限令敌伪投降的命令诬为"非法之行为"。蒋介石对自己的嫡系军队发出命令："加紧作战,积极准备。"蒋介石发出一道授权敌伪"维持地方治安"的命令,敌首冈村宁次致电蒋介石,宣称日本军队从南京撤出,留下骨干军队维持秩序,等待蒋介石。南京汪伪政权也发表声明说,蒋介石还都南京之前,"维持地方治安"。8 月 16 日,汪伪国民政府宣布解散(汪精卫于 1944 年病死日本,陈公博继任伪国民政府主席,宣布解散后逃往日本京都。后来,蒋介石指令陆军总司令何应钦向日本交涉,将陈公博逮捕归案。1946 年 6 月 3 日,大汉奸陈公博于苏州被执行枪决)。于是,在国民党军队占领的地区,敌伪军加上所谓"国军"的新番号,变成了国民党的军队。美国除了供给国民党军火外,还帮助其运送军队到进攻解放区的前线。美蒋勾结,准备挑动新的国内战争。

重庆国共谈判

抗战胜利后,全国人民热切要求和平,蒋介石迫于国内外和平民主力量和舆论的压力,加之还没有做好发动内战的准备,因而装出要和平的样子,以谈判为掩护,欺骗国内人民,连续三次电邀毛泽东赴重庆谈判。蒋介石坚持邀请毛泽东赴重庆谈判,有其自己的如意打算:如果毛泽东不来,就可以说共产党拒绝和平,把内战的责任推到共产党身上;如果毛泽东来了,可以利用"和平谈判"来麻痹共产党,诱使共产党交出军队和解放区政权,而且还可以借和谈之机争取时间,调兵遣将,部署内战。出于这样的目的,蒋介石把每次邀请毛泽东的电报都在报刊广播中大肆宣传。一时间,毛泽东去不去重庆同国民党谈判,成为民众瞩目的焦点。为了尽一切可能争取国内和平,戳穿蒋介石假和平真内战的阴谋,1945 年 8 月 28 日,毛泽东偕周恩来、王若飞前往重庆,同国民党进行谈判。

毛泽东亲赴重庆,成为当时轰动国内外的大事,山城重庆为之沸腾。一些民主人士盛赞毛泽东的这一行动是"弥天大勇","一身系天下之安危"。国民党方面的谈判代表也说这是"中国历史上一件大事"。29 日,毛泽东等与国民党政府代表张群、王世杰、邵力子、张治中等开始谈判。

蒋介石利用谈判之机,命令阎锡山调集 37 000 余人,向晋察鲁豫解放区的上党地区进攻,企图以武力压迫和谈。晋冀鲁豫军区司令员刘伯承、政委邓小平,按照中共中央军委的指示,激战 4 昼夜,共歼国民党军 35 000 余人。上党战役粉碎了国民党的阴谋,有力地配合了中共在重庆的谈判。历时 43 天的谈判,毛泽东与蒋介石曾多次接触,并会见了社会各界人士,用大量事实表明中共的和平诚意,戳穿了国民党制造的"共产党不要和平、不讲团结"的谣言,赢得国统区广大群众的同情与支持。蒋介石怕谈判结束"放虎归山"后于蒋家王朝不利,于是想冒天下之大不韪,软禁毛泽东,但又怕此举失信于天下而"有碍国府声誉"。后来,蒋介石迫于各方面的压力,又考虑到全面内战的准备工作尚未做好,伪装不宜过早撕破,只得打消了软禁毛泽东的念头。

1945年10月10日,国共双方签署了《政府与中共代表会谈纪要》(即《双十协定》),迫使国民党接受了和平、团结方针,承认中共及各党派的合法地位,同意召开政治协商会议的要求。这一协定对蒋介石独裁专政和国民党发动内战是一种约束。但协议公布不久,蒋介石便将它撕毁了。《双十协定》的签订和被撕毁,教育了人民,使中共赢得了民心,国民党陷入了政治被动的泥坑。

"一二·一"惨案

《双十协定》墨迹未干,蒋介石就违背协定,调集80万军队,进攻华北、东北解放区。国统区人民掀起了反对内战运动。1945年11月2日,民盟发言人发表谈话,指出"谁要发动内战,谁就是全国的公敌",呼吁停止军队冲突。18日,成都大学20多个团体联合发表《制止内战宣言》。重庆各界由沈钧儒、黄炎培等发起,成立了陪都各界反内战联合会。25日,西南联大、云南大学等校学生、教职员6 000余人,在西南联大校园举行反内战时事晚会。国民党当局派军警包围学校,指使特务混进会场,鸣枪威胁和破坏。26日,昆明大中学生联合罢课,上街游行,以示抗议。28日,昆明31校学生联合发表《为反对内战及抗议武装干涉集会告全国同胞书》,提出制止内战,组织民主联合政府,保障人民民主权利,追究鸣枪破坏会场事件等要求。12月1日,国民党出动军警、特务、暴徒几百人,围攻、殴打西南联大、云南大学等校学生,向学生投掷手榴弹,炸死学生潘琰、李鲁连、张华昌和中学教师于再等4人,20余人受重伤。"一二·一"惨案震惊全国,昆明、重庆、上海、延安等地各界人士隆重公祭"一二·一"死难者,谴责国民党当局的暴行,要求严惩凶手。

在全国人民的压力下,蒋介石装模作样让云南警备司令关麟征"自请处分",将云南代理省主席李宗黄调离云南。昆明"一二·一"惨案,推动了国统区民主运动的开展。

停战协定

在国内外要求停止内战的呼吁下,国民党政府同意中共代表提出的先行无条件停战,然后再开政协会议的提议,派出张群、邵力子、王世杰同中共代表周恩来、董必武、王若飞、叶剑英在重庆商谈。1946 年 1 月 5 日，双方达成《关于停止国内军事冲突的命令和声明》，即《停战协定》。由蒋介石、毛泽东分别向所属部队颁发了定于 1 月 13 日午夜 12 时起生效的停战令。为了实施《停战协定》，在北京设立了军事调处执行部，由美国总统杜鲁门特使马歇尔、张群（后改为张治中）、周恩来组成的军事调处执行部在北平负责《停战协定》的实施。马歇尔以"调处"为名，执行扶蒋反共政策，要中共交出武装，帮助蒋介石加速内战的准备。1946 年 6 月，蒋介石撕毁了《停战协定》，向解放军发动了全面进攻。马歇尔宣布"调处失败"，离华返美。

政治协商会议

根据《双十协定》，1946 年 1 月 10 日，政协会议在重庆举行。参加会议的有国民党代表 8 人、共产党代表 7 人、民主同盟代表 9 人、青年党代表 5 人、无党派社会贤达 9 人，共 38 人。国民政府主席蒋介石任会议主席。会议争论的焦点是军队和政权问题。中共坚持改组国民党一党专政的政府，得到民主党派的支持。经过多次讨论协商和共同努力，1 月 31 日，大会通过了《政府组织案》、《国民大会案》、《和平建国纲领》、《宪法草案》、《军事问题案》。这些决议案对国民党一党专政和内战政策是一种限制，有利于和平和民主，受到了人民群众的欢迎。但这些决议，后来都被蒋介石撕毁了。

较场口事件

为庆祝政协会议成功，重庆各界、社会团体于 1946 年 2 月 10 日上午在较场口举行庆祝大会。郭沫若、李德全、马寅初、李公朴、章乃器等 20 余人组成大会主席团，由李德全任总主席，李公朴为总指挥。会议刚开始，刘野樵为首的大批国民党特务、便衣、暴徒便闯进会场，占领主席台，主席团成员李公朴、郭沫若、马寅初等被打成重伤，沈钧儒险遭毒手，60 余人受伤或失踪。血案发生后，中共代表周恩来等立即赶到医院慰问受伤各界人士。12 日，周恩来接到一封恫吓信，内附子弹一粒。周恩来大义凛然，无所畏惧，将信交《新华日报》公布，作为对反动当局的揭露和答复。重庆 8 家日报、3 家晚报对较场口血案的真相作了详细报道。重庆较场口事件是国民党假民主真独裁的一次大暴露。

黑茶山遇难

1946 年 4 月 8 日，一架 C47 式美军运输机由重庆飞往延安。机上乘坐着中共中央委员王若飞、秦邦宪(博古),他们为和平而奔走,回延安就"宪草修改原则"问题,向党中央请示。同机的还有到巴黎出席世界职工代表大会归来的邓发、教育家黄齐生以及刚被蒋介石释放出狱的叶挺将军与家属等 13 人。下午两时左右,飞机在山西兴县境内的黑茶山坠毁。"四八"烈士遇难后,各解放区以及国统区人民纷纷举行悼念活动。

下关惨案

1946 年 6 月 23 日,上海人民开展反对蒋介石假和平、真内战的群众运动,在中共上海地下市委刘晓、刘长胜的安排和部署下,举行和平请愿运动。请愿团抵达南京下关车站时,遭到国民党特务有预谋的殴打。请愿团团长、著名民主人士、中国民主促进会领导马叙伦受了重伤,雷洁琼、阎宝航,记者高集、浦熙修,以及前往欢迎的民盟代表叶笃义、中共代表陆秀兰等 10 多人不同程度被打伤,血染下关车站。国民党封锁消息,但外国记者已赶到现场,加之当时南京有民主力量的报纸存在,如《新民报》,因而一场震惊中外的国民党的法西斯暴行丑闻传遍了国内外。人民群众极为愤慨,看清楚了蒋介石的真面目。

李、闻血案

李公朴、闻一多是民盟中央委员和云南省支部负责人。1946 年 6 月初,李公仆和闻一多筹划成立昆明各界争取和平、反对内战委员会,发起万人签名运动,得到各界人士的积极支持和响应。国民党当局恨之入骨。昆明特务机关根据南京政府的密令:杀害李、闻。7 月 11 日,李公朴在昆明遭特务无声手枪暗杀。15 日,闻一多参加李公朴追悼会,在回家途中又遭特务枪击身亡。李公朴、闻一多被害事件,昭示了国民党的一切政治欺骗,立即引起了国内外的强烈抨击。18 日,民盟主席张澜致电蒋介石,严正指出李、闻惨案是国民党反民主、反和平有计划制造的阴谋。全国迅速兴起一个控诉国民党坚持内战、坚持独裁的罪行的群众运动。

解放区的战略防御(1946 年 6 月—1947 年 6 月)

1946 年 6 月,蒋介石在美帝国主义的支持下,违背全国人民的意志,向人民解放区发动了全面规模的内战。国民党军队共有 430 万人,控制着全国所有大城市、大部分铁路交通和丰富的资源。国民党还接收了日寇侵华军队 100 万人的全部装备。尤其重要的是美国的援助。解放区的人民军队除了政治素质及其同人民的联系优于敌军外,其他方面的条件皆不如敌人。因此,解放区军民在内战开始一个阶段不能不实行战略上的防御作战。

中共中央和毛泽东制订了正确的作战方针,即以消灭敌人的有生力量为主要目标,而不以保守城市或地方为主要目标。在战略部署上,必须集中优势兵力,在适当时机,包围歼灭敌人较弱的一路。在战术上,在集中兵力打敌人的一路时,也必须集中优势兵力从敌人阵地中选择较弱的一点,进行猛烈攻击,务必求胜。也可以采取以集中兵力打运动战为主,而以分散兵力打游击战为辅的作战方式。从 1946 年 7 月至 1947 年 2 月,解放区军民正确地执行了党中央和毛泽东的军事策略,大量消灭了敌人的有生力量 72 万人,敌人被迫停止全面进攻。

从 1947 年 3 月开始,国民党被迫改向陕北、山东两个解放区重点进攻。

陕北蘑菇战

1947 年 3 月,胡宗南指挥刘戡、董钊所属 6 个师,纠合宁夏马鸿逵、青海马步芳、榆林邓宝珊等部队共 23 万人,进攻陕甘宁解放区。西北野战军两万多人在彭德怀、习仲勋指挥下,执行中央的作战方针,制定了"蘑菇"战术,利用敌人寻找主力作战的心理,牵着敌人鼻子大"游行",磨得敌人筋疲力尽,然后集中优势兵力,运用伏击战,各个击破,歼灭敌人。经过延安、蟠龙、榆林、米脂多次战役,西北野战军粉碎了胡宗南在陕北的重点进攻。

刘胡兰

1946 年秋,国民党军大举进攻解放区,山西文水县委决定留少数武工队坚持斗争,大批干部转移上山。当时,刘胡兰也接到转移通知,但她主动要求留下来坚持斗争。这位年仅 14 岁的女共产党员,在家乡秘密发动群众,配合武工队打击敌人。云周西村的反动村长石佩怀,为阎锡山军队派粮派款,递送情报,成为当地的一害。1946 年 12 月的一天,刘胡兰配合当地武工队处死了石佩怀。阎锡山匪军恼羞成怒,决定实施报复。1947 年 1 月 12 日,阎军突然袭击云周西村,叛徒告密,刘胡兰被捕。刘胡兰在威逼利诱面前不为所动,被带到铡刀面前眼见连铡了几个人,怒问一声:"我咋个死法?"匪军喝叫"一个样"后,她自己坦然躺在刀口下。刘胡兰牺牲时未满 15 周岁。毛泽东从山西《晋绥日报》得知刘胡兰牺牲的消息,于 3 月 26 日为刘胡兰亲笔题词:"生的伟大,死的光荣!"这有着激励全党和全解放区人民去英勇奋斗,以赢得战争胜利的深刻寓意。

孟良崮战役

1947 年 3 月,国民党陆军总司令顾祝同指挥汤恩伯等军团 45 万人向山东解放区进攻,妄图将华东野战军消灭在沂蒙山区。华东野战军采取内线和外线相结合的作战方针,从东西两线攻击国民党阵地两端,歼灭敌军主力。汤恩伯第一兵团主力 74 师,全部美式装备,全师 32 000 人。5 月,师长张灵甫自恃装备精良,战斗力强,孤军突进。华东野战军在陈毅、粟裕等指挥下佯装败退,将敌军包围在孟良崮地区。蒋介石发现其"王牌"军又被歼灭的危险,急令各部增援,空投弹药、食物、饮水,但都无济于事。经过三天的激战,该师三万余人被全歼,师长张灵甫被击毙。蒋介石重点进攻山东的计划被粉碎。

经过一年的防御作战,解放区军民消灭了 112 万多敌人,发展了自己的正规军为 200 万,全国战争形势转变为解放区军民坚决、彻底、干净、全部地消灭蒋介石进犯军的新形势。

抗议美军暴行运动

抗战胜利后,美国军队在中国领土上横行无忌,作恶多端。美军奸淫中国妇女、凶杀中国平民、枪击中国学生、打死中国军警的暴行,时有发生。国民党政府不仅不保护中国人民的财产、人身安全,反而一味纵容、袒护美军的暴行。1946 年 9 月,全国各大城市举行的"美军退出中国周",就是中国人民自发抗暴的先声。12 月 24 日晚,北京大学女生沈崇路经东单一条胡同,被美国兵皮尔逊绑架、强奸。"沈崇事件"把北平和全国学生抗议美军暴行的斗争推向高潮。北平学生举行罢课游行,高呼:"美军退出中国!"上海学生成立了统一的抗暴联合会,在外滩美军驻地扯下了美国星条旗,高呼:"滚、滚、滚,美国兵!"南京学生游行队伍来到国民政府门前,把当局庆祝元旦轧制的"普天同庆"四个大字,换成"普天同怒",以抗议南京政府的媚外行径,抗暴运动持续三个月之久,最后发展为全国性反侵略、反卖国的爱国民主运动。

制宪国大

1946 年 11 月 15 日,蒋介石不顾中共、各民主党派及全国人民的反对,一意孤行,在南京召开制定宪法的国民大会,故称制宪国大。出席大会的代表只有国民党和投靠国民党的青年党和民社党分子。25日,大会通过《中华民国宪法》。这部宪法的内涵仍是一党专政和个人独裁。人们概括其特点是"人民无权,政府有权;地方无权,中央有权;立法无权,总统有权"。蒋介石想用这部伪宪法的外衣来掩盖腐烂透顶的蒋家反动政权。1947年4月18日,蒋介石宣布政府"改组"完成。"改组"后的国民政府由蒋介石任主席,张群任行政院长,王云五为副院长。蒋介石无耻地声称这个政府是"自由主义的多党政府",国民党已经"还政于民"。然而全国人民很清楚:蒋介石召开伪"国大"是假借"民意"炮制一部伪宪法,使其独裁、内战、反共"合法化";"改组"后的"国民政府"是"媚外、残民、打内战"的专制王朝。

"二二八"起义

抗战胜利后,台湾人民摆脱了日本帝国主义的殖民统治,但很快又遭到美蒋反动势力的压迫和剥削。国民党反动集团为发动反人民内战,在台湾大肆征兵、征粮、征税,台湾人民深受其害。1947年1月,台湾人民响应大陆人民的抗暴斗争,举行反美反蒋的集会和游行。2月27日,国民党台湾省专卖局缉私队和警察在台北市殴打女烟贩,还开枪打死市民一人。28日,台北市民罢市游行,国民党军队向游行请愿的群众开枪,打死3人,重伤3人。全岛人民群起响应,爆发大规模的起义。3月8日,大批国民党军队在基隆港登陆,镇压和屠杀起义者。至13日,台湾各地起义先后被镇压下去,被杀害的群众在3万人以上。但台湾人民没有屈服,继续进行反对美蒋反动统治的斗争。

台盟

"二二八"起义后,台湾各界人民认识到要取得革命斗争的胜利,必须成立一个团结台湾各界人士的政治团体。谢雪红等于1947年11月12日在香港召开了台盟筹备会第一次代表大会,宣布台湾民主自治同盟(简称台盟)正式成立。台盟的奋斗目标是"打倒独裁专制,实行人民民主制度","设立民主联合政府,建立独立、和平、民主、富强和康乐的新中国"。大会选举谢雪红、杨克煌、苏新等为台盟负责人。台盟成为著名的参政党之一。

民革

1947年11月12日至1948年1月1日,中国国民党革命委员会(简称民革)成立大会在香港举行。大会指出,当前的紧急任务是推翻蒋介石的"反动独裁统治"和"武力统一政策",否认伪国大、伪宪法。大会认为,美国干涉中国内政,"助长了中国内战",因此,倒蒋必须反美,要求美军及顾问团撤出中国。大会主张成立联合政府,使之成为最高权力机关。大会重申"恢复孙中山的革命路线",实行"三民主义、三大政策"是民革的宗旨。大会最后选取了民革的中央领导机构,李济深、何香凝、冯玉祥、谭平山、蔡廷锴等16人为常委。宋庆龄任名誉主席,李济深任主席。民革的成立标志着国民党民主派的团结和统一,表明中共倡导的人民民主统一战线的巩固和扩大,蒋介石统治集团已处于彻底孤立的地位。

"五二〇"血案

1947年5月15日,南京中央大学等4校学生联合会罢课游行,高呼:"我们要吃饭! 不要内战!"5月18日,北平清华、北大等校宣传队进行反饥饿、反内战宣传,遭到国民党青年军的毒打,酿成血案。蒋介石召开国务会议,颁布所谓《维持社会秩序临时办法》,严禁请愿和一切罢工、罢课、游行示威,并授权各地国民党政府,采取所谓"紧急处置"。20日,京沪杭地区的金陵、中央、复旦、同济、浙江等16所大学6 000多学生在南京举行"挽救教育危机"的大游行。在珠江路口遭到军警袭击,打伤500余人,重伤20人,被捕28人,这就是国民党政府镇压爱国学生反饥饿、反内战、反迫害运动的流血事件——"五二〇"血案。之后,全国60多个大中城市学生们的反饥饿、反内战、反迫害运动,与工人、农民、市民要吃饭、争生存的斗争汇合,形成了中国人民反蒋斗争的第二条战线。

《中国土地法大纲》

1947年9月13日中国共产党全国土地会议通过了《中国土地法大纲》,同年10月10日公布施行。《中国土地法大纲》规定:废除封建剥削土地制度,实行耕者有其田;没收地主的土地财产,征收富农多余的土地财产;废除一切祠堂、庙宇、寺院、学校、机关团体的土地所有权和乡村在土地改革以前的一切债务;以乡或村为单位统一分配土地,数量上抽多补少,质量上抽肥补瘦,所有权归农户所有;山林、水利、芦苇地、果园、池塘、荒地等可分土地按标准分配;大森林、大水利工程、大矿山、大牧场、大荒地、湖泊归政府管理;土改前的土地契约、债约一律缴销;工商业者的财产及其他营业受法律保护,不受侵犯;本法公布前已平均分配的地区,农民不要求重分,可不重分。大纲在分配土地时,允许中农保有高于贫农的土地量,并分给地主同样的一份土地。既适应了农民的愿望,巩固了后方,又为中华人民共和国成立后进行的土地改革提供了经验。

经过土改运动,一亿多农民分得了土地。土地改革的胜利激发了农民革命和生产的积极性,促进了解放区生产的发展,也改善了他们的生活。广大农民普遍掀起了参军参战和支援前线的热潮,积极参加民兵、出民工,支援前线。解放区广大农民群众的大力支援,是人民解放战争迅速取得胜利的一个可靠保证。

解放区的战略进攻(1947 年 7 月—1949 年 10 月)

1947 年 8 月,晋冀鲁豫解放军在刘伯承、邓小平的指挥下,渡过黄河,向南进攻,直达大别山区,开辟了中原解放区。晋冀鲁豫解放军陈赓、谢富治部队,8 月南渡黄河,解放了豫西和豫陕边界广大地区。华东解放军在陈毅、粟裕指挥下,8 月由山东越过陇海线,向南进攻,直达淮河,孤立敌人的战略要点开封和郑州。从此,人民解放军转入外线作战,在黄河以南、长江以北、西起汉水、东迄于海的大平原上向敌人进行大规模的进攻。刘邓、陈粟、陈谢三路大军于 1947 年 8 月至 11 月,共歼敌近 20 万人,解放城市 100 个,使鄂豫皖、鄂苏和豫陕鄂三个地区连成一片,创建新的中原解放区,直接威胁国民党统治的中心地区。

为夺取全国的胜利,1947 年 12 月 25 日,中共中央在陕北米脂县举行会议,毛泽东在会上作了《目前形势和我们的任务》的报告,正确地分析了当时革命战争的形势,提出了为取得革命战争的更大胜利,中国共产党在政治、军事、经济上的任务。这一报告,成为党领导全国军民争取最后胜利的一个行动纲领。

1948 年 9 月至 1949 年 1 月,中国人民解放军接连进行了辽沈、淮海、平津三大战役。

辽沈战役

辽沈战役分三个阶段。第一阶段攻克锦州,解放长春。1948 年 9 月 12 日,林彪、罗荣桓指挥东北野战军主力南下北宁县,将范汉杰集团 15 万人分割包围在锦州、葫芦岛、山海关三个地区。10 月 14 日,进攻锦州,激战 21 小时,解放锦州,歼灭守军 10 余万人,东北"剿总"副总司令范汉杰被俘。17 日,长春国民党第 60 军军长曾泽生率部 2.6 万人起义。18 日,东北"剿总"副总司令郑洞国被迫率部 39 000 余人投诚。长春解放。第二阶段会战辽西,歼灭廖耀湘兵团。10 月 20 日,东北野战军集中优势兵力,将廖兵团包围于黑山、大虎山以东地区,血战两天一晚,至 28 日全歼廖兵团 10 余万人,活捉廖耀湘。第三阶段占领沈阳,解放东北全境。廖耀湘兵团被歼后,卫立煌见大势已去,将沈阳国民党军队交第八兵团司令周福成指挥,自己乘机南逃。11 月 1 日,总攻沈阳,歼灭守敌 13 万余人。沈辽战役历时 52 天,歼敌 47 万余人,东北全境解放,为解放平津和华北准备了条件。

淮海战役

1948 年 11 月 1 日,中共中央军委通令全军进行改编,实行统一的编制、番号。西北野战军整编为第一野战军,由彭德怀、贺龙、习仲勋等领导。晋冀鲁豫野战军整编为第二野战军,由刘伯承、邓小平等领导。原山东解放区的八路军和华中解放区的新四军合编为华东野战军,整编为第三野战军,由陈毅、粟裕、谭震林等领导。原来的东北人民解放军,编为东北野战军,整编为第四野战军,由林彪、罗荣桓等领导。淮海战役是第二、第三两大野战军联合进行的。中共中央决定,由刘伯承、邓小平、陈毅、粟裕、谭震林组成总前委,邓小平任书记,领导淮海前线的一切行动。1948 年 11 月 6 日至 1949 年 1 月 10 日,野战军以徐州为中心,在东起海州,西至商丘,北起临城(薛城),南达淮河的广大地区,对国民党军进行一次大决战。国民党军共 80 万人,由徐州"剿总"副司令刘峙、杜聿明指挥。野战军兵分三路,挺进陇海线徐海段和徐州外围,将国民党黄伯韬第七兵团等分割包围于徐州以东的新安镇、碾庄地区,双方打得十分激烈。结果,黄伯韬被击毙,第七兵团被歼灭。国民党第三绥靖区副司令何基沣、张克侠率部 23 000 万人在台儿庄、枣庄地区起义。接着,野战军在徐州以南宿县双堆集地区,将国民党黄维第十二兵团包围,经过激战,歼敌 12 万多人,兵团正副司令黄维、吴绍周被活捉。1948 年 12 月 17 日,党中央广播了毛泽东《敦促杜聿明等投降书》,对敌军采取强大的政治攻势。1949 年 1 月 6 日至 10 日,野战军发起总攻击。杜聿明放弃徐州,向永城地区逃窜,在永城东北的陈官庄青龙集地区,全歼邱清泉、李弥两兵团,击毙邱清泉,活捉杜聿明,李弥只身逃跑。淮海战役历时 65 天,歼敌 55 万人,是人民解放战争中规模最大、时间最长、歼敌最多的一次战役。

淮海战役中,解放区人民全力以赴支援前线。他们组织大批运输队、担架队,担负随军远征、二线转运和后方运输等工作。淮海战役期间,支前民工累计达 543 万人。他们用肩挑、车拉、驴驮、船运等方法,向前线运送弹药 730 多万公斤,运送粮食 9 800 多万公斤。陈毅满怀深情地说:"淮海战役的胜利,是人民群众用小车推出来的。"淮海战役的胜利,使长江中下游以北的广大地区获得解放,为解放军渡江作战奠定了基础。

平津战役

国民党华北"剿总"总司令傅作义指挥的 4 个兵团 12 个军共 50 余万人,部署在以天津为中心的东起唐山、西至张家口的千里铁路线上。中共中央成立了以罗荣桓、聂荣臻为委员,林彪为书记的总前委指挥第四野战军和华北野战军协同作战,配以地方武装共 100 万人。1948 年 11 月底,华北野战军包围张家口,截断傅作义集团西逃之路。第四野战军插入平津和津塘(沽)之间,切断平津和津塘之间联系,封闭敌军海运南逃的通途。两大野战军协同作战,完成了对傅作义军"围而不打"、"隔而不围"的战略包围和战役分割。1948 年 12 月 22 日,两大野战军对张家口、天津之敌发起围歼。23 日,敌军 5 万余人被歼灭,张家口解放。1949 年 1 月 14 日,第四野战军向天津发起强大攻势,经过 29 个小时的血战,全歼守敌 13 万余人,活捉天津警备司令陈长捷,15 日天津解放。塘沽守敌从海上逃跑。北平之敌被孤立。为使文化名城古都北平免遭战火,解放军在围城后,派出代表同傅作义接触。中共北平地下组织调动各方社会关系,如傅作义的同学、老师、至交好友等,对傅作义晓以大义,敦促他派代表与解放军和谈。傅作义的女儿也以共产党员的身份,参加对父亲的说服工作。傅作义终于接受和平解决的方式,命令所部接受和平改编。1949 年 1 月 31 日,北平解放。毛泽东称赞傅作义的行动,是为和平解决各地战事问题和减轻人民的战争痛苦"树立了榜样"。平津战役歼灭和改编国民党军 52 万多人,基本上解放了华北全境。

三大战役的胜利大大激励了人民解放军渡江南进。1949 年 3 月 25 日,中共中央和人民解放军总部,由河北西柏坡迁到北平,指挥解放全中国。

蒋介石"和平攻势"

三大战役歼灭国民党正规军 154 万余人。蒋介石赖以发动内战和维护反动统治的主力基本上被消灭,其政治、经济和军事已陷入土崩瓦解的绝境,美国为使南京政府获得喘息的时间,重整旗鼓,扑灭革命,从各方面策动重开国共"和平谈判"。1949 年元旦,蒋介石发表"求和"声明。14 日,毛泽东《关于时局的声明》通报全国,提出在八项条件的基础上和国民党南京政府进行和平谈判。八项条件即:惩办战争罪犯、废除伪法统、废除伪宪法、废除卖国条约、改编一切反动军队、没收官僚资本、实行土地改革、召开没有反动分子参加的政治协商会议、成立联合政府。蒋介石"和平攻势"的阴谋被揭穿后,于1月21日宣告"引退",把职务交给副总统李宗仁代理。蒋介石"引退"的真相,是在美帝国主义导演下实行蒋、李的分工。蒋介石退居浙江奉化,准备卷土重来,进行内战,李宗仁扮演"和平"角色,来掩护内战的布置。

1月22日,刚上台的李宗仁表示愿意就中共提出的八条为基础进行和平谈判。同时,为了"培养国内和平空气",李宗仁令行政院将"剿总"改名军政长官公署,取消戒严令,释放政治犯,开放被查封的报馆,等等。4月1日,张治中、邵力子、黄绍竑、章士钊、李蒸、刘斐为南京政府和谈代表到达北平,与中共代表周恩来、林伯渠、林彪、叶剑英、李维汉、聂荣臻等举行谈判。经过半个月的谈判,双方提出《和平协定》。16日,黄绍竑代表将《和平协定》带回南京。20日,南京政府秉承蒋介石的旨意,拒绝签字,谈判破裂,蒋介石和平骗局宣布破产。

中国共产党七届二中全会

1949年3月5日至13日在中国河北平山县西柏坡召开了中国共产党七届二中全会,参加会议的有中央委员34人,中央候补委员19人。毛泽东主持会议并作了重要报告。毛泽东在报告中指出,在全国胜利的局面下,党的工作重点必须由乡村转移到城市;阐明了胜利后中国共产党在政治、经济、外交方面的基本政策,以及由农业国家转变为工业国家、由新民主主义社会转变到社会主义社会的总任务和基本途径。报告着重分析了当时中国各种经济成分,指出在全国胜利后国内的主要矛盾是工人阶级和资产阶级的矛盾。全会号召全党同志在胜利面前,必须警惕骄傲自满情绪,必须警惕资产阶级"糖衣炮弹"的进攻。全党务必继续地保持谦虚、谨慎、不骄、不躁的作风,务必继续地保持艰苦奋斗的作风。全会批准由中国共产党发起召开新的政治协商会议及成立民主联合政府的建议。

七届二中全会是具有重大历史意义的会议。这次会议为迅速取得民主革命在全国的彻底胜利,以及由新民主主义向社会主义的转变,在政治上、思想上和理论上作了充分的准备。

渡江战役

三大战役后,国民党政府妄图凭借长江天堑,阻止解放大军过长江,实现"划江而治"。为达此目的,国民党调集陆、海、空三军75万人,从宜昌至上海构筑了1 800多公里的长江防务,派汤恩伯、白崇禧负责防守,任命汤恩伯为江防总司令。

1949 年 4 月 20 日,国民党政府拒绝在《和平协定》上签字后。21 日,毛泽东、朱德发布向全国进军的命令。中国人民解放军二野、三野集中 7 个兵团,号称百万雄师,在刘伯承、邓小平、陈毅、粟裕指挥下,在东起江阴,西至江西湖口的千里长江战线上分三路强渡长江。中路军 30 万人首先突破安庆、芜湖线;西路军 35 万人在九江、安庆间突破;东路军 35 万人在镇江、江阴间突破,彻底摧毁国民党的长江防线。4 月 23 日,解放军渡过长江,解放了南京。24 日凌晨,三野第 8 兵团 35 军 104 师 312 团在师参谋长张绍安的率领下,在起义警察及地下党组织的引导下,高举红旗,向总统府飞奔而去。曾经富丽堂皇的总统府一片狼藉,到处散落着相片、文件和各种书报。战士一进门就冲上门楼,扯下青天白日旗,换上鲜艳的红旗,蒋家王朝就此覆灭。蒋介石已与其残余逃离大陆,蜷伏台湾,负隅顽抗。5 月 16 日,四野解放了武昌。5 月 27 日,三野解放了上海,6 月 1 日又解放了崇明岛。

渡江战役历时 42 天,歼敌 43 万多人,解放华东大片国土,为解放华南、进军大西南地区创造了条件。国民党只剩下西南一隅。蒋介石梦想能重演抗战八年坚守大西南的一幕。1949 年 9 月 12 日,蒋介石从台湾几经辗转飞到成都,再一次踏上了大陆的土地。1949 年 12 月 7 日,蒋介石决定离开成都,并亲自签发了手谕:"命令政府迁至台湾,并在西昌设立大本营,统率陆海空军在大陆指挥作战。"蒋介石迁台手令一下,便于 13 日夜 11 时与蒋经国、陶希圣、谷正纲、俞济时一行人,同留守的参谋总长顾祝同告别,登上"中美"号专机。掩护蒋介石离开大陆的官兵们,都被蒋介石留下来充当了大西南作战的炮灰,耐人寻味的是,他们当中的大部分人后来都起义加入了人民解放军。1949 年 12 月 13 日,蒋介石别离成都,直至 1975 年 4 月 5 日在台北病逝,再也没有踏上大陆一步。

中国人民政治协商会议

1948 年"五一"国际劳动节前夕,毛泽东考虑到国民党政府很快就要覆灭、新中国即将建立,需要全国人民一致行动,为建立新中国而共同奋斗。毛泽东决定用发布口号的方式表达这个政治意图。于是,亲自代表中共中央起草了鼓舞人心的纪念"五一口号"。纪念"五一口号"于 1948 年 5 月 1 日在《晋察冀日报》第一版头条位置发表。纪念"五一口号"公开发布之后,得到了全国各民主党派、各人民团体、各界民主人士、国内少数民族和海外侨胞的热烈响应。民主党派的许多代表人物响应中共中央的号召,纷纷来到解放区,进行建国筹备工作。

经过充分酝酿和周密准备,中国人民政治协商会议第一次全体会议于1949年9月21日至30日在北京隆重举行。出席代表662人,代表中国共产党、各民主党派、人民团体、人民解放军以及各地区各民族和海外侨胞。会议经过充分讨论和协商,一致通过了《中国人民政治协商会议共同纲领》、《中华人民共和国中央人民政治组织法》,对新中国国家政权的性质及对内、对外的基本政策作了明确的规定,指出中华人民共和国是工人阶级(经过共产党)领导的、以工农联盟为基础的人民民主专政的国家。国家政权属于人民,人民行使国家政权的机关为各级人民代表大会和各级人民政府。各级人民代表大会和各级人民政府实行民主集中制。当时,人民政治协商会议行使着全国人民代表大会的职权,《共同纲领》起着临时宪法的作用。会议选举毛泽东为中央人民政府主席,朱德、刘少奇、宋庆龄、李济深、张澜、高岗为副主席;陈毅、贺龙、李立三、林伯渠、叶剑英、何香凝、林彪、彭德怀、刘伯承、吴玉章、徐向前、彭真、薄一波、聂荣臻、周恩来、董必武、赛福鼎、饶漱石、陈嘉庚、罗荣桓、邓子恢、乌兰夫、徐特立、蔡畅、刘格平、马寅初、陈云、康生、林枫、马叙伦、郭沫若、张云逸、邓小平、高崇民、沈钧儒、沈雁冰、陈叔通、司徒美堂、李锡九、黄炎培、蔡廷锴、习仲勋、彭泽民、张治中、傅作义、李烛尘、李章达、章伯钧、程潜、张奚若、陈铭枢、谭平山、张难先、柳亚子、张东荪、龙云等56人为中央人民政府委员。这次政协大会,中国共产党、中国国民党革命委员会、中国民主同盟,这三个党派的代表人数完全一样,都是正式代表16人,候补代表2人。会议决定:中华人民共和国定都北平,改名北京;采用公元纪年;以《义勇军进行曲》为代国歌;以五星红旗为国旗。人民政协的召开,为中华人民共和国的成立作了各项准备工作。

开国大典

1949年10月1日下午2时,中华人民共和国中央人民政府委员会第一次会议在北京天安门城楼举行,中央人民政府正、副主席宣布就职,并选举林伯渠为秘书长;任命周恩来为中央人民政府政务院总理兼外交部长;毛泽东兼中央人民政府人民革命军事委员会主席;朱德兼人民解放军总司令;沈钧儒为最高人民法院院长;罗荣桓为最高人民检察署检察长。会议决定向全世界各国政府宣布,中华人民共和国中央人民政府为代表中华人民共和国和全国人民唯一合法政府,愿与遵守平等、互利及互相尊重领土主权等原则的任何外国政府建立外交关系。

下午三时,首都各界群众30万人在天安门广场集会,隆重举行开国大典。

林伯渠宣布大典开始。毛泽东庄严宣布:"中华人民共和国中央人民政府今天成立了!"这个庄严的声音通过电波传到全国,传到全世界,无数的中国人为之欢呼雀跃。伟大人民领袖的声音,是四万万同胞的高昂豪迈的声音,包含了无数先烈的夙愿。

在国歌《义勇军进行曲》的乐曲声中,毛泽东主席亲自按下了通往天安门广场中央国旗杆的电钮,五星红旗迎风冉冉升起,54门礼炮齐放28响,如报春惊雷般回荡在天地之间。从此,一个崭新的、人民的中国屹立在世界的东方。

中华人民共和国的成立,标志着中国新民主主义革命阶段的基本结束,标志着中国革命第二阶段(即社会主义革命)的开始。中国新民主主义革命的胜利,是马克思列宁主义和毛泽东思想的伟大胜利,是殖民地半殖民地国家里的革命的典型。中国革命的胜利极大地鼓舞和援助了一切被压迫民族的反帝国主义的斗争。因此,中国人民革命的胜利在世界上具有伟大的意义。

十一、民国时期文化

自1912年中华民国元年,至1949年蒋介石反动统治垮台为止,为中华民国历史。在这段历史时期内,中国共产党领导各族人民,推翻了帝国主义、封建主义和官僚资本主义,取得了新民主主义革命的彻底胜利,建立了伟大的中华人民共和国,也创造了人民大众的反帝反封建的新文化。为新文化作出贡献的思想家、文学家、科学家、教育家和艺术家们,永为后人敬仰!

毛泽东(1893年—1976年),湖南湘潭人。以毛泽东为主要代表的中国共产党人,根据马克思列宁主义的基本原理,把中国长期革命实践中一系列独创性经验作了理论概括而形成适合中国情况的科学指导思想,即毛泽东思想。这是马克思列宁主义普遍原理和中国革命具体实践相结合的产物。毛泽东思想是中国共产党的宝贵精神财富。《毛泽东选集》共5卷,是马克思列宁主义者毛泽东的重要著作集。

陈望道(1890年—1977年),学者,浙江义乌人,中共党员。早年留学日本,1919年回国,即从事新文化运动和宣传马克思主义的革命活动。1920年翻译出版《共产党宣言》。

瞿秋白(1899年—1935年),江苏常州人,中国共产党的早期领导人之一。1931

年,中共六届四中全会上受到王明等人的打击,被排斥于中央领导机关之外。此后在上海同鲁迅一起参与和指导左翼文化运动,粉碎了国民党反动派的文化"围剿",是无产阶级革命文学的主要奠基人之一。1935 年 2 月,红军转移途中,瞿秋白在福建武平因叛徒出卖,6 月 18 日在长汀英勇就义。有《瞿秋白文集》行世。

方志敏(1899 年—1935 年),江西弋阳人,无产阶级革命家。1934 年 11 月,率红军抗日先遣队北上抗日。1935 年 1 月,在江西德兴县陇首村与国民党军作战时,因叛徒出卖被捕。在狱中,方志敏坚贞不屈,写下《可爱的中国》,托狱中的难友高家骏带出。高家骏再托其杭州的女友程全昭送至上海。1936 年 11 月 18 日傍晚,程全昭敲开胡子婴家的门,对胡子婴说:"你们是救国会的知名人士,送给你们是能够转交给党中央的。方志敏接受过酷刑,又经千方百计的诱降,但他始终坚贞不屈,利用优待的机会写了这个文件,在临刑前交我带出。"胡子婴决定先保存起来,再设法转送。11 月 23 日凌晨,胡子婴的丈夫章乃器被捕了。胡子婴想到很可能立即被抄家,便立即打电话找章乃器的三弟章秋阳(中共党员)。章秋阳火速赶来取走文稿,后把文稿送交宋庆龄。后来,由宋庆龄转交冯雪峰送至上海的党组织。《可爱的中国》始得保存下来。

鲁迅(1881 年—1936 年),原名周树人,浙江绍兴人,新文化的巨匠。1918 年,鲁迅在《新青年》上发表短篇小说《狂人日记》。这是中国现代文学上第一篇白话小说。该小说中愤怒揭露了几千年来的封建礼教吃人的真面目,对封建统治和封建道德进行了深刻批判。它号召人民起来斗争,打倒"吃人的礼教",推翻黑暗的社会。后来,鲁迅又陆续创作了《阿 Q 正传》、《孔乙己》、《药》等小说,对封建制度和封建礼教进行猛烈的抨击。鲁迅把所写的小说结集为《呐喊》和《彷徨》,这两本书成为现代文学的经典。其中,《阿 Q 正传》已经有了将近 40 种不同文字的译本,成为世界文学史上一个不朽的典型。杂文是鲁迅一生特别是他后期的主要战斗武器。他以这种思想斗争经验的结晶和短小精悍的艺术形式登上了 20 世纪世界文学的高峰。其杂文集共有《坟》、《热风》、《而已集》、《三闲集》、《二心集》、《南腔北调》、《伪自由书》等 16 本。鲁迅的著作还有散文集《野草》和《朝花夕拾》、历史小说集《故事新编》,另外,还写了新旧体诗 70 余首,并翻译了 300 多万字的外国文学作品和文学论著。鲁迅一生是为中国文化革命的一生。1936 年 10 月 19 日,鲁迅在上海逝世,终年 56 岁。"横眉冷对千夫指,俯首甘为孺子牛",是鲁迅最有名的诗句,也是他伟大人格的生动写照。鲁迅是伟大的文学家、思想家和革命家,毛泽东评价他说:"鲁迅的骨头是最硬的,他没有丝毫的奴颜和媚骨,这是殖民地半殖民地人民最可宝贵的性格。鲁迅是文化战线上,代表全民族的大多数,向着敌人冲锋陷阵的最正确、最勇敢、最坚决、最忠实、最热诚的空前的民族英雄。"

郁达夫(1896年—1945年),浙江富阳人。1921年秋,他从日本返沪接替郭沫若主编《创造季刊》创刊号,并付梓了他的第一部小说集《沉沦》,以后又写了《茫茫夜》、《茑萝行》等50余篇小说。他的小说不愧是"五四"时期最强烈的个性解放的宣言书。郁达夫旧体诗造诣很深,他的作品有浓厚的民族气质。1938年底,郁达夫携眷赴南洋,从事海外抗日文化工作。新加坡沦陷之后,他曾在苏门答腊与日本宪兵部苦心周旋,暗中保护和营救了不少印尼群众和华侨。后因民族败类告密,于1945年抗战胜利之秋,被日本宪兵杀害于离祖国有千里之遥的岛国荒野上。新中国成立之后,郁达夫被追认为烈士。有《达夫全集》7卷本等。

朱自清(1898年—1948年),江苏扬州人,中国现代散文家、诗人、学者。1922年与俞平伯、叶圣陶创办了《诗》月刊,这是"五四"以来最早的一个诗刊。1923年发表第一首长诗《毁灭》。1925年起任清华大学教授,从事散文创作,发表《背影》、《荷塘月色》等名篇。抗日战争期间,任西南联大教授,积极支持进步的学生运动。毛泽东曾经写道:"我们中国人是有骨气的,朱自清一身重病,宁可饿死,也不领美国的救济粮,表现了我们民族的英雄气概。"

郭沫若(1892年—1978年),四川乐山人,中国现代文学家、历史学家、考古学家、剧作家和社会活动家。"五四"时期,积极从事反帝反封建的革命文化运动。1921年8月出版第一部诗集《女神》,表现了追求个性解放,向往光明与理想的革命精神。抗战期间,曾主编《救亡日报》,组织和团结国民党统治区的进步文化人士,从事抗日救亡运动。1941年皖南事变后,他创作了历史剧《棠棣之花》、《屈原》、《虎符》、《孔雀胆》、《高渐离》等,借鉴历史故事,抨击国民党的黑暗统治,揭露民族败类的卖国投降政策。抗战胜利后,坚持参与反独裁、反内战的民主运动,有力地配合人民解放事业。新中国成立后,继续写作,并长期担负科学文化教育事业的组织领导工作,对发展中国的科学文化教育事业作出了卓越贡献。现有《沫若文集》十七卷行世。郭沫若的《女神》三部曲:《女神之再生》、《湘累》、《棠棣之花》;自传体三部曲:《学生时代》、《革命春秋》、《洪波曲》;《漂流》三部曲:《歧路》、《炼狱》、《十字架》。

茅盾(1896年—1981年),浙江桐乡乌镇人,原名沈德鸿,字雁冰,1927年始用茅盾笔名,中国现代文学家、社会活动家。1916年北京大学毕业后,进上海商务印书馆编译所工作,开始文学活动,并积极投入"五四"运动和中国早期共产主义运动。1921年,与郑振铎等组织"文学研究会",接办并主编《小说月报》,倡导现实主义文学。同年加入中国共产党。1927年8月回上海，从事专业创作，写出三个连续性的中篇小说《幻灭》、《动摇》、《追求》(即《蚀》的三部曲)。1928年东渡日本，写出长篇小说《虹》。1930年回国，在上海加入中国左翼作家联盟，并担任领导工作。其间主要作品有《子夜》、《春蚕》、《林家铺子》等。抗战后，在周恩来领导下，组织和团结国民党统治区进步文化人士从事抗日救亡运动，主编《文艺阵地》杂志。这一时期的主要作品有《腐蚀》、《霜叶红于二月花》、《清明前后》和《白杨礼赞》等。抗战胜利后，坚持参与反独裁、反内战的民主运动。新中国成立后，曾任文化部长，为建设社会主义文化作出了卓越贡献。生平著作丰富，有《茅盾文集》十卷等。茅盾农村三部曲：《春蚕》、《秋收》、《残冬》。

老舍(1899年—1966年)，原名舒庆春，字舍予，北京人，中国现代小说家、戏剧家。从"五四"新文化运动开始，老舍即用白话创作长篇小说《老张的哲学》、《赵子曰》、《二马》、《离婚》、《骆驼祥子》和《四世同堂》等，塑造出正直、纯朴的劳动人民形象，揭露旧社会的庸俗和罪恶。1946年《骆驼祥子》被译成英文，在美国发行100多万册。新中国成立后，创作了《龙须沟》、《茶馆》、《全家福》等多幕剧，歌颂新社会，批判旧社会，被誉为"人民艺术家"。"文革"中被迫害致死。

赵树理(1906年—1970年)，山西沁水人，现代小说家。早年在太行山抗日根据地即努力为革命文艺的通俗化工作。毛泽东《在延安文艺座谈会上的讲话》发表以后，他陆续写了《小二黑结婚》、《李有才板话》等反映农村斗争的著名小说，还创作了长篇小说《李家庄的变迁》、《三里湾》等。

冰心(1900年—1999年)，福建长乐人，原名谢婉莹，笔名冰心，享年99岁，人称"世纪老人"，现代著名诗人、作家、儿童文学家。她的作品中充满了对大自然的热爱，以及对母爱与童真的歌颂。其作品有《寄小读者》(通讯集)、《往事》(小说、散文集)、《闲情》(诗、散文集)等。

巴金(1904年—2005年)原名李尧棠，字芾甘，四川成都人，现代文学家。"五四"新文化运动以来最有影响的作家之一，中国现代文学巨匠，享年101岁。其代表作有《爱情三部曲》：《雾》、《雨》、《电》，《激流三部曲》：《家》、《春》、《秋》等。

丁玲(1904年—1986年)，原名蒋伟，字冰之，湖南临澧人，现代女作家。1948年完成了反映土改运动的优秀长篇小说《太阳照在桑干河上》。1951年获斯大林文学奖。有《丁玲文集》5卷。

张恨水(1895年—1967年)，安徽潜山人，著名小说作家。他是20世纪中国创作数量最多、最受欢迎的小说家。老舍说："张恨水是国内唯一妇孺皆知的老作家。"张恨水在章回小说方面的成就卓然一家。20世纪20年代末,他的成名作《啼笑姻缘》在上海新闻报副刊《快活林》上发表后,名噪一时。上海出版商竞相搜集他的作品,世界书局取得的出版权最多。张恨水作品,"言情"只是一条副线,而主线是写"社会"的,既有针砭时俗的《八十一梦》,也有刻画人情的《春明外史》和《金粉世家》;宣传爱国拒辱的作品也不少,《如此江山》、《纸醉金迷》等,皆属之。张恨水的小说回目,在文字技巧上可称一绝。要做到"逐条字数相等,句读一致,仄起平收,掩映多姿"。张恨水是我国章回小说这一种文学体裁的"挂帆人",从这以后,章回小说就轻舟出世,很少新作,也很少作者。

钱锺书(1910年—1998年),江苏无锡人,现代著名作家。1933年于清华大学外国语文系毕业后,在上海光华大学任教。1935年赴英国留学,1938年任清华大学教授。抗战结束后,任上海暨南大学外文学教授,其后三年,短篇小说《人·兽·鬼》、长篇小说《围城》等相继出版,在学术界引起巨大反响。有论者认为《围城》是现代中国最伟大的小说之一,被译成多国文字在国外出版。1949年,钱锺书回到清华任教,后调到文学研究所,实际干的是《毛泽东选集》英译的定稿工作。

闻一多(1899年—1946年),湖北浠水人,中国现代诗人。1923年编印诗集《红烛》、1928年编印诗集《死水》,表现对祖国深挚的爱、对黑暗现实的憎恨。这些诗在形式上趋向格律化,讲求"节的匀称,句的均齐",成为他的诗派艺术特色。抗战期间,任昆明西南联合大学教授,积极参加反对独裁、争取民主的斗争。抗战胜利后,他坚决发对国民党发动内战。1946年7月15日,在昆明被国民党特务暗杀。有《闻一多全集》行世。

冯玉祥(1882年—1948年),安徽巢县人,著名的政治家和军事家,同时也是一位激情满怀的爱国诗人。抗战期间,他创作了许多诗画,号召民众为抗日出力。如《拔草图》绘一家三人拔草的场面,画上题诗:"全家下地男女都到,拔去野草好长佳苗。风吹雨打不畏劳苦,铲除倭寇福我同胞。"《牛耕图》绘一农民赶牛扶犁耕田,题诗为:"驱牛耕田,周身透汗。朝夕辛苦,心甘情愿。倭贼侵略,国土被占。抗抵强盗,粮米必办。努力耕耘,快快生产。"这些诗画充分表达了作者依靠民众抗战到底的决心。冯玉祥一生写了1 400首诗,都是有感而发,质朴如话,爱憎分明,雅俗兼备,是亦诗亦史的语诗体。他自称"丘八诗"。周恩来曾赞曰:"丘八诗体为先生所倡,兴会所至,嬉笑怒骂,都成文章。"冯玉祥的诗歌风格在文坛独树一帜,受到文艺界的敬仰。抗战胜利后,出国考察水利,在美国组织"旅美中国和平民主同盟",反对美国援助蒋打内战。1948年9月,响应中国共产党号召,回国参加新政治协商会议筹备工作,途经黑海,因轮船失火遇难。

柳亚子(1887年—1958年),江苏吴江人,中国现代诗人。1909年与同盟会成员陈去病、高旭等于苏州虎丘张东阳祠成立进步文学团体"南社",宗旨是反清革命,担任社长。1923年,南社停止活动,柳亚子与陈望道等另行组织"新南社",并参加新民主主义革命,是一位随着时代前进的爱国诗人。他所作的诗词具有强烈的爱国精神,有《柳亚子诗词选》行世。

陶行知(1891年—1946年),安徽歙县人,现代诗人、教育家。1916年留美回国后,任南京高等师范学校教务主任、中华教育改进社总干事等职。1923年,发起中华平民教育促进会,编写《平民千字课本》,推行平民教育运动。1926年起草发表《中华教育改进社改造全国乡村教育宣言》。1927年创办晓庄试验乡村师范学校,提出"生活教育"理论。"一二·九"运动后,在党的帮助和影响下,陶行知积极宣传抗日,参加民主运动。抗战期间,创办育才学校、社会大学,培养出许多革命人才。著有《中国教育改造》、《行知诗歌集》等。

陈嘉庚(1874年—1961年),福建厦门人,爱国华侨领袖。1910年在新加坡参加同盟会,曾募捐资助孙中山。他长期侨居新加坡,从事橡胶业,热心兴办华侨和家乡的文化教育公益事业。1921年在厦门创办厦门大学。抗战期间,在新加坡发动组织侨胞,出钱出力,进行抗日救国活动。抗战胜利后,创办《南侨日报》,进行爱国主义活动。新中国成立后,历任中央人民政府委员、全国政协副主席、中华全国归国华侨联合会主席等职。

叶圣陶(1894年—1988年),江苏苏州市人,著名作家、教育家。1921年与沈雁冰、郑振铎等发起组织"文学研究会",并与朱自清等人创办了我国新文坛上第一个诗刊《诗》。他发表了许多反映人民痛苦生活和悲惨命运的作品。其著名作品有童话集《稻草人》、长篇小说《倪焕之》和《多收了三五斗》等。

舒新城(1893年—1960年),湖南溆浦人,现代出版家。1928年任上海中华书局编辑所所长,担任《辞海》主编。1936年《辞海》正式出版,成为中国出版史上的一件大事。《辞海》是以字带词,兼有字典、语文词典和百科词典功能的大型综合性辞典。"辞海"二字源于陕西汉中著名的汉代石崖摹刻《石门颂》,将书名定为《辞海》,有取"海纳百川"之意。

吕彦直(1894年—1929年),山东东平县人,建筑师,南京中山陵的设计者。1926年奠基,至1929年建成。陵园由广场、牌坊、墓道、陵门、碑亭、祭堂、墓室等组成,占地130公顷,规模宏大。为全国重点文物保护单位。

范文澜(1893年—1969年),浙江绍兴人,现代史学家。1917年北京大学毕业,历任南开大学、北京大学、北京师范大学等校教授。抗战期间,任延安马列学院历史研究室主任。他是中国首先运用马克思主义唯物史观进行中国历史研究的学者之一,为中国建立马克思主义历史科学作出了贡献。著有《中国通史简编》等。

田汉(1898年—1968年),湖南长沙人,中国现代戏剧家。早年留学日本,1921年回国后,与郭沫若等组织创造社。创办南国电影剧社、南国艺术学院,并主编《南国周刊》、《南国月刊》等。1930年参加左翼戏剧家联盟,1932年参加中国共产党,任"左翼剧联"党团书记。抗日战争时期,组织抗敌演剧队及其他剧团,积极开展抗日宣传。他是中国现代话剧的开拓者和奠基人,戏曲改革运动的先驱者。田汉一生写有话剧剧本《卢沟桥》、《丽人行》、《关汉卿》、《文成公主》以及戏剧剧本《白蛇传》、《谢瑶环》等百余部。

曹禺(1910年—1996年),原名万家宝,曹禺是他在1926年发表小说时开始使用的笔名,祖籍湖北潜江,生于天津。他是中国现代杰出的戏剧家,作品有话剧剧本《雷雨》、《日出》、《家》,电影剧本《艳阳天》,戏剧剧本《王昭君》等。

袁枚之(1909年—1978年),浙江宁波人,戏剧电影艺术家。20世纪30年代初期,参加左翼戏剧活动,致力于电影工作。他主演了《桃李劫》、《风云儿女》等,编导了《都市风光》、《马路天使》等进步影片。《马路天使》电影里一对情侣陈少平和小红,由著名演员赵丹和周璇饰演。

聂耳(1912年—1935年),原名聂守信,云南玉溪人,现代作曲家。他自幼爱好音乐,勤奋好学,耳朵特别灵敏,大家都叫他"耳朵先生"。他听了很高兴,索性改名叫聂耳。"九一八"事变后,他积极投身于抗日救亡运动。他先后创作了一批反映民众心声的作品,如《码头工人歌》、《卖报歌》、《毕业歌》、《大路歌》、《开路先锋》等歌曲,还创作了《放下你的鞭子》、《打回老家去》、《三江好》等剧本。1934年秋,田汉写的歌词,聂耳谱曲的《义勇军进行曲》,是人民音乐家聂耳最杰出的代表作品,它极大地鼓舞了中国人民的抗战斗志,成为不朽的民族战歌。新中国成立后,《义勇军进行曲》被选为中华人民共和国国歌。1935年聂耳赴苏联考察,取道日本,在海滨游泳时溺水逝世。

任光(1900年—1941年),浙江嵊县人,现代作曲家。1940年参加新四军,翌年在皖南事变中牺牲。他创作的抗战歌曲《打回老家》,表现了中国人民抗战到底的必胜信念。电影歌曲有《渔光曲》、《大地行军曲》等。

冼星海(1905年—1945年),广东番禺人,他从巴黎音乐学院毕业后,毅然返回祖国,拿起笔作刀枪,参加抗日救亡运动。1938年10月,他到陕北抗日根据地,任延安鲁迅艺术学院音乐系主任,并加入中国共产党。1939年,他创作的《黄河大合唱》,在延安首次演出,就引起轰动。周恩来亲笔为冼星海题词:"为抗战发出怒吼,为大众谱出呼声!"《黄河大合唱》作为中华民族音乐经典,震撼了一代又一代中国人的心扉。1940年赴苏联考察,1945年病逝于莫斯科。冼星海的主要作品有《救国军歌》、《在太行山上》、《到敌人后方去》、《黄河大合唱》、《生产大合唱》、《九一八大合唱》等,对全国军民起了巨大的鼓舞作用。

华彦钧(1893年—1950年),江苏无锡人,现代民间音乐家。小名阿炳,后双目失明,人称"瞎子阿炳"。少年时,从其父华清和(道士)习音乐,做过道士和吹鼓手,后沦为流浪艺人。他创作的二胡曲有《二泉映月》、《寒春风曲》、《听松》等,至今为人称颂。

谭鑫培(1847年—1917年),湖北武昌人,京剧演员,演老旦,有"叫天子"之称,故他艺名叫"小叫天"。他在艺术实践中,形成自己的艺术风格,世称"谭派"。他对后来老生表演艺术影响较大,以《空城计》、《定军山》等剧著名。

程砚秋(1904年—1958年),北京人,满族,京剧演员。他根据自己嗓音特点,创造出一种幽咽婉转的唱腔,形成自己的艺术风格,世称"程派"。他对舞台艺术和剧种源流等均有论述,有《程砚秋文集》行世。

梅兰芳(1894年—1961年),京剧演员,爱国艺术家。原籍江苏泰州,生于北京一个京剧世家。1927年北京《顺天时报》举办中国首届旦角名伶评选,梅兰芳与程砚秋、尚小云、荀慧生被举为四大名旦。抗战以后,梅兰芳多次拒绝为日本侵略者和汉奸演戏而奔赴香港。他在香港演出《梁红玉》等剧,激励人们的抗战斗志。香港沦陷后,梅兰芳返回上海,蓄须明志,抵制演戏。1942年秋,梅兰芳为拒绝日伪的邀演,竟注射三针伤寒疫苗,以致高烧不退,才推脱掉。梅兰芳大量排演新剧目,在京剧唱腔、念白、舞蹈、音乐、服装上均进行了独树一帜的艺术创新,被称为梅派大师。其代表剧作有《宇宙锋》、《贵妃醉酒》、《霸王别姬》等。

徐悲鸿(1895年—1953年),江苏宜兴人,著名画家。1919年留学法国。1927年回国,在南京中央大学任教,并从事绘画。抗战期间,辗转国内外各地进行画展,以卖画所得救济难民。抗战胜利后,反对独裁,拥护党成立联合政府。新中国成立后,任中央美术学院院长。他一生坚持现实主义道路,对中国画的创新、发展有很大的贡献。他精通画马,气概雄峻,笔势豪迈,驰誉中外。逝世后,在北京建有画家徐悲鸿纪念馆。

齐白石(1860年—1957年),湖南湘潭人,中国现代画家、篆刻家。他出生农民,体弱无力耕田,遂刻苦勤学雕花绘画,40 岁左右始成名画家。他主张作画"妙在似与不似间",画风趋于写意。擅长画花鸟鱼虾,亦画山水、人物,浓淡相宜,妙笔传神。新中国成立后,任中国美术家协会主席。文化部授予他"中国人民杰出的艺术家"的光荣称号。

何香凝(1879 年—1972),广东南海人,国民党革命派代表人物,现代画家。孙中山逝世后,她坚持执行联俄、联共、扶助农工三大政策,同国民党右派作斗争。抗战期间,响应党的抗日民族统一战线的号召,从事抗日民主运动。新中国成立后,曾任中国美术家协会主席。她擅画,所作山水、花卉,笔致圆浑质朴,亦能诗。有《何香凝诗画集》行世。

张大千(1899 年—1983 年),原名张正权,号大千,四川内江人。他是 20 世纪中国画坛最具有传奇色彩的国画大师。他早期专心研习古人书画,无论是绘画、书法、篆刻、诗词,都无所不通,在山水画方面卓有成就。后旅居海外,画风工写结合,重彩、水墨融为一体,尤其是泼墨与泼彩,开创了新的艺术风格。

李四光(1889 年—1971 年),湖北黄冈人,地质学家。早年参加辛亥革命。一直从事古生物学、冰川学以及地质力学的研究与教学。他在地质力学理论上最重要的贡献之一是创立了地质力学。他分析了我国东部地质构造的特点,认为华夏构造体系的三个沉降带具有广阔的找油远景。大庆、胜利、大港等油田的发现,证实了他的科学论断。新中国成立后,曾任地质部部长。著作有《中国地质学》、《地质力学概论》以及《地震地质》等。

侯德榜(1890 年—1974 年),福建闽侯人,科学家。早年在美攻读化学工程,获得博士学位。回国后,他先后担任天津塘沽碱厂和南京永利化学公司总工程师。他怀抱振兴民族工业的急切心情,不畏艰难,勇于创新,经过反复研究试验,于 1940 年发明联合制碱法,被化工界命名为"侯氏制碱法"。从此,中国的制碱化学工业跃居世界前列,为打破敌人对中国民族工业的封锁作出了贡献。

吴有训(1897 年—1977 年),江西高安人,物理学家。20 世纪 20 年代,在美国芝加哥大学作科学研究时,对证实康普顿效应作出了重要贡献。30 年代初,在清华大学继续从事 X 射线对多原子气体的散射工作。新中国成立后,任中国科学院副院长,致力于科学组织工作,对于发展我国的科学事业,作出了积极贡献。

华罗庚(1910 年—1985 年),江苏金坛人,世界著名数学家。他是中国解析数论、矩阵几何学、自守函数论等多方面研究的创始人和开拓者。在国际上以华氏命名的数学研究成果就有"华氏定理"、"华氏不等式"等,为中国数学的发展作出了举世瞩目的贡献。美国著名数学家贝特曼著文称："华罗庚是中国的爱因斯坦。"

茅以升(1896年—1989年)江苏镇江人,著名桥梁专家,有"中国桥梁之父"之称。1917年获美国康奈尔大学土木专业硕士学位。1921年获美国加里基理工学院博士学位。1933年领导设计和建造了铁路公路两用双层大桥——钱塘江大桥,为中国人民长了志气。